JACQUES CHIRAC

FRANZ-OLIVIER GIESBERT

JACQUES
CHIRAC

ÉDITIONS DU SEUIL
27, rue Jacob, Paris VIe

ISBN 2-02-009771-0.

Quand on la regarde bien en face, il paraît que la vie se trouble et file sans demander son reste.

Roger Nimier, *Le Hussard bleu.*

Avertissement

C'était en Corrèze, il y a quinze ans. J'étais venu suivre, en journaliste, la visite de Jacques Chirac dans un centre pour handicapés mentaux. Comme d'habitude, il me sema. Je partis à sa recherche et finis par le surprendre dans une chambre. Il était agenouillé auprès d'un débile profond. Il lui tenait la main. Il le regardait dans les yeux. Et il lui parlait doucement.

Quand Chirac m'aperçut dans l'embrasure de la porte, une gêne et une rougeur passèrent sur son visage. Puis, se ressaisissant, il me dit avec un sourire vainqueur et une voix que l'émotion rendait un peu sourde : « Regardez. Il sourit. Même les débiles profonds ont des lambeaux de conscience. »

Extraordinaire image sulpicienne. A moins qu'il ne s'agisse de l'effet de scène d'un grand acteur. C'est ce jour-là que j'ai commencé à m'intéresser à Jacques Chirac.

Était-il, à cet instant, lui-même *ou* un autre ? A l'expérience, en fait, il apparaît toujours comme lui-même *et* un autre. C'est le mystère Chirac. J'ai tenté de le percer.

Remerciements

Jacques Chirac m'a reçu longuement à de nombreuses reprises. Et il a répondu en détail à presque toutes mes questions. Sans son aide, je n'aurais pu écrire ce livre. Qu'il en soit remercié.

Je tiens aussi à exprimer ma reconnaissance envers tous ceux, amis ou adversaires de Jacques Chirac, qui m'ont reçu, aidé, obligé, notamment :

Sa femme Bernadette Chirac ;

Sa fille Claude Chirac ;

Ses intimes : Claude Pompidou, Michel François-Poncet, Jacques Friedmann et Jérôme Monod ;

L'ancien président de la République, Valéry Giscard d'Estaing ;

Les anciens Premiers ministres Jacques Chaban-Delmas, Maurice Couve de Murville, Pierre Messmer ;

Ses anciens conseillers Marie-France Garaud et Pierre Juillet ;

Ses collaborateurs ou amis politiques : Édouard Balladur, Denis Baudouin, Jean-Pierre Bechter, Denise Esnous, Alain Juppé, Michel Noir, Bernard Pons, Michel Roussin, Jacques Toubon, Robert-André Vivien ;

Le ministre de la Culture et de la Communication, François Léotard ;

Le secrétaire général de l'Élysée, Jean-Louis Bianco ;

Les anciens ministres : Jean-Pierre Fourcade, Michel Jobert, Pierre Joxe, Raymond Marcellin, Michel d'Ornano, Alain Peyrefitte, Michel Poniatowski, Michel Rocard, Olivier Stirn, Simone Veil ;

Marcel Dassault, décédé depuis.

Prologue

Entré par vocation en politique, Jacques Chirac est entré par effraction dans l'Histoire. Il entend maintenant y rester. En a-t-il les moyens ?

Il en a en tout cas les ressources. Insaisissable, il est toujours en train de se fabriquer. Jamais en repos, il ne cesse de se transformer, de se déformer, de se réformer.

De cet homme, on a dit à peu près tout et son contraire. Qu'il était faible et autoritaire ; populiste et technocrate ; versatile et cabochard ; socialisant et fascisant ; sentimental et calculateur. On l'a comparé tour à tour au général Boulanger, au bon père Queuille, à Napoléon Bonaparte, à Guy Mollet, au général Pinochet et à Georges Clemenceau.

Il faudrait choisir. Mais les Français ont l'air de s'être habitués aux arlequinades de Jacques Chirac. A force de parler faux en gigotant et en changeant régulièrement de cap, il a fini par imposer au pays un personnage gigogne qui, d'une certaine façon, est tout à la fois.

Sans doute a-t-il une vérité. Mais ses proches eux-mêmes ne sont pas sûrs de l'avoir trouvée.

Mme Chirac a parfois surpris son mari en train d'écrire des poèmes ou des textes en prose, le soir, au fond de son lit. Mais les membres de son cabinet, plutôt sceptiques sur ses capacités littéraires, sont souvent convaincus qu'il n'est pas capable de courtiser les muses. A les croire, il se contenterait de recopier des sonnets du XVIIe siècle.

Valéry Giscard d'Estaing a longtemps considéré Jacques Chirac comme un « nigaud » et un « lourdaud » – deux qualificatifs dont il usa naguère devant Edgar Faure. Mais Denis Baudouin, son porte-parole, trop ironique pour être inconditionnel, assure qu'il est « l'homme politique le plus intelligent » qu'il ait jamais rencontré.

Sa fille Claude dit qu'il est d'une grande pudeur ; qu'il n'extériorise jamais ses sentiments ; qu'il ne craque jamais en public ; qu'il n'a jamais pleuré que pour la mort de sa mère. Mais il peut abandonner les affaires de l'État pour rendre visite, de toute urgence, les yeux rougis, à un ami mourant.

On pourrait continuer longtemps ainsi. Artiste en représentation, Jacques Chirac donne souvent le sentiment de ne pas oser être lui-même. Pour se faire aimer ou comprendre, il change volontiers de costume ou de discours. Il est même capable de jouer plusieurs personnages en même temps. Politiquement, il est devenu le cas le plus ultime d'imprévisibilité structurelle.

L'imprévisibilité est sa nature. C'est une faille : le doute s'est ainsi installé entre les Français et Chirac-l'inconstant. Mais c'est aussi un atout : l'adaptabilité du maire de Paris lui donne sans arrêt des moyens de renaissance et de régénérescence. Avec lui, tout recommence quand tout paraît fini. Il ne subit pas les mêmes lois de gravité que les autres politiciens. Ils ont besoin, pour gagner, de rencontrer des circonstances favorables. Pas lui, puisqu'il se crée et se recrée en fonction des circonstances.

Jamais apaisé ni accompli, Jacques Chirac apparaît comme l'un des meilleurs disciples de Hannah Arendt, théoricienne du libéralisme et de l'antitotalitarisme, qui écrivait, dans *la Crise de la culture* : « Je crois que la pensée, comme telle, naît de l'expérience des événements de notre vie et doit leur demeurer liée comme aux seuls repères auxquels elle puisse se rattacher. »

Pour Hannah Arendt, comme l'a écrit Claude Lefort[1], « "penser" ne signifie pas simplement se mouvoir dans le *déjà pensé* mais recommencer et, précisément, recommencer à l'épreuve de l'événement ». Toutes proportions gardées, c'est ce que fait Jacques Chirac qui, depuis plus de vingt ans, caracole en politique sans bagage ni mémoire.

Cet homme est un cavalier. Pour lui, la meilleure façon de rester en équilibre sur un corps en mouvement, c'est d'être soi-même en mouvement. Il s'applique donc à coller aux courants d'opinion.

François Mitterrand ne fait pas autre chose. Il aime citer le cardinal de Bernis qui disait qu'on ne sort jamais de l'ambiguïté qu'à son détriment. Et il suit le précepte à la lettre. Jacques Chirac, lui, donne le sentiment d'aller plus loin en se refusant carrément à sortir de la contradiction...

La démarche intellectuelle des deux hommes n'est pas très éloignée, en somme. Quand Jacques Chirac est devenu le Premier ministre de François Mitterrand, en 1986, la logique, pour une fois,

---

1. *Essais sur le politique*, Éd. du Seuil, 1986.

semblait l'emporter en politique. Tant il est vrai que ces deux hommes, habités par l'ambivalence, sont faits pour vivre ensemble. Au début du siècle, ils se seraient tous deux retrouvés au Parti radical. Il n'y a pas plus de différence entre eux qu'il n'y en avait, naguère, entre Waldeck-Rousseau et Georges Clemenceau.

La cohabitation étant un jeu de miroirs, elle convient de surcroît tout à fait à ces deux princes de l'équivoque qui excellent dans l'arrière-pensée. Mais, s'ils rivalisent de subterfuges, l'Histoire n'est pas moins rusée qu'eux et elle leur a fait subir, à quelques détails près, les mêmes revers. Qu'on en juge.

En 1981, la gauche mourut d'avoir vaincu. François Mitterrand la fit rompre avec le socialisme après trois ans de pouvoir.

En 1986, la droite mourut, elle aussi, d'avoir vaincu. Jacques Chirac la fit rompre avec le libéralisme après seulement huit mois de pouvoir.

Les deux hommes sont arrivés au pouvoir portés par une utopie à laquelle ils avaient fini par croire un peu, à force de la ressasser. Ils voulaient changer la société pour en finir avec la crise économique. François Mitterrand entendait faire de la France une société d'économie mixte tendue vers un idéal social, redistributeur et industrialiste. Jacques Chirac avait décidé de rendre le pays plus libéral, plus mobile, plus compétitif

L'un et l'autre ont fini par se rendre compte qu'on ne change pas la société par décret, selon la formule célèbre de Michel Crozier. Leurs projets respectifs se sont fracassés, en quelques mois, sur le mur des réalités des années quatre-vingt.

Mitterrand est arrivé au pouvoir en ne songeant qu'au social et au politique. L'économique s'est vengé.

Chirac est arrivé au pouvoir en ne songeant qu'à l'économique et au politique. Le social s'est vengé.

Un point partout ? Pas tout à fait. La gauche a fini par apprendre à gérer l'économie. En transgressant le handicap qu'elle traînait depuis des décennies, elle s'est mise à égalité avec la droite. Ce qui a fait entrer la France dans un système classique de démocratie d'alternance. François Mitterrand n'avait pas d'autre objectif.

Un personnage historique, c'est la rencontre d'un homme d'État et d'une idée fondatrice. Charles de Gaulle, peu avare en idées de ce genre, sut symboliser la résistance au IIIe Reich avant de faire la Constitution de la Ve République, la paix en Algérie, la force de dissuasion nucléaire et la politique dite d'«indépendance nationale». François Mitterrand, plus modeste, aura amené la gauche au pouvoir sans qu'elle provoque de catastrophe économique.

Il aura aussi géré deux alternances, celle de la gauche en 1981 puis celle de la droite en 1986.

Et Jacques Chirac ? Tout comme François Mitterrand, il a su incarner la cohabitation et assurer, du coup, la pérennité des institutions. Il a su aussi, à sa façon, mettre fin à la guerre civile froide qui, depuis des décennies, agitait le pays. Mais, de toute évidence, il n'a pas croisé en chemin la grande idée qui le dépasserait, comme celle qui, selon la formule de Malraux, a permis à de Gaulle de porter à bout de bras le cadavre de la France en faisant croire qu'elle était vivante. Il est toujours en état de recherche.

Bref, Chirac n'est pas achevé.

Le sera-t-il un jour ? L'objet, ici, n'est pas d'inventer une fausse cohérence à un personnage baroque. Il s'agit de raconter les origines, les détours et les influences de l'inconnu le plus célèbre de France Et aussi de montrer comment Chirac est en train de devenir Chirac

Le refuge et la source

> Si la chèvre ment, ses cornes ne mentent pas.
> *Proverbe bulgare.*

Le 5 février 1921, à Noailhac, un petit village de Corrèze, couleur de cendre et de fumée, à une quinzaine de kilomètres de Brive-la-Gaillarde, Jean Valette et Louis Chirac marient leurs enfants. Grands et raides, le regard fier, ils ont des têtes faites pour les manuels d'histoire – au chapitre sur l'école de la IIIᵉ République. Ils sont tous deux instituteurs, autoritaires, sévères, et, cela va de soi, radicaux-socialistes.

Le fond de l'air est aigrelet et un épais brouillard gris s'insinue entre les maisons. Le cortège s'ébroue, mariés en tête, et descend jusqu'à l'église. La tradition limousine dit que celui des deux époux qui, après la bénédiction nuptiale, se lèvera le premier sera le maître de maison. On raconte que, ce jour-là, Marie-Louise, la mariée, a été la plus rapide.

Marie-Louise Chirac, née Valette, n'est pas du genre à passer inaperçue. Elle a un grand nez, des jambes très longues et un rire tonitruant. Cette jeune fille au visage énergique est très populaire à Noailhac où on l'appelle «Nini». C'est une personnalité dominatrice et sans complexe. Apparemment, ce n'est pas le cas de son mari Abel Chirac, pâle et mince, est d'humeur sombre et réservée. Il traîne la jambe.

Le repas de mariage se déroule dans la salle de classe de Jean Valette, le père de Marie-Louise. L'oncle Olivier, qui s'est établi «aux colonies», a envoyé des bananes. Les enfants de Noailhac, qui en voient pour la première fois, les mangent avec la peau.

C'est un repas de noces traditionnel avec de la soupe aux choux, du vin chaud à la cannelle et une pièce montée au nougat. On y parle de la guerre de 14-18, bien sûr. Il ne s'en est toujours pas remis, Abel Chirac. Mobilisé en 1916 alors qu'il venait d'être reçu à la deuxième partie du baccalauréat, il est revenu au pays avec la médaille militaire, le grade de caporal-chef et une maigreur cadavérique. Il a la détestable impression d'avoir laisse sur le front son énergie et sa mémoire. C'est pourquoi il a commencé à apprendre Ronsard et Verlaine par cœur, pour remettre son cerveau en marche.

On parle aussi politique, ce jour-là. C'est le sujet de conversation favori des Valette comme des Chirac, où l'on est républicain de père en fils. Mais les uns et les autres n'appartiennent pas à la même gauche. Jean Valette est un ancien jésuite reconverti dans le mariage et la laïcité tranquille. Louis Chirac est un franc-maçon qui a la religion en horreur. L'anticléricalisme a parfois ses bigots. Il en est un. Les deux hommes partagent néanmoins la même aversion pour les communistes et le même goût pour la discipline. Gare aux écoliers qui ne baissent pas leur casquette à leur passage...

Mitterrand et Mauriac sont nés dans une certaine province. Céline ou de Gaulle, à une certaine date. Jacques Chirac, lui, est né dans un certain milieu. C'est celui du radicalisme rugueux et rigoureux de ses deux grands-pères, Jean Valette et Louis Chirac, deux instituteurs qui ont le culte de l'école, de la méritocratie et de la (IIIe) République. Ces rationalistes progressistes sont comme en terre de mission dans cette Corrèze pauvre qui cultive le seigle, la chataîgne et l'art de la superstition. Ils aiment leur terroir. Mais ils veulent le faire entrer dans le XXe siècle.

Le premier Chirac dont il soit fait mention dans les registres paroissiaux est né au Couffinier, aujourd'hui commune de Gros-Chastang, vers 1607. Sa descendance est composée principalement de laboureurs, de maçons, de menuisiers.

Mais l'idée de s'appeler Chirac ne pouvait venir à des gens ordinaires. A en croire une étude généalogique d'une revue régionale, le *Lemouzi*[1], leur nom peut être rapproché de *sûra* qui, en sanskrit védique, signifie «fort, vaillant» et, en avestique (ancien iranien), «héros». Thématiquement, *kû-ro* contient l'idée d'«autorité» en indo-européen primitif d'où dérive le celtique.

Si Jacques Chirac n'est pas né en Corrèze, comme l'aurait voulu la tradition familiale, vieille d'au moins trois siècles, c'est que son père Abel l'a brisée en suivant le chemin de Rastignac. Autrement dit, en «montant» à Paris. Entre-temps, il a abandonné son poste d'instituteur et il est entré dans la banque. Très exactement à la BNC (Banque nationale du crédit).

S'exiler, c'est, pour Abel Chirac, la meilleure façon de réussir.

1. Janvier 1982.

C'est aussi un moyen d'échapper à l'autorité exigeante et tatillonne de son père. Il n'aime pas ses colères. Il ne comprend pas ses obsessions. Louis Chirac est un militant. Directeur pendant quinze ans de l'école Firmin-Mirbeau, à Brive-la-Gaillarde, il est l'une des figures locales de la gauche radicale-socialiste. A sa retraite, il devient chroniqueur régulier de *la Dépêche de Toulouse*. Il y polémique frénétiquement avec les journaux catholiques du cru, comme *le Petit Gaillard*[1] qui se gausse de ses contradictions et de ses «cabrioles mirlitonnesques».

La petite sédition de son fils va mener celui-ci haut et loin. Abel Chirac est l'un des employés les plus en vue de la BNC quand le petit Jacques naît, le 29 novembre 1932. Pour l'heure, il n'est encore qu'un des salariés de la succursale de la banque de Clermont-Ferrand. Mais il sera bientôt nommé à la tête d'une agence importante, celle de l'avenue de la Grande-Armée, à Paris. Avec sa femme Marie-Louise, il forme un couple sans histoire. Un couple balzacien, taciturne et dur à la tâche. Une blessure tenaille toutefois les Chirac. Dix ans plus tôt, ils ont eu une petite fille, Jacqueline. Elle est morte d'une broncho-pneumonie vingt-quatre mois plus tard.

«Ma mère avait été traumatisée, raconte Jacques Chirac. Je n'ai jamais bien compris si elle ne pouvait plus avoir d'enfant ou bien si mes parents ne voulaient plus en avoir à la suite de cette affaire. Toujours est-il que je suis né par accident. »

Quand «l'accident» a lieu, dans la clinique Geoffroy-Saint-Hilaire, près du Jardin des plantes, à Paris, le monde, vacillant, n'en finit pas de panser ses plaies, creusées par la grande crise de 1929. Dans tous les pays occidentaux, les files de chômeurs s'allongent, les prix des matières premières s'écroulent, les faillites se multiplient. C'est l'heure du pessimisme. Donc, des prophètes. Huit jours avant la naissance de Jacques Chirac, Paul von Hindenburg, président de la République de Weimar, a offert la chancellerie à un certain Adolf Hitler qui n'a pas réussi à former un gouvernement de coalition. Mais ce n'est que partie remise.

Le monde est dangereux. Mais, si Jacques Chirac n'est pas fils de prince, il est au moins, comme on dit, fils de famille. Fils unique aussi, ce qui ne gâte rien. Encore qu'il reconnaisse volontiers avoir été un «enfant gâté». Non par son père, absent et inflexible, mais par sa mère.

1. 1er décembre 1934.

C'est pour le petit Jacques que Victor Hugo aurait pu écrire son poème :

> *Lors que l'enfant paraît, le cercle de famille*
> *Applaudit à grands cris. Son doux regard qui brille*
> *Fait briller tous les yeux.*

Marie-Louise Chirac était, selon son fils, «le prototype de la femme au foyer». Elle allait de temps en temps à la messe. Elle lisait parfois un roman. Mais elle ne disait jamais rien. «Elle n'avait qu'un seul hobby, dit Jacques Chirac. C'était de s'occuper de mon père et de moi. Elle s'intéressait essentiellement à son appartement qui était toujours impeccablement propre comme le lui imposait notre statut de petits-bourgeois.»

Omniprésente, Marie-Louise Chirac est toujours à l'affût des désirs de son fils, voire de ses caprices. Sur la dévotion de cette mère pour son enfant, tous les témoignages concordent : elle le couve et le couvre d'attentions. Quand il rentre de l'école, il trouve toujours, sur la table de la cuisine, une sucette dont le papier a été ôté pour éviter tout geste inutile au petit Jacques. Quand il prépare une interrogation écrite, elle demande aux visiteurs de mettre une blouse blanche. «Il ne faut pas que le petit attrape des microbes», explique-t-elle sans gêne apparente.

Il arrive que l'excès d'amour fatigue. Le petit Jacques pourrait haïr cette mère qui le comble. Il l'adore. Il l'idolâtre. A chacun de ses anniversaires, il y va de son petit poème, comme celui-ci, présenté au milieu d'images pieuses de la Vierge Marie :

> *Toi si bonne, toi si parfaite*
> *Qui nous aime avec tant d'amour,*
> *Maman, c'est aujourd'hui ta fête.*
> *Pour ton enfant, quel heureux jour !*
> *En échange de nos offrandes,*
> *De nos chants pour toi composés,*
> *De nos bouquets, de nos guirlandes,*
> *Donne-nous beaucoup de baisers.*
>
> *Puis, pour que tu sois satisfaite,*
> *Nous ferons si bien nos devoirs,*
> *Nous dirons sans lever la tête*
> *Nos prières tous les soirs,*
> *Nous ne ferons plus de tapage*
> *Quand tu nous le défendras,*

Et le plus bruyant sera sage
Aussitôt que tu le voudras.

Embrasse-nous, mère aimée.
Oh! presse-nous bien sur ton cœur,
C'est notre place accoutumée
Dans la joie ou dans la douleur.
Oh! Le cœur d'une bonne mère,
C'est le bien le plus précieux,
C'est un bonheur que Dieu sur terre
Laisse tomber du haut des cieux.

Le petit Jacques n'a connu ni les privations ni les humiliations que les biographes composent volontiers pour leurs grands hommes. Chateaubriand se moque, dans ses *Mémoires d'outre-tombe*, des chroniqueurs qui composent des antécédents aux enfants prédestinés : quand ils ne sont pas nés tristes, ils se contentent de rêver à l'écart et de ne pas partager les jeux de leurs compagnons. Jacques Chirac fut, au contraire, un garçon turbulent et convivial.

Y a-t-il, malgré tout, une souffrance originelle dans cette enfance que Jacques Chirac décrit comme «heureuse et sans histoire»? Sans doute. Et cette souffrance a même un visage. C'est celui du père.

D'abord, M. Chirac père mène, en dehors du domicile familial, une vie sentimentale aventureuse. Il aime les femmes. Il en a donc beaucoup. Jacques dit ne s'être jamais rendu compte de rien. Il n'est pas sûr que ç'ait été le cas de Mme Chirac mère. Il s'était installé, entre les deux époux, quelque chose de lancinant et d'indicible. Leur fils l'a forcément ressenti.

Ensuite, Abel Chirac est du genre formaliste, exigeant et cassant. Exactement comme son père, Louis Chirac. Il n'admet pas la contestation. Or son fils, galopin au regard volontaire et vite insolent, n'aime pas avoir le dessous. C'est, lui aussi, une forte personnalité.

Le petit Jacques est fier de la réussite professionnelle de son père, de sa mémoire éléphantesque, de sa haute stature. «Physiquement, dit aujourd'hui Jacques Chirac, il était bien mieux que moi.»

Dans une autobiographie qu'il ne s'est jamais résolu à publier [1], Jacques Chirac écrit : «Dans la famille Chirac, sur le plan de la taille, on aurait plutôt tendance à dégénérer. Mon grand-père mesurait près de deux mètres [...]. Il était très solide, il avait une magnifique

---

1. *Les Mille Sources.*

chevelure, une voix superbe, et il me terrorisait. Devant lui, tout le monde filait doux. Il lui suffisait d'entrer dans une pièce pour que je décampe. Mon père avoisinait un mètre quatre-vingt-quinze. Il était sûr de lui, plus grand et plus fort que moi, ce qui lui conférait un avantage considérable. Je l'aimais beaucoup mais nos relations étaient plus clairement placées sous le signe de la hiérarchie que de l'amitié. Mon enfance a baigné dans une atmosphère d'autorité certaine. Moi, je ne mesure qu'un mètre quatre-vingt-dix et je crois pouvoir affirmer que, même compte tenu de l'évolution des mœurs vers une société dite plus "permissive", mon grand-père était, incontestablement, plus autoritaire que mon père qui, lui-même, l'était plus que je ne le suis. »

Abel Chirac reprochait surtout à son fils de ne pas travailler assez à l'école. Il pouvait réciter des pages entières de Rimbaud ou des poètes du Moyen Age. A son fils étonné par ses talents, il disait, impatienté : « Si tu n'as pas de mémoire, c'est parce que tu es paresseux. » Et, pendant les vacances, il veillait bien à ce que le petit Jacques restât chaque jour à travailler plusieurs heures dans sa chambre.

Jacques Chastanet, menuisier à Sainte-Féréole, qui fut camarade de jeu de Jacques Chirac, témoigne : « Son père ne laissait guère de liberté à son fils ; il l'obligeait à réviser des après-midi entiers. » Marinette Pascal, une voisine, confirme : « Jacques se faisait souvent gronder. »

L'autorité paternelle se manifestait rarement sous la forme de châtiments corporels. « Quand mon père m'engueulait, ça me terrifiait, dit Jacques Chirac. J'ai probablement reçu quelques baffes, mais je n'en ai pas gardé le souvenir. Je me rappelle, en revanche, qu'en voulant, un jour, me donner un coup de pied dans le derrière il s'était fait très mal en se cognant contre un fauteuil. »

Il ne faut pas se méprendre. La distance du père n'est pas de l'indifférence. Il veut imprimer sa marque sur son fils. Le soir, il rentre du travail vers 20 heures et il dîne en famille dans la cuisine. Le repas terminé, il va chercher un livre dans la bibliothèque où, en dehors des grands classiques de la littérature, on trouve surtout des romans policiers de la collection « Le Masque ». Assis à table, la cigarette aux lèvres, il fait ensuite une lecture à son fils. Pagnol y passera. Viendra, après, le tour de Baudelaire, Hugo et Romains.

Mais le premier choc littéraire du petit Jacques, c'est la lecture paternelle des *Croix de bois* de Roland Dorgelès, un grand roman sur la guerre de 14. Au passage, son père lâche quelques souvenirs. « Il avait un côté ancien combattant, dit Jacques Chirac. Il ne fallait pas trop le pousser pour qu'il se mette à raconter sa guerre. Mais il faisait toujours des récits objectifs et froids. Il avait une grande pudeur. Il ne pouvait pas se livrer. »

Et la politique ? A la table familiale, elle est absente. En la matière, ce n'est donc pas son père qui aura fait l'éducation du petit Jacques. « Pas conceptuel ni même très cultivé, il était totalement apolitique », dit aujourd'hui son fils. Mais il ne fait aucun doute qu'Abel Chirac votait modéré, comme on disait à l'époque. Il n'aimait pas la gauche mais il ne le disait pas. Sans doute pour ne pas creuser le fossé avec la Corrèze si radicale et si socialiste...

A l'avènement du Front populaire, en 1936, Abel Chirac a clairement choisi son camp. Alors qu'à Brive-la-Gaillarde Louis Chirac, son père, fête la victoire électorale de la gauche, à Paris son fils se fait du mauvais sang. Il prend le parti des nationalisés. Il est vrai qu'à son agence de la BNCI – la BNC est devenue, entre-temps, la Banque nationale pour le commerce et l'industrie – Abel Chirac s'est lié à deux clients riches et célèbres : Henry Potez et Marcel Bloch qui ne s'appelle pas encore Dassault. Des inventeurs géniaux et mirobolants. Ils ont mis au point ensemble l'hélice « Éclair » pendant la guerre de 14. Concurrents, associés et amis à la fois, ils sont en train de révolutionner l'industrie aéronautique. Mais ils sont dans le collimateur du nouveau gouvernement qui a décidé de nationaliser leurs usines.

Après le vote par la Chambre de la loi de nationalisation des industries de guerre, le 17 juillet 1936, Pierre Cot, le ministre de l'Air, recherche une solution à l'amiable. Il trouvera très vite une oreille attentive : celle d'Henry Potez. L'avionneur vient dire au ministère qu'il accepte la proposition d'indemnisation. Mais à une condition : « Être payé tout de suite [1]. » L'affaire est conclue en un tournemain : 31 millions d'indemnités pour Henry Potez.

C'est un coup de génie. Est-ce Abel Chirac qui le lui a soufflé ? Toujours est-il qu'Henry Potez, premier des constructeurs à pactiser avec le « Front popu », ramasse la mise alors que des rumeurs de dévaluation commencent déjà à secouer la Bourse. Pour avoir lanterné, Marcel Bloch fera, lui, une moins bonne affaire. Il ne récupérera que 17 millions après que le franc aura été dévalué, le 27 septembre.

---

1. Cf. Pierre Assouline, *Monsieur Dassault,* Balland, 1983

Que vont-ils faire de ces millions, Potez et Bloch ? Pour Abel Chirac, c'est le moment, c'est l'instant. Il propose toutes sortes de placements aux deux nationalisés dont il est tout à la fois le banquier et le conseiller financier. Tandis que Marcel Bloch acquiert des actions tous azimuts, Henry Potez investit dans la Bourse ou dans l'immobilier au Canada. Et ils achètent ensemble un immeuble, 46, avenue Kléber, pour y installer leurs bureaux.

On sait que les nationalisations, en France, n'ont pas leur pareil pour sauver la mise des classes dirigeantes. En l'espèce, elles ont arrondi la fortune d'Henry Potez et de Marcel Bloch.

Les conseils d'Abel Chirac ont été si judicieux qu'Henry Potez lui propose de devenir son directeur général. Comment pourrait-il refuser ?

Le père de Jacques devient subitement l'un des hommes clés de l'industrie française. Son destin se mêlera désormais à celui d'Henry Potez, petit homme brun, à la calvitie naissante, qui domine alors l'aéronautique. Le Front populaire n'a pas entamé sa toute-puissance.

Réaliste, Pierre Cot a dû utiliser les compétences des nationalisés : Henry Potez a été propulsé à la présidence de la Société du Nord et Marcel Bloch à celle de la Société du Sud-Ouest. Ce sont deux des six grandes sociétés nationales d'aéronautique. Ils ont l'un et l'autre des bureaux d'études ou des entreprises de sous-traitance qui travaillent – au prix fort – pour leurs nouvelles sociétés. Au Parlement, la gauche et la droite leur reprochent leurs doubles casquettes. Mais Bloch est le plus visé des deux : certains de ses avions seraient des « cercueils volants ». Le 22 mars 1940, Henri Naudier, président de la sous-commission de contrôle du Sénat, dira : « Si, pour Potez, on peut à la rigueur passer l'éponge car il a fourni du bon matériel, il n'en reste pas moins que Bloch a touché 97 millions pour avoir livré du matériel médiocre. » Du point de vue technologique et industriel, Potez paraît indéboulonnable.

Abel Chirac s'est passionné pour son nouveau métier et il a réussi. Jusqu'à la guerre. Car, quand l'entreprise se remettra en marche, en 1945, elle aura perdu la baraka. Henry Potez commettra l'erreur de ne pas prendre le virage des avions à réaction. Mieux inspiré, Marcel Bloch-Dassault prendra son envol avec les Mystère et les Mirage.

Jacques Chirac résume de façon lapidaire le match Potez-Bloch : « Jusqu'en 1940, Potez, c'est le grand qui réussissait tout. Dassault, c'est le petit qui ratait plus ou moins tout. C'est après la guerre que Potez s'est planté et que Dassault est devenu le génial Dassault. »

Après les petits instituteurs, les grands industriels : c'est le milieu dans lequel s'ébroue, désormais, le petit Jacques. «A la fin des années trente, raconte Marcel Dassault, j'étais en cure à Vichy avec ma femme et, un jour, en nous promenant, nous rencontrons les Chirac à la terrasse d'un café. Avec son fils, on regardait passer les voitures pendant que les adultes parlaient entre eux de choses importantes. Il me disait : "Ça, c'est une Citroën ; ça, c'est une Renault." Il ne se trompait jamais. Alors, j'ai voulu le mettre à l'épreuve. A cette époque, j'avais une grande voiture assez rare et j'étais sûr qu'il ne pourrait pas m'en donner le nom. Je l'ai donc conduit jusqu'à mon automobile et il s'est écrié : "Monsieur, c'est une Graham Paig." J'avoue que j'étais très étonné. On est entré dans un magasin de jouets et nous l'avons dévalisé. »

Parvenus, les Chirac ? Ils sont en tout cas arrivés dans la grande bourgeoisie. Ils fréquentent quelques-uns des grands patrons français. Ils vont au restaurant. Ils ont des domestiques. Ils gardent cependant les habitudes et les traditions corréziennes. Leur repas du soir, par exemple, commence toujours par la soupe qu'il leur arrive de «couper», à la mode paysanne, d'une lampée de vin rouge. Ils ont également le culte – rural – de l'amitié. Abel Chirac aime rendre service. Il peut, par exemple, accélérer les délais de livraison des Renault : à Sainte-Féréole, tout le monde en profite. Il prête aussi beaucoup plus qu'on ne lui rend. «Mon père était un bon banquier et un bon financier, dit Jacques Chirac. Mais ce n'était pas un homme d'argent. Il était incapable de garder trois sous pour lui.» Chose curieuse, le directeur général de Potez prend même ses distances avec les membres de sa famille qu'il suspecte de vouloir faire fortune. Il explique qu'il n'aime pas les «affairistes».

Il est vrai que les Potez ou les Bloch sont avant tout des aventuriers partis à la conquête du ciel. Ils osent trop mais, comme dirait le poète, leur audace est si belle...

La guerre des boutons

> La jeunesse est une fraction de folie.
> *Proverbe arabe.*

Le 14 juin 1940, le téléphone sonne dans la maison de campagne que les Chirac ont louée à Parmain, près de L'Isle-Adam, pour y passer les week-ends. Dans le jardin, le petit Jacques, qui a tout juste sept ans, s'initie à son nouveau jeu : le lancer de couteau – de cuisine, en l'occurrence. Un jour, le couteau, qu'il lançait contre un tronc d'arbre, lui est revenu en pleine figure. Depuis, une cicatrice s'est plantée près de son œil droit.

Au bout du fil, c'est la voix nasillarde de Marcel Bloch-Dassault :
« Marie-Louise, il faut partir. Les Allemands arrivent.
– Mais Abel est en voyage au Canada avec Henry Potez.
– Cela ne fait rien. On passe vous prendre à Parmain. Munissez-vous d'une seule valise. »

Quelques secondes plus tard, le téléphone sonne à nouveau. C'est Georges Basset, un vieil ami de la famille, ancien combattant de la guerre de 14 dont il est revenu avec le grade de lieutenant, sept ou huit citations et une réputation de héros :
« Marie-Louise, je passe te prendre. Il faut foutre le camp.
– Mais Marcel Bloch vient de me dire qu'il passait me chercher.
– Tu prendras la première voiture qui se présentera. Il n'y a pas une minute à perdre. »

Marie-Louise Chirac rappelle Marcel Bloch-Dassault qui lui dit :
« Faites ce que vous demande Basset. »

Et c'est Georges Basset qui arrive le premier. Marie-Louise Chirac et son fils montent dans la Renault Viva 4 où s'entassent déjà cinq Basset et leurs bagages. C'est l'exode qui commence.

La Viva 4 est bloquée sur le pont de Parmain. Un embouteillage. Il n'en finit pas. Un officier français passe en courant. Georges Basset sort sa tête par la fenêtre et demande :
« Mon capitaine, qu'est-ce qui se passe ?
– Les Allemands sont à cinquante kilomètres.

– Et alors ? Vous ne vous battez pas ?

– Vous vous rendez compte, monsieur ? Ils nous tirent dessus ! »

Cette histoire, Jacques Chirac la certifie exacte. Elle en dit long sur l'état d'esprit qui règne alors en France. Plus rien ni personne n'a prise sur les événements déchaînés. L'armée bat en retraite. Le peuple s'enfuit. Et le gouvernement capitule. Charles de Gaulle, alors sous-secrétaire d'État à la Défense nationale, expliquera dans ses *Mémoires de guerre* : « L'exercice même du pouvoir n'était plus qu'une sorte d'agonie, déroulée le long des routes, dans la dislocation des services, des disciplines et des consciences. »

Expérience décisive pour le petit Jacques. Il sort subitement d'une chronique de Marcel Proust pour entrer dans un roman de John Steinbeck. Pour la première fois de sa vie, cet enfant gâté apprend la peur, le froid et la mort.

Un vent de panique souffle sur la France. Deux millions de soldats et sept millions de civils se sont jetés sur les routes où se mêlent les enfants perdus, les vaches affamées et les fous relâchés. De son avion, Saint-Exupéry observe « l'interminable sirop qui n'en finit pas de couler » sur « les routes noires » : « On évacue, dit-on, les populations. Ce n'est déjà plus vrai. Elles s'évacuent d'elles-mêmes. » De sa Viva 4, le petit Jacques peut voir les voitures en panne abandonnées dans les fossés, les cadavres d'animaux jetés sur les bas-côtés, les larmes sur les visages apeurés.

Le petit Jacques apprend aussi la pénurie. En ce mois de juin 1940, comme l'écrit Henri Amouroux dans sa *Grande Histoire des Français sous l'Occupation*[1], « on se bat pour un litre d'essence. On achète un verre d'eau ». Quant aux magasins, ils sont vides ou fermés : au choix.

Le 18 juin, quand le général de Gaulle lance son appel de Londres, Brive-la-Gaillarde est passée de trente mille à cent mille habitants. Sa gare est hantée de voyageurs qui attendent un train improbable. Marie-Louise Chirac s'est installée, avec son fils, à quelques kilomètres de là, dans la maison de ses parents, à Sainte-Féréole. Elle y attendra tranquillement le retour de son mari, deux mois plus tard.

Abel Chirac n'est pas pétainiste. Mais il dira, ensuite, que ce Maréchal, qui a fait don de sa personne à la France, n'a mérité « ni sa gloire ni son déshonneur ». C'est, en fait, un gaulliste modéré comme Henry Potez, son patron. Plutôt que de se précipiter à Londres, les deux hommes ont décidé de pratiquer une résistance douce, passive.

---

1. Tome 1, *Le Peuple du désastre, 1939-1940,* Robert Laffont, 1976.

A peine arrivé, Abel Chirac demande à sa femme de refaire les valises. Il faut retourner travailler.

Travailler ? Henry Potez refuse de « collaborer » avec les Allemands. Il a donc fermé ses bureaux et ses ateliers de la région parisienne. Il a fait disparaître ses plans d'avions. Puis il s'est exilé au Rayol, près de Toulon, dans une grande maison cossue où il lit les journaux et joue au bridge. C'est sa façon de faire la grève. A tout hasard, il a gardé quatre employés. Parmi eux : son chauffeur, Auguste ; son comptable, M. Debon ; et, bien sûr, son directeur général, M. Chirac qui vient de changer de prénom. Il ne se fait plus appeler Abel mais François.

Chaque jour, François Chirac se rend à son travail chez les Potez. Mais c'est une fiction. Il n'a rien à faire si ce n'est de commenter l'actualité du jour avec son patron. Ce petit jeu durera plus de quatre ans. C'est sans doute pendant cette période que la Société Potez et Compagnie a perdu son génie et sa puissance créative.

Moins on fait de choses, moins on a de temps. François Chirac et son patron n'ont jamais une seconde à eux, comme tous les oisifs. Mais ils souffrent de leur condition qui se ramène, en gros, à attendre le facteur et sa livraison de journaux.

Sur la terrasse de l'hôtel de la Mer, transformé en bureaux, ils prennent le soleil en fumant. Jacques Chirac se souvient avoir entendu son père répéter dès 1940 : « De victoire en victoire, les Allemands vont vers la défaite finale. » Alors, Henry Potez : « Cessez de dire tout le temps la même chose. Pour l'instant, tout va aussi mal que possible. » Les deux hommes sont convaincus que le IIIᵉ Reich est condamné à perdre. Mais sa déroute se fait attendre...

Jacques Chirac a huit ans. Sur les photos d'époque, il a la raie à gauche et une petite mèche sage court sur son front. Son nez, frémissant, semble déjà à l'affût du monde. Tout son visage, léché d'amour maternel, semble respirer la sensualité contenue.

Il a les lèvres épaisses, légèrement boudeuses, comme tous les enfants gâtés. Il a aussi le regard droit, plein de force, comme tous les garçons révoltés. Il a deux faces, en vérité. C'est le Petit Prince et c'est Gavroche. Côté pile : le fils unique. Côté face : le sauvageon.

Et c'est ainsi que se compose le climat dans lequel vivra désormais Jacques Chirac : tout à la fois étriqué, conformiste, aventureux et séditieux. Sa jeunesse est une ivresse.

Chaque matin, le petit Jacques se rend à l'école communale du Rayol. Elle se trouve à une heure de marche de la villa des Chirac et ne comprend qu'une classe de quinze élèves. Il a un ami qui, selon les jours, est aussi son ennemi. C'est Darius Zumino. Son père, immigré italien, est ouvrier agricole. Il a douze enfants. Ils habitent tout près et vivent tous ensemble dans une pièce. Dans leur assiette, il va sans dire qu'ils trouvent plus souvent de la soupe au pain que du bœuf bourguignon.

« Les Zumino étaient communistes, naturellement, dit aujourd'hui Jacques Chirac. Non parce qu'ils étaient misérables – ils étaient, d'ailleurs, heureux de vivre – mais parce qu'ils se sentaient communistes, tout simplement. Aujourd'hui, ils sont tous RPR, bien entendu. »

Souvent, en sortant de l'école, Darius file le premier et monte sur une falaise où il attend Jacques. Et, quand l'autre passe, il lui jette des pierres. Ce sont des batailles homériques. Les deux écoliers ne marchandent ni leurs insultes ni leurs coups. « Comme il était un peu plus fort que moi, reconnaît Jacques Chirac, c'est généralement moi qui trinquais. »

Quand ils se sont réconciliés, les deux sauvageons courent ensemble les ravins, se poursuivent dans des jeux de piste, chassent les oiseaux, pêchent le mérou. Naturellement, ils ont tous deux les pieds nus. Sur les cailloux, la corne des pieds du petit Jacques s'épaissit sans arrêt. Longtemps après, de retour à Paris, l'enfant sauvage aura un mal fou à s'habituer aux chaussures.

Les Chirac ne s'occupent pas de politique ? Elle s'occupera d'eux.

C'est le 27 novembre 1942 que le petit Jacques ressentira sa première émotion politique. Ce jour-là, le gouverneur de Toulon a invité « toutes les personnes qui n'ont rien à faire dans cette ville, et qui peuvent avoir ou trouver ailleurs les moyens de vivre, à quitter la place ». Les troupes allemandes viennent d'entrer en zone libre. Elles occuperont désormais tout le territoire. Au Rayol, Jacques Chirac est, comme d'habitude, en train de musarder sur les collines quand, soudain, le ciel s'embrase puis se couvre de fumée. C'est l'Histoire qui se fait ; c'est l'Histoire qu'il regarde.

Dans la rade de Toulon, la flotte française est en train de se saborder. La France avait perdu son indépendance. Elle est en train de perdre sa marine. Bientôt, c'est toute son armée qui sera liquidée. Ce soir-là, une fois n'est pas coutume, les Chirac parleront politique à table. Ils ont le sentiment d'un « immense gâchis ». Comme ses parents, le petit Jacques devient de plus en plus partisan de cet ancien sous-secrétaire d'État à la Défense nationale qui, de Londres à Alger, prétend incarner la France.

Arrivent les Allemands. Ils essaiment partout, sur les collines, dans les vignes, sur les plages, et communiquent entre eux avec des téléphones de campagne. Des kilomètres de fil noir courent dans le maquis. Darius et Jacques inventent un nouveau jeu. Ils s'amusent à couper les fils, au grand dam de leurs parents. Ils en font ensuite des ficelles ou des lassos, c'est selon. Actions de vandalisme plutôt que de résistance : c'est Jacques Chirac qui le dit. Il se souvient avoir fait ainsi le désespoir d'un lieutenant allemand, «un homme tout à fait distingué et pas du tout nazi qui se retrouva rapidement sur le front de l'Est».

Surviennent les Alliés. Dans la nuit du 14 au 15 août 1944, les premiers commandos arrivent. Ce sont des Français. Ils se sont trompés. Ils devaient débarquer à trois ou quatre kilomètres de là. Mais la mer était trop calme et le rocher qui devait leur servir de point de repère n'affleurait pas. Ils ont donc échoué devant les falaises du cap Nègre qu'il leur a fallu gravir.

Un officier frappe à la porte des Chirac. Il a quarante ans et le torse scintillant de décorations. Il semble promis à la gloire et commande la 1re division de la France libre. C'est le général Brosset.

Il passera la nuit suivante à la Casa Rosa, la petite villa des Chirac. Pendant le dîner, il parlera beaucoup avec le petit Jacques et, le lendemain matin, avant de prendre congé, il lui glissera une tablette de chocolat dans la poche.

Le petit Jacques gardera longtemps dans la bouche le goût de ce chocolat : le général Brosset aura été son premier modèle. Au milieu des soldats américains qui grimpent les collines, les poches pleines de chewing-gums qu'ils distribuent à tout va, il est de plus en plus fasciné par la chose militaire. Ce frondeur aime l'armée ; cet individualiste adore la discipline.

Quelques mois plus tard, le jeune Jacques apprend que le général Brosset a trouvé la mort dans un accident stupide : sa voiture est tombée dans un ravin en Alsace. «Ce fut, dit Jacques Chirac, la première grande peine de ma vie. Sans doute parce que, de toutes les personnes que j'avais rencontrées jusqu'alors, c'est celle qui m'avait le plus impressionné. C'était un héros.»

Mais qui a dit que le tombeau des héros est le cœur des vivants ? Après avoir longtemps pleuré dans sa chambre, le jeune Jacques décide de «faire quelque chose» en mémoire du général Brosset. Il taille une planche puis écrit dessus à l'encre de Chine :

AVENUE DU GÉNÉRAL-BROSSET

En ce temps-là, il manquait un nom à un chemin du Rayol : celui qui descendait de la route de la corniche vers la mer. Avec des clous et un marteau, Jacques plante sa plaque très haut sur un mur. C'était en 1945. Un quart de siècle plus tard, l'inscription était toujours là.

Un jour, le conseil municipal du Rayol décide de bitumer cette route. M. Gola, le maire, qui fut le régisseur des Potez, s'étonne du nom qui a été donné au chemin. Il fait faire des recherches dans les archives municipales mais on ne trouve nulle trace d'une avenue du Général-Brosset. Qu'à cela ne tienne : M. Gola décide de garder le nom. « Mettons simplement une plaque plus convenable », dit-il. De passage à Paris, il raconte l'histoire à Jacques Chirac.

Alors, Chirac : « L'avenue du Général-Brosset, c'est moi. »

Quelques semaines plus tard, il sera nommé Premier ministre et inaugurera, en grande pompe, l'avenue du Général-Brosset. Cet homme aime se pencher sur son enfance, qu'il idolâtre comme si le meilleur de sa vie avait été au commencement.

Vraiment ? A l'époque, pourtant, le petit Jacques ne respire pas le contentement. Il finira même par se dresser contre l'ordre des grandes personnes. Après le temps de l'enfant gâté, voici celui du garçon révolté...

L'angoisse à quinze ans

> [...] L'Angoisse, atroce, despotique,
> Sur mon crâne incliné plante son drapeau noir.
> *Baudelaire.*

La micheline qui fait la navette entre Toulon et Saint-Raphaël passe juste au-dessous de la Casa Rosa. En chemin, elle crache des flammèches. Et c'est ainsi qu'une nuit, en 1943, elle mettra le feu aux taillis. En quelques minutes, la villa des Chirac est cernée par les flammes. Toute la famille sort sans même se changer et s'enfuit par la route quand le petit Jacques se souvient, subitement, que son père a oublié ses cigarettes dans l'armoire de la chambre des parents. Il fait demi-tour et court jusqu'à la maison, sous les hurlements de sa mère.

« En ce temps-là, dit Jacques Chirac, les cigarettes étaient rationnées. Chez nous, on récupérait les mégots avec une attention extrême. Mon père les réutilisait. Pour lui, le tabac, c'était la chose précieuse entre toutes. »

Ses parents ordonnent au petit Jacques de revenir mais il a décidé de ne rien entendre. Il veut montrer à son père qu'il n'est pas un propre-à-rien. Il a besoin d'être reconnu. Mission réussie.

« Que je songe à récupérer son tabac, dit Jacques Chirac, c'est une des choses qui, avec ma réélection triomphale aux élections législatives de 1968, a le plus impressionné mon père. »

Le petit Jacques a besoin de plaire, comme tous les anxieux. Mais il n'est pas facile de faire la conquête de ce père exigeant. Et non moins malaisé de retenir son attention. C'est peut-être pourquoi ce garçon est si turbulent. Il se rappelle sans cesse au souvenir du directeur général de Potez. On ne compte plus ses manquements à la discipline dans les établissements scolaires qu'il a fréquentés. C'est plus qu'un farceur : un rebelle.

Après la guerre, Jacques Chirac se retrouve au lycée Hoche, à Saint-Cloud où ses parents se sont provisoirement installés. S'ils font état, avec prudence, de son tempérament chahuteur, les historiographes officieux se gardent d'évoquer son renvoi dudit lycée : une sombre affaire de boulettes en papier tirées contre un professeur de géographie. Asocial et solitaire, c'est une sorte d'indiscipliné pathologique. Quand il ne blague pas pendant les cours, il bavarde...

Ce n'est même pas un bon élève. «J'ai commencé à travailler en classe de première, dit Jacques Chirac. Auparavant, tout mon problème, c'était de ne pas avoir d'examen de rattrapage à l'automne, ce qui aurait gâché toutes mes grandes vacances. Je me suis donc arrangé pour passer toujours au ras de la barre. Mon unique but dans la vie, en fait, c'était de me promener. »

En seconde, son professeur d'histoire écrit sur son carnet de notes : «Esprit vif et curieux. Travaille avec goût. Mais plus spontané que réfléchi.» L'année suivante, le professeur d'histoire notera : «Trop bavard, trop distrait et trop nerveux pour réussir.»

Ce garçon dissipé n'est cependant ni un chef de bande ni une grande gueule. Il n'a guère laissé de traces au lycée Carnot où il a débarqué après que ses parents eurent quitté Saint-Cloud pour s'installer 10, rue Frédéric-Bastiat, une rue cossue du VIIIe arrondissement de Paris. Il a seulement provoqué une allergie chez son professeur de philosophie. Chaque fois que celui-ci entre en classe, avant même de commencer son cours, il dit : «Chirac, à la porte !»

«Nous étions dans les mêmes murs, dit Jacques Friedmann, qui est devenu son meilleur ami. Nous avions les mêmes professeurs, les mêmes salles de classe. Eh bien, je n'ai aucun souvenir de Jacques.»

Que faisait-il, ce chenapan, pour passer inaperçu ? Sa vie se faisait en dehors du lycée Carnot et il n'avait de cesse que de quitter ses hauts murs pour partir à la conquête du monde.

Quel monde ? La légende veut que Jacques Chirac soit imperméable à la culture. Si cette légende a la vie dure, c'est parce qu'il l'entretient complaisamment. C'est ainsi qu'on ne trouvera, dans les récits de son enfance qu'il distille à ses biographes, aucune allusion à ce qui occupa, pourtant, l'essentiel de son temps. A le croire, son activité principale aurait surtout consisté à «conter fleurette» aux demoiselles du quartier sur les bancs publics du parc Monceau, proche du lycée. Au passage, il racontera qu'il a suivi des cours de cuisine au Cordon Bleu, rue du Faubourg-Saint-Honoré. Il y mijotait des petits plats vendus, dans une cafétéria, au bénéfice des bonnes œuvres. Officiellement, sa jeunesse fut banale et bourgeoise, alors qu'elle fut, en vérité, curieuse, avide, ouverte aux vents du monde.

S'il est vrai que la culture ne s'hérite pas mais se conquiert, comme dit Malraux, le jeune Jacques fut un authentique aventurier. Mais pourquoi diable a-t-il tout fait, depuis, pour que cela ne se sache pas ? Sans doute parce que cette face-là ne correspond pas à l'image qu'il entend donner de lui-même. Toutes les ambiguïtés viennent de là, toutes les méprises, tous les quiproquos.

A quinze ans, donc, le jeune Jacques est fasciné par les civilisations anciennes. Il se passionne notamment pour l'Inde du Nord-Ouest, celle qui, deux millénaires avant l'ère chrétienne, a donné naissance au sanskrit, l'une des plus vieilles langues du monde. Et, un jour, il annonce à ses parents qu'il veut apprendre le sanskrit.

Va pour le sanskrit. On indique à ses parents un vieux professeur qui habite dans le XIIIe arrondissement. C'est « Monsieur Delanovitch », un septuagénaire tiré à quatre épingles, toujours en cravate, avec une grande crinière blanche lamartinienne. Il habite un misérable rez-de-chaussée sur fond de cour, où il fabrique des « écorchés » : des petits bonshommes en papier mâché à l'usage des écoles primaires. Ce « Russe blanc » parle couramment douze langues. Il lit dans le texte le grec, le latin et, bien sûr, le sanskrit. Ce sera l'une des rencontres les plus décisives du jeune Jacques.

Originaire de la grande bourgeoisie lituanienne, « Monsieur Delanovitch » était attaché d'ambassade en Iran quand survint la révolution russe de 1917. Sa femme, une princesse de sang, se trouvait alors en Russie. Elle fut tuée dans la tourmente. Préférant ne pas connaître son sort, il commença une vie d'errance et fut ouvrier chez Renault puis chauffeur de taxi avant de fabriquer des « écorchés ».

« Monsieur Delanovitch » apprend, pendant trois mois, le sanskrit au jeune Jacques. C'est un échec. Un jour, le vieux professeur décide donc d'arrêter : « Je vais t'apprendre le russe, ça te sera plus utile. »

Là, c'est le coup de foudre : cette langue lui plaît tout de suite. Et c'est ainsi que ses parents finissent par proposer à « Monsieur Delanovitch » de s'installer chez eux, dans leur nouvel appartement de la rue de Seine, où ils ont une chambre avec entrée indépendante. Le professeur accepte. Il passera désormais la moitié du temps chez les Chirac, jouant tout à la fois, pour le jeune Jacques, le rôle de précepteur, de complice et de père spirituel.

De père tout court ? Aujourd'hui, Jacques Chirac s'en défend, naturellement. Mais il ne nie pas que cet homme raffiné ait laissé sur lui son empreinte. Depuis la mort de « Monsieur Delanovitch », dans les années cinquante, il va se recueillir régulièrement sur sa tombe. C'est dire son importance. De tous les gourous qui ont traversé sa vie, celui-là reste, en fait, inégalé. Les autres, on le verra, ont plus ou moins façonné le Chirac public. Ce « Russe blanc » a contribué, lui, à fabriquer le Chirac privé en lui inoculant la passion de la littérature russe, de la civilisation perse, de l'art chinois et de bien d'autres choses encore.

Chez les Chirac, «Monsieur Delanovitch» a le statut d'un grand-père. Chez eux, il est chez lui. Il partage régulièrement les repas de famille. Il vient parfois passer des vacances en Corrèze. Et il parle pendant des heures avec le jeune Jacques. Il l'initie à Pouchkine, Tolstoï, Dostoïevski. Il lui prête des recueils de poésie. Il l'emmène faire le tour des musées de Paris.

C'est au musée Guimet – dont il deviendra un habitué – que grandit l'attrait du jeune Jacques pour la philosophie indienne. L'hindouisme le captive. Cet adolescent a faim d'absolu. C'est une religion pour lui. Il songe même, pendant quelques mois, à se convertir. Il renoncera finalement, faute de temples et, peut-être, de conviction. Mais il achète, depuis cette époque, tous les livres qui parlent de Visnu (prononcer *vichnou*) ou de Krsna (dire *krishna*). Il en a aujourd'hui quatre cents, pour la plupart annotés.

Quand Ravi Shankar vient faire sa première tournée en Europe, il reste quinze jours dans un petit théâtre du IXᵉ arrondissement. Le jeune Jacques s'y rendra tous les soirs. Le musicien indien finira par repérer ce grand adolescent aux yeux fascinés qui se tient au premier rang. Une nuit, il le laissera entrer dans sa loge.

«Monsieur Delanovitch» ne va pas seulement l'initier. Il va aussi contribuer à alourdir l'angoisse qui, déjà, pèse sur Jacques Chirac. Un jour, lisant les lignes de la main de son protégé, il lui fait, sur le ton dégagé des grandes confidences, une remarque qui changera son enfance.

Observant la ligne de vie qui court autour de la paume de sa main gauche, il lui apprend qu'elle est exceptionnellement courte. A quel âge mourra-t-il? A trente ans? A quarante ans? «Monsieur Delanovitch» ne sait mais il est convaincu que l'espérance de vie de son jeune disciple est limitée. «Tu ne vivras pas longtemps», dit-il au jeune Jacques qui, comme dirait Montaigne, troublera désormais «la vie par le soin de la mort et la mort par le soin de la vie».

Non, décidément, Jacques Chirac ne sera jamais, lui, du genre à attendre que la mort le trouve, «plantant ses choux et nonchalant d'elle». Il n'aura désormais plus le temps. Elle est à ses trousses. Il court...

Chirac, qui a déjà un petit côté «sorcier», prétend sentir les événements avant qu'ils n'arrivent; il s'intéresse aux sciences occultes; il n'est pas loin de penser que le réel et le surnaturel ne font qu'un. Il est donc tout disposé à écouter les diseurs de bonne (ou mauvaise) aventure et à croire les prédictions de « Monsieur Delano-vitch ».

La découverte de la petitesse de sa ligne de vie n'a peut-être pas fondamentalement changé son caractère. Elle est en tout cas tombée sur un terrain propice. Il y a quelque chose de pathétiquement célinien chez ce personnage, tant il est convaincu que, si le monde a une vérité, c'est la mort.

Il ne panique pas pour autant. Même si, comme l'a écrit naguère Maurice Clavel, on peut déceler dans son regard d'« insondables angoisses », il ne les laisse pas se déployer. La journaliste Michèle Cotta, qui l'a souvent suivi dans ses voyages, raconte : « J'ai très peur en avion. Or, chose curieuse, avec lui, je me suis toujours sentie en sécurité. On se dit qu'il ne va rien lui arriver. Il a tellement l'air à l'abri des maux du cœur et du corps. »

L'est-il ? Pas toujours. Un noir souci chevauche en croupe du cavalier. Et Chirac n'est pas du genre à garder ses larmes pour lui pendant les enterrements. Il a de vrais et longs chagrins. Il n'admet pas de cesser de vivre avec ceux qu'il a aimés. On est loin de la légende du Chirac cuirassé, aguerri, indestructible. Il y a beaucoup de blessures sur cette nuque de taureau.

Écoutons Bernadette Chirac : « Après la disparition de son père, mort très vite, comme un chêne qu'on abat, il m'avait dit, je me souviens : "Quand ma mère mourra, ce sera encore plus difficile et douloureux." Il avait raison. Il fut très atteint. »

Il n'accepte même pas la maladie. Ni la sienne – il ne prend jamais de médicaments, n'acceptant de tromper sa douleur qu'à l'aspirine Upsa. Ni celle des autres : cet homme pourchassé par le temps est capable de tout arrêter, subitement, pour s'occuper d'un ami souffrant – pour le faire changer de service hospitalier, par exem-ple, ou bien pour le faire traiter par un grand spécialiste de ses relations.

Qu'ils échouent ou qu'ils frondent, et le regard de Chirac peut brusquement refuser à ses proches le droit à l'existence. Il ne les voit plus. Mais qu'ils se retrouvent à l'hôpital, et tous ceux qui, un jour, ont été dans son champ de vision sont l'objet d'effusions de compassion. Faibles ou puissants, il les accompagnera, à coups de visites, de billets ou de fleurs, jusqu'à leur dernier souffle. On l'a beaucoup vu, par exemple, au chevet de personnalités du Tout-État comme Maurice Siégel à qui il avait, pourtant, retiré la direction d'Europe 1, en 1974 – à la demande, il est vrai, de Valéry Giscard d'Estaing. Mais il se dépensera également sans compter autour de telle obscure relation sur son lit de mort. Il n'a pas la fraternité hiérarchique.

On peut faire de Chirac – et ses propagandistes ne s'en privent pas – un être parfait, un sommet de délicatesse et de générosité, pressé de dispenser le bien comme Saint Louis ou Henri IV. On peut aussi le ranger dans la catégorie de ceux que Nietzsche appelle les «compatissants» («Mais pourquoi donc a-t-il les joues rouges? N'est-ce pas parce que trop souvent il lui a fallu avoir honte?»). On peut également expliquer ces grands élans par une anxiété fondamentale : celle de l'homme qui a toujours quelque chose à se reprocher, un tourment à tromper, une faute à racheter. C'est sa vie qui répondra...

C'est un adolescent démodé. Il ne s'intègre pas aux jeux collectifs du lycée. Il reste sur son quant-à-soi et rêve, en silence, de bohème. Marginal et décalé, il vit en dehors de son temps, des salles de cinéma et des surprises-parties. Il n'ouvre même pas les journaux que son père rapporte, le soir, à la maison : *l'Équipe* et *Paris-Presse*. Et il évite soigneusement les grands débats politiques qui, parfois, divisent sa classe. Certes, il est partisan du général de Gaulle. Mais c'est parce qu'il a entendu dire qu'il fallait l'être. Pendant la campagne des élections municipales de 1947, il s'inscrira même au RPF. Un jour, un copain l'emmène dans une permanence du parti du Général. Il prend sa carte. «Il ne faut cependant pas exagérer l'importance de ce geste, dit aujourd'hui Jacques Chirac. Ce fut un acte spontané. Je ne savais pas ce que je faisais. C'est en 1958 que je suis vraiment devenu gaulliste.»

Qu'est-il donc, au juste? Un jeune homme romanesque, tout simplement. Il collectionne des reproductions de tableaux modernes sur cartes postales, qu'il achète chez les libraires du boulevard Saint-Germain. Sa chambre est remplie de Chirico, de Balthus, de Picasso, de Miro et de Kandinsky, son préféré. Quand il ne dévore pas des ouvrages obscurs sur l'hindouisme ou l'art chinois, il va voir des spectacles de danse. Ou bien il fait les antiquaires. A la maison, il ne prend pas beaucoup de place. Il est rarement là. En fait, il se contente de se cultiver et de «trouver ça farce».

Son père n'est pas du même avis. Il a décidé que Jacques ferait l'École polytechnique. Il le voit déjà en patron. A moins que ce ne soit en ingénieur. Mais, pour cela, son fils se doit de travailler. Or, il fait preuve d'un mélange agaçant d'aisance et de désinvolture. Il ne prend pas le lycée au sérieux.

C'est le fils de « Monsieur Delanovitch » avant d'être celui de François Chirac. Jacques respecte son père mais, apparemment, il n'a pas – ou plutôt pas encore – la même image de la « réussite » que lui. Il préférera toujours les plaisirs culturels aux jouissances matérielles.

Et c'est ainsi que sourd la colère de François Chirac. Il a l'impression d'avoir couvé un canard boiteux. A la table familiale, il arrive, parfois, que le ton monte. Le jeune Jacques hausse les épaules. Ses études, il les fait. Partout. Sauf au lycée Carnot...

Jacques Chirac n'est pas un « cancre ». Il se borne simplement à lire en diagonale les manuels scolaires. Il survole, il rêvasse, il picore. Il fait confiance à ses capacités d'assimilation qui, déjà, sont grandes. Et, à la surprise générale, il est reçu au baccalauréat avec la mention « assez bien ».

Il ne sait pas très bien ce qu'il veut faire. Il se verrait bien capitaine au long cours mais il n'ose pas en parler à ses parents. « J'avais tâté le terrain, dit aujourd'hui Jacques Chirac. Mon père avait un ami qui était président de l'Union industrielle et maritime. C'était une personnalité importante du monde de la marine marchande. J'avais demandé qu'il me pistonne pour trouver du travail sur un bateau. Naturellement, ça n'a pas marché. »

En attendant que leur fils se décide, ses parents l'inscrivent en mathématiques supérieures au lycée Louis-le-Grand. Son père a toujours la même obsession : Polytechnique. Mais le jeune homme de dix-sept ans qui dit adieu aux couloirs tristes du lycée Carnot a décidé, dans le même temps, de prendre congé du domicile familial et de l'autorité parentale. Il a le front haut et le regard révolté d'un personnage de Joseph Conrad. Il prend un baluchon et la route de Rouen. Il s'en va à la conquête du monde. Il ne part pas en vacances mais pour la vie...

En Mai 68, les étudiants révoltés faisaient des barricades. Aupara vant, ils faisaient leurs bagages. A défaut de jeter des pavés, Jacques Chirac lève donc l'ancre. Pour se retrouver, il rompt avec sa famille, ses habitudes, ses avantages. Il s'engage à Rouen comme inscrit maritime puis gagne Dunkerque en auto-stop. Pour avoir l'air d'un marin, il s'est acheté une pipe et un paquet de tabac noir – du « gros cul », comme on dit à l'époque. C'est, décidément, l'anti-dandy. Il se fait embaucher comme pilotin sur un cinq mille tonnes, le *Capitaine-Saint-Martin*.

Où va-t-il ? Ce cargo charge du charbon à Dunkerque, le décharge à Alger, prend ensuite la direction de Melilla, au Maroc espagnol, y charge du minerai de fer, puis le décharge à Dunkerque. Autant dire que Chirac-le-pilotin apprendra à vivre dans la poussière et la crasse. Il fera quatre fois le circuit Dunkerque-Alger-Melilla-Dunkerque.

Le capitaine le prend tout de suite en amitié. Chirac l'appelle le « Bosco ». Les océans n'ont plus de secret pour ce vieux bourlingueur qui a tout fait, y compris le cap Horn. Lors du premier voyage, dans le golfe de Gascogne, il remarque que son pilotin, alors de quart, souffre du mal de mer. Il l'emmène dans sa cabine et lui fait manger trois boîtes de sardines : « Avec ça, tu te caleras bien l'estomac. C'est un remède radical. »

Jacques Chirac prétend que, depuis ce jour, il n'a plus jamais eu le mal de mer. De cet épisode maritime, il ne garde pas seulement le goût des sardines mais aussi la nostalgie de la fraternité. « On n'avait pas le temps de s'ennuyer ni de regarder les mouettes, raconte-t-il. On travaillait pratiquement seize heures par jour. Il y a toujours quelque chose à faire sur un bateau. Et je m'entendais très bien avec l'équipage, constitué, pour l'essentiel, de Bretons. » Lors des escales, il partage avec eux la tournée des comptoirs et les joies poisseuses des bars louches.

Une nuit, à Alger, le « Bosco » l'emmène, avec quelques jeunes matelots, dans un lupanar de la Casbah. Quand il revient sur le *Capitaine-Saint-Martin,* au petit matin, il n'est plus tout à fait le même.

Il n'en finit pas d'être un homme.

Ce n'est peut-être pas un hasard si Jacques Chirac a perdu son pucelage dans un bordel algérien. Ni paillard ni rabelaisien, il n'est pas non plus du genre romantique. C'est un « macho » qui croit aux valeurs de la virilité, quitte à mesurer la masculinité à la consommation de tabac ou d'alcool. Une philosophie somme toute militaire. « Les femmes pensent à l'amour, les hommes aux galons ou à quelque chose de ce genre », souffla de Gaulle à Malraux[1]. Chirac pourrait cosigner.

Ni touriste à la Paul Morand, ni globe-trotter à la Blaise Cendrars, Jacques Chirac n'est pas un marin raffiné. C'est un aventurier au sens bourgeois du mot. Jeune homme libre, il chérit la mer. Et il sait maintenant qu'il a trouvé sa voie. Il continuera à travailler sur le *Capitaine-Saint-Martin* et il passera le concours de lieutenant au long

1. André Malraux, *Les chênes qu'on abat,* Gallimard, 1971

cours. Naturellement, ses parents n'en savent rien. « Si je leur avais demandé leur avis, dit-il, ça aurait fait des étincelles épouvantables. »

Désormais, il ne prend plus son travail à la blague. Il a fini de songer à la gloire par la plume. Il ne pense plus qu'à se dépasser lui-même et, pour cela, il a trouvé un moyen : la mer. Il s'imbibe d'air salé, d'histoires corsées, de récits de voyage. Sur le *Capitaine-Saint-Martin*, il a le sentiment de vivre au-dessus de lui-même. Et il est fier de gagner enfin sa vie, même si sa première feuille de paye est très modeste.

Les mois passent. Arrive octobre. Au lycée Louis-le-Grand, les cours de math sup commencent sans le jeune Jacques. Rue de Seine, les Chirac s'impatientent. C'est un défi qui leur est lancé. Et ils ont de plus en plus de mal à se reconnaître en ce marin qui leur envoie de ses escales des mots rapides et exaltés.

Un jour, alors que le *Capitaine-Saint-Martin* accoste à Dunkerque, Jacques Chirac reconnaît une silhouette familière sur le quai. Un grand gaillard fait les cent pas en fumant des cigarettes. C'est son père. La tête rentrée dans les épaules, il n'a pas l'air content.

En effet. Quand Jacques Chirac descend du bateau, son père le traite de « connard » avant de lui annoncer qu'il le ramène sur-le-champ à Paris. Ainsi s'achève le voyage initiatique. Il faut retourner rue de Seine et aux réalités. L'heure de l'aventure viendra plus tard, si elle vient un jour.

Sur le chemin du retour, Jacques Chirac plaide sa cause. « Je ne suis pas doué pour les études, explique-t-il à son père. J'ai envie de travailler rapidement. C'est fascinant de commander un bateau. Je voudrais être lieutenant au long cours. Un jour, je serai capitaine. » Naturellement, son père fait le sourd. Il voit toujours son fils en polytechnicien.

Il a tort. En math sup, qu'il réintègre avec un mois de retard, Jacques Chirac ne réussira pas trop mal. Mais il ne fera pas non plus d'étincelles. « Pour être franc, dit-il aujourd'hui, ça me cassait les bonbons, ces histoires de maths. » Entre deux cours, il multiplie donc les escapades, pour la plupart culturelles. Il parle d'écrire des livres. Ou des articles. Il ne sait toujours pas quel métier il fera. Bref, il flotte.

A l'âge où il se doit de trouver sa voie, Jacques Chirac paraît disloqué. C'est qu'il est partagé entre au moins deux personnages, contradictoires de surcroît. D'un côté, un esthète lunaire qui, le soir, dans sa chambre, traduit *Eugène Onéguine* de Pouchkine. De l'autre, un aventurier avide de nouveaux paysages et convaincu, comme

Nietzsche, que l'homme est quelque chose qui doit être surmonté. Quant à ses parents, ils voudraient lui voir jouer un troisième rôle : celui d'un étudiant conformiste et rangé. Beaucoup de rôles pour un seul homme. Il va falloir choisir...

L'hélicoptère de Sciences-Po

Veux-tu des perles ? Plonge dans la mer.
Proverbe kurde.

Il a dix-huit ans. Il parle comme un charretier et fume comme un sapeur. Il a l'air de tout savoir. Il a la pâleur inquiète d'un personnage de Dostoïevski et il ne distingue pas encore où le mènera sa frénétique boulimie. En lui cohabitent la mythologie républicaine de ses deux grands-pères, la curiosité cosmopolite et fantasque de « Monsieur Delanovitch », son goût de la poésie et des arts plastiques, la témérité péremptoire de sa mère, le goût du travail et les vertus bourgeoises de son père. C'est déjà l'homme des antithèses : cultivé, cosmique et cossu.

Il désespère son père. Aussi, quand Jacques Chirac lui explique un jour qu'il veut faire Sciences-Po (« On m'a dit que c'était intéressant »), l'autre n'hésite pas un instant. Va pour Sciences-Po. C'est peut-être là que se trouvera enfin ce fils qui se cherche tant.

Prudent, Jacques Chirac prend une année sabbatique. Si l'expérience de Sciences-Po n'est pas satisfaisante, il est convenu avec ses parents qu'il réintégrera le lycée Louis-le-Grand où il est autorisé à passer dans la classe supérieure : math spé.

Précaution inutile : en octobre 1951, quand il entre à Sciences-Po, Jacques Chirac se moule dans un nouveau personnage, celui d'un étudiant assidu et besogneux. « Il s'intéressait gloutonnement à tout, note Béatrice de Andia qui partageait les mêmes bancs que lui. Il n'était jamais rassasié. »

C'est la fin de sa jeunesse.

Jacques Chirac est-il devenu, soudain, Jacques Chirac ? Il a en tout cas tourné le dos au personnage romantique et majestueusement désinvolte qu'il incarnait jusqu'alors. Il n'est plus le jeune homme qui pense à autre chose. Renonçant au système de valeurs de ses années flâneuses, il jette toute son énergie pétaradante dans le travail universitaire. Il ne reste rien de commun entre l'étudiant sportif, compétitif, bien habillé de la rue Saint-Guillaume, et le pilotin ébouriffé du *Capitaine-Saint-Martin*. « Je me suis tout de suite plu, dit aujourd'hui Jacques Chirac. Alors, j'ai abandonné le reste. »

Qui a dit que la meilleure preuve de caractère est de savoir vaincre le sien ? Jacques Chirac a changé de partition. Mais ce qui étonne le plus, ce n'est pas la métamorphose de ce personnage caméléon. C'est sa rapidité.

Il éblouit ses camarades et ses professeurs avec ses réponses érudites. En histoire, son maître de conférences, Marcel Reinhart, professeur à la faculté de Caen et auteur de plusieurs ouvrages sur Henri IV, a une obsession : faire participer les étudiants. Pour ce faire, il arrive aux cours avec un cahier où ses assistants notent d'une croix les interventions de chaque élève. A la fin du trimestre, ils font le compte. « Les croix de Jacques Chirac, on ne savait plus où les mettre », note Jacques Friedmann, qui fut assistant de la première année en 1951. Parce qu'il est l'un des meilleurs élèves de la deuxième année, il a été chargé de piloter les nouveaux arrivants. Jeune homme réservé et sérieux, d'une sensibilité plutôt de gauche, il deviendra l'ami le plus proche de Jacques Chirac.

« Jacques Chirac, se souvient Friedmann, était à la fois actif et brillant. Il intervenait toujours avec assurance. C'était un bon élève mais ce n'était pas vraiment un chef de bande. » Rue de Seine, les dîners familiaux sont moins orageux. François Chirac a une nouvelle ambition pour son fils : l'École nationale d'administration...

Lors de la première conférence de Sciences-Po, Jacques Chirac repère une jeune fille au front immense et au regard sage. Les tables étant disposées en carré autour du professeur, il se trouve qu'elle est assise juste en face de lui. Elle aussi a remarqué ce grand énergumène filiforme. Et il l'agace : « Il remuait sans arrêt ses jambes sous la table. Je me disais que ce garçon était trop nerveux et qu'il devait sûrement boire trop de café. »

La jeune fille agacée s'appelle alors Bernadette de Courcel. Sa famille a de la branche, des biens et des valeurs mobilières. Mais elle ne fait pas que de l'argent. Elle fabrique aussi des héros. L'oncle Geoffroy, par exemple. Bernadette en est très fière. C'est la gloire des Courcel. Il fut tour à tour chef de cabinet du général de Gaulle en 1940, commandant d'escadron d'automitrailleuses en Libye puis, après la guerre, ambassadeur de France. A Sciences-Po, en ce temps-là, Courcel est un nom qui se prononce avec révérence. A juste titre.

On a parfois dit que c'est Bernadette qui a fait les premiers pas. « Elle avait tout de suite repéré que Jacques était un type valable, dit

Béatrice de Andia, sa camarade de classe. Elle utilisait tous les moyens possibles pour l'approcher. Quand elle était dans un autre séminaire, elle faisait en sorte de se lier avec le groupe de jeunes filles que nous formions autour de Jacques. C'est ainsi que nous sommes devenues amies. »

Bernadette s'est simplement arrangée, en fait, pour se trouver toujours dans le champ de vision de Jacques. Cette jeune fille pieuse et angélique était bien trop réservée pour en faire davantage. Écoutons sa version : «J'étais d'une timidité maladive. Jacques s'en était aperçu et il m'avait conseillé de me jeter à l'eau en prenant le premier sujet proposé par Reinhart. Ce que je m'empressai de faire. J'écopai donc d'un exposé sur la Révolution. A la sortie de la conférence, j'allai donc le préparer à la bibliothèque. J'étais en train d'y travailler quand je vis arriver ce grand escogriffe qui me dit : "Mademoiselle, j'ai l'intention de monter un groupe de travail qui se réunirait chez moi. Nous serons quatre. Voulez-vous en faire partie ? " Et c'est dans la foulée que nous nous sommes connus. » Tout se serait donc passé lors de la première rencontre, du premier regard.

La version de Jacques Chirac, si elle est moins romantique, n'est pas vraiment contradictoire. A l'en croire, c'est Sa Majesté le hasard qui aurait fait les trois quarts de la besogne : «Je voulais faire un groupe de travail. J'avais déjà repéré deux types. Il me fallait une fille. Je lui ai proposé de venir avec nous parce qu'elle me semblait être la meilleure élève. »

Jacques et Bernadette apprennent à travailler ensemble. Rue de Seine, ils partagent les mêmes lectures, les mêmes amitiés, les mêmes sandwiches. Ils passent des après-midi ensemble. Et de fil en aiguille...

Elle est douce et lui si frétillant qu'ils sont faits pour s'entendre. Mais il n'a pas d'yeux que pour elle. Il est trop ardent, trop affamé d'aventures. Et il entend bien garder les ailes libres.

C'est le bourreau des cœurs de Sciences-Po. «Il plaisait beaucoup aux jeunes filles», dit Bernadette, énigmatique. Trois camarades de Sciences-Po confirment. Jacques Friedmann se souvient qu'il avait du «succès auprès de ces demoiselles». Quant à Michel Rocard, un autre camarade de Sciences-Po, ce qu'il a surtout retenu du Jacques Chirac d'alors, c'est «la cour de filles formidables qui gravitait autour».

Ce jeune homme couvert de femmes trouve-t-il quand même le temps d'être amoureux de Bernadette ? Il ne se déclare pas. Ce n'est pas son genre. Mais Bernadette, submergée de petits mots, assaillie de coups de téléphone, n'a pas besoin des aveux de Jacques. Certes, elle est bien consciente qu'il l'utilise : « Il me faisait faire ses fiches de lecture parce qu'il n'aimait pas trop lire le genre d'ouvrages qu'on était censé ingurgiter à Sciences-Po. J'ai lu beaucoup de choses pour lui, à commencer par *De la démocratie en Amérique* de Tocqueville. Il était déjà très organisé et il appréciait cette gentille fille conscien-cieuse qui lisait des tas de bouquins pour lui. Cela crée des liens. »

De là naît leur complicité et aussi la fascination – le mot n'est pas trop fort – qu'il exerce sur Bernadette : « Il m'a tout de suite distancée. Il fallait voir la rapidité avec laquelle il survolait les dossiers. Il comprenait tout au premier coup d'œil mais il ne s'impatientait pas de la lenteur des autres. »

S'est-il servi cyniquement de Bernadette ? La réponse ne fait aucun doute. C'était un étudiant obligeant. « Il était toujours prêt à porter les paquets et à ouvrir les portes », dit Béatrice de Andia. « Il adorait déjà rendre service », précise Michel Rocard. S'il cherche à tirer parti de Bernadette, en fait, c'est sans doute pour se l'appro-prier. Elle est à son service. Il la prend en charge. Et chacun y trouve son compte.

En juin 1952, alors qu'elle est déjà partie en vacances, c'est lui qui lui annonce son échec à son examen de fin de première année. « J'espère, lui écrit-il, que ce petit incident ne vous empêchera pas de jouir comme il se doit de la douceur romantique du lac d'Annecy. Pensez à Lamartine bien plutôt qu'à Meymard et continuez à respirer l'air des cimes avant de reprendre contact avec l'atmosphère saturée des amphithéâtres. »

En marge, ce post-scriptum qui en dit long sur ses façons « Excusez-moi de vous écrire au stylo à bille, je viens de casser ma plume. »

On l'appelle l'hélicoptère parce qu'il bouge tout le temps ses bras comme des pales. « C'était un grand gaillard agité, indépendant et personnel », dit Michel François-Poncet, un autre camarade de promotion qui est devenu l'un de ses amis les plus proches. « Il était toujours pressé », ajoute Michel Rocard, orfèvre. Jacques Chirac n'aime déjà pas donner du temps au temps.

Pour ses amis, c'est un coup de vent. Il est rare, par exemple, qu'il se rende au café des étudiants de Sciences-Po, Chez Basile, qui fait aussi salon de thé. Quand il y va, il semble s'y ennuyer. Il faut aussi le traîner dans les surprises-parties et il n'en est jamais le dernier parti.

On le voit beaucoup, en revanche, à la librairie de l'Institut. Il passe de longs moments à farfouiller dans le rayon des livres ou des revues.

Il fait partie de la catégorie des « polars ». Il ne sort pas de chez lui sans sa cravate. Il ne tombe pas aisément la veste. Il s'est même acheté un smoking. Il semble qu'il soit grisé, en fait, par le niveau social de ses nouvelles fréquentations. L'ex-pilotin du *Capitaine-Saint-Martin* se trouve en effet sur les mêmes bancs que Michel François-Poncet, le neveu de l'ambassadeur ; Laurence Seydoux, la fille de l'ambassadeur ; Claude Delay, la fille du grand psychiatre ; Marie-Thérèse de Mitry, une Wendel.

Jacques Chirac n'est pas du genre à rater les cours. Il se fait même fort de suivre religieusement les cours d'André Siegfried, père des politologues modernes et fondateur de la sociologie électorale avec son *Tableau politique de la France de l'Ouest sous la IIIᵉ République*. Apparemment, ce grand esprit, alors proche de la retraite, aurait bien mérité d'être chahuté. Jacques Chirac résume ainsi ses conférences : « Et lors de mon quarante-deuxième voyage aux États-Unis, j'ai observé 1° que l'Amérique est un continent ; 2° qu'elle compte un certain nombre d'habitants. » Curieux enseignement, en vérité : celui de la banalité sentencieuse. Mais il préparait avantageusement à l'ENA.

Jacques Chirac apprécie davantage, en revanche, les cours de Jacques Chardonnet, son professeur de géographie, qui organise des voyages en province, des visites d'usines, de raffineries ou de mines. C'est ainsi qu'un jour ses étudiants descendent en Lorraine dans l'une des mines les plus profondes du monde : onze cents mètres sous terre. Petit problème : les mineurs ne veulent pas que les femmes descendent. Elles porteraient malheur. Béatrice de Andia s'habille donc en jeune homme. Quand la supercherie est découverte, au fond du puits, un vrai scandale éclate. Jacques Chirac la défend. Noble et cavalier, il est déjà celui qui prend les affaires en main.

Avec Jacques Chardonnet encore, il fera le pèlerinage au barrage de Donzères-Mondragon. C'est là que toute la promotion découvre qu'il s'est épris de Mˡˡᵉ de Courcel. Noble et cavalier, il est déjà celui qui prend Bernadette par la main.

Et politiquement, où est-il ? En disponibilité, c'est-à-dire ouvert et non pas sceptique façon Raymond Aron. A l'époque, l'auteur de *l'Opium des intellectuels* domine, et de loin, Sciences-Po. Clair, froid et ironique, il enchante son public étudiant. Même si Jacques Chirac ne l'a pas eu comme professeur, il lui doit beaucoup. Cet homme au regard perçant a laissé son empreinte sur toutes les promotions des années cinquante.

Michel François-Poncet, qui a passé ces années-là en compagnie de Jacques Chirac, résume ainsi l'état d'esprit qui régnait rue Saint-Guillaume :

« On ne remettait pas grand-chose en question, on n'était pas du genre contestataire, mais on était curieux de tout. On n'imaginait pas vivre sans *le Monde,* que l'on décortiquait avant de le découper religieusement pour faire nos fameux dossiers. On suivait avec plus ou moins de délices les changements ministériels. Je me souviens que nous avions été assez choqués par l'arrivée de Joseph Laniel à la présidence du Conseil, en 1953, cet homme que François Mauriac avait brocardé d'une formule assassine : "La démocratie à tête de bœuf." En fait, l'ambiance politique de la IVe République nous fascinait et nous exaspérait à la fois. Nous n'étions pas gaullistes pour autant. De Gaulle, pour nous, c'était un vieux con. Ses troupes avaient disparu. Et Raymond Aron nous expliquait que c'était un phénomène dépassé. Alors ? Alors, on avait les yeux rivés sur les deux personnages qui tranchaient avec le reste de la classe politique : Edgar Faure et Pierre Mendès France. Avec toutefois une préférence pour le dernier. Et l'on s'est jetés sur *l'Express* dès sa parution : c'est un journal qui nous a beaucoup marqués. »

Étrange métamorphose. Le voici donc tiré à quatre épingles, avec de belles manières et des bonnes notes. Chez lui, Jacques Chirac ne fait plus scandale. Le soir, sa mère ne l'attend plus en tremblant : avec son père, ses relations se sont stabilisées. Michel François-Poncet qui, à cette époque, fréquenta souvent le 93, rue de Seine, se souvient n'avoir « jamais ressenti de tensions particulières entre l'un et l'autre ». « Ce n'était pas une maison d'une gaieté folle, ajoute-t-il. Tout était centré sur les études du fils qui y passait le moins de temps possible. » Absent et assagi, il ne torture en tout cas plus ses parents.

Avec Jacques Chirac, pourtant, il faut toujours se méfier des apparences. Cette maturité, il la travaille. Il la déploie. Mais si c'était un rôle de composition ?

Rocard

> Couvre-toi des vêtements de la générosité ; l'avarice d'un homme montre ses défauts, mais la générosité couvre tous les défauts.
>
> *Tarafa al-Bakri.*

Rue Saint-Guillaume, un jeune homme aux cheveux coupés très court commence à se faire remarquer. Il circule en Solex. Il traîne toujours une énorme sacoche bourrée de livres, de dossiers, d'exemplaires du *Monde*. Il parle vite et bien, d'une voix grave et décidée. Il n'a jamais une seconde à perdre. C'est un personnage étonnant : impatient, vif et folklorique, il vous donne l'impression d'avoir rencontré l'une des personnes les plus intelligentes de la deuxième moitié du siècle. Animateur des Étudiants socialistes, il est secrétaire du groupe Droit-Sciences-Po. Il s'appelle Michel Rocard et on le surnomme « le petit dictateur de poche ».

Avec Gérard Belorgey, un ami de Chirac, il a fondé les Cercles d'études politiques et sociales (CEPS). Et il organise des conférences. C'est ainsi que Guy Mollet ou René Dumont viendront plancher devant les étudiants de Sciences-Po. Jacques Chirac assiste à plusieurs de ces réunions. Il s'y imbibe de socialisme et de tiers-mondisme. Un jour, Michel Rocard lui demande de sauter le pas et de s'inscrire au Parti socialiste qui s'appelle alors la SFIO. On imagine le dialogue entre ces deux jeunes gens faits pour s'entendre avec leur air assoiffé, tendu, hanté.

« Tu prends ta carte de la SFIO ? demandera Michel Rocard.

— Je préfère attendre et réfléchir un peu.

— Dans la vie, il faut choisir son camp.

— Je n'ai pas envie de m'enfermer dans quelque chose de rigide. Et puis je vous trouve trop conservateurs. »

Cela ne s'invente pas. Mais ce que Jacques Chirac reproche alors à la SFIO, c'est sa modération à l'égard du colonialisme, sa prudence en matière sociale et son goût pour la *combinazione*. Bref, le parti de Guy Mollet n'est pas assez à gauche pour lui. Ni assez animé...

Un jour, Chirac suit, avec Gérard Belorgey, une réunion de la 5e section de la SFIO, rue Saint-Placide – la section de Mireille Osmin, une « historique » du pivertisme et du gaucho-socialisme. La lumière est faible, les militants sont assoupis et leurs débats sans fin. En sortant, Chirac dit à Belorgey : « C'est bien, ce parti, mais ça manque quand même de dynamisme. »

Il n'empêche qu'il a un coup de foudre pour Rocard qui, il est vrai, le lui rend bien. Ils ont les mêmes goûts, la même faim d'action, la même frénésie tabagique. Ils sont également amoureux de la même jeune fille : Marie-Thérèse de Mitry, une des héritières de la famille Wendel, qu'ils se disputent poliment – si poliment qu'elle finira par épouser un troisième jeune homme : Jean François-Poncet, cousin de Michel François-Poncet et futur ministre des Affaires étrangères de Valéry Giscard d'Estaing.

Chirac-Rocard... Des décennies plus tard, il reste quelque chose de leur complicité d'alors. De Chirac, Rocard dit : « C'est quelqu'un qui est capable d'élans de générosité inouïs. » De Rocard, Chirac dit : « Michel a parfois d'étonnantes fulgurances d'intelligence. » On verra qu'il n'hésitera pas, au besoin, à s'en servir...

Il s'en est fallu de peu, en tout cas, que Chirac ne devienne socialiste. « Si j'avais eu quelques centimètres de plus, ironisera un jour Rocard, je crois que je l'aurais convaincu. »

Paul Guilbert, son ancien compagnon de Sciences-Po, qui deviendra journaliste au *Quotidien de Paris,* témoigne : « J'étais RPF. Pour moi, Chirac faisait partie de ces progressistes qui couraient après les idées dans le vent. C'était une sorte de bourgeois de gauche, encore qu'il n'avait ni l'état d'esprit ni les préjugés ni la suffisance des bourgeois de l'époque. »

Michel Rocard précise : « Jacques Chirac était très mendésiste, en fait. Et il cultivait la même méfiance que Pierre Mendès France à l'égard des partis politiques. »

Jacques Chirac n'a pas les mêmes souvenirs. Écoutons-le : « J'étais entouré de mendésistes, c'est vrai, mais je n'étais pas mendésiste. D'abord, et ce n'est pas une raison très noble, parce que c'était une mode. Or, je n'ai jamais aimé les modes. De même que je n'ai donné ni dans le houla-hoop ni dans le scoubidou, je n'ai pas donné dans le mendésisme. Ensuite, et c'est plus sérieux, je ne décelais pas grand-chose de positif dans le langage de Pierre Mendès France. Pour moi, son discours, très intellectuel et assez superficiel, n'apportait rien de constructif. Même si j'ai nourri, depuis, une certaine admiration pour son caractère et pour son goût de la solitude, je continue de penser que c'était avant tout un esprit négatif. Je ne vois pas d'inconvénient à ce qu'on lui élève partout des statues mais il faut bien reconnaître qu'il n'a pas tenu ses promesses. Il y avait, chez lui, un côté bulle de savon. De Gaulle, lui, faisait des propositions concrètes pour atteindre les objectifs qu'il se fixait. Il parlait un langage d'efficacité. C'est ce qui m'attirait chez lui. »

Gaulliste, Chirac ? Pas vraiment. Ses camarades de Sciences-Po ont gardé l'image d'un *condottiere* tournicotant autour des organisations et des idées de gauche, exécrant la classe politique qui régnait, alors, sur la IVᵉ République, lisant, courant, dévorant. D'après Michel Rocard, il fut « à deux doigts » de prendre sa carte de la SFIO. « Chirac craignait, dit Rocard, qu'une adhésion eût été contraignante pour la suite. Il préférait ne pas s'investir complètement. »

Une fois de plus, les souvenirs des deux hommes ne coïncident pas. Jacques Chirac est certain, lui, d'avoir adhéré « quelque temps » aux Étudiants socialistes. Mais cette SFIO, vautrée dans « la République des partis », n'était pas vraiment faite pour lui. Il trouvait Jules Moch « réactionnaire », Paul Ramadier « insignifiant » et Guy Mollet « compassé ». Il n'est guère que Michel Rocard et quelques apôtres du renouvellement socialiste qui trouvaient grâce à ses yeux.

Pourquoi avoir adhéré aux Étudiants socialistes, alors ? La personnalité de leur chef de file à Sciences-Po n'a sans doute pas joué un rôle négligeable. Il sait éblouir son monde, Rocard le messianique, le facétieux, le pétillant, brûlant de fièvre, toujours avide d'idées nouvelles, assoiffé d'action, trompant, comme Chirac, son angoisse dans le travail et le tabac.

Adhésion ou pas, l'épisode des Étudiants socialistes laissera des traces sur Jacques Chirac.

En 1971, alors qu'il est ministre des Relations avec le Parlement dans le gouvernement de Jacques Chaban-Delmas, il dira à l'auteur que Michel Rocard est l'un des hommes politiques dont il se sent le plus proche ; qu'il voit des convergences entre la participation préconisée par le général de Gaulle et l'autogestion prônée par celui qui est alors secrétaire national du PSU ; qu'il rêve de faire partie, demain, d'une coalition où il retrouverait ceux des socialistes qui acceptent les institutions de la Vᵉ République. « Notre projet de société, expliquera-t-il, n'est pas si différent. » Pour qui en douterait, il n'hésitera pas à plaider, cinq ans plus tard, pour un « travaillisme à la française », illustrant ainsi avec éclat une ambiguïté fondamentale dont les secousses se perpétueront tout au long de sa carrière.

Ce n'est pas un hasard s'il parle volontiers de son passage chez les socialistes ou de ses relations avec Michel Rocard. Entré à gauche par révolte et générosité plutôt que par préméditation «marxiste», Jacques Chirac a, durant sa jeunesse, engrangé des «valeurs» qu'il n'a cessé, par la suite, de dilapider. D'où ce complexe de culpabilité qui, chez lui, sourd par intermittence. D'où le doute qui l'habite entre deux coups de menton dominateurs. D'où, enfin, ce quelque chose d'opaque qui s'est installé entre les Français et lui.

Sur son dévergondage avec la gauche, les explications officielles de Jacques Chirac ne laissent aucun doute : «En réaction contre la droite et l'extrême droite à Sciences-Po, j'ai été un moment tenté par la politique de gauche. J'ai "flirté" avec les socialistes qui étaient dirigés par un garçon que j'estime et que j'aime beaucoup... Michel Rocard. Les trouvant trop conservateurs, trop à droite, je n'y suis resté que quelques mois et je suis parti. Il n'y avait à l'époque ni PSU, ni maoïstes, ni gauchistes. Alors, je suis allé voir ce qui se passait du côté du PC. » Traduisez : comme le gauchisme n'avait pas encore de réalité, Chirac était condamné à assouvir sa révolte au Parti communiste. A défaut de grives...

Ces étonnantes confidences ont été faites en 1972 à trois universitaires, Catherine Clessis, Bernard Prévost et Patrick Wajsman, auteurs de *Jacques Chirac ou la République des cadets*[1]. A cette époque, une partie non négligeable de l'intelligentsia était saisie par le virus du «chic radical», comme le disait joliment l'écrivain américain Tom Wolfe. Le gaucho-maoïsme proliférait dans la France de Pompidou alors même que le capitalisme à la française était au zénith. Le journaliste Serge July et le philosophe André Glucksmann donnaient le ton. Le vieux Sartre et Simone de Beauvoir, leur caution. Ils se prenaient pour de nouveaux «résistants». Ils n'arrivaient pas à supporter le siècle.

Or c'est précisément le moment que choisit Jacques Chirac pour reconnaître qu'il aurait pu être, lui aussi, gauchiste ou maoïste. Deux ans seulement avant de débarquer au ministère de l'Intérieur, alors même qu'il est l'un des piliers de ce système Pompidou accusé de tous les péchés. Pas banal.

Faut-il expliquer l'aveu de Jacques Chirac par un accès de snobisme idéologique ? Ce n'est pas vraiment son genre. Il est plus probable qu'il cherche à justifier son passage éclair au Parti communiste par l'absence d'une structure de substitution : pour les

1. Presses de la Cité, 1972.

fils de famille révoltés, en ce temps-là, il n'y a pas le choix. C'est le PC ou rien.

Il reste que Chirac reconnaît les faits. Chaque fois qu'on l'interroge sur ses convictions politiques à Sciences-Po, il répond la même chose : à dix-huit ans, il penchait à gauche, «comme tous ceux qui, à l'époque, n'étaient pas d'extrême droite». Certes. Mais de là à gigoter autour du Parti communiste... En 1950, il signe l'appel de Stockholm lancé par le Comité mondial de la paix, aux mains de Staline. Le texte réclame « l'interdiction absolue de l'arme atomique ». C'est ainsi que Chirac mêle sa signature à celle des communistes et de leurs compagnons de route — Louis Aragon, Pablo Picasso, Irène Joliot-Curie, etc.

Chirac communiste ? En 1952, on le voit brandir, deux semaines de suite, *l'Humanité-Dimanche* devant l'église Saint-Sulpice. On l'aperçoit dans une réunion de cellule à quelques pas de là. Ce passage éclair au PC, qu'il raconte aujourd'hui sans complexe, met cependant mal à l'aise ses propres partisans. Au point que Thierry Desjardins, grand reporter au *Figaro* et auteur d'une monumentale biographie du président du RPR, n'hésite pas à écrire que «Chirac n'a jamais vendu *l'Humanité*[1] » alors que l'intéressé lui-même l'a reconnu dans de nombreux entretiens.

Écoutons Chirac : «Ce qui m'attirait vers les communistes, c'était le pacifisme. Comme beaucoup de jeunes, j'étais traumatisé par Hiroshima et j'étais hostile à l'armement nucléaire. Je n'avais pas compris que nous étions manipulés. Ceux-là mêmes qui m'avaient fait signer l'appel de Stockholm me dirent un jour : "Si tu veux militer au PC, il faut que tu commences par vendre *l'Humanité*." Ce que je fis. Puis, un soir, ils m'emmenèrent dans un local qui leur servait de permanence, tout près de la place Saint-Sulpice. Et c'est ainsi que j'ai assisté à ma première réunion de cellule. Ce fut aussi ma dernière. J'ai été épouvanté par le sectarisme, la langue de bois, le culte de la personnalité de Staline. Et j'ai fui. Mon hymen avec le Parti communiste n'aura duré que quinze jours. »

De tous les hommes d'État que compte la France, Jacques Chirac est, curieusement, le seul qui ait fait un – petit – tour du côté du PC. Mis à part Michel Rocard et Pierre Mauroy, tous sont entrés en politique par la droite ou par le centre. Chirac, lui, a commencé par l'extrême gauche. Par naïveté, par générosité, par inconscience : au

---

1. *Un inconnu nommé Chirac,* La Table ronde, 1983.

choix. Mais il s'est rangé, d'entrée de jeu, du côté des faibles et de ceux qui prétendent les représenter : les communistes.

Récapitulons :

En rébellion contre son père, Valéry Giscard d'Estaing choisit, en décembre 1944, de s'engager dans l'armée du général de Lattre de Tassigny, la première armée française. Il a dix-huit ans. Il faut bien que jeunesse se passe. Sa guerre faite, V.G.E. retourne ensuite sagement chez ses parents avant de se présenter à Polytechnique où il apparaît déjà centriste, moderne et sûr de son destin.

A dix-huit ans, Raymond Barre rate, lui, son premier rendez-vous avec le gaullisme. C'est en novembre 1942. Le contre-torpilleur *Léopard,* fidèle à la France libre, fait son entrée dans la baie de Saint-Denis-de-la-Réunion. Il n'en faut pas plus pour que l'île se rallie à de Gaulle et que s'y ouvre un bureau de recrutement où Barre manquera à l'appel. Il fera son droit. Pas la guerre.

François Léotard, lui, fera des prières. A l'âge où Chirac frétille autour du PC, Léotard se recueille sur les prie-Dieu. A vingt-trois ans, il deviendra même frère Honorat au monastère bénédictin de La Pierre-qui-vire. Pour quelques mois seulement. On n'a qu'une vie.

François Mitterrand n'a pas encore découvert la politique à dix-huit ans. Il ne s'est donc pas trouvé. Il regarde le monde avec l'ironie froide de Drieu La Rochelle.

Au même âge, Laurent Fabius n'est pas catalogué à gauche, Jean-Pierre Chevènement non plus. Du premier, ses condisciples de Sciences-Po puis de l'ENA se souviennent qu'il avait le cœur au centre. De l'autre, qu'il était nationaliste.

On a les jeunesses qu'on peut.

Celle de Jacques Chirac est à l'image de l'homme : incompréhensible au premier abord, tant elle paraît contradictoire – rebelle et conformiste, tourmentée et bourgeoise. Il a envie d'en finir avec ce que Barbusse appelle le «préjugé séculaire» pour «tout refaire proprement selon la raison et la morale». Mais il veut aussi réussir. C'est le genre de jeune homme à tenir des propos fracassants en gants blancs, et de préférence devant des demoiselles en robe du soir. Tant il est vrai qu'il se contente de rêver sa révolution. Il ne la construit pas.

Après ses atterrissages ratés à la SFIO puis au PC, Jacques Chirac reprend de l'altitude et regarde de loin cette classe politique qui, à ses yeux, entraîne le pays sur la voie de la décadence. «Je suis rentré dans ma coquille», explique-t-il aujourd'hui. Ce n'est pas exact. Il ne cesse, au contraire, d'en sortir...

La légende de l'Ouest

> Qui cherche des aventures ne les trouve pas tou-
> jours bien mûres.
>
> *Cervantès.*

A dix-neuf ans, il croit avoir trouvé sa voie. Il sera haut
fonctionnaire, croix de bois, croix de fer. Ses parents sont rassurés. Il
semble néanmoins trop « physique » pour pouvoir croupir derrière un
bureau. Épaules, bras, carrure, tout chez lui respire la force et la
puissance. On le verrait bien sur un cheval. Ou bien en cheval. Tout
son être le dit : ce jeune homme a faim de grands espaces.

Quand on regarde les photos d'époque, ce qui frappe le plus, c'est
le combat que se livrent, sur ce visage aigu, un regard de misanthrope
et des lèvres fières, heureuses, d'extraverti. Il n'est cependant pas
besoin d'être grand clerc pour deviner qui va l'emporter : c'est
l'instinctif qui, déjà, domine.

L'audace et l'énergie qu'il ne peut épuiser dans la politique après
ses « mauvaises » expériences à gauche, Jacques Chirac les dépensera
dans l'aventure. Chaque été, il met les voiles. Il sait sans doute ce
qu'il fuit mais il ignore ce qu'il cherche. Il n'empêche qu'il le cherche
avec assiduité.

A la fin de la première année de Sciences-Po, il part avec un
copain, Bernard Neute, pour le cap Nord. C'est le début d'une
longue série de voyages où Chirac entreprendra de se « réaliser ».

Écoutons-le : « Ce Bernard Neute était un très bon copain, du
genre "brut de décoffrage". Il avait une S4C Salmson qui datait de
1932, l'année de ma naissance. Cette voiture avait donc près de vingt
ans. Sa caractéristique, c'était de ne pas avoir de dynamo mais un
truc qu'on appelait "dynastar". Naturellement, il tombait tout le
temps en panne. Une nuit, il pète alors que nous sommes au nord de
la Suède. Nous venons de traverser un fjord et nous sommes à
soixante kilomètres au moins de la première ville. On avise un
Suédois et on essaie de lui expliquer comme on peut qu'on n'a plus
de phares mais que le moteur marche. Il nous dit : "Pas de

problème. Venez coucher chez moi. J'habite à quatre-vingts kilomètres. Je mettrai mes pleins phares et vous me suivrez. " Le problème,
c'est qu'il s'agit d'une route de montagne et le Suédois roule
excessivement vite. On arrive tant bien que mal à lui coller au train.
Seulement voilà : comme un malheur n'arrive jamais seul, je suis pris
en route d'une irrésistible envie de pisser. Impossible de s'arrêter.
J'essaie de me contorsionner pour pisser par la fenêtre. Sans succès.
En désespoir de cause, je finis par enlever ma godasse et par pisser
dedans avant de la vider par la fenêtre. J'ai dû recommencer le
manège plusieurs fois. »

C'est le genre d'histoires que Jacques Chirac aime raconter dans
un grand éclat de rire paillard. Peu lui chaut de paraître trivial.
Autant son sourire est étriqué, coincé, autant son rire est naturel,
volcanique. Il prend volontiers plaisir aux plaisanteries de salle de
garde. Il peut être grossier – comme la vie.

Il retournera deux ans plus tard dans les pays scandinaves. Cette
fois, c'est Michel François-Poncet qui l'accompagne.

«Une nuit, raconte François-Poncet, on est arrivés très tard à
Amsterdam et on avait demandé à un policier l'adresse d'un hôtel. Il
nous envoya dans un bobinard. »

Ce ne sont pas des enfants de chœur et ils aiment assez l'étalage de
la dépravation. A la recherche du monde et de son identité, Chirac
fait son miel de tout – y compris des lupanars et des bars louches.
Quand on a vu ces choses-là, on est à peu près sûr d'avoir vu
l'homme.

Mais c'est son premier voyage aux États-Unis, en 1953, qui
marquera le plus Chirac. A vingt ans, il entend bien ne laisser à
personne le soin de dire que c'est le plus bel âge de la vie. Il le
prouvera.

Le mythe américain se porte alors très bien en France. La
clarinette de Sidney Bechet (*Petite Fleur*) donne le *la*. Le poing
d'Eddie Constantine (Lemmy Caution), le ton. Et Chirac s'habille à
l'américaine : blouson à col large et pantalon ample. Il a la même
silhouette chaloupée que Marlon Brando dans *Sur les quais*, qui
sortira, l'année suivante, sur les écrans.

Paul Guilbert, son ancien camarade, raconte : «Mais, pour nous,
l'Amérique, c'était quelque chose de lointain, d'exotique. Les petits
bourgeois de l'époque restaient puceaux très tard et, comme au
temps de Brasillach, ils allaient en vacances en Italie ou en
Espagne. »

Jacques Chirac bluffera la rue Saint-Guillaume. Il épatera tout le monde comme il épatait papa et maman. Avec deux camarades, Philippe Dondoux et Françoise Ferré, il s'inscrit à la Summer School de la Harvard Business School. C'est une session de trois mois d'été de l'école de gestion la plus célèbre des États-Unis. Il est si fier de l'avoir suivie que, dans la notice biographique qu'il a adressée au *Who's Who*, il est écrit qu'il est «diplômé de l'Institut d'études politiques et de la Summer School de l'université Harvard».

Étrange diplôme. Comme aurait dit Machiavel, ce n'est pas vraiment un titre qui l'honore mais, en l'espèce, c'est lui qui honore le titre...

Pour payer les frais d'inscription à la Summer School, le trio a décroché une bourse au Quai d'Orsay. Reste à trouver l'argent pour le voyage et le séjour. Philippe Dondoux fait jouer l'ami d'un ami de M. de Félice, futur secrétaire d'État à l'Agriculture, et obtient un rendez-vous avec l'éminence, un soir, dans son appartement privé.

«Nous étions très impressionnés, raconte Jacques Chirac. C'était la première fois que nous nous trouvions en face d'une personnalité politique de cette importance. Il s'est débrouillé pour nous trouver une bourse et nous avons pu partir dans un bateau de la Greek Line. Nous avions des billets de 7e classe, parce qu'il n'y avait pas de 8e classe. Nos cabines étaient juste au-dessus de la salle des machines. Quand nous sommes arrivés à Boston, nous sommes tombés sur une vieille dame très gentille qui était la directrice du Radcliff College, un collège féminin très distingué de Harvard. Elle partait en vacances et elle nous proposa de nous installer dans sa villa. Le problème du logement était réglé. Restait à trouver un travail. Philippe et moi avons fini par trouver un emploi de plongeur dans un restaurant de la chaîne Howard Johnson. Mais c'était l'été et il faisait une chaleur à crever. Autant dire que les conditions de travail étaient vraiment épouvantables. »

Il n'a jamais travaillé aux pièces ni à la chaîne. Mais l'ancien enfant gâté de la rue de Seine, saturé de baisers et de sucreries, aime dire qu'il a connu la sueur du bout du monde et qu'il s'est, lui aussi, battu les flancs pour une bouchée de pain.

Sur cet épisode, Chirac a toujours été prolixe et complaisant. Ses hagiographies sont ainsi pleines de mauvaises odeurs, de vaisselle sale et de nuits blanches à la plonge. C'est le complexe de Zola – un mélange de mauvaise conscience et de célébration de l'ahan.

Jacques Chirac suit ses cours de 8 à 16 heures. Puis, de 16 heures à 2 heures du matin, il lave la vaisselle au Howard Johnson. Il plaît. Au bout de quelques jours, en effet, le gérant du restaurant repère ce grand type vibrionnant, dur à la tâche, qui fait la plonge en chantant. Il est promu. Au comptoir. Il sert désormais les sandwichs et les glaces – les *twenty-eight flowers*, c'est-à-dire les vingt-huit parfums.

« Rapidement, raconte Chirac, je suis devenu un personnage connu. Comme on me trouvait aimable, ce que j'étais d'ailleurs, j'avais droit à de bons pourboires. »

Il séduit. Dans une chronique parue dans *la Parisienne*[1], dirigée par Roger Nimier, l'écrivain Claude Dulong rapporte ce que Chirac et Dondoux lui ont dit à travers le comptoir :

« Pour gagner encore un peu plus d'argent, ils avaient eu l'idée de donner des leçons de français et posé des petites notes à cet effet dans différentes bâtisses de l'université. Les clients n'ont pas tardé à se présenter, ou plutôt les clientes. Elles arrivaient fin prêtes, le sourire complice : "J'ai oublié mon stylo – disaient-elles – mais ma voiture est en bas. Si vous voulez que..." »

« Excédés et furieux, ces bourreaux des cœurs ont renoncé à la pédagogie. Vous comprenez – m'explique l'un d'eux –, ce qu'on veut, nous, c'est de l'argent et la Californie... Les *college girls* : on n'a pas le temps. »

Pas le temps ? Chirac trouve quand même celui de rencontrer une jeune Américaine de Caroline du Sud qui fait, elle aussi, sa « Summer School » au Radcliff College. C'est Florence Herlihy. Elle a des taches de rousseur et une grande décapotable blanche. Le soir, ils sortent ensemble. Ils font les bars de Harvard Square ou ils vont regarder l'océan. Et, un jour, ils finissent par se fiancer – « Officieusement, précise Chirac. J'étais amoureux, ajoute-t-il. On avait décidé de se marier. » On décidera tout aussi vite de se démarier...

Pourquoi Jacques Chirac rompt-il si rapidement avec sa fiancée ? Parce que son père, outragé, lui a écrit une lettre de récriminations ; parce qu'il a (déjà) la sincérité expéditive ; parce qu'il ressent, enfin, l'appel de l'Ouest. Un copain américain lui propose de l'emmener à Los Angeles avec ses amis. Il part. Défilé de highways, de motels, sur fond de plaines ou de désert. Mais la voiture est trop vieille et elle flanche avant d'arriver à destination. Chirac et sa bande continueront le voyage en auto-stop.

A San Francisco, se prenant toujours pour Steinbeck, il déniche un job dans les petites annonces de l'*Examiner* : la veuve d'un pétrolier texan cherche un chauffeur pour aller à Dallas. Mais la vieille dame

1. Avril 1954.

n'aime pas rouler. Il faut faire beaucoup d'étapes. A chaque escale, Chirac fera de longues marches. Il a déjà des fourmis dans les jambes.

Arrivés à Dallas, la vieille dame propose à Jacques Chirac et à Philippe Dondoux de dormir dans l'un des grands hôtels de la ville. Et c'est alors que survient un incident savoureux, dont ils ont gardé l'un et l'autre un souvenir puissant.

Écoutons Chirac : « On descend. J'ouvre le coffre et, pour prendre nos valises, je commence à sortir celles de la vieille dame qui sont au-dessus des nôtres. Sans que je le remarque, un groom emporte avec nos bagages une petite valise qui lui appartient. Elle non plus n'a rien vu. On s'embrasse. Elle remonte dans sa voiture et puis s'en va. On rentre dans le hall de l'hôtel et on trouve quatre valises. Une de trop. J'ai tout de suite le bon réflexe. Je me précipite vers le concierge de l'hôtel et dis : " On a pris cette valise par erreur et on va la rendre à sa propriétaire. Il faut prévenir le commissariat de police. " On connaissait le nom de la vieille dame mais pas son adresse. On cherche dans l'annuaire. On trouve sept personnes portant le même nom. On note leur domicile et on appelle un taxi. Coup de chance, le chauffeur est un Breton installé à Dallas depuis dix ans. Il nous dit : " Pas de problème. On va faire le tour. Je ne vous ferai pas payer. " A la cinquième adresse, on tombe sur une villa superbissime, dans la banlieue résidentielle. Des voitures de flics sont garées devant. Dès qu'on arrive, la vieille dame, qui est dans l'embrasure de la porte, nous montre du doigt : " C'est eux. " Sale coup. Les policiers fondent sur nous en poussant des cris hystériques. On proteste de notre innocence, on s'explique, on montre la valise. La vieille dame la prend et l'ouvre. Il y a dedans trois étages de diamants, de perles, d'émeraudes, de rubis. Une fortune. Quand les flics ont pu vérifier que nous avions vraiment déclaré la chose à l'hôtel, tout s'est arrangé et on s'est embrassé une dernière fois. »

Quelques jours plus tard, Chirac et Dondoux se retrouvent à La Nouvelle-Orléans. Chirac décide qu'il fera sa thèse sur le développement du port de la ville et rencontre à cet effet le directeur des relations extérieures dudit port. C'est dans cette ville qu'il prendra la décision de rompre définitivement avec Florence (« Ce n'était pas sérieux »). Un coup de téléphone puis une lettre feront l'affaire.

André Malraux, orfèvre, disait que tout aventurier est né d'un mythomane. Il y a, en fait, quelque chose de sage et de rangé, voire de scolaire, chez ce voyageur nommé Chirac. Il ne sera ni Rimbaud ni Kipling, comme en témoigne cette lettre qu'il adresse, le 30 septembre, à Bernadette :

> Après le désert de l'Arizona et ses cactus, les champs de pétrole et les plantations de coton du Texas, La Nouvelle-Orléans. Là, quatre jours à visiter la ville, le port (je rapporte une volumineuse documentation si vous voulez faire votre thèse là-dessus !?) et les mauvais lieux (boîtes de jazz, etc.). Ensuite, la côte du golfe du Mexique, les forêts du Mississippi et de Géorgie, le tabac des deux Carolines et de la Virginie, enfin nous voici à Washington.
> C'est probablement la plus belle ville des États-Unis sinon la plus moderne : moins industrielle que Chicago, moins luxueuse que Los Angeles, moins colonisée que La Nouvelle-Orléans, moins affairée que New York (on pourrait continuer longtemps), c'est une ville verte et aristocrate où l'on imagine très bien ces messieurs du Sénat discuter de politique internationale ou les vieilles dames puritaines de Boston tenir leur congrès annuel sur les effets de la télévision sur la morale publique.
> Nous resterons ici cinq ou six jours avant de repartir à New York [...]. Fin d'un beau voyage qui nous aura certes appris plus que tous les cours de Sciences-Po réunis.
> Enfin, les examens nous attendent.

C'est à son retour, en octobre 1953, que Jacques Chirac décidera de se fiancer avec Bernadette Chodron de Courcel. La réception a lieu chez les parents, boulevard Raspail. Cristal, lustre et champagne. Coincé, gauche et cravaté, le futur gendre s'essaye au baisemain, à la retenue vouvoyante, aux conversations mondaines et flûtées. Il fait son entrée dans le grand monde.

Si elle n'était pas feinte, sa révolte n'était, en somme, guère profonde. L'ex-rustaud à la mèche rebelle se meut désormais avec une relative aisance au milieu des particules et des noms de boulevard.

Après le complexe de Zola, voici donc le complexe de La Rochefoucauld. Après avoir lavé la vaisselle, Jacques Chirac apprend à se faire servir.

Nouvel avatar déroutant de ce personnage qui change sans cesse de visage et d'ambition, le fiancé de Mlle Chodron de Courcel n'a plus rien à voir avec le plongeur du Howard Johnson de Boston. Pour changer si souvent d'apparence, Jacques Chirac ne peut pas s'aimer (« Il faut bien reconnaître, aime-t-il répéter, que je suis pas terrible et même un peu pataud »).

Il se cherche et il ne se trouve pas.

Fils de bourgeois, il joue aux aventuriers du Nouveau Monde. Roturier, il se frotte à la bonne société des aristocrates. Convaincu qu'il n'est «pas très intelligent» – c'est une expression qu'il emploie encore souvent aujourd'hui –, il décide de devenir major de Sciences-Po.

En vain. Le jour de l'annonce des résultats, il attend fiévreusement dans le hall de Sciences-Po la fin des délibérations du jury. «J'avais un petit doute, raconte aujourd'hui Jacques Chirac. Il y avait une putain d'épreuve qui était éliminatoire si on n'avait pas la moyenne et je craignais un peu de m'être planté. On voit enfin descendre les profs avec, à leur tête, Christian Chavanon. Je me précipite vers lui. "Félicitations, me dit-il. Vous êtes troisième." Puis il m'explique : "On a délibéré pendant longtemps sur les notes de conférences parce qu'on s'est rendu compte que certains profs avaient coté un peu haut. Les autres ont donc dû réajuster en donnant des points de plus. Vous aviez la meilleure note de ma conférence et j'ai beaucoup hésité à rajouter un point de plus, ce qui, compte tenu des coefficients, vous aurait fait major. Finalement, je ne vous ai pas rajouté ce point." Alors, j'ai dit à Christian Chavanon : "Monsieur, je ne vous remercie pas." Et je lui ai tourné les talons. Ce que je contestais, ce n'est pas qu'il ait refusé de réajuster ma note ; c'est qu'il me l'ait dit, avec l'air de quelqu'un qui avait arraché les ailes des mouches quand il était petit. »

Chirac est reçu avec la mention «bien» et les professeurs ne tarissent pas d'éloges sur lui. La lecture des appréciations des maîtres de conférences est éloquente.

En géographie économique, son maître de conférences note : «Étudiant de grande valeur, très intelligent, consciencieux et qui a fourni, durant toute l'année, un travail fructueux et utile. Étudiant d'avenir. »

En géographie technique et industrielle, le maître de conférences n'est pas moins emballé : «Intelligent et travailleur. Étudiant excellent, et sur qui je ne fais aucune réserve. »

Le maître de conférences de droit public est, en fait, le seul à émettre quelques réserves : «Les devoirs ne sont pas mauvais, mais trop documentés. M. Chirac a trop de connaissances, qu'il a d'ailleurs parfaitement assimilées. Mais, voulant tout dire, il lui arrive d'exposer sans perspective et sans relief. Il intervient fréquemment au cours des conférences, toujours de façon intéressante et précise [...]. Son intérêt a toujours été en éveil ; la lutte qu'il a menée contre le défaut d'exposition signalé plus haut a été constante. Il doit réussir. »

L'une de ses copies de diplôme traite le sujet suivant : «L'évolution des rapports entre l'État et les groupements professionnels en France au xxᵉ siècle. » Chirac a obtenu 13, avec cette appréciation : « Des connaissances, des choses intéressantes, mais c'est d'une longueur démesurée et cela laisse une impression de décousu. »

Apparemment, Chirac n'a pas été très inspiré. Il a conclu son devoir ainsi : « Dans l'intérêt même de la démocratie et des contribuables, il semble dangereux que l'État s'avère être "providence" sans discrimination. Le maniement de la "corne d'abondance" suppose un homme fort et intègre. Il faut savoir si le gouvernement sera cet homme ou non. »

Que peut faire Chirac après Sciences-Po ? L'ENA. Pour lui, c'est une façon de retarder encore son entrée dans la vie civile. Ce moment, il le redoute parce qu'il n'a toujours pas trouvé sa vocation. Quand on lui demande alors ce qu'il fera plus tard, il répond, avec l'air de ne pas y croire, qu'il se verrait bien en haut fonctionnaire – préfet, par exemple, ou conseiller d'État. En un mot, il se dit prêt à servir la République comme tous les jeunes gens qui ont décidé de laisser l'avenir venir à eux.

Au lieu de préparer, comme tout le monde, son concours d'entrée à l'ENA, Jacques Chirac retourne deux mois aux États-Unis – à La Nouvelle-Orléans, très exactement. Il y prépare un numéro spécial sur son port pour une petite revue, *l'Import-Export français*, et engrange, pour cela, des centaines de photographies, des kilos de documentation et des articles qu'il a commandés aux notables locaux.

Son insouciante négligence ne l'empêche pas, pourtant, d'être facilement reçu à l'écrit du concours d'entrée de l'ENA, à l'automne. Il passera l'oral dans des conditions plus rocambolesques.

Écoutons-le : « Le grand oral était public. Le jury comprenait une dizaine de personnalités – des hauts fonctionnaires, des professeurs d'université, etc. Le président en était Louis Joxe. On tirait un sujet d'exposé, on allait s'isoler pendant une demi-heure pour préparer son baratin et il fallait parler, ensuite, pendant dix minutes. Pas neuf minutes et cinquante-neuf secondes ni dix minutes et une seconde. Non : dix minutes pile. C'était une question de discipline. Une contrainte pour voir si on savait se maîtriser. Après, on nous interrogeait. Jusque-là, tout s'était à peu près bien passé. Mais j'avais une grippe carabinée et la tronche comme une citrouille. Dès qu'on commence à me poser des questions, j'angoisse complètement. J'étais vraiment trop mal foutu. Louis Joxe, qui était musicien, commence à me parler de Bayreuth. Alors, je lui fais : "Monsieur le président, je préfère vous dire tout de suite que je ne suis pas musicien. Interrogez-moi sur l'archéologie, la peinture, la sculpture, la poésie. Pas sur la musique." Il m'a dit après : "Le jury a trouvé que c'était une bonne réponse." La dernière question, c'est encore cet animal de Joxe qui me la pose : "On se réfère beaucoup à la philosophie de ce médecin de l'Antiquité, vous voyez qui je veux dire, monsieur Chirac." J'avais de plus en plus de bourdonnements dans la gueule. Je lui réponds : "Oui, monsieur le président, vous voulez parler d'Hypocrite." Ce fut mon dernier mot. Tout le monde a rigolé. »

Et c'est ainsi que Jacques Chirac est admis à l'ENA. Mais, avant d'y entrer, il doit s'acquitter de ses obligations militaires. La guerre l'attend en Algérie, qui engendrera plus de révoltés qu'elle n'en tuera. Va-t-elle faire un homme de ce grand garçon maladroit et disloqué ?

Le piton de la gloire

Ah ! Dieu que la guerre est jolie
Avec ses chants, ses longs loisirs.
Guillaume Apollinaire.

Il a vingt-deux ans, le menton en avant, le cheveu court et gominé. Il se tient raide comme un piquet et il parle d'une voix de stentor. Il a, enfin, découvert sa vraie nature : celle du soldat, féru d'ordre, assoiffé de discipline et rude au commandement. A l'École d'application de l'armée blindée et de la cavalerie, c'est-à-dire Saumur, où il fait son apprentissage d'officier, Jacques Chirac en impose. Et il s'impose

Apparemment, l'ex-esthète du Quartier latin se révèle et se découvre dans la chose militaire. Mais comme Chirac-le-soldat n'est que le dernier avatar d'un personnage qui change tout le temps de face, comme pour brouiller les pistes, la prudence est de rigueur. Un Chirac, on l'a déjà vu, chasse l'autre...

Sa carrière militaire commence mal, d'ailleurs. La légende (vraie) raconte que, le 15 septembre 1955, à la fin de la période d'instruction, le colonel lisant le classement des EOR (élèves officiers de réserve) oubliera le plus actif et le plus méritant d'entre eux : Jacques Chirac.

Mais laissons le héros raconter lui-même l'épopée : «Lors de "l'amphigarnison", la cérémonie de fin de formation, le colonel annonce, d'entrée de jeu, qu'il n'y a pas de major cette année. "Exceptionnellement." Puis il égrène les noms. Au quinzième, mon tour n'est toujours pas arrivé et je commence à tordre sérieusement le nez. Au trentième, toujours pas de Chirac. Je n'y comprends plus rien. Une fois le classement donné, le colonel ajoute qu'il demande à l'EOR Chirac de passer le voir dans son bureau. Un type très gentil. Il me fait : "Chirac, vous étiez major. Malheureusement, avec votre dossier de la Sécurité militaire, vous ne pouvez pas être officier. – Pourquoi ça ? – Ben, parce que vous êtes communiste." Tout s'éclaire : c'était encore cette histoire de signature de l'appel de

Stockholm. J'avais déjà dû me faire pistonner pour obtenir un visa à l'ambassade des États-Unis qui, dans un premier temps, me l'avait refusé. Alors, je dis : "Le problème, mon colonel, c'est que je ne suis pas communiste. – Cela, c'est votre affaire, répond-il. Mais, si vous le souhaitez, vous pouvez aller à Paris régler votre cas. " »

Il n'hésite pas. Monté à Paris, Jacques Chirac sonne à toutes les portes. Son futur beau-père est horrifié (« C'était le genre : "Ciel ! Ma fille épouse un communiste ! " »). René Chodron de Courcel emmène tout de même l'EOR déçu voir son cousin Geoffroy, qui se trouve être secrétaire général de la Défense nationale. Il devrait pouvoir faire quelque chose. Eh bien, non, justement. Il ne veut entendre parler de rien (« Sans doute, ironise Chirac, ne voulait-il pas se mêler d'une dangereuse affaire qui pouvait déboucher sur une histoire d'espionnage international »).

Désespéré, Jacques Chirac accourt chez son maître de Sciences-Po, Jacques Chardonnet, professeur de géographie économique (« Un vrai homme de droite. Je crois que c'est pour ça qu'il n'a jamais eu la Légion d'honneur »). Il lui raconte l'affaire. Chardonnet le rassure. Il peut tout arranger : le général Kœnig, ministre de la Défense nationale, est son ami.

Le lendemain, en effet, le général Kœnig (« Un militaire ouvert et tutoyeur ») reçoit, entre deux portes, l'élève dépité de Saumur et lui dit : « J'ai vu ton dossier. Il n'y a rien dedans. Sauf cette histoire d'appel de Stockholm. C'est encore une connerie des RG. J'ai supprimé ta fiche et tu es réintégré à tes rang, place et fonction. »

Major de Saumur, Jacques Chirac se retrouve au 11ᵉ régiment de chasseurs d'Afrique (RCA), à Lachen, en Allemagne fédérale. Il est « popotier », ce qui lui permet d'annoncer, dans le mess, le menu de chaque repas en terminant par la phrase rituelle : « A nos femmes, à nos chevaux et à ceux qui les montent. Par saint Georges, vive la cavalerie ! » Mais il s'ennuie. Il a faim d'action. Que fait-il si loin du fracas des armes, alors que la guerre a commencé en Algérie ?

Le 26 janvier 1956, après la victoire de la gauche socialiste et radicale aux élections législatives, Guy Mollet, secrétaire général de la SFIO et président du Conseil, présente son gouvernement. François Mitterrand est ministre de la Justice. Pierre Mendès France, ministre d'État – il démissionnera peu après.

L'Histoire aime les paradoxes : avant que le général de Gaulle, porté au pouvoir pour gagner la guerre, ne fasse la paix, Guy Mollet, élu pour faire la paix, enfoncera la France dans la guerre. Il suffira, pour cela, qu'il rencontre le peuple d'Algérie, qu'il croise le regard apeuré de braves gens et qu'il reçoive quelques tomates.

Guy Mollet n'a pas inventé le reniement. Il n'a fait que le découvrir sur son chemin. Et il l'a assumé bravement. Après avoir lancé un appel pour un cessez-le-feu, il demande, le 12 mars 1956, à l'Assemblée nationale de lui voter les «pouvoirs spéciaux» pour conserver l'Algérie à la France. Tel fut l'effet des tomates.

Quelques jours plus tard, la moitié du 11e RCA – à commencer par le 3e escadron, celui du sous-lieutenant Chirac – est appelé à partir en Algérie. Il n'y a qu'un problème : le major de Saumur. Il ne suit pas ses hommes. Il a été affecté à Berlin, comme interprète anglais-français-russe. Il est effondré. Il ne se laissera pas voler sa guerre...

Écoutons son récit : «Je vais voir mon colonel et je lui dis : "Je ne pars pas à Berlin, je pars avec mon escadron." Il a l'air bien embêté : "Tu vas faire un sac de nœuds pas possible." J'insiste : "Je m'en fous, je pars." Comme c'est un cavalier, c'est-à-dire quelqu'un qui ne réfléchit pas trop aux conséquences de ses actes, il finit par lâcher : "D'accord. Tu pars." Et nous voilà en route pour l'Algérie *via* Marseille. Pendant ce temps, à Berlin, ne me voyant pas venir, les autorités saisissent la Sécurité militaire. Les gendarmes se précipitent chez mes parents, rue de Seine : on me recherche comme déserteur. On finit par me retrouver sur mon piton algérien, à Souk-el-Arba, à la frontière marocaine. Berlin se fâche et réclame une "sanction exemplaire". Il y a dû y avoir un drame dans je ne sais quel bureau du ministère de la Défense nationale mais mon colonel a pris fait et cause pour moi : "On manque d'officiers en Algérie. Donc, je garde ce gars-là. Et je le couvre." Je n'ai plus jamais entendu parler de rien. »

La guerre de Jacques Chirac est faite pour cette vieille revue, *la Semaine de Suzette*, qui était au journalisme ce que l'image d'Épinal est à la photographie. Il en a la nostalgie. Quand il la raconte, avec ce mélange de trivialité aventureuse et de réalisme faubourien, l'œil s'illumine et tout l'être se met à vibrer, sous l'afflux des souvenirs.

Il a l'air de croire que l'homme en armes est le seul qui soit tout à fait un homme. Et il préfère, à tout prendre, l'odeur de la poudre à celle du patchouli.

Le 17 mars 1956, avant de partir pour l'Algérie, il a quand même épousé Mlle Chodron de Courcel. Mariage rapide. Le sous-lieutenant Chirac est passé en coup de vent. Pour la nouvelle Mme Chirac, c'est une bonne mise en condition : leurs relations seront toujours placées, désormais, sous le signe de la célérité.

Dès le premier jour de leur mariage, Jacques Chirac a l'air convaincu qu'il n'y a, avec Bernadette, née Chodron de Courcel, qu'une stratégie à suivre : «En amour, la victoire, c'est la fuite» (Napoléon Ier).

Bernadette Chirac n'est pas à plaindre pour autant. Cette femme a de la ressource. Après avoir fait ses études à «Sainte-Marie-des-Fleurs-et-des-Fruits» à Gien, pendant la guerre, elle a fréquenté, comme Anne-Aymone Giscard d'Estaing, l'institution de la rue de Lubeck, à Paris. Cela donne des certitudes. Quant à son père, il dirige, avec son frère, la Faïencerie de Gien et les Émaux de Briare. Il possède aussi des immeubles à Paris. Cela donne de l'assurance.

Elle sait compter. Et elle ne s'en laisse pas conter. C'est une femme d'autorité. Devant son mari, toutefois, elle se sent souvent dépassée. Pour résumer les choses, elle use volontiers d'une métaphore qui dit tout : «Il est la locomotive. Je suis le wagon. Mais parfois, ça va si vite que j'ai peur de décrocher.» Et elle ajoute : «J'ai horreur du risque. J'ai besoin que les choses soient planifiées et organisées. Toute ma vie, il aura donc fallu que je force ma nature.» Pour commencer, il faudra qu'elle se morfonde en attendant les lettres du piton...

Jacques Chirac est à la tête de trente-deux hommes. Il est en poste à Souk-el-Arba, près de Montagnac, tout près de la frontière marocaine. De là, il conduit des opérations de ratissage ou monte des embuscades, c'est selon. Il a l'air heureux.

Que cherche-t-il et que trouve-t-il sur son piton algérien ? Il y a la fraternité des armes, il y a les nuits d'inquiétude, cernées par un silence absolu, il y a la mort qui rôde et qu'il apprend à déjouer, il y a, enfin, le plaisir de commander qu'il découvre et savoure. A propos de sa guerre d'Algérie, Jacques Chirac déclarera benoîtement à *Paris-Match*[1], vingt-deux ans plus tard : «Pour moi, et contrairement à ce que l'on a pu penser, ce fut un moment de très grande liberté, et probablement un des seuls moments où j'ai eu le sentiment d'avoir une influence réelle et directe sur le cours des choses [...]. Parce qu'il y allait de la vie d'hommes que j'avais sous mes ordres [...], c'est le seul moment où j'ai eu le sentiment de commander.»

En un mot, il apprend le pouvoir. Il ne pourra plus s'en passer.

L'autorité, ça se défend. Le sous-lieutenant Chirac a toujours un

---

1. 24 février 1978.

nerf de bœuf sur lui. Et il s'en sert volontiers, comme il le rapporte aujourd'hui : « Pour un officier, c'est un instrument qui est presque plus utile qu'une arme. J'en faisais usage quand les gens se comportaient mal avec les Algériens pendant les opérations de ratissage ou quand, dans une embuscade, ils commençaient à s'affoler un peu et tiraient dans tous les sens. Un coup, juste un coup. Pas pour les punir, non, pour leur rappeler qu'ils devaient se maîtriser. »

L'autorité, ça se mérite aussi. Jacques Chirac reconnaît que, pendant sa guerre, il lui est arrivé d'avoir le « trouillomètre à zéro » (« Une fois, je me souviens, j'avais perdu mon peloton, j'étais seul, encerclé, on ne voyait rien à cent mètres et ça tirait de tous les côtés. Mon Dieu, que j'avais la langue sèche... »). Il reste qu'il prend plaisir à braver la mort, à se dépasser lui-même et à risquer sa vie pour une mauvaise cause. Sur sa témérité de tête brûlée, les témoignages abondent. Paul Anselin, un sous-lieutenant qui sort de Saint-Cyr et qui a pris en main le commando du groupe d'escadron, rapporte : « Quand on partait faire nos opérations de ratissage, il fallait prendre une piste de quarante kilomètres que les "fellouzes" avaient souvent minée. Alors, autant dire qu'on ne se battait pas pour aller dans le véhicule de tête qui pouvait sauter à tout moment. Jacques Chirac était toujours volontaire pour monter dedans. »

Une autre scène jette un éclairage étrange sur son audace. Un jour, son peloton prend d'assaut une ferme de la région, qui est considérée comme un repaire de « fellouzes ». Dans la cheminée, le feu couve sous la cendre. En remuant les braises, un guide musulman découvre une cache. L'interprète invite les combattants algériens à se rendre. Pas de réponse. On jette une grenade. Toujours pas de réponse. Mais le silence ne convainc personne, surtout pas le sous-lieutenant Anselin.

« Je veux un volontaire pour aller voir, dit-il. Y a sûrement des "fellouzes" là-dedans. »

Alors, Chirac :

« Je mets une djellaba et j'y vais. »

Tout le monde avale sa langue et l'autre descend. Il ne trouvera rien ni personne.

Qui a dit que le culte des héros est le culte de la veine ? Le sous-lieutenant Chirac a de la chance. Il le sait. Il le dit. Mais il tente toujours le sort autant qu'il peut...

Il se jette tout entier dans la guerre. C'est un personnage sorti de *l'Espoir* de Malraux. Qu'il s'agisse d'un mauvais combat, perdu d'avance, lui importe finalement assez peu. Il suffit que le geste soit beau...

Le 12 janvier 1957, lors d'une opération de ratissage à l'oued Krarba, au nord de Tlemcen, le PC et une partie du 3e escadron sont attaqués par les rebelles. Le commando du sous-lieutenant Anselin part à l'assaut. Il croyait livrer bataille à une section (vingt-cinq fellaghas). Il se retrouve en face d'une compagnie (cent fellaghas).

Anselin raconte ainsi la suite, trente ans plus tard :

« J'étais très mal parti. Quatorze de mes hommes avaient disparu dans la tourmente. Pour faire face aux cents fellaghas, on n'était plus que six. Je demande à deux de mes gars d'aller chercher du renfort. Ils reviennent blessés. Impossible de passer. On n'avait plus de munitions. On n'avait plus de contact : mon porteur radio s'était évanoui dans la nature. On était dans la nasse, quoi.

« C'est alors que je vis arriver le sous-lieutenant Chirac avec son peloton. Il avait entendu des coups de feu. Il était venu à fond de train pour me porter secours. Il m'avait sauvé la vie, en somme. Avec nos hommes, on s'est repliés dans une ferme. On avait tiré notre épingle du jeu mais on n'était pas contents. On s'est dit : "Les fell vont repartir, cette nuit, par la rivière. Il faut leur tendre une embuscade." C'est ce qu'on a fait. On était, il faut bien le dire, complètement fadingues.

« On a guetté les fell à quatre, je me souviens. Quand ils sont passés – ils étaient une trentaine –, on a tiré à la mitraillette et à la grenade. Puis on est remontés dans la ferme. Le lendemain, on est allés aux résultats, comme on dit. En ratissant bien, on a trouvé dix cadavres de rebelles.

« C'est ce jour-là que j'ai compris qu'on ne gagnerait pas la guerre d'Algérie. On avait perdu six hommes, un fusil-mitrailleur, un poste de radio, et, quand le commandant nous a rejoints, il n'a rien trouvé de mieux à dire, avec un air victorieux : "On a gagné, les gars. Nous sommes redevenus les maîtres du terrain." Après cela, on m'a proposé une citation à l'ordre de l'armée mais, dans un premier temps, on a refusé la croix de la valeur militaire à Chirac parce qu'il était venu à ma rescousse sans attendre les ordres. »

La guerre l'inspire. Jacques Chirac commence à se ressembler, enfin, dans le démon de l'action, l'exorde claironnant et le compagnonnage militaire. Les ambiguïtés s'estompent, les contradictions aussi.

Cet état d'esprit soldatesque, qui naît sur le piton de Souk-el-Arba, ne fera que croître, désormais. Ce sera l'un des traits forts d'un caractère qui, on le verra, connaîtra encore quelques sautes de vent.

Chirac-le-soldat... Pierre Messmer, ancien ministre de la Défense nationale du général de Gaulle, qui, en matière militaire, en connaît un bout, est sans ambiguïté : « Cet homme aime dire les choses en les outrant, à la façon du Général. Quand il réfléchit, il est d'une incroyable liberté de parole mais, dès qu'il est engagé dans l'action, il suit une discipline de fer. Ce sont là des caractéristiques de militaire de carrière. »

Jérôme Monod, l'ami de Chirac, son fidèle, va plus loin encore : « Chirac aime la lutte. C'est sa passion. Quand on allait au Japon, il s'intéressait avant tout aux arts martiaux. Et quand il entrait dans mon bureau, du temps où j'étais secrétaire général du RPR, j'avais vraiment le sentiment d'avoir un tigre haletant en face de moi. »

Et c'est ainsi que Jacques Chirac a vu la guerre en rose.

Fut-il un soldat magnanime et chevaleresque, un de ceux qui savent désobéir aux ordres criminels ? Oui et non. Jacques Chirac est allé sur son piton avec la conviction qu'il fallait réconcilier la France et la population algérienne. Il la traite donc avec égard et bienveillance. « La première fois que je l'ai vu, rapporte Paul Anselin, je me souviens qu'il tenait un petit garçon musulman par la main. »

La torture ? Jacques Chirac prétend ne l'avoir jamais rencontrée. Et il est vrai qu'elle ne se pratiquait pas à Souk-el-Arba. Dans le peloton de Chirac, les ratonneurs avaient même droit au nerf de bœuf. Mais, quand le peloton prenait un prisonnier et qu'un hélicoptère venait en prendre livraison pour l'emmener au PC de Montagnac, tout le monde savait qu'il tomberait entre les griffes des services « spécialisés » du 11e RCA qui le mettraient à la question. Il n'est pire aveugle que celui qui ne veut pas voir...

De son piton de la gloire, Jacques Chirac semble n'avoir rapporté que de bons souvenirs, des images pieuses, des histoires saintes d'ancien combattant. Il reconnaît toutefois avoir croisé, une fois ou deux, au hasard d'un chemin, le visage lourd et pesant de l'absurde : « Ma sensation la plus forte, ce fut un jour que l'on marchait sur une piste avec un musulman de quatorze ou quinze ans. Il saute sur une mine. Je me précipite. Il tombe dans mes bras. Apparemment, il n'a rien. Je pense simplement qu'il s'est évanoui. J'ai quand même ouvert sa chemise et j'ai découvert un petit trou rouge, avec un éclat : ça ne saignait pratiquement pas. A un moment donné, j'ai senti davantage son poids. Il était mort. »

Si ses quatorze mois de guerre d'Algérie furent vécus comme une étrange féerie, en même temps qu'une découverte de soi-même, Chirac le doit sans doute à son peloton. Il l'aime. Il s'aime.

C'est l'un des rares officiers à manger avec ses hommes. Il porte le même paquetage qu'eux – avec la couverture enroulée en boudin derrière le dos, un système qu'il a mis au point. Et il prend souvent le parti de son peloton contre ses supérieurs, comme il le raconte lui-même, avec le parler du militaire : « Mes types attrapaient tout le temps des furoncles. Énormes et mal placés. Un jour, je m'aperçois que la moitié de mon unité en est atteinte. Je préviens mon régiment, à trois cents kilomètres. On m'envoie le médecin-capitaine. Il arrive avec de bonnes paroles (" Ce n'est pas grave ") et un pot de cinq kilos de pommade dégueulasse. Il en tartine les hommes. Et il repart. Aucun effet. Je préviens le régiment. On me répond : " Ne nous emmerdez pas. Vous n'avez qu'à remettre de la pommade. " Alors, la moutarde me monte au nez. Mon père avait un ami qui travaillait dans un laboratoire pharmaceutique. Je lui fais passer un message. C'est ainsi que j'ai reçu, gratuitement, des caisses d'auréomycine. Tous les jours, je faisais passer les types à la queue leu leu et je les soignais moi-même. En quelques jours, les furoncles ont disparu. Naturelle-ment, ça n'a pas plu du tout aux médecins militaires du PC qui ont demandé des sanctions contre moi. Ils n'ont pas eu gain de cause. »

Indiscipliné, Chirac ? Juste, sur la forme, avec ses supérieurs directs qu'il traite parfois d'un peu haut. Mais sur le fond, c'est-à-dire sur la raison d'être de la guerre d'Algérie, c'est un homme d'ordre qui ne souffre pas l'objection. Même la critique du gouvernement est, pour lui, un acte d'indiscipline. C'est que, contrairement à une légende qu'il entretient avec complaisance, Jacques Chirac n'est pas gaulliste. Pas encore...

Chirac, en fait, est gouvernemental, donc molletiste, comme le confirme Paul Anselin : « Moi, j'étais, à l'époque, ultra-gaulliste. Lui, c'était un socialiste cocardier. Il aimait bien de Gaulle, c'est vrai, mais ses héros du moment s'appelaient Guy Mollet et Robert Lacoste. En un mot, il était de gauche et " Algérie française ". »

Comme François Mitterrand, dont la formule est restée célèbre, le sous-lieutenant Chirac croit que « la seule négociation, c'est la guerre ». Il la fait donc sans complexe ni remords.

Le soir, autour du feu, les sous-lieutenants Chirac et Anselin palabrent pendant des heures. Ils ont toujours la même discussion, comme des milliers d'appelés :

« Ce gouvernement est inefficace, disait Anselin. Il n'a aucune autorité et il ne sait pas diriger l'armée.

– Il faut laisser faire l'armée, répondait Chirac.

– Mais tu vois bien qu'elle fait n'importe quoi. On ne peut pas continuer à tout tolérer, la torture et les bombardements aveugles · tout ça est en train de fabriquer de nouveaux rebelles.

– C'est la guerre. »

Tel est, en substance, le dialogue du politique (Anselin) et du soldat (Chirac). Mais, au fil des mois, le sous-lieutenant Chirac commencera à se politiser...

Ses hommes tombent. Ses illusions aussi. Quand il est libéré, une semaine après la chute du gouvernement Mollet, Chirac, convaincu de l'incompétence de la IVe République et de l'impuissance de l'armée française, est probablement devenu gaulliste. Mais il ne le sait pas encore...

Il est aussi devenu « fana-mili », comme il dit. Il aime les garnisons, les clairons, les galons. En 1984, apprenant l'existence de SAS (*Special Air Service*) français, il décida de les recevoir sans tarder. Ces héros de la Seconde Guerre mondiale sont des oubliés de l'Histoire. Connaissant tout des techniques de combat et de sabotage, ils étaient parachutés, par groupes de dix, derrière les lignes allemandes. Six cents partirent. Cent revinrent. Parmi eux : Jean de Lipkowski, le général Bergé, le colonel Chateau-Jobert. Exaltant leur combat lors d'une réception en l'honneur des derniers survivants — tous émus aux larmes —, Jacques Chirac pleura.

Sur quelle guerre ?

Les barricades d'Alger

> Rien ne ressemble à l'orgueil comme le découragement.
> *Amiel.*

Comment se déprendre de la guerre ? Au sommet de son piton, Jacques Chirac n'est plus en exil sur cette terre. Réconcilié avec lui-même, il est si à l'aise dans son nouveau personnage qu'il se refuse à le quitter. A Souk-el-Arba, il a décidé de s'engager en se faisant «activer» dans son grade. L'armée a d'abord accepté – elle manque d'officiers – puis, vérifications faites, elle a refusé : en entrant à l'ENA, il a signé un contrat avec l'État. Elle ne le laissera pas se parjurer...

Le retour d'Algérie, en juin 1957, lui réserve un réveil de drogué. A peine arrivé à Paris, il ne songe déjà plus qu'à repartir pour «rempiler». Henri Bourdeau de Fontenoy, le directeur de l'ENA, lui rappelle qu'il a pris, avant de passer son concours d'admission, un engagement à servir l'État, et non l'armée. C'est un grand résistant qui a toujours, dira Chirac, «un petit mouchoir tricolore au fond de sa poche pour essuyer une larme patriotique». Mais c'est aussi un haut fonctionnaire qui entend faire respecter les droits de l'administration. Au mousquetaire du piton d'en apprendre les devoirs.

Pour ce faire, Chirac n'est pas dans les meilleures dispositions. La plupart des condisciples de sa promotion de l'ENA ont fait leur service militaire dans une «planque» comme le ministère de l'Air, boulevard Victor. Ils sont restés dans le coup. Ils ont continué à travailler. Revenant de l'Ouest algérien, l'ancien sous-lieutenant du 3e escadron du 11e RCA souffre d'un lourd handicap qu'il résume crûment : «Intellectuellement, j'avais dépéri. J'avais perdu l'habitude de travailler dans les livres.»

Jacques Friedmann, son ami, son camarade d'ENA également, confirme : «De toute la promotion, c'était, de loin, celui qui avait le plus de mal à réintégrer la vie civile.»

Pour ne rien arranger, l'ENA l'expédie, pour son stage de début de scolarité, à la préfecture de Grenoble où règne une atmosphère aussi déliquescente que courtelinesque. Une atmosphère de IVe République.

Le préfet de l'Isère est un homme très intelligent qui se lève et se couche très tard. Il n'a ni le temps ni l'envie de s'intéresser au stagiaire Chirac. Il le met donc entre les mains de son directeur de cabinet, Marcel Abel, un brave homme qu'on appelle «Bibise» parce qu'il embrasse tout le monde. Autodidacte, il a été intégré à la préfectorale au titre de la Résistance. Et il ne manque jamais de le faire savoir.

« Il faut que tu comprennes bien, dit-il d'entrée de jeu au stagiaire Chirac, tu es dans une école, je ne sais plus comment ça s'appelle mais c'est ici que tu te formeras, sur le tas, comme moi qui ai fait une brillante carrière, car c'est toujours comme ça qu'on commence dans l'administration, par les tâches les plus modestes, alors, tu vas faire ce que je faisais quand j'avais ton âge : tu vas porter les plis. »

Pendant plusieurs jours, Jacques Chirac porte les plis – à la direction de la voirie, de l'agriculture, des anciens combattants, etc. Jusqu'à ce qu'il décide, un jour, de donner la pièce à un huissier qui s'acquittera de cette tâche au moins aussi bien que lui.

Trois mois de supplice bureaucratique. Écrivant ses malheurs à Paul Anselin, Jacques Chirac se fait répondre qu'il est devenu «bien indiscipliné». Alors, dans sa lettre suivante, il écrit : «La critique des supérieurs est la soupape de sûreté de la discipline. »

Un Jacques Chirac est né à Souk-el-Arba. Il en a gardé la nostalgie. Il rêve toujours de nuits blanches, d'embuscades nocturnes, de marches montagnardes, de petits matins frisquets. Après son stage à la préfecture de Grenoble, il a obtenu, avec son rapport, la plus mauvaise note de la promotion. Il songe encore à s'engager. Mais la direction de l'ENA ne veut toujours rien entendre. Alors, va pour l'ENA.

Qu'il ait failli devenir militaire de carrière en dit long sur sa vraie nature. Chose étrange, ses hagiographes n'insistent pas sur ce point qu'il souligne pourtant à plaisir. Il aura désormais, dans la vie civile, la brutalité martiale des officiers manqués. Il s'appuiera, dans l'action, sur une morale de guerrier – cocardière, sommaire et téméraire.

Il y aura toujours un sous-lieutenant en lui : l'ENA ne l'a pas tué. Plus tard l'officier de l'Ouest algérien resurgira souvent, jugulaire au menton, supplantant l'homme politique qui n'arrivera jamais à se lisser pour rassurer tout à fait. Et c'est ainsi que, parlant des montants compensatoires agricoles ou des prix des tarifs publics, Jacques Chirac retrouvera si souvent les accents sonores du major de Saumur s'écriant : « Par saint Georges, vive la cavalerie ! »

Est-ce parce qu'elle l'oblige à se dégrossir ? Jacques Chirac n'aime pas l'ENA. Dans *les Mille Sources* [1], il écrit : « J'y ai fait irruption à la manière d'une boule qui rase les quilles. A peine arrivé, j'ai été pris à la gorge par l'ambiance démente qui régnait à l'École [...]. On se marchait sur la tête, on s'épiait, on voulait à tout prix réussir – et réussir à quoi ? Plus l'État étalait ses vacances, plus on se pressait, on se bousculait, on se trahissait même pour le servir. On a vu des étudiants qui, croyant avoir découvert un renseignement intéressant dans un livre de bibliothèque, arrachaient la page afin de conserver la documentation à leur seul usage. »

Mise au point avisée. On a peine à y croire, tant elle tombe à pic : elle permet de tordre le coup à l'image de Chirac-le-vorace, décidé, dès son arrivée à l'ENA, à absorber la France. Elle n'est pourtant pas tout à fait fausse. A écouter ses condisciples, le grand escogriffe qui atterrit rue des Saints-Pères pour les premiers cours, en janvier 1958, n'a pas un profil d'énarque. Il y a en lui quelque chose de trop fruste, de trop malhabile.

A en croire Bernard Stasi, l'un de ses camarades de promotion, Jacques Chirac est « à la fois polar et à part ». Il ne se mêle guère aux autres. Il serre les mains à toute vitesse. Il passe dans les couloirs comme l'éclair. Il a déjà l'air important et pressé.

Ce n'est pas un hasard s'il n'est pas très aimé. Jacques Friedmann, son alter ego, étant très sociable, sa mère reçoit beaucoup d'énarques à sa table. Elle se souvient : « Ce qui me frappait le plus, c'est qu'un grand garçon de l'âge de Chirac ait tant d'ennemis. Il est vrai que, partout où il était, il prenait beaucoup de place. Il est vrai aussi qu'il avait un jugement impulsif et tranchant sur les gens. Il les aimait ou il ne les aimait pas, on ne savait jamais pourquoi. »

Sa promotion – qui s'est donné un « parrain » qui n'engage à rien : Vauban – comprend quelques fortes personnalités. Outre Jacques Friedmann et Bernard Stasi, déjà cités, on y trouve Alain Chevalier qui sera président de Moët-Hennessy, Jean-Yves Haberer qui deviendra directeur du Trésor puis PDG de Paribas, Jacques Boyon, enfin, dont Jacques Chirac fera, en 1986, un secrétaire d'État à la Défense nationale.

---

1. *Op. cit.*

C'est avec Chevalier, jeune homme cultivé et tendu, brûlant de feu intérieur, que Chirac se trouvera surtout des atomes crochus. Avec Friedmann, ils forment un petit groupe de travail – et de belote...

En juin 1959, Jacques Chirac est seizième au classement de sortie. Son rang – très moyen – lui donne quand même accès à l'un des grands corps de l'État : la Cour des comptes.

Il a une petite fille, Laurence, un bel avenir de haut fonctionnaire et une myriade de nouveaux noms sur son carnet de relations. Il n'est pourtant pas comblé. Faisant le point sur cette période de sa vie, Jacques Chirac a écrit : « Ce qui m'avait frappé, en 1957, rentrant de mon service militaire en Algérie, où j'avais été coupé de tout, c'était l'effondrement de la France et l'absence d'État. Sans doute le fait que l'on m'enseignait, à l'École nationale d'administration, précisément, le service de cet État fantôme, ajoutait-il à mon désarroi. Littéralement [...] je ne comprenais pas qu'on puisse admettre une telle situation [...]. Nos professeurs nous expliquaient, démonstrations lumineuses à l'appui, que le redressement économique de la France était tout à fait exclu. Le déficit de la balance des paiements était considéré, par les plus éminents de nos maîtres, comme une fatalité inéluctable, tout à fait comparable à une anémie pernicieuse chronique, reconnue comme telle par le malade lui-même, et acceptée. Plus, imaginer une guérison, fût-ce à longue échéance, faisait douter de vos aptitudes à exercer une activité sérieuse. Le bateau coulait lentement, dans le port, sous les yeux de promeneurs trop avertis et trop convaincus pour être vraiment attristés. Là-dessus, le général de Gaulle arrive, Jacques Rueff fait son plan, six semaines se passent, et la balance des paiements est en équilibre. Le phénomène m'a frappé. Je me suis dit : Méfions-nous des théoriciens, méfions-nous des technocrates, méfions-nous des économistes. Et, depuis, je n'ai pas modifié mon jugement[1]. »

Il n'est plus molletiste mais il est toujours gouvernemental. Depuis mai 1958, c'est-à-dire depuis le retour au pouvoir du général de Gaulle, il a un nouveau credo. En ce temps-là, Jacques Chirac est, d'après Paul Anselin, gaulliste, de gauche et « Algérie française ». Beaucoup pour un seul homme. Mais il ne craint toujours pas les contradictions...

Un jour, Anselin emmène Chirac chez Irène de Lipkowski, 191, boulevard Saint-Germain, à Paris. Le salon de cette grande figure de

---

1. *Les Mille Sources, op. cit.*

la IVᵉ République est l'un des plus courus de Paris. L'un des mieux lotis aussi. Le Tout-État d'hier et d'aujourd'hui va et vient, tout bruissant de projets, sous les lambris de cette gaullo-mendésiste boutefeu et boute-en-train. On croise, chez elle, des hommes aussi différents que Pierre Hervé, ancien communiste, Jacques Duhamel, centriste intransigeant, Robert Buron, démocrate-chrétien de gauche, ou encore Jean Amrouche, militant de la décolonisation.

Pour l'heure, Mᵐᵉ de Lipkowski nourrit un vaste dessein : le lancement d'un grand mouvement travailliste. Le général de Gaulle donnera le coup de pouce qu'il faudra – et 30 millions de centimes...

Paraît Chirac. «Un grand type d'une beauté à vous couper le souffle, se souvient Jean de Lipkowski, le fils d'Irène. Après nos discussions, il s'installait au bureau de ma mère et il faisait des synthèses formidables.» Il ne lui reste plus qu'à faire sa propre synthèse...

Travailliste, Chirac? Il prend assez vite ses distances avec les Lipkowski. Il subodore chez eux, non sans raison, un progressisme vaguement décolonisateur. Il les sent, en bref, trop disposés à brader l'Algérie. Et il n'admet pas que l'on songe à en dépouiller la France.

A leur sortie, en juin 1959, les élèves de la promotion «Vauban» sont envoyés en Algérie en «renfort administratif». Ayant déjà fait son service militaire de l'autre côté de la Méditerranée, Jacques Chirac pourrait se dispenser de suivre ses camarades. Il refuse.

Il lui faut le fracas des armes, la peur au ventre, le grand frisson. Il a besoin de l'Algérie. Elle a besoin de lui...

Un beau jour, il atterrit donc, avec un petit groupe de camarades, dans le bureau de Jacques Pélissier, directeur de l'Agriculture et des Forêts au gouvernement général (GG) d'Alger.

Arrivée en fanfare. «Chirac est entré le premier, bien sûr, se souvient Jacques Pélissier. Les autres étaient plusieurs enjambées derrière. Il s'est présenté vigoureusement, comme un officier de cavalerie. Le voyant comme ça, j'ai tout de suite décidé d'en faire mon directeur de cabinet.»

Le lendemain, entrant dans le bureau qu'il lui a attribué, Pélissier trouvera Chirac en train d'utiliser trois téléphones à la fois. Chirac-l'interventionniste est né. Mais sa force de frappe téléphonique est encore faible...

Au GG, Jacques Pélissier est chargé d'appliquer le plan de Constantine mis au point par le général de Gaulle et qui prévoit, entre autres, l'attribution de deux cent cinquante mille hectares aux agriculteurs musulmans. Après avoir bataillé contre les rebelles algériens, les armes à la main, Chirac est trop content d'engager maintenant le combat contre eux à coups de réformes.

Politiquement, il n'est pas loin des idées de Patrie et Progrès, une petite organisation autour de laquelle gravitent quelques futurs socialistes, comme Jean-Pierre Chevènement. Pour elle, le maintien de l'Algérie dans l'orbite de la France passe par la réforme agraire. L'ancien lieutenant de Souk-el-Arba est sur cette ligne. Et il plaide pour la réforme sous toutes ses formes – agraire, sociale, culturelle.

La cause, pourtant, est perdue. Pour le révolutionnaire, on le sait, il n'y a jamais de pire ennemi que le réformiste. Les combattants du FLN s'opposent sans pitié à la redistribution des terres. Les musulmans qui s'installent dans les nouvelles plantations sont parfois égorgés à la tombée de la nuit. L'Algérie, désemparée, appareille. .

Alors, le 16 septembre 1959, le général de Gaulle lâche du lest et préconise l'«autodétermination». L'«Algérie française» n'est plus. Jacques Chirac ne cessera pas d'y croire pour autant.

Il milite, avec la dernière énergie, contre l'indépendance qui se profile. Il se démène pour cette réforme agraire que les grands «féodaux» européens refusent avec autant de fièvre que les révolutionnaires musulmans. Mais il ne perd pas non plus son temps. Ni le nord...

Il a de l'entregent. Jacques Pélissier l'emmène avec lui à Paris pour mettre la dernière main à la loi sur la promotion musulmane. Il lui présente quelques sommités politiques, comme Edgar Faure. Et il s'amuse de voir son directeur de cabinet «frétiller», l'œil étincelant, affamé de tous les détails, dans les couloirs du Sénat.

Apparemment, il sait aussi choisir ses relations. Il y a, à Alger, un fils de ministre, un grand garçon maigre, myope et ténébreux, affecté au service armée-jeunesse du GG. C'est Pierre Joxe.

Gaulliste historique, Louis Joxe, son père, est ministre de l'Éducation nationale. Il a aussi l'oreille du Général. Son fils pourra toujours servir...

Que croyez-vous qu'il advienne ? Jacques Chirac s'approche à petits pas de Pierre Joxe et les deux hommes s'accointent. Il est malaisé de résister à l'ancien sous-lieutenant de Souk-el-Arba.

Le directeur de cabinet prend en charge le fils du ministre : «Il habitait un garage avec sa femme, très belle et très brillante, dans des conditions matérielles assez épouvantables, se souvient Chirac. Il n'avait pas un rond, moi non plus, mais j'avais des facilités et des relations. Je lui ai trouvé un logement. Je lui ai aussi permis de se procurer des billets d'avion pour aller en France. »

Les deux énarques sont si proches l'un de l'autre qu'avec l'accord de Paul Delouvrier, délégué général du GG, ils feront une « mission plus ou moins officieuse » à Paris où ils raconteront à Louis Joxe les derniers événements d'Algérie.

Chirac n'est pas encore gaulliste et Joxe n'est pas encore socialiste mais ils s'éloigneront peu à peu l'un de l'autre après le réveillon du 31 décembre 1959. Ce jour-là, le fils du ministre a trouvé le directeur de cabinet de Jacques Pélissier outrageusement « Algérie française ». Il croit même avoir entendu, dans sa bouche, un éloge de la torture.

C'est qu'en cette fin d'année les tensions sont mises à vif par les bombes du FLN qui explosent sans arrêt dans Alger. Chacun doit choisir son camp.

L'ex-croisé du piton l'a choisi. Quand les pieds-noirs, se sentant trahis par de Gaulle, commencent à dresser des barricades dans Alger, le 24 janvier 1960, son cœur balance. D'après un de ses amis pieds-noirs, le docteur Armand Fine, il fraternise avec les insurgés. Selon Jacques Pélissier, il fait tout pour maintenir la cohésion, ébranlée, des fonctionnaires du GG.

Étrange époque où tout se délite, sur fond de barricades, et que Chirac vit aussi mal que Pélissier. « Nous avons assisté, écrira Chirac, au spectacle étonnant de la disparition des directeurs du gouvernement général. Ils devaient être au nombre de quinze. Combien sont demeurés en poste ? Tout au plus deux ou trois, les autres ont naufragé. Le soir de l'affrontement, on a fini par retrouver l'un des plus éminents de ces hauts fonctionnaires, caché, apeuré, chez un de ses amis. Les autres avaient couru plus loin[1]. »

Révoltés par les ultras de l'« Algérie française », dégoûtés par la couardise de l'administration, Jacques Friedmann et Bernard Stasi décident d'envoyer une motion de soutien au général de Gaulle. Tous les élèves de la promotion « Vauban » la signeront sans sourciller. Tous, sauf un. C'est Jacques Chirac. « Je ne signe pas de chèque en blanc », tranche-t-il. Il n'apposera son nom au bas de la liste que deux jours plus tard (« Parce qu'il sentait que le mouvement des barricades était en train de retomber », dira plus tard Pierre Joxe).

Pour justifier son attitude, Jacques Chirac a toujours eu recours à des explications filandreuses, du genre : les fonctionnaires ne doivent pas approuver le chef de l'État mais le servir. Il n'empêche. Pendant

---

1. *Les Mille Sources, op. cit.*

les deux jours qui précéderont sa décision de signer, il est clair que l'exalté du piton avait, une fois de plus, repris le dessus.

A son retour en France, en avril 1960, Jacques Chirac est un ultra, partisan de la légalité. Une espèce rare que symbolise parfaitement Michel Debré, alors Premier ministre, déchiré de contradictions, pantelant à force de contorsions. C'est ce qui expliquera plus tard les étranges affinités que cultiveront les deux hommes.

Devenu auditeur à la Cour des comptes, Jacques Chirac se déchaîne contre les actions sauvages de l'OAS mais il a mal à l'« Algérie française ». Ses deux principaux amis, Jacques Friedmann et Michel François-Poncet, sont partisans de l'indépendance algérienne. Et ils ne supportent pas toujours très bien ses envolées militaires, ses philippiques cocardières, ses prophéties enflammées.

Il a monté un petit club. On se retrouve tous les quinze jours, autour d'un whisky, pour faire le point. Il y a là Michel François-Poncet, Renaud de La Genière, futur gouverneur de la Banque de France, Dominique de La Martinière qui sera directeur des Impôts, André Jacomet, l'un des grands patrons de Pechiney. Tous l'entendront célébrer l'« Algérie française » sur tous les tons. Ils finiront par se lasser.

Chirac, lui, ne se lassera jamais. Plus tard, membre du cabinet du Premier ministre, il embauchera à Matignon la fille du général Nicod : son père a été arrêté parce qu'il est soupçonné d'être le correspondant français du général Challe, l'un des chefs de l'OAS. Faisant campagne en Corrèze, il n'oubliera jamais non plus de faire porter des colis aux généraux emprisonnés à Tulle – Salan, Jouhaud, Challe, etc. Tant il est vrai que sa blessure algérienne coulera longtemps...

Matignon

L'ambition est comme un torrent et ne regarde pas
derrière soi.

Ben Jonson

Qui a dit que celui qui connaît l'art de vivre avec soi-même ignore
l'ennui ? Jacques Chirac, qui ignore cet art-là, connaît donc l'ennui.
Pis, il en meurt. C'est une maladie. Et il ne peut s'en guérir par le
travail, qui, comme chacun sait, est une denrée plutôt rare à la Cour
des comptes. Croyant avoir épuisé les charmes du service de l'État, il
envisage sérieusement de s'orienter vers des horizons plus exaltants –
ceux de l'industrie, par exemple. Il a, comme on dit, des « ouvertures » à la Shell. Et il fait le tour de ses relations pour leur demander
ce qu'elles pensent de son projet. Jacques Pélissier, son père puta-
tif, son maître, sa référence, le dissuade sans conviction. Gérard
Belorgey, son copain de Sciences-Po, va plus loin. Il lui propose un
travail.

A l'époque, Gérard Belorgey est chargé, au secrétariat général du
gouvernement, de superviser les textes dits de « défense des institutions républicaines » – autrement dit, les textes anti-OAS. Il est en
même temps le scribe de la maison, celui qui dresse les procès-
verbaux des conseils interministériels. « Évidemment, dit aujour-
d'hui Belorgey, je ne pouvais pas faire les deux choses en même
temps. On m'a demandé de trouver quelqu'un pour me décharger.
J'ai tout de suite pensé à Jacques que je voyais s'amertumer à la Cour
des comptes. »

Quand il reçoit Jacques Chirac pour l'embaucher, Jacques-Henri
Bugeard, le responsable des affaires économiques au secrétariat
général du gouvernement, est tout de suite frappé par l'énergie
contenue de ce jeune homme qui parle très vite et semble tout savoir.
Au point qu'il laisse échapper : « N'allez pas vous imaginer, cher
jeune homme, que vous allez vous installer rapidement dans mon
bureau. »

Il ne croit pas si bien dire, Jacques-Henri Bugeard. Six mois plus tard, le « jeune homme » s'installera dans son fauteuil. Non qu'il ait pris sa place mais parce que les services de Matignon ont été réorganisés. Devenu entre-temps chargé de mission du nouveau Premier ministre, Jacques Chirac a réquisitionné son bureau.

Au secrétariat général du gouvernement, dans le service de Jacques-Henri Bugeard, Jacques Chirac s'ennuie encore, même s'il travaille beaucoup. Ce n'est pas une tanière pour un jeune loup : c'est un étouffoir. A peine arrivé dans ce saint des saints qu'est, à ses yeux, l'Hôtel Matignon, il se rend compte qu'il n'est pas fait pour ce rôle de « greffier muet », comme il dit. Cantonné dans la rédaction des comptes rendus de réunions ministérielles, il lui faut se contenter d'écouter pérorer Giscard (Finances), Pisani (Agriculture) ou Grandval (Travail). Il regarde avec envie les « politiques » de la maison : les membres du cabinet du Premier ministre.

L'un d'eux le remarque. C'est Pierre Lelong, un ancien élève de l'ENA, rouquin, réservé, qui deviendra un jour secrétaire d'État aux PTT. Pour l'heure, il fait partie de la cellule économique de Georges Pompidou, où il s'occupe notamment du contrôle des prix et des questions agricoles. Il signale le jeune Chirac à l'attention de René Montjoie, le recruteur de la maison.

Chef du gouvernement depuis le 5 avril 1962, Georges Pompidou ne connaît guère plus les rouages de l'État que les arcanes de la politique politicienne. C'est un banquier ; c'est un intrus.

Ancien directeur de cabinet du général de Gaulle à la présidence du Conseil, en 1958, il est patron de la banque Rothschild quand il se trouve propulsé, à la surprise générale, au poste de Premier ministre. Il arrive donc à Matignon avec les méthodes et les idées du privé. Il veut, à ses côtés, les meilleurs et les plus intelligents, comme John F. Kennedy. Et c'est ainsi que son cabinet sera l'une des plus belles pépinières de l'histoire de la République.

A la tête de son équipe, Georges Pompidou a placé François-Xavier Ortoli. Cet homme a une haute idée de sa personne et de sa carrière qui le mènera loin, au commissariat au Plan, au ministère de l'Économie puis aux Communautés européennes. Il a un défaut. Il est toujours d'accord avec le dernier qui a parlé. C'est le prototype du grand commis à la française, cauteleux et précautionneux.

Aux côtés d'Ortoli, on trouve de tout. Un polytechnicien à la compétence universelle : René Montjoie, ingénieur du corps des mines, visage blanc, tendu, gai comme une porte de prison, qui deviendra commissaire au Plan avant de disparaître prématurément

Un grand bourgeois gaulliste : Olivier Guichard, qui traîne un air d'ennui et une ambition tranquille qui fera de lui l'une des grandes figures de la Vᵉ République. Un avocat massif et ténébreux, enroulé dans une cape de bure : Pierre Juillet qui, déjà, sculpte sa légende.

Bien sûr, on trouve aussi des énarques en quantité. En ce temps-là, le Tout-État se confond déjà avec le Tout-ENA. Et Pompidou-le-normalien ne dédaigne pas de s'approvisionner en matière grise dans la grande école la plus cotée de Paris. Parmi ses énarques : Bernard Ésambert, qui deviendra président de la Compagnie financière, ou encore Jean-René Bernard, futur ambassadeur à Mexico. Ils seront bientôt rejoints par Édouard Balladur, Michel Jobert et Jean-Philippe Lecat, trois graines de ministres.

A la mi-novembre, René Montjoie propose à Jacques Chirac de rejoindre l'équipe avec le grade le plus modeste : chargé de mission. Il s'occupera – entre autres – de la construction, de l'aménagement du territoire, de l'industrie aéronautique, des transports aériens.

Un soir, avec Bugeard, Montjoie entraîne Chirac dans le bureau de Pompidou. Le Premier ministre jette un œil rapide sur lui.

« C'est une grande perte pour moi », hasarde Bugeard.

Alors, Pompidou :

« J'espère bien. Sinon, ce ne serait pas un gain pour moi. »

Chirac est grisé : « J'avais tout juste trente ans et je pouvais pratiquement traiter d'égal à égal avec les ministres que j'appelais directement sur l'interministériel. »

Rares sont ceux qui l'impressionnent. Chirac se fraye son passage sans ménagement, au coupe-coupe, comme le raconte Pierre Lelong : « A la différence de Jean-René Bernard et de moi-même qui nous comportions en fonctionnaires, il s'est rapidement transformé en petit empereur régnant sur le logement et l'aviation. Il s'est mis à tout décider à la place des ministres. Je me souviens qu'il traitait Jacques Maziol, le ministre de la Construction, comme le dernier des imbéciles. Il avait de l'autorité, de la personnalité, mais il était néanmoins soucieux de ne jamais marcher sur les pieds de ses collègues de Matignon. C'était un très bon camarade, en fait. On l'aimait bien. »

A l'évidence, pourtant, Jacques Chirac a de l'appétit pour tous. Autant le monde des cabinets est prudent et feutré, autant l'ancien auditeur à la Cour des comptes est pressé. Sur chaque dossier, il donne l'impression de jouer son va-tout. Le plus menu problème devient une affaire d'État. Et Chirac prend sans arrêt des initiatives, des risques, et donc des coups. «J'ai toujours été indépendant, dit-il aujourd'hui, et je pensais que ma fonction consistait à régler les problèmes en embêtant les autres le moins possible. Ainsi était-il rare que je demande, pour me couvrir, des conseils ou des autorisations. Si bien que, de tous les membres de l'équipe, j'ai probablement été celui qui voyait le moins souvent le Premier ministre.»

On peut en douter. Georges Pompidou, en fait, n'a pas pour habitude de partager son temps avec ses collaborateurs. Ils n'ont donc pas le droit de défiler dans son bureau. Sans doute parce qu'il n'est jamais moins seul que dans la solitude, il ne veut pas qu'on l'«enquiquine», comme il dit. Plus tard, à la tête du ministère des Finances, Édouard Balladur s'efforcera de travailler de la même façon – dans le silence.

Même François-Xavier Ortoli, le directeur de cabinet de Pompidou, doit veiller à ne pas le déranger inopinément. Jacques Chirac comprend tout de suite que cet homme, fort intelligent mais dépourvu de caractère, ne pèse pas lourd dans la noria pompidolienne. Il a l'habileté de ne pas se fier aux apparences qui, dans le système Pompidou, sont trompeuses.

Tout de suite, il se met dans le sillage de celui dont il est de bon ton de se moquer dans la cellule économique, comme le raconte Pierre Lelong : «Ortoli, Montjoie et moi, on était dotés d'un certain complexe de supériorité et on se moquait volontiers d'un type dont on ne comprenait pas la fonction exacte à Matignon. Il écrivait mal, il parlait mal, il bouclait mal ses dossiers, il boitait un peu. Il faisait pâle impression, en vérité. Je me souviens que Chirac nous reprenait toujours : "Vous avez tort. Vous le sous-estimez. C'est une grosse tête politique."»

Cet homme a le poil dru, l'œil perçant, la pipe sévère. C'est Pierre Juillet ; c'est l'homme mystère des années Pompidou.

Il s'est installé au rez-de-chaussée dans ce qui est considéré comme le plus beau bureau de l'hôtel Matignon – celui des présidents du Conseil sous la IVe République. Ses fenêtres donnent sur ce qu'on dit être le plus beau jardin officiel. Il vient de temps en temps mais il fait toujours croire qu'il n'est pas là. C'est son chic.

De son rez-de-chaussée, Juillet a entrepris une opération qui doit lui donner le contrôle de Matignon. En principe, la maison se trouve entre les mains d'Olivier Guichard. Ancien directeur de cabinet du général de Gaulle sous la IVe République, il est devenu l'homme fort du cabinet de Georges Pompidou. Mais il est indolent et lymphatique. Son regard lointain ne voit pas venir les coups.

Gaulliste historique, Olivier Guichard est membre – avec Jacques Chaban-Delmas, Michel Debré, Jacques Foccart, Pierre Lefranc et Roger Frey – de la confrérie des « barons ». Décidés à s'approprier, le jour venu, le legs du Général, ils déjeunent souvent ensemble et se serrent les coudes. « Ils se partagent le pain et les postes », ironise Juillet. Et ils toisent de haut tous ceux qui ne font pas partie de leur aristocratie.

Pierre Juillet, par exemple, qui pourrait pourtant revendiquer, lui aussi, le titre de gaulliste historique. Les barons le considèrent comme un benêt prophétique ou un mégalomane archaïque, c'est selon. Mais ils ne le prennent pas au sérieux.

Qui sème le mépris récolte la vengeance. Les années aidant, l'amertume de Pierre Juillet a ranci. Sa vengeance n'en sera que plus terrible. Il se fera la main en commençant par circonscrire l'influence du baron Guichard auprès de Pompidou.

Guichard a l'amitié de Pompidou. Juillet, son estime. C'est lui qui veille sur les fonds secrets ; c'est lui qui furète dans le monde politique à l'affût de nouveaux candidats pour les prochaines élections législatives ; c'est lui, enfin, qui « pense » la stratégie du Premier ministre au cours de week-ends prolongés dans la Creuse.

Juillet n'a qu'un problème : il s'appelle Guichard et il contrôle le cabinet.

Ortoli est l'homme de Guichard. Montjoie est l'homme d'Ortoli. Et tous les autres ou presque sont les hommes de Montjoie. Pour déstabiliser Guichard, il suffit donc de faire sauter Ortoli. Juillet s'y emploie.

Sans trop de mal. Pompidou trouve Ortoli « pagailleux ». Il s'impatiente de ses prudences. Juillet se contente de mettre du sel sur les plaies.

Charmant et nonchalant, arrivant tard le matin et restant longtemps à déjeuner, Olivier Guichard ne se doute de rien, comme le rapporte Jean-Luc Laval, alors conseiller politique de Pompidou : « Olivier était trop affectif pour voir ce qui se tramait. »

Trop insouciant aussi. Et il tombera de haut quand, au début de janvier 1966, Pompidou lui annoncera qu'il a décidé de remplacer Ortoli par Jobert. C'est la première révolution de Juillet. Le baron Guichard aura été sa première victime.

Étrange Jobert. Avec son air revenu de tout et son art de la litote, il ne paye pas de mine mais il en impose. Il sait se faire craindre, comme les petits, et respecter, comme les grands commis. Ancien conseiller de Pierre Mendès France à la présidence du Conseil, cet énarque a des fulgurances d'écrivain, un œil d'entomologiste et des manières de dilettante (quand Pompidou arriva à Matignon, il l'appela pour lui proposer de venir à ses côtés mais Jobert, qui prenait des vacances au Portugal, préféra ne pas les écourter. C'est tout lui).

Michel Jobert s'aime trop. Il ne saurait donc être l'homme de personne. Mais tout le monde remarque que Pierre Juillet le pousse en toute occasion : dans les conversations avec les collaborateurs de Matignon ou dans la voiture du Premier ministre. Olivier Guichard, lui, est peu à peu marginalisé. Et il accepte mal sa déroute. Blessé, mortifié, il cherche à écarter de Matignon le seul conseiller qui joue ouvertement Juillet : Chirac.

« C'est quelqu'un d'imprudent, dit Guichard au nouveau directeur de cabinet de Pompidou. Si on le garde, on prend des risques. »

Alors, Jobert, dans un claquement de mâchoires :

« Si vous avez des faits précis à m'apprendre, je suis prêt à les examiner avec vous. Sinon, il vaut mieux arrêter là notre conversation. »

La conversation n'ira pas plus loin. Elle ne fut cependant pas sans suites. Il restera toujours quelque chose d'opaque entre Guichard et Jobert ; un malaise aussi, sourd et jamais formulé, entre Guichard et Chirac.

Imprudent, Chirac ? De cette équipe composée avant tout de technocrates empesés, il est l'un des rares à avoir compris que les grandes carrières se font à coups de petits services. Pendant les cinq années qu'il a passées à Matignon, Pierre Lelong dit qu'il n'a fait l'objet en tout et pour tout que de deux interventions politico-économiques de membres du cabinet de Pompidou. C'est peu. Mais les deux interventions émanaient de la même personne : Jacques Chirac. C'est beaucoup.

Une fois, Jacques Chirac lui demande d'augmenter les importations contingentées de vins de Tunisie. En échange de quoi, Jean-Claude Roussel, PDG de Roussel-Uclaf, se fait fort de vendre des hélicoptères à Rabat. Étrange marchandage...

Une autre fois, Jacques Chirac invite Pierre Lelong à déjeuner avec deux sénateurs de l'Oise. Les élections approchent et les deux hommes ne savent pas encore qui prendre comme troisième de liste. Ils hésitent entre le docteur Natali, un ami de Chirac, et un autre.

Le docteur Natali, justement, est du déjeuner. Visiblement, pour que ce bon médecin soit pris comme troisième de liste, il suffirait que Pierre Lelong donne un petit coup de pouce à la coopérative de sucre que les deux sénateurs patronnent. Elle n'est pas rentable. Pour qu'elle le soit, il faut augmenter le contingent de betteraves qu'elle a le droit de raffiner chaque année.

Jacques Chirac plaide, naturellement, pour cette augmentation. On a les grands desseins qu'on peut. Convaincu, Pierre Lelong demandera à Edgard Pisani, ministre de l'Agriculture, de faire un geste. L'attentionné conseiller sera récompensé, quelques mois plus tard, par un repas chez Lasserre et deux bouteilles de champagne. Il lui restera tout de même quelque chose sur le cœur quand il apprendra que le docteur Natali est l'homme à tout faire de Marcel Dassault, député de l'Oise. «Chirac m'avait présenté l'affaire de façon tout à fait innocente. A aucun moment il ne m'avait dit que Dassault était derrière tout ça.» A l'évidence, Jacques Chirac, s'il n'est pas encore un grand manipulateur, n'est déjà plus un petit saint.

Affairisme? Clientélisme? La vocation interventionniste de Jacques Chirac peut aller jusqu'à la bienfaisance. Pierre Lelong, qui est la bonne foi même, reconnaît que son audacieux collègue l'a également «tarabusté» pour une affaire bien plus modeste : le cas d'un père jésuite qui avait monté une école agricole du côté de Caen et qui avait besoin de subventions. «Chirac, se souvient Lelong, vous cassait tout le temps les pieds avec des histoires de ce genre.»

C'est une nouvelle dimension du personnage qui apparaît : l'intercesseur ou l'entremetteur, comme on voudra. Sollicité ou pas, Jacques Chirac ne peut jamais s'empêcher d'arranger les différends entre l'État et les particuliers. Il se fourre, de la sorte, dans toutes les affaires qui passent à sa portée. Et il s'y piquera, parfois. Quand il ne se laissera pas piéger...

Quelques années plus tard, il sera ainsi accusé d'être intervenu, en tant que secrétaire d'État au Budget, en faveur d'un des rois parisiens de la chirurgie esthétique, Roger Mouly. L'affaire commence en 1968 quand un contrôle fiscal établit une différence de 2 millions de francs entre les encaissements bancaires du médecin et sa déclaration de revenus. Mais il se trouve qu'il est originaire de la région d'Ussel où il a toujours une résidence secondaire. Cela tombe bien : c'est la circonscription de l'homme qui a en charge les impôts des Français. Il tire donc la bonne sonnette, aux Finances, et, un jour, les 2 millions de francs sont miraculeusement classés comme gains de jeux de hasard. Bref, ils ne sont plus imposables.

L'affaire, pourtant, n'est pas classée. Elle fera même scandale, quelques mois plus tard, quand le conseiller fiscal du médecin, Georges Dega, dira que son client a été blanchi sur intervention personnelle de Jacques Chirac. Si c'était vrai, ce ne serait pas de la corruption, pas même de la concussion ni du trafic d'influence ; ce serait tout bonnement quelque chose comme de l'abus de pouvoir. On parlera longtemps d'une pièce saisie lors d'une perquisition chez Dega. Elle donnerait à connaître l'immixtion du secrétaire d'État au Budget et se trouverait sous le scellé numéro neuf. Il ne sera jamais ouvert.

Erreur de jeunesse ? Jacques Chirac nie tout en bloc et intente même un procès en diffamation à *l'Express* qui l'a accusé d'être intervenu (il retirera sa plainte quand, en 1974, il fera entrer sa directrice, Françoise Giroud, au gouvernement).

Il n'empêche que la passion de l'entremise habite ce jeune homme. A la fin des années soixante toujours, il vient en aide à un autre Corrézien, Christian Gaucher, un promoteur immobilier qui a décidé de construire une marina à Bormes-les-Mimosas. L'administration est contre son projet. L'ancien sous-lieutenant lui taille, alors, un chemin à travers le maquis des réglementations. La Cour des comptes a d'ailleurs relevé, à propos de ce dossier, « un infléchissement contestable des procédures administratives ». La marina finit par sortir de terre mais l'affaire se termine en banqueroute sans, toutefois, éclabousser vraiment Chirac.

C'est le temps de ceux que Michel Poniatowski appellera, dans une formule célèbre, « les copains et les coquins ». Chirac se fait des copains.

On ne pourra pour autant mettre en doute, à propos de ces affaires, l'intégrité de l'étoile montante du pompidolisme. Mais, de même que les escrocs ont leurs délicatesses, l'honnête homme a parfois ses faiblesses. Emporté par son désir de plaire, Jacques Chirac a fini par se desservir. Apparemment, il a retenu la leçon : on ne l'y reprendra plus.

Raminagrobis

C'est avec l'arrivée de Michel Jobert à la tête du cabinet que commencera l'ascension de Jacques Chirac. Il a trente-trois ans, un culot monstre et l'avenir devant lui. Il a compris qu'il n'y a pas de petits dossiers. Et il rend volontiers service à ses petits camarades. Quand il ne leur fournit pas des billets d'avion à tarif réduit, il leur déniche des logements à bas prix. C'est lui, par exemple, qui trouvera à Édouard Balladur, le conseiller social de Pompidou, son appartement du Trocadéro. Tendu, affairé, roublard, il a le panache ébouriffant d'un héros de Stendhal et le réalisme froid d'un personnage de Balzac.

Contrairement à la légende, il n'est pas boulimique. Il cherche même à se délester de l'aménagement du territoire – secteur qui, il est vrai, se trouve placé sous la tutelle de son ennemi Guichard. Il s'en débarrasse finalement sur Pierre Delmon, futur patron des Charbonnages de France. Mais il arrive aussi à Chirac de ressembler à sa caricature. Son téléphone est toujours occupé. Son temps, compté. Son attention, intermittente. Son débit, accéléré. S'il est vrai que l'excès de sommeil fatigue, le surcroît de travail lui donne apparemment des ailes. L'action est sa cause – puisqu'il n'en a pas trouvé d'autre – et il s'y déploie sans retenue aucune, comme le rapporte Pierre Lelong, son ancien collègue de Matignon : «Plus le temps passait, plus il s'agitait. Un soir, alors qu'il sortait du bureau de Georges Pompidou, il vint me voir et me dit, tout effusant, avec un sourire illuminé : "Je ne te remercierai jamais assez de m'avoir fait entrer dans ce cabinet." Il était tard. Il m'énervait. Alors, je lui ai répondu : "Tout ce que je te demande comme récompense, c'est de me rappeler la prochaine fois que j'essaierai de te joindre. J'ai essayé toute la journée de t'avoir au bout du fil." Il a blêmi et bredouillé quelque chose. Je lui ai dit tout ce que j'avais sur le cœur :

« On ne peut pas travailler avec toi. Tu fais trop de choses à la fois, tu es devenu insaisissable, tu ne sais pas t'arrêter. D'ailleurs, je suis sûr que tu ne lis jamais rien. » Alors, il s'est écrié, mi-moqueur, mi-sérieux : "Non, non, tu n'y es pas. Je lis *le Monde* tous les matins, aux cabinets." C'est la seule altercation que j'aie jamais eue avec lui. »

L'« agité » sait se rendre utile et populaire. Auprès de ses pairs comme de ses patrons qui ne tarissent pas d'éloges sur lui. Sur sa fougue indomptable, sur sa rouerie technocratique, sur sa force de conviction, les compliments fusent de partout. On en a fait des livres. C'est son histoire sainte. Écoutons la litanie des louanges :

Michel Jobert : « Jacques Chirac était si dévoué, si disponible, si plein d'alacrité que, dans ces exercices tristes du pouvoir, il apportait toujours une note rafraîchissante. Au gouvernement, on est entouré de gens qui vous disent qu'on ne peut rien faire à cause de telle ou telle réglementation. Lui disait toujours la même chose : "Pas de problème. J'en fais mon affaire." Et, quand il avait une idée en tête, on ne pouvait plus lui faire lâcher prise. Georges Pompidou adorait ça. »

René Montjoie : « Il a très vite agi avec une autorité croissante. Je me souviens l'avoir vu à quelques occasions entrer chez le Premier ministre pour faire changer une décision. Je ne dis pas qu'il réussissait à chaque fois, car Georges Pompidou avait du "répondant"... mais enfin, il n'hésitait pas à plaider pour un dossier déjà tranché[1]. »

Édouard Balladur : « Un jour, Pompidou m'a dit en souriant : "Si je disais à Chirac que cet arbre me fait de l'ombre, il le couperait dans les cinq minutes." »

Georges Pompidou : « A mon cabinet, on l'appelle le "bulldozer". L'expérience prouve qu'il obtient tout ce qu'il demande. Il ne s'arrête pas tant qu'il ne l'a pas obtenu. »

Sa réputation est faite. Il existe. Reste à approcher Georges Pompidou. Or, le Premier ministre n'est pas du genre liant. Il a fait installer, on l'a vu, un cordon sanitaire entre ses collaborateurs et lui. C'est Anne-Marie Dupuy, son chef de cabinet, qui le surveille. Et elle n'est pas d'un tempérament accommodant. Le soir, elle donne à Georges Pompidou les notes de ses collaborateurs qu'il lui rend annotées, le lendemain matin. C'est ainsi que plusieurs membres du cabinet, comme Jean-René Bernard, ont rarement eu le contact

---

1 *Jacques Chirac ou la République des cadets, op. cit.*

direct avec le chef du gouvernement. Jacques Chirac ne fait pas partie de ceux-là.

Cerbère du Premier ministre, Anne-Marie Dupuy est aussi la Madelon de Matignon. Tous les soirs, à 20 heures, elle offre un pot, dans son bureau que partage Claudius Brosse, chef adjoint de cabinet, un des anciens camarades de Chirac à l'ENA. Autour d'un whisky, les conseillers font le point sur la journée. Un rite qui se perpétuera tout au long des années Pompidou. Et Chirac ne sera pas le dernier à le pratiquer.

C'est le dernier salon où l'on cause. Parfois, Georges Pompidou passe une tête, prend un scotch, marmonne quelques mots puis retourne à ses dossiers. Il lui arrive souvent de croiser le regard de ce chargé de mission survolté dont Michel Jobert et Pierre Juillet lui disent tant de bien. Un jour, il dit à Anne-Marie Dupuy : « Ce type dont vous me parlez si souvent, faites-le donc venir, un soir, dans mon bureau. J'aimerais le connaître. »

Georges Pompidou n'est pas l'homme des épanchements ni des confidences. Quand il reçoit ses visiteurs, il allume une cigarette et fait des ronds de fumée entre leurs regards et le sien. Pour ne rien arranger, il lui arrive aussi de consulter négligemment les pages d'un dossier sur lequel ses yeux se baissent dès que la conversation se relâche. Bref, il met mal à l'aise, celui que les gazettes appellent « Raminagrobis », surnom (bien) trouvé par François Mauriac. Mais il en faudrait davantage pour démonter Jacques Chirac.

Ambroise Roux, ancien vice-président du CNPF et ami de Pompidou, a dit un jour : « Quand Pompidou a vu Chirac, il s'est tout de suite dit : " *C'est lui.* " [1] »

Tout les sépare, pourtant. Imaginons-les face à face.

L'un est tout en rondeurs. L'autre tout en angles.

L'un sait donner du temps au temps. L'autre ne peut pas attendre.

L'un est calculateur, lent, secret. Avec son poil noir et son œil de braise, il correspond tout à fait au portrait-robot de l'Auvergnat établi par Alexandre Vialatte, orfèvre : « L'Auvergnat se compose en gros de la tête, du tronc et des membres. Avec la tête, il pense l'économie ; avec les membres, il la réalise ; avec les mains, il la met dans le tiroir. »

L'autre est intuitif, vif et enfiévré. Toujours en mouvement, il semble mériter ce bon mot qu'Alexandre Sanguinetti, roturier du gaullisme, a longtemps colporté et que Catherine Nay cite dans *la*

1. Maurice Szafran, *Chirac ou les Passions du pouvoir*, Grasset, 1986.

Double Méprise[1] : « Chirac est un officier de cavalerie. On lui donne un ordre. Il sourit finement. Il sort. Il revient. Il a oublié l'ordre et le cheval. »

Qu'ont-ils donc en commun, cet homme tranquille et cet homme pressé ? Un terroir et une histoire. D'où viennent-ils ? De la même grande famille du Massif central. Où vont-ils ? Au travail : c'est à peu près tout ce qu'ils savent faire.

Ils veulent incarner la France urbaine et industrielle. Mais leurs racines n'arrivent pas à pousser ailleurs que dans leur province. C'est la même, justement : le Cantal pompidolien et la Corrèze chira-quienne sont deux départements limitrophes. De même que les États-Unis et la Grande-Bretagne sont deux pays séparés par une langue commune, Montboudif et Sainte-Féréole, les villages de leur enfance, se différencient par une culture et une tradition semblables, avec les mêmes lopins arides, les mêmes hivers venteux, les mêmes rivières à écrevisses.

Ce n'est pas tout. Ils sont tous deux des produits de l'école laïque, celle de la IIIe République. Léon, le père de Georges Pompidou, était instituteur. Et il avait épousé une institutrice. Naturellement, il était de gauche, comme le grand-père de Jacques Chirac. Il militait, lui, à la SFIO.

Le Premier ministre et son chargé de mission sortent du même bain, en somme. Et ils n'ont pas besoin de se parler pour se comprendre. Ils cultivent tous deux cette retenue que l'on respire dans les villages du centre de la France. Ils éprouvent aussi la même méfiance instinctive à l'égard de tous les messieurs à particules qui prétendent tout régenter sous de Gaulle.

Ce sont tous deux des parvenus. De Chirac, on pourrait écrire à peu près ce que Jean Cau, écrivain, journaliste à *Paris-Match,* grand ami de l'un et de l'autre, a dit de Pompidou dans ses *Croquis de mémoire*[2] : « Il n'était pas, c'est un éloge, très intelligent. Il ne pensait vite qu'au terme d'une réflexion et toutes ses décisions étaient d'abord des jugements [...]. Je me demandais parfois s'il n'était pas, profondément, d'ossature conservatrice et ne se disait pas : "Pourquoi changer un monde où j'ai si bien réussi ? Il est bon, ce monde, et ma vie le prouve." Mais, en même temps, une inquiétude le visitait... »

Pompidou et Chirac ont la même sensualité paysanne, le sourire

1. Grasset, 1980
2. Julliard, 1985

bambocheur, amateur de paillardises, de robes rembourrées et de repas fermiers. Ce n'est probablement pas un hasard s'ils ont souvent le même rictus de maquignon sur un foirail du Massif central, quand leurs lèvres laissent tomber la cigarette à la verticale et que la fumée attaque l'œil qui se ferme à moitié, tandis que les narines irritées s'élargissent en naseaux. Il ne leur manque plus que le béret. Moitié goguenards, moitié combinards, ils ont l'air de dire comme le Sganarelle de Molière : «Quoi que puisse dire Aristote et toute sa philosophie, il n'est rien d'égal au tabac : c'est la passion des honnêtes gens.» C'est dans ces moments de vérité, surpris par les flashes à la tribune des congrès, que resurgissent leurs fibres rurales. Ce sont des hommes du xixe qui veulent faire entrer la France dans le xxie siècle.

Pompidou surveille Chirac comme le lait sur le feu. Il pose des questions sur son âge, sa famille, ses projets. Il a remarqué que c'est à lui qu'il faut donner les dossiers pour qu'ils avancent. Certes, son chargé de mission n'en fait pas toujours ce qu'on lui dit d'en faire. Il répugne à exécuter les consignes quand il n'est pas d'accord. Mais qu'importe : pour le Premier ministre, sa rage de vaincre efface tout, les pataquès et les boulettes.

«Personnel», Chirac? Certainement. Mais son individualisme et son esprit d'initiative s'adaptent tout à fait au système Pompidou où, comme le souligne Michel Jobert, la délégation était grande mais sans filets : «Quand il vous engageait quelque part, Pompidou vous précisait toujours que c'était sous votre responsabilité. Sous-entendu : en cas d'échec, il n'en répondrait pas. Il disait souvent des choses du genre : "Si ça vous amuse…"»

Apparemment, ça «amuse» Chirac. Et il hérite de tous les dossiers délicats, de l'aérotrain aux chantiers navals. Il devient ainsi, selon Jean-Luc Javal, alors conseiller politique de Matignon, «le *deus ex machina* de la cellule économique».

S'il insécurise ses collaborateurs, Pompidou les responsabilise en même temps. Chirac dira un jour : «J'ai toujours estimé qu'agissant par délégation du Premier ministre j'étais un peu le Premier ministre.»

C'est donc aux premières loges que cet «un peu Premier ministre» vit les premières années de Pompidou qui sont aussi les dernières années de l'abondance. Premier accroc : la grève des mineurs en 1963. Il coûtera cher à Georges Pompidou qui commet là sa première bourde politique en cherchant à forcer son caractère : au lieu de

jouer la négociation, il fait signer au général de Gaulle un décret de
« réquisition » que les grévistes bravent joyeusement pendant plusieurs semaines. Le ridicule ne tuant pas en politique, le chef du
gouvernement survit. Mais Chirac, on le verra, retiendra la leçon :
« Mieux vaut ployer que rompre. »

Cette grève des mineurs, c'est l'un des signes avant-coureurs de la
grande crise de Mai 68. Il y en a d'autres. Mais ils sont à peine
perceptibles. La France est à un tournant et elle ne le sait pas.

Résumons. En 1965, la France est au sommet de ce que l'économiste Jean Fourastié a appelé les « trente glorieuses » – trois
décennies pendant lesquelles la croissance économique s'est élevée
de 4 à 5 % par an. La même année, la courbe démographique de
l'Hexagone bat tous les records : son taux de fécondité culmine à 2,9
enfants par femme. C'est pourtant à reculons, dans la morosité, que
le pays marche vers le paradis de prospérité que lui font miroiter les
futurologues.

Sur le plan social, le terrain devient même dangereusement
glissant. C'est le temps des grèves générales et des défilés ouvriers, et
Georges Pompidou prophétise qu'avec cinquante mille chômeurs la
France explosera...

De crainte de provoquer des orages, le Premier ministre avance
lentement. Si lentement qu'il a l'air de ne pas bouger. De Pompidou,
de Gaulle a dit à juste titre, dans ses *Mémoires d'espoir*, qu'il
« incline vers les attitudes prudentes et les démarches réservées ». En
privé, le Général lâchera un jour : « Je l'ai pris parce que c'était un
arrangeur. »

En attendant, « l'arrangeur » semble croire que le vaisseau le plus
sûr est celui qui reste à l'ancre. Chirac veille à ce que personne ne la
lève.

Le scepticisme de Pompidou rencontre souvent celui de Chirac.
Quand, par exemple, Pisani, ministre de l'Agriculture, entreprend
de réformer la fiscalité foncière, Chirac démolit le projet. Pompidou
l'enterre.

Il arrive toutefois à Chirac d'avoir des audaces. Sur le dossier du
Concorde, par exemple. Quand les travaillistes arrivent au pouvoir,
en 1966, ils décident d'annuler sur-le-champ les deux grands projets
franco-britanniques arrêtés (et signés) par leurs prédécesseurs
conservateurs : le tunnel sous la Manche et le Concorde. C'est une
vieille tradition : non seulement l'Angleterre, mais le Labour est
une île...

Le tunnel sous la Manche est tout de suite abandonné. Mais, sur le

Concorde, les avis sont partagés. Au gouvernement, deux écoles sont en présence. D'un côté, ceux qui sont d'accord pour laisser tomber. C'est, bien sûr, l'opinion du ministère des Finances. Mais Pompidou n'est pas loin de la partager, qui, en 1967, disait (en privé) avoir « personnellement jugé vain et trop onéreux le programme d'étude et de fabrication du Concorde [1] ». De l'autre côté, ceux qui sont décidés à tout faire pour continuer le projet. Parmi eux, Jacques Chirac. Il pense qu'il faut mobiliser les syndicats français pour qu'ils fassent pression sur les *trade-unions* britanniques. C'est la thèse qu'il défend, avec véhémence, lors d'un conseil interministériel où se décidera la stratégie française.

A la sortie, Georges Pompidou prend son chargé de mission par le bras : « Vous avez monopolisé le temps de parole pendant ce Conseil. C'est aux ministres de parler. Vous êtes sorti de votre rôle. »

On peut parier, sans prendre trop de risques, que le timbre du Premier ministre est alors plus paternel que méchant. Chirac bénéficie d'un traitement de faveur. C'est encore l'« enfant gâté ».

Il est bien le seul. Pompidou, qui ne ménage pas sa peine, n'a pas tendance à ménager davantage ses collaborateurs. « Je suis un vachard », dira-t-il un jour. Et c'est ainsi qu'il fait régner « une ambiance curieuse », comme le rappelle Michel Jobert : « A Matignon, les jours succédaient aux nuits et on se retrouvait le matin comme si on ne s'était jamais quittés. Pompidou ne disait jamais ni bonjour ni bonsoir. On avait l'impression d'être là parce qu'il lui fallait bien des conseillers. Mais il avait l'air de douter en permanence qu'ils aient de la jugeote et du bon sens. »

Pompidou ne récompense pas ses collaborateurs. Ils sont donc condamnés à quémander ou à se servir. Un jour, Jobert lui dit : « Il en va de votre réputation. Si Matignon ne mène à rien, c'est qu'il ne compte pas. Comment voulez-vous que les autres en tiennent compte ? »

Jobert, bien sûr, ne parle pas pour Chirac qui est l'un des rares collaborateurs que Pompidou aime trouver dans son champ de vision. Très vite, le chargé de mission devient ainsi un habitué des soirées que donne le Premier ministre, tous les quinze jours. Cela commence par un film que l'on va voir dans une salle privée de la rue du Bac, pour se terminer par un grand dîner au rez-de-chaussée de l'hôtel Matignon. Parmi les habitués : le couturier Pierre Cardin, la romancière Françoise Sagan, l'industriel Francis Fabre, le banquier

---

1. Pierre Rouanet, *Pompidou,* Grasset, 1969.

Michel David-Weill, les frères Defforey et, cela va de soi, les cousins Rothschild. Chirac se fait des relations.

Le Premier ministre a pour Chirac des affinités électives et des attentions particulières. Un jour, passant dans le bureau de Claudius Brosse, chef adjoint de cabinet, Pompidou le voit pointer les Légions d'honneur. Le Premier ministre entraîne son chargé de mission dans un coin :

« Votre père l'a, la Légion d'honneur ?

– Non, répond Chirac.

– On m'a dit qu'il avait été banquier et que c'était quelqu'un de très bien... On va l'inscrire sur cette promotion. »

Politiquement, Pompidou est devenu le père spirituel – et affectif – de Chirac qui s'imprègne de tous ses préceptes, de toutes ses leçons.

Convaincu qu'il ne suffit pas de plaire pour gagner, Chirac répétera, des années plus tard, la vieille maxime de Pompidou : « Qui n'a pas d'ennemis n'a pas d'amis. » Moyennant quoi, il pense, comme son ancien patron, qu'il ne sert à rien de caracoler en tête des sondages : mieux vaut partir à point...

Même si ce n'est pas sa pente naturelle, même s'il aime les courtisans – qu'il châtie bien –, Chirac s'efforcera toujours de suivre l'enseignement de Pompidou, à l'affût des critiques et soucieux, comme il disait, de « garder le contact » :

« Pour ne pas se laisser enfermer dans sa tour d'ivoire, de Gaulle avait des traîne-patins qui venaient dégueuler comme des veaux, le soir, dans son bureau. Pompidou faisait la même chose. A partir de 20 h 30, il recevait les copains, des profs de Carcassonne ou d'ailleurs, des types incroyables, avec des chaussures percées, qui disaient des choses du genre : "Georges, tu fais encore une connerie." Ni Giscard ni Mitterrand n'ont su garder ce contact. »

Culturellement, Pompidou a également contribué à la formation de Chirac. « C'est lui, dit Michel François-Poncet, qui lui a inculqué son goût de la musique, de la peinture, de la poésie. » Il héritera même, dans la succession légitime, d'amis personnels de Pompidou, comme Pierre Boulez.

Quand Pompidou mourra, Chirac se comportera d'ailleurs en héritier fidèle. D'abord, en se mettant au service de sa veuve, exigeante et directive – Chirac fait tout ce qu'elle demande, sans discussion. Ensuite, en multipliant les attentions à l'égard des anciens collaborateurs de Pompidou. Un jour, se prenant de bec avec l'un d'eux, Denis Baudouin, il finira par lui lâcher : « De toute façon, sache bien que, quoi que tu fasses, je ne ferai rien contre toi parce que je sais ce que Pompidou pensait de toi. »

Pompidou est donc son père. Mais en est-il le fils ? Quand le Premier ministre décide de créer avec sa femme la Fondation Claude-Pompidou, chargée de multiplier les structures d'accueil pour les handicapés, il confie la direction des opérations à Jacques Chirac. Un geste qui n'est probablement ni fortuit ni innocent : de la même façon, de Gaulle avait naguère placé Pompidou à la tête de la Fondation Anne-de-Gaulle. Il y a, dans le gaullisme, une symbolique de la philanthropie...

Lorsque Pompidou ira soutenir Chirac à Ussel, lors de la campagne des élections législatives de 1967, il mettra clairement au jour le rapport plus filial que professionnel qu'il entretient avec son chargé de mission : «A mon cabinet [...], on n'a encore jamais réussi à trouver quelqu'un qui lui résiste et la preuve en est que, malgré un emploi du temps extrêmement chargé, je me trouve ici, n'ayant pu résister moi non plus. J'espère quand même qu'il ne me poussera pas trop vite hors du gouvernement, mais, avec une telle activité, une telle puissance de travail, une telle capacité de réalisation, on peut tout craindre. »

Dans sa recherche en paternité, Jacques Chirac avait trouvé là une figure qui ressemblait comme une copie à l'original : lointaine, bourrue, austère mais finalement bienveillante. On choisit son père moins souvent qu'on ne le pense.

Mais c'est quand on croit l'avoir trouvé qu'on le cherche le plus. Et justement, à Matignon, Chirac vient d'en découvrir un autre...

Juillet

Le silence, ainsi que la nuit, permet de tendre des embûches.

Francis Bacon.

Qu'aurait été Jacques Chirac sans Pierre Juillet ? Sans doute un baron du pompidolisme. Assez prospère et non moins avantageux. Avec une voiture à cocarde mais peut-être bien sans destin. Un fantôme de la politique, comme il en passe tout le temps, éphémère et provisoire. Un feu de paille.

Certes, Georges Pompidou a tout de suite porté sur Jacques Chirac un regard bienveillant et paternel. Mais il n'est pas sûr que, s'il n'y avait été poussé, l'ex-professeur aurait laissé l'ancien sous-lieutenant récupérer si facilement son patrimoine politique. « Amitié de seigneur n'est pas héritage », comme dit un vieux proverbe rural. Tant il est vrai que les grands, boursouflés d'égotisme, ne préparent jamais facilement leur succession.

Ils n'aiment pas leur dauphin et ils finissent généralement par se retourner contre lui. Les Chinois ont tout compris, qui disent : « Servir un prince, c'est servir un tigre... »

C'est donc Pierre Juillet, le conseiller du prince, qui a pris soin de Jacques Chirac ; c'est lui qui s'est chargé de lui donner une ossature, un territoire, un destin. Troisième père, dans l'ordre chronologique, il sera, en fait, le père fondateur de Chirac-le-politique : « Quand Jacques Chirac était devant Pierre, se souvient Marie-France Garaud, il faisait tout pour ressembler à l'image que l'autre avait de lui. »

Avant que Pierre Juillet ne le prenne en main, Jacques Chirac ne paye pas de mine. C'est un homme de cabinet empressé, efficace, militaire, comme il y en a beaucoup d'autres. Politiquement, il est à peu près tout à la fois : « Algérie française » et progressiste, gaulliste et radical, ultra et loyaliste. Changer de lit ne guérit pas sa fièvre. C'est un personnage qui attend sa cohérence.

Débarquant à Matignon, en 1967, Marie-France Garaud dit en

rigolant à Pierre Juillet : « Votre Chirac ressemble au fils que Chaban et Giscard auraient pu avoir ensemble. » Physiquement, cela crève les yeux. Mais, sur le plan symbolique, ce n'est pas moins judicieux : Jacques Chirac ne sera longtemps qu'un technocrate, c'est-à-dire pas grand-chose.

En lui enseignant l'esprit gaullien qui est, pour lui, « un mélange d'exigence et d'imagination », Pierre Juillet a entrepris de faire de Jacques Chirac le porte-drapeau de l'anti-gauche et de la France profonde. Les ouvrages pieux négligent volontiers l'importance de cet homme dans l'invention et la fabrication du futur maire de Paris. On l'a oublié sur la route de la grande épopée chiraquienne.

C'est pourtant au contact de ce barrésien inspiré – « républicano-fasciste », comme dit Claude Labbé – que Jacques Chirac a fini par venir au monde. Et il est sûr que l'on tient toujours d'où l'on vient...

Pierre Juillet est de toutes les époques. Tantôt, il s'appelle Machiavel. Tantôt, Mazarin. Il conseille les princes. Il fait les rois et parfois même les défait. Il supporte mal les modes de son temps. Il ne souffre ni les courtisans ni les compatissants. C'est pourquoi sans doute il s'est installé dans son ciel, d'où il regarde tout le monde de si haut.

Tout le monde, sauf le général de Gaulle : c'est sans doute le seul homme qui n'ait jamais fait les frais de son persiflage. Mais il est vrai qu'il n'aurait sans doute jamais été Pierre Juillet sans le Général, cet autre barrésien qu'il cite si volontiers et dont il se plaît à suivre à la lettre quelques-uns des préceptes les plus connus. Il est convaincu que la politique est d'abord une aventure individuelle (« Face à l'événement, c'est à soi-même que recourt l'homme de caractère »). Ou encore que la France ne peut être la France sans la grandeur (« Vieille France accablée d'Histoire, meurtrie de guerres et de révolutions, allant et venant sans relâche de la grandeur au déclin, mais redressée, de siècle en siècle, par le génie du renouveau ! »).

Ce sont là deux citations puisées dans les œuvres du Général, *le Fil de l'épée* et *les Mémoires de guerre*. Mais Pierre Juillet, conteur mirobolant et prédicateur étourdissant, en a beaucoup d'autres à son répertoire – inédites, réinventées, voire chimériques. Sur son ton de prophétisme jubilatoire, il se plaît ainsi à répéter que de Gaulle disait : « Nous vivons un moment d'exception. Il faut en profiter. La France va maintenant rentrer dans cinq mille ans d'obscurité... »

Formule juilletienne par excellence. Quand cet homme parle, on entend toujours les clameurs et les craquements de l'Histoire. Avec sa cape, sa canne et son air sombre, il ressemble d'ailleurs à un personnage du Larousse. Il semble n'être jamais sorti de la France de la chasse et des châteaux qui est, à ses yeux, celle de toujours.

Étrange Juillet. Il lit Lucrèce dans le texte mais il ne fait que feuilleter, avec un air vaguement dégoûté, les magazines politiques. Il fuit les journalistes mais il peut passer des heures à parler des cours de la viande de mouton avec les paysans de son terroir de la Creuse.

Ce misanthrope cultive les mystères comme d'autres cultivent les relations. Claude Labbé, ancien président du groupe gaulliste à l'Assemblée nationale, se souvient l'avoir vu faire une drôle de tête devant un visage inconnu, lors d'un déjeuner de notabilités chiraquiennes, au siège du RPR, dans les années soixante-dix.

« C'est Ivan Levaï, lui souffla Claude Labbé d'un air important.
– Qui est-ce ? demanda Juillet.
– Un grand journaliste, voyons. »

Alors, sans prendre la peine de finir son hors-d'œuvre, Juillet se leva et quitta la table.

Au service de son personnage, Pierre Juillet a tout mis, et d'abord le secret et le silence. Il a compris que c'était la meilleure façon de se faire entendre.

Tel est l'homme avec lequel Jacques Chirac se lie à Matignon, au début des années soixante : théâtral, prosaïque et rêveur. Un peu fantasque aussi. Il ne fait pas de notes. Il n'a jamais de dossiers. Il ne respecte aucun horaire. Malgré les apparences, cet esprit follet est pourtant doté d'un pouvoir considérable : « La cuisine politique, explique Denise Esnous qui fut la secrétaire de Georges Pompidou avant de passer au service de Jacques Chirac, ça n'intéressait pas le Premier ministre. Il n'était à son aise que dans les affaires de l'État. Le reste, il laissait ça à Pierre qui adorait ça. »

Autant dire que, pour celui qui veut arriver, à cette époque, il vaut mieux devenir un ami de Pierre Juillet et attendre. C'est ce que fait Jacques Chirac. C'est ce que feront Jean-Philippe Lecat, Jean Charbonnel ou Olivier Stirn, autres baronnets de ce qu'on appellera la « monarchie de Juillet ».

Doté des pleins pouvoirs politiques, Pierre Juillet évangélise, manœuvre, et ferraille déjà contre ses trois phobies : les réformistes, les affairistes et les gaullistes historiques. Les réformistes, d'abord, parce qu'il ne veut pas qu'on lui défigure sa France, celle de Péguy : s'il se veut « social », comme le Général, il peste contre le réformisme mou, celui d'une droite qui ne s'assume pas. Les affairistes, ensuite, parce qu'il est convaincu qu'ils ont réussi à parasiter le système (« Ce régime mourra des scandales, dit-il en leitmotiv. C'est un miracle qu'il soit encore en place »). Les gaullistes historiques, enfin, parce qu'il les considère comme des usurpateurs. Il se gausse volontiers de leurs Résistances qui n'ont pas toutes été admirables, il s'en faut. Et il entend leur faire payer leurs humiliations, leurs vilenies, leurs vexations.

Autant de phobies qu'il transmettra à Jacques Chirac, la moindre n'étant pas celle des barons, ces gaullistes qui se sont accaparé la légende et l'héritage du Général. Il est vrai que Pierre Juillet, en la matière, n'a pas moins de titres qu'eux.

Il a fait une belle Résistance, lui. Des maquis, il n'a rapporté ni Légion d'honneur ni croix de guerre mais une blessure qui le fait boiter encore un peu. La Libération ne lui réussit pas, pourtant. En 1944, il débarque à Paris, avec ses diplômes de droit, et parvient seulement à se tailler une petite place au ministère de l'Intérieur. Il n'y fait pas d'étincelles et retourne bientôt dans sa province, à Limoges, où il s'inscrit au barreau et se jette, tête baissée, dans l'aventure du Rassemblement du peuple français (RPF), le parti de Charles de Gaulle. De 1947 à 1952, il est l'un des hommes forts du mouvement – pour le Centre puis pour tout le Sud-Ouest.

Mais même s'il épouse une secrétaire du Général, Annick Mousnier, Pierre Juillet n'approche jamais vraiment de son héros. Il aurait pu, pourtant. Pendant la traversée du désert de Charles de Gaulle, au début des années cinquante, il rencontre Georges Pompidou, le directeur de cabinet de l'ancien chef de la France libre. Les deux hommes sympathisent. Ils partagent le même appétit de terroir, la même nostalgie de la province, le même scepticisme fondamental.

Le RPF reflue rapidement, le Général se retire à Colombey-les-Deux-Églises et Georges Pompidou s'ennuie à mourir. Quand il décide de quitter de Gaulle, en 1954, pour travailler à la banque Rothschild, il souhaite que ce soit Pierre Juillet qui le remplace à la tête du cabinet.

Ce qui arrive sans qu'on l'ait fait venir, c'est le destin. Mais Pierre Juillet n'est pas du genre à le saisir si facilement. Il hésite. Il se torture. Il a une haute idée de lui-même et il ne veut pas être l'envoyé spécial permanent de Pompidou auprès du Général. Il redoute, pour tout dire, d'être sans cesse déchiré entre son amitié pour l'un et sa loyauté pour l'autre. Il refuse, donc. Et c'est ainsi qu'Olivier Guichard prend, auprès de Charles de Gaulle, la succession de Georges Pompidou.

Mai 1958 : c'est le retour du Général. Grisés par leur nouveau pouvoir, les barons oublient purement et simplement Juillet qu'ils laissent croupir à Bruxelles où il anime l'agence Opera Mundi, spécialisée dans les reventes d'articles de journaux. Mais il parvient tout de même, non sans efforts, à se caser chez André Malraux, ministre des Affaires culturelles. Il est son chef de cabinet. En voyage aux quatre coins du monde avec l'auteur de *l'Espoir*, il « s'amuse bien ». En 1959, lassé des parades et des moulinets du ministre des Affaires culturelles, il finit par refluer dans le privé.

Quand Pompidou est nommé Premier ministre, en 1962, Juillet devient vraiment Juillet. Il est, après Guichard, l'un des premiers appelés au cabinet de Matignon où il peut, avec la complicité bienveillante du chef du gouvernement, en découdre à son gré avec les barons. Apparemment, Pompidou ne les aime pas davantage...

Mais c'est après l'élection de Georges Pompidou à la présidence, en 1969, que la chasse aux gaullistes historiques sera vraiment ouverte. Le nouveau chef de l'État ayant nommé Jacques Chaban-Delmas à Matignon, Pierre Juillet, avec l'appui de Jacques Chirac, n'aura de cesse de faire tomber le plus fringant des barons. Il l'accuse de réformisme. Il le soupçonne d'affairisme. Bref, il a fait du Premier ministre la synthèse de toutes ses phobies. Et il cisèle contre lui des formules assassines qui font le tour de Paris, du genre : « Ce n'est pas qu'il a du punch, mais quel jeu de jambes ! »

En 1971, Georges Pompidou annonce à son Premier ministre, ravi, que Pierre Juillet quitte l'Élysée. Quelques jours plus tard, l'ancien conseiller politique du président vient rendre visite à Jacques Chaban-Delmas, à Matignon, où les deux hommes ont ce dialogue saisissant :

« Je quitte le service du président, dit d'entrée de jeu Juillet, parce qu'il ne veut pas se séparer de vous. Cela a sans doute dû vous étonner qu'un conseiller du chef de l'État fasse, à ce point, campagne contre le Premier ministre...

– J'en ai été, c'est vrai, très surpris.

– Eh bien, pour moi, vous êtes l'homme politique le plus néfaste qui soit. Je pense que vous êtes gaulliste...

– C'est aimable à vous !

– ... mais vous êtes en train de mener la France au socialisme. Vous serez peut-être président un jour, mais ce sera pour son plus grand malheur. »

C'est Pierre Juillet tout craché : bravache et donquichottesque. Quelques mois plus tard, Pompidou, démoralisé par les mauvais résultats de son référendum sur l'Europe, lui demandera de reprendre du service à l'Élysée. Il reprendra aussitôt sa campagne contre Chaban. En juin 1972, Juillet dit en ville : « Si Chaban est encore à Matignon, le 14 juillet, je démissionne. » Le 5 juillet, le maire de Bordeaux est congédié.

Qui a dit que servir était la meilleure devise de ceux qui aiment commander ? Pierre Juillet est un homme d'autorité. Susceptible, exclusif et ombrageux, il ne souffre pas de ne pas être écouté. D'où ses relations tumultueuses avec Georges Pompidou.

Avec Jacques Chirac, les choses sont, dans un premier temps, beaucoup plus simples. Pierre Juillet le sert en même temps qu'il le crée. Ce n'est pas un hasard s'il en parle comme d'un fils ou d'un animal au dressage, c'est selon. En 1970, il dira ainsi à Alexandre de Marenches, le patron des services secrets français : « Je ne sais pas si ce Chirac est un jeune chien ou un jeune loup. »

Quelques années plus tard, remerciant Pierre Juillet pour tout ce qu'il avait fait pour lui, Jacques Chirac s'entendra répondre : « C'est la première fois qu'un cheval remercie son jockey. »

Pierre Juillet fut-il un bon instructeur ? Quelque chose lui manque, qui manque aujourd'hui à Jacques Chirac. Ne comprenant goutte à la modernité, l'Alceste de la Creuse n'a évidemment pas branché son protégé sur les grands courants, culturels ou pas, de la société française. Il lui a, au contraire, appris à les traiter de haut, comme des épiphénomènes. C'est le syndrome de la France éternelle. Juillet est du genre à croire qu'il percera mieux son époque dans les chroniques de Joinville que dans les rapports du Commissariat général au Plan. Chirac ne s'est pas jeté pour autant sur les premières mais il a découvert qu'on pouvait fort bien se passer des seconds.

En se cantonnant dans son métier de politicien professionnel, Chirac s'est ainsi peu à peu coupé de son temps. C'est, on le verra, le principal défaut de l'armure chiraquienne.

A son disciple, Pierre Juillet a, en revanche, enseigné toutes les ficelles de l'art de la politique, et d'abord le cynisme – un cynisme à la Maurras, qui disait : « Le privilège du succès est, dans l'ordre de l'action, une marque de vérité. » Il l'a aussi préparé à manœuvrer les hommes et les idées. Il l'a, en somme, déniaisé. Mais il a également tenté de donner à ce jeune homme disponible quelques bases de conviction – sur le travail, la famille, la France et sa place dans le monde. Ce ne fut pas, on s'en doute, chose très facile.

Il lui a enfin désigné de temps en temps un objectif. Pour expliquer la nature de leurs rapports, Jacques Chaban-Delmas dira, rossement : «Jacques Chirac est un émouchet[1] posé sur le doigt ganté de Marie-France Garaud. De temps en temps, Pierre Juillet tire l'anneau pour que Chirac vole une heure. Et tue.»

Un jour, pourtant, l'émouchet, las de recevoir des ordres, ne reviendra pas. Et laissera Pierre Juillet seul avec son anneau et le poing ganté de Marie-France Garaud...

Il ne restera plus qu'un chien entre Jacques Chirac et Pierre Juillet : ce schnauzer acariâtre que l'ancien conseiller politique de Pompidou traîne partout avec lui, non sans nostalgie. C'est un cadeau du maire de Paris. Il passe ses journées aux pieds de son maître qui le traite avec un mélange d'affection et de tristesse.

Mais, s'il a perdu Chirac, il n'a pas perdu sa puissance de fascination. C'est ainsi que Valéry Giscard d'Estaing a cherché, en 1981, à récupérer l'homme qui, pourtant, avait grandement contribué à le déstabiliser. Après sa défaite à l'élection présidentielle, V.G.E. téléphone à Pierre Juillet, dans la Creuse. Il lui demande de rédiger pour lui un avant-projet pour l'allocution d'adieu qu'il entend faire à la télévision, le 19 mai. L'autre s'exécute, docilement, et téléphone, quelques heures plus tard, son texte à la secrétaire du président battu.

C'est ainsi que la patte inimitable de Pierre Juillet apparaît dans le discours de fin de septennat de Valéry Giscard d'Estaing, et notamment dans la conclusion, redondante : «Et, dans ces temps difficiles où le mal rôde et frappe dans le monde, je souhaite que la providence veille sur la France, pour son bonheur, son bien et sa grandeur.» Un silence de sept secondes et V.G.E. dit avec emphase : «Au revoir!» Mais ce n'est pas fini. L'ancien chef de l'État se lève et s'en va. Puis, tandis que retentit *la Marseillaise*, la caméra montre aux Français, une minute durant, le fauteuil vide du président déchu.

Peu après, V.G.E. téléphone à Juillet :

«Qu'avez-vous pensé de mon message d'adieu?

— Très bien, fait Juillet. A part la chaise.

— J'aimerais vous revoir. Que vous me disiez pourquoi j'ai été battu.

— Je peux vous le dire tout de suite. A cause de vos erreurs.

— Sachez, répond Giscard, bougon, que, dans mon septennat

1. Petit rapace.

comme dans ma campagne, je n'ai pratiquement pas commis d'erreurs.

– En ce cas, conclut Juillet, je crains que nous n'ayons plus grand chose à nous dire. »

Quelques jours plus tard, François Mitterrand fait savoir à Pierre Juillet qu'il veut le voir. Mais l'autre répond qu'il ne viendra pas à Paris avant octobre. Longtemps après, l'ancien conseiller politique de Pompidou rôdera autour de Raymond Barre. Il en reviendra dépité. « Cet homme a des humeurs, dira-t-il. Je ne suis pas sûr qu'il ait du caractère. »

Racines

Quand une vache blanche entre dans une étable,
une vache blanche en sort cent ans après.
Dicton du Cantal.

Au début de janvier 1965, M. Uminski, maire radical-socialiste de Sainte-Féréole, en Corrèze, décide d'abandonner toute activité publique. Il demande à son adjoint de le remplacer. Au moment de boucler la liste, on s'aperçoit qu'il manque un conseiller municipal pour obtenir le nombre requis. On cherche. Pourquoi pas le jeune Chirac qui a si bien réussi à Paris ? M. Uminski lui écrit une lettre pour lui demander d'être candidat. Chirac ne recevra jamais cette lettre.

Quelques jours plus tard, le sous-préfet de Brive-la-Gaillarde téléphone à Chirac à Matignon :

« Alors, vous êtes candidat ?

— Pour l'être, il faudrait d'abord que je me présente.

— Vous n'êtes pas au courant ? Vous êtes sur la liste de Rassemblement républicain de Sainte-Féréole. Il n'y a qu'une liste, d'ailleurs. Vous êtes sûr d'être élu. »

Chirac téléphone aussitôt à M. Uminski qui lui dit, en guise d'explication :

« Je t'ai écrit. Tu ne m'as pas répondu. J'ai considéré que tu étais d'accord. »

C'est une histoire chiraquienne – on la retrouve dans la plupart de ses biographies – et elle est, bien sûr, trop belle pour être vraie. Les choses se sont pourtant passées ainsi. A un détail près : ce n'est pas avec l'élection de Sainte-Féréole qu'a commencé, comme Chirac l'a souvent laissé entendre, son épopée corrézienne ; c'est avec sa nomination, en novembre 1964, à la CODER (Commission de développement économique et régional) du Limousin.

Jean Charbonnel s'est attribué la paternité de cette nomination. Ancien conseiller référendaire à la Cour des comptes comme Chirac, il a été élu pour la première fois député de la Corrèze en 1962. Sur les dix-sept parlementaires du Limousin, il est l'unique élu de la majorité. Et ce misanthrope ressent son isolement dans ce qui est alors, pour les gaullistes, la plus difficile des terres de mission. Il réclame sans arrêt des renforts. Il prétend ainsi avoir obtenu de Pompidou que Chirac « fût nommé membre de la première assemblée régionale, la CODER du Limousin ».

Il est pourtant difficile de ne pas voir, dans cette nomination, l'ombre de Pierre Juillet. Ancien délégué du RPF pour le Limousin, le conseiller politique de Pompidou aime se ressourcer dans sa Creuse natale. Convaincu que la majorité ne doit pas abandonner cette région à l'opposition, il suscite des vocations, tisse sa toile, ébauche la stratégie et organise les rencontres. C'est ainsi qu'en juillet 1965 il réunit, dans sa propriété du Puy-Judeau, ceux que les gazettes appelleront, deux ans plus tard, les « jeunes loups de Pompidou ». Il y a là Jean Charbonnel et Jacques Chirac, bien sûr, mais aussi, au milieu de beaucoup d'autres, deux futurs ministres : Bernard Pons et Pierre Mazeaud.

Chirac a-t-il trouvé sa vocation ? Pas vraiment. D'abord, parce qu'il n'a pas encore de circonscription. Ensuite, parce qu'il garde deux fers au feu. Tout en caressant le projet de se présenter aux élections législatives, comme le souhaite Juillet, il a un œil sur la direction des transports aériens que Pompidou lui a promise.

Mais voici venir, pour Chirac-Hamlet, le temps de choisir. Un jour de juin 1966, Pompidou le convoque dans son bureau :

« J'ai réfléchi. Il faut que vous vous présentiez aux élections. »

Chirac comprend que Juillet est passé par là.

« Où ? hasarde-t-il.

– On vous trouvera une circonscription à Paris.

– A Paris ? Pourquoi pas en Corrèze ?

– Il n'y a que trois circonscriptions. Celle de Brive est déjà prise par Charbonnel. Celle de Tulle est tenue par Montalat qui est une vraie institution. Reste celle d'Ussel. Mais c'est la plus mauvaise circonscription pour nous.

– Si j'allais voir de plus près ?

– Vous pouvez toujours essayer. »

Le jour même, Chirac passe au siège du parti gaulliste – qu'on appelle alors l'UNR –, 123, rue de Lille. Il demande la liste des adhérents de la circonscription d'Ussel. On lui donne cinq noms sur un papier. Il les convoque pour le week-end suivant.

Quand, le samedi matin, il arrive à Ussel, il va prendre un petit noir au café de la Gare. Au comptoir, il entend parler politique. Il tend l'oreille. Le débat, fiévreux, porte justement sur les prochaines élections législatives. Les uns disent que la circonscription ira aux communistes, les autres qu'elle restera aux socialistes.

Il broie du noir. Il ne sait pas que ce café est le rendez-vous des cheminots communistes. Tout le reste de la journée est à l'avenant. Il se perd dans la ville, paresseuse et silencieuse, pleine de vieux jardins qui dorment, avant de retrouver quatre adhérents de l'UNR (sur cinq) que la vie semble accabler.

Le lundi matin, Chirac passe voir Pompidou.

« Ce que j'ai vu à Ussel n'est pas très encourageant, dit-il, mais je peux toujours essayer.

– Pourquoi ne pas vous présenter à Paris, alors ?

– Parce que c'est impossible. Je ne sens pas bien Paris, monsieur le Premier ministre. Je crois que j'y ferais une mauvaise campagne. » Puis, inquiet mais pas fou : « Et si je suis battu ?

– Vous serez directeur des transports aériens comme je vous l'avais promis. »

Du point de vue de la maturation de la conscience politique de Chirac, du point de vue de sa psychologie aussi, cette entrevue marque un tournant. Jusqu'à présent, il vivait dans un cocon, celui de la technocratie de la Ve République. Certains, comme Pierre Lelong, soutiennent qu'il n'avait pas d'idées politiques. D'autres, comme Jean Charbonnel, disent qu'il avait une « réputation ambiguë » : moitié à gauche, moitié « Algérie française ». Il sera, désormais, un croisé du gaullo-pompidolisme. En quelques mois, le personnage va se métamorphoser : l'évidence du combat politique s'impose à lui et il apprend le métier des armes.

Pour commencer, il va rechercher des appuis. La circonscription d'Ussel fut longtemps occupée par le bon docteur Queuille. Élu pour la première fois député en 1914, il fut un grand distributeur de subventions et de décorations devant l'Éternel. Il fut aussi l'une des grandes figures du radicalisme : trois fois président du Conseil, vingt-cinq fois ministre. Chirac veut son onction.

Un jour, il téléphone à Jérôme Monod, alors patron de la DATAR (Délégation à l'aménagement du territoire et à l'action régionale) : « Si je ne me trompe pas, tu as bien épousé une petite-fille de Henri Queuille ? J'aimerais que tu me le fasses rencontrer. C'est important. »

Message transmis. Demande refusée. Le bon docteur Queuille n'aime pas les gaullistes. Ni les pompidoliens. Mais Chirac ne s'avoue pas vaincu. Et, quelques semaines plus tard, il réussit à décrocher une entrevue avec l'ancien président du Conseil.

Que croyez-vous qu'il advienne ? Queuille flanche. Il ira même jusqu'à dire à Monod, avec une considération émue : « Ce garçon est si charmant qu'il mériterait d'être radical. »

Les moissons s'annoncent bien. Mais Chirac a encore beaucoup d'autres adversaires potentiels à neutraliser, amadouer ou circonvenir. Il s'y emploie avec ce mélange d'aplomb et d'assurance qui lui fait dire : « J'ai la naïveté de croire que, lorsque je veux réellement quelque chose, il n'y a aucune raison pour que je ne l'obtienne pas. »

La méthode qui lui permet de faire son trou, dans ces montagnes et ces bois hostiles, est fascinante, non pas par sa sophistication, mais, au contraire, par sa simplicité. Chirac joue le contact direct et il se rend compte, d'abord avec surprise, puis avec ravissement, que personne ou presque ne lui résiste.

Après Henri Queuille, il s'attaque à Henri Belcour. C'est le maire d'Ussel, la plus grande ville de la circonscription. De souche radicale – son père a travaillé avec Queuille –, il s'est fait élire, en 1965, à la tête d'une liste « apolitique ». Chirac lui propose tout à trac d'être son suppléant. L'autre écoute en silence, et en fumant. Il finira par fondre.

Chirac fait, ensuite, le siège de Charles Spinasse. Maire d'Égletons, la deuxième ville de la circonscription, cet homme fut, sous la IIIᵉ République, l'un des grands théoriciens de la SFIO. Sous le Front populaire, Léon Blum en fit son ministre de l'Économie nationale. Il appartenait à la gauche du parti et donnait volontiers des leçons de socialisme. En 1940, il vote les pleins pouvoirs au maréchal Pétain. Depuis, il n'en finit pas de faire son *mea culpa* pour n'avoir pas su voir, en 1936, la montée en puissance du nazisme.

En l'accueillant, Spinasse parle tout de suite à Chirac de son grand-père, ce bon vieux Louis, qu'il a bien connu. Un vrai militant de la « sociale », cet homme-là. Le jeune Jacques aurait-il rompu avec la tradition familiale ? Que non. Le chargé de mission de Pompidou apprend à l'ancien ministre de Blum qu'il fut naguère tenté par la SFIO ; qu'il partage toujours la plupart des grandes valeurs des socialistes ; qu'il est, par exemple, un adepte fervent de la solidarité nationale. Il est simplement anticommuniste. Mais comment ne pas l'être ? Spinasse hoche la tête. Quelques jours plus tard, il déclarera : « La couleur politique de Jacques Chirac ? Il est sans aucun doute socialiste. Il aurait certainement appartenu au Front populaire[1]. »

─────────

1. *Jacques Chirac ou la République des cadets, op. cit.*

Quand, dans la foulée, on demandera à Jacques Chirac s'il aurait soutenu le Front populaire, il répondra sérieusement, sans se démonter : «Avec des hommes comme Spinasse, certainement.»

Reste Marcel Audy. C'est l'homme fort de la circonscription. Sénateur radical, maire de Meymac, il fut, pendant l'occupation allemande, capitaine de l'armée secrète en Corrèze. Le député socialiste sortant ne se représentant pas, c'est ce héros de la Résistance qui devrait porter les couleurs de la FGDS (Fédération de la gauche démocrate et socialiste). Il impressionne Chirac qui le décrira ainsi : «Intelligent, efficace, bel homme, tout pour plaire.» Queuillien jusqu'au bout des ongles, il est aussi, cela va de soi, un expert ès subventions. Au cours de la tournée des cent dix-sept communes de la circonscription qu'il vient d'entamer, le chargé de mission de Pompidou entend souvent le même refrain : «Vous êtes bien sympathique, me disait-on. Mais vous avez vu ce clocher? C'est Marcel. Cette route? Encore Marcel. Ce talus? Toujours Marcel. Alors, vous comprendrez, on soutiendra Marcel.»

Imbattable, Marcel Audy? C'est ce que Chirac a l'air de croire. Il ne voit qu'une solution : convaincre le sénateur-maire de Meymac de ne pas se présenter. Il suffisait d'y penser...

Chirac accourt chez Audy et lui tient ce langage :

«Vous êtes anticommuniste et vous acceptez l'investiture de François Mitterrand qui vous obligera, après le premier tour, à vous désister pour le PC. Qu'est-ce que ça veut dire?»

Alors, Audy :

«Vous n'y êtes pas. Je n'aurai pas à me désister pour le PC puisque j'arriverai avant lui au premier tour.

– C'est ce qu'on verra. Vous savez bien que vous arriverez en troisième position derrière le PC et moi. Vous vous voyez en train d'appeler à voter pour le candidat communiste?»

Les convaincus sont terribles. Le doute commence à ronger Marcel Audy. Un soir, n'y tenant plus, il demande à Chirac de passer le voir «tout de suite» et, après une discussion qui durera jusqu'à 2 heures du matin, il prend devant lui la décision de se retirer. La FGDS n'a plus de candidat. La voie est libre.

Chirac, déjà, perce sous Chirac. En quelques semaines, il aura fait jouer toutes les facettes de son talent politique :

Le coup d'éclat. En choisissant de se présenter en Corrèze, il épate Pompidou. C'est sans doute juste ce qu'il voulait.

L'habileté. Au lieu de partir en campagne contre son principal adversaire, comme n'importe quel politicien, son premier réflexe est de chercher à le convaincre de dégager la route. Pas banal.

La confiance en soi. Convaincu, d'entrée de jeu, qu'il sera élu, il semble être une illustration du bon mot de Talleyrand, mi-adage, mi-conseil : « On ne croit qu'en ceux qui croient en eux. »

Le toupet. Dans ce département plus socialiste que radical, il se comporte en « candidat officiel », façon Second Empire : « Votez bien et vous serez bien traités. » Mais il n'hésite pas non plus, pour brouiller les pistes, à se présenter comme un homme de gauche. Dans sa brochure électorale, il souligne ainsi qu'il a « du sang radical dans les veines ».

L'impudence. En campagne, Chirac réquisitionne l'administration. Élu et devenu ministre, il la mettra carrément à sa botte comme en témoigne ce reportage, parmi tant d'autres : « Le préfet, ou plus souvent le sous-préfet, l'accompagne dans ses déplacements. Une doléance est-elle émise ? "Prenez note !" Et monsieur le sous-préfet s'empresse de consigner. Dans le fief électoral, c'est le sous-préfet d'Ussel qui règle les déplacements. Il trace l'itinéraire, prépare les dossiers, fixe les rendez-vous, apporte les médailles, rédige les éléments de réponse aux questions qui seront posées. Dans les entrevues, en face de M. Chirac, il joue le faire-valoir et plaide coupable au nom de l'administration qu'il représente, lorsqu'une promesse de M. Chirac n'a pas été tenue[1]. »

L'interventionnisme. Il se passionne pour des histoires d'adduction d'eau, de bourses d'études ou d'ordures ménagères. C'est un arrondissementier qui a besoin que l'électeur ait besoin de lui. C'est aussi, comme il le dit souvent, un « sensuel sensitif » : « Pour bien comprendre les gens, expliquera-t-il, il faut que je puisse les toucher au sens propre du mot. »

L'ouverture. Chirac est un concret. Pour lui comme pour les hommes de la IIIᵉ République, le combat politique commence par la conquête des hommes, fussent-ils socialistes ou communistes. Sur le terrain, il ne pratique donc pas cette guerre civile froide qui, depuis plusieurs générations, divise la France. Ses ennemis, il les contourne ou il les retourne, c'est selon. Ce n'est pas un hasard si, en Corrèze, plusieurs élus communistes sont devenus chiraquiens.

Le stakhanovisme. Fils de l'école laïque, Chirac croit d'abord à la méritocratie. Donc au travail. Il est convaincu que le monde appartient à l'effort. La circonscription d'Ussel à plus forte raison.

---

1. *Le Monde,* 18-19 octobre 1970.

Pompidou dort cinq heures par nuit? Il dormira moins encore. Chaque week-end, il arpentera le plateau de Millevaches, serrera des mains, répondra aux lettres. Il cherche à aller au-delà de lui-même. Pour lui, apparemment, un travail opiniâtre vient à bout de tout. Même de la gauche en Corrèze...

Et c'est ainsi que s'ébauche la légende de Chirac-le-Corrézien dont Michel Jobert a fait ce portrait saisissant : «Toujours courant, il arrachait aux administrations, parmi ses tâches qu'il accomplissait à merveille, subventions, places, décorations. Son ambition était que chaque village ou hameau de la circonscription qu'il avait choisie lui soit redevable d'un secours, d'un investissement – fontaine ou école –, d'une bourse à un interne méritant, d'une place dans une maison de retraite. Il partait le vendredi soir, dans la nuit, toujours par la route, et sa voiture conduite à la diable, et entretenue de même, était célèbre auprès des gardes mobiles qui manœuvraient la chaîne d'entrée de Matignon. Il fonçait sur l'obstacle au risque de dommages, quand on ne lâchait pas la barrière précipitamment. Il revenait le lundi matin, souvent sans avoir dormi, et reprenait allègrement les dossiers de la construction et de l'aéronautique, pour lesquels il se passionnait, et dont il était le démarcheur inlassable et convaincant [1]. »

Sur le chapitre corrézien, les encensoirs ne chôment pas. Jacques Chirac mène sa campagne «tambour battant». Il «combat sur tous les fronts». Il se comporte en même temps comme «l'homme de tout le monde». Il «s'incruste totalement» dans son terroir. Il est d'un «dévouement sans limites».

On a les épopées qu'on peut. Celle de Chirac-le-Corrézien est classique et ennuyeuse – à la mode radicale-socialiste, somme toute. Pour parfaire le tableau, il faudrait une touche mythologique, voire mystique. Chirac, qui, décidément, pense à tout, la met au point. Le 5 décembre 1966, non loin de l'abbaye de Solignac, fondée en 631 par saint Éloi, le ministre trésorier du roi Dagobert, il retrouve dans une auberge les «jeunes loups» que Georges Pompidou a lancés à l'assaut des contreforts du Massif central : le docteur Pons, Jean Charbonnel, froid comme un glaçon, Pierre Mazeaud, toujours en ébullition, et quelques autres. Ils inventent une nouvelle devise : «Libération, éviction, rénovation.» Et, l'alcool aidant, ils prêtent serment : «Nous resterons unis et solidaires tant que nous n'aurons

1. Michel Jobert, *L'Autre Regard*, Grasset, 1976.

pas bouté les socialistes et les communistes hors du Limousin. »

C'est le serment de Solignac ; c'est le cri de ralliement des « jeunes loups ».

Ce jour-là, devant un Charbonnel qui est secrétaire d'État, Chirac apparaît comme le chef de la bande.

Quelques-uns des « jeunes loups » lui sont déjà tout dévoués. Bernard Pons, par exemple. C'est Chirac qui a convaincu Pompidou qu'il fallait l'investir dans la circonscription de Figeac, dans le Lot. Il l'aide à faire campagne. Mais il aide tout le monde, il est vrai, parce qu'il tient les cordons de la bourse : Marcel Dassault, l'ami de la famille, a décidé de lui donner un coup de pouce. Partageux, Chirac en fera profiter les autres.

Même si le génial inventeur du Mirage et du Falcon a l'excuse d'être une vieille relation des parents de Chirac, il subventionne la campagne électorale de celui qui, à Matignon, est chargé des dossiers de l'aéronautique. C'est un fâcheux mélange des genres, même si on peut imaginer que la tendre affection de Marcel Dassault ait joué autant que ses intérêts bien compris. Mais les sentiments n'empêchent pas les affaires...

Un jour de 1966, alors qu'il travaille à *Jours de France*, le journaliste Philippe Alexandre est convoqué par son patron Marcel Dassault : « Philippe, lui dit Dassault, je vais vous présenter un homme dont je voudrais faire un secrétaire d'État à l'Aviation civile. Je voudrais que vous vous occupiez de lui. » Cet homme, c'est Chirac. « Vous allez vous installer à Limoges et monter un journal local pour lui, poursuit Dassault. Vous ferez tout pour qu'il soit content. Il le mérite. C'est un garçon très gentil. » Marcel Dassault suit de près les opérations. Tous les soirs, Philippe Alexandre doit lui téléphoner pour faire le point.

Le patron des Avions Marcel Dassault a mis le paquet. Il a acheté un journal local, *l'Essor du Limousin*, qui publie désormais des éditions en Corrèze, en Haute-Vienne et dans le Lot pour soutenir les candidats de la majorité. Mais il est clair qu'il n'a d'yeux que pour Chirac. Il trouve que Charbonnel a la main fuyante et transpirante. Il juge Mazeaud léger. Il est convaincu, en revanche, que le fils de son ami François Chirac a, comme on dit, un avenir : « Ce petit a toujours eu quelque chose, je l'avais déjà remarqué quand il était jeune. Sa mère me l'a dit un jour, il n'était pas comme les autres. »

A l'époque, Philippe Alexandre ne souscrit pas à ce jugement. Jacques Chirac ne l'impressionne guère qu'en voiture. « C'était un courant d'air, raconte Alexandre. A peine arrivé, déjà reparti. Et chaque fois que je montais dans sa voiture, je me souviens que j'étais pris d'une peur bleue. Il roulait très vite en parlant, en fumant, en prenant des risques insensés et en regardant à peu près partout sauf devant lui. »

Arrive Robert Mitterrand. Après le retrait de Marcel Audy, c'est le propre frère de François Mitterrand que la FGDS expédie dans la circonscription d'Ussel. Un industriel portant beau et parlant bien qui a le profil du candidat idéal. Il fera d'ailleurs, selon Chirac, « une campagne parfaite ». A quelques détails près, toutefois...

D'abord, Robert Mitterrand a la fâcheuse habitude, quand il fait la tournée des bistrots, de demander un thé. Ou bien le cafetier n'en a pas. Ou bien il interroge : « Vous êtes malade ? » Chirac, pendant ce temps, enfile les Suze. Ensuite, Mme Mitterrand porte une minijupe. A Paris, c'est la mode. Sur le plateau de Millevaches, c'est une attraction. Les Corréziennes serrent les dents sur son passage. Puis, pour bien souligner sa nature d'étranger, Chirac prend l'habitude, dans les réunions publiques, d'apostropher Robert Mitterrand en patois, mettant ainsi les rieurs de son côté. Enfin, pour couronner le tout, son frère François, tenant une réunion publique à Beaulieu-sur-Dordogne, accuse le gouvernement de ne pas entretenir le barrage qui s'élève, menaçant, au-dessus de la ville. C'est la gaffe. Fissuré, le barrage ? Les habitants de Beaulieu se demandent si le président de la FGDS n'a pas porté malheur.

Comme on dit dans les campagnes : qui sème le chardon récolte les épines. Le 5 mars 1967, au premier tour des élections, le candidat de la FGDS fait un mauvais score alors que celui qui porte l'étiquette « Ve République » s'envole :

J. Chirac	15 289 voix	R. Mitterrand (FGDS)	8 657 voix
G. Émon (PC)	10 567 voix	M. Kellermann (PSU)	1 203 voix

Arithmétiquement, le candidat du PC devant bénéficier des reports de voix de la FGDS et du PSU, Chirac est battu. Il redouble d'efforts. Au deuxième tour, le 12 mars, il est élu par 18 522 voix contre 17 985 à Georges Émon.

Chirac est devenu Chirac. Il va désormais vivre en concubinage (forcé) avec la gauche qui, idéologiquement, domine le département, manger de la tête de veau au cours de banquets interminables, faire semblant de boire l'apéritif dans des trous perdus (« Pour éviter de boire trop, j'ai une technique formidable : on porte son verre aux lèvres, on le repose et on reprend le verre vide d'un autre »). Il va perdre aussi ses certitudes technocratiques et découvrir une vocation rurale (« Depuis mon plus jeune âge, je ne me suis jamais embêté dans une cour de ferme »). Il va, enfin, donner le sentiment d'être à peu près partout mal à l'aise sur cette terre sauf, en fin de semaine, sur le plateau de Millevaches.

Tels sont les effets de la Corrèze.

Ce ne seront pas les seuls. En faisant campagne sur les routes de Corrèze, cette année-là, Jacques Chirac découvre le problème des handicapés mentaux. Certes, il y a été sensibilisé par les Pompidou, intarissables sur la question. Mais rien ne vaut d'approcher les réalités de près. Dans les cours de ferme, il croise, parfois, l'œil hagard d'un débile profond, démuni, abandonné, attaché ou enfermé, c'est selon. Et, chaque fois, il craque. « En ce temps-là, rapporte Chirac, les gens considéraient souvent qu'avoir un enfant handicapé profond, c'était une tare. On le cachait. On l'enchaînait. On ne voulait surtout pas en entendre parler. Je me disais sans arrêt : "C'est pas possible de continuer à ne rien faire. Ou bien on décide carrément de les liquider parce qu'on les considère comme des monstres qui n'ont pas le droit de vivre. Ou bien, si ce n'est pas le cas, il faut leur créer un environnement qui leur soit adapté." C'est ce que je me suis efforcé de faire avec la Fondation Claude-Pompidou et avec mon association qui occupe, aujourd'hui, huit cents personnes. Cette affaire, ces affaires, j'y tiens, parce que j'y ai mis beaucoup de moi-même. Elles sont maintenant passées du stade artisanal au stade industriel. »

Chirac a commencé petit. En 1968, alors qu'il est secrétaire d'État du général de Gaulle, il va chercher lui-même, dans le XIXe arrondissement de Paris, un handicapé que ses parents ont enchaîné à une cuisinière et dont ils veulent se débarrasser. Avec l'aide d'un infirmier, il le conduit, dans sa voiture, au centre de Peyrelevade qu'il vient d'édifier dans son fief corrézien. Il mettra ainsi souvent la main à la pâte.

Aujourd'hui, Chirac a mis sur pied sept centres de handicapés mentaux en Corrèze. Il les visite régulièrement. Il surveille la cuisine. Il encourage le personnel dont il salue à tout bout de champ « l'extraordinaire dévouement ». Il faut l'avoir vu, ému, parler aux débiles profonds, les caresser, les embrasser, à l'affût de tous les signes d'éveil, de la bouche qui s'entrouvre ou de l'œil qui revit. « Ils sont très sentimentaux, dit-il. Ils ont même une sensibilité bien plus

grande que la nôtre. » Il est là, cela va de soi, totalement désintéressé.

L'est-il quand il tapote les épaules des paysannes mafflues,
embrasse les enfants, prête une oreille compatissante aux vieillards
esseulés, palabre en se crottant dans les cours de ferme ? Il voudrait
faire croire qu'il fait tout cela par pur plaisir. A l'écouter, il ne ferait
jamais montre, sur ses terres, du cynisme traditionnel du politicien
arrondissementier.

Charles Ceyrac, ancien député, président du conseil général
(RPR) de Corrèze, témoigne – à décharge, cela va de soi : « Jacques
pleure. On ne croirait pas ça mais c'est vrai que, devant des petites
gens démunies ou une vieille dame qui a bien connu sa mère, il ne
peut retenir ses larmes. Franchement, je ne pense pas qu'il fasse ça
pour gagner des voix. »

Sans doute. Il reste sur le terrain, il ne finasse pas, comme il dit.
En 1971, quand meurt Jean Montalat, maire de Tulle et grande
figure du socialisme corrézien, à peu près aussi antigaulliste qu'anticommuniste, Chirac fait dire sans complexe à sa veuve qu'il arrive et
qu'il aimerait qu'elle soit là pour la photo. L'autre refuse. C'est le
genre d'histoires qui courent en Corrèze. Elles ne sont pas toutes
fausses. Et elles jettent une lumière crue sur ses méthodes.

Dans une enquête collective publiée par *le Monde*[1], sa tactique est
ainsi mise à nu. C'est celle, vieille comme le suffrage universel, du
serre-la-louche : « " Casimir, c'est quinze voix. " M. Chirac, secrétaire d'État auprès du ministre des Finances et conseiller général
de Meymac, fait stopper la voiture de la préfecture. Le chauffeur
exécute une longue marche arrière. Le sous-préfet d'Ussel rappelle :
"La femme de Casimir a été malade." La DS noire s'immobilise
devant la ferme. Voici Casimir sur le pas de sa porte. M. le ministre
descend de voiture et s'avance la main tendue. Il lance avec naturel :
"Comment va notre malade ? " »

En Corrèze, il ne compte pas son temps mais il compte ses voix.
Même quand sa gloire s'affirme, il faut qu'il passe des heures dans les
salles de mairie ou dans les gargotes du plateau de Millevaches à
traiter d'obscurs problèmes de bornage ou de goudronnage.

Dans les années soixante-dix, Jacques Chirac emmène dans sa
circonscription Denis Baudouin et Xavier Marchetti, deux anciens
chargés de presse de Georges Pompidou. Ils l'écoutent discuter

1. 18-19 octobre 1970.

interminablement avec quelques habitants de Saint-Pardoux-le-Neuf qui réclament un chasse-neige pour l'hiver. Il ne veut pas le leu₁ accorder. Le débat s'éternise et ses invités parisiens s'ennuient.

A la fin, Denis Baudouin dit, sceptique, à Jacques Chirac :

« Je n'ai rien compris à ton truc et je me demande si tu n'as pas perdu ton temps. Combien y a-t-il d'habitants dans ce village, d'abord ?

– Quatre-vingt-dix.

– Combien de communistes ?

– Quatre-vingt-cinq. Mais je dois avoir gagné quatre voix. » Un silence, puis : « De toute façon, tu ne peux pas comprendre. »

Jacques Chirac a compris la Corrèze et elle l'a compris. Mais l'a-t-elle bonifié ? Parce que c'est une région hostile et sans cesse à reconquérir, elle l'a installé dans son personnage de médiateu₁ clientéliste : sa survie électorale n'est jamais acquise ; il doit toujours faire ses preuves ; il se met donc en quatre.

La Corrèze lui a mis les deux pieds sur terre. Et elle lui donne sans cesse des leçons d'humilité. Conscient de sa précarité électorale, il ne l'est pas moins de la vanité de la chose politique. Il ne rêve pas à la postérité. On ne le voit pas réfléchir sur un grand dessein pour la France en marchant seul sur les chemins boueux du plateau de Millevaches, sous un vent revêche, quand il est bombardé de demandes d'intervention. Il lui faut chercher un emploi pour la fille du marchand de bestiaux ou obtenir un rapprochement familial pour le fils du facteur, qui fait son service militaire en Allemagne fédérale (« Pour lui, dit Charles Ceyrac, le président du conseil général, il n'y a pas de petits problèmes »). Et il s'entremet avec un mélange de fièvre, de volupté, de gravité aussi.

Certes, les petites choses sont grandes pour les petites gens. Mais ne le sont-elles pas devenues, à la longue, pour Jacques Chirac ? La Corrèze lui fait voir la France par le petit bout. Et c'est ainsi que l'hexagone n'est plus qu'une clientèle...

Le printemps des « enragés »

Quand l'arbre est devenu grand, on l'abat.
Lao-tseu.

Le 7 avril 1967, Jacques Chirac fait la tournée des popotes (et des bureaux) à Matignon. Il se trouve dans l'escalier qui mène à l'étage noble – celui du Premier ministre, de Michel Jobert, directeur de cabinet, de Mme Dupuy, chef de cabinet – quand il aperçoit, quelques marches plus haut, la silhouette lourde du chef du gouvernement. Georges Pompidou l'appelle puis lâche, dans un sourire : « Chirac, je vous ai réservé un strapontin dans le nouveau gouvernement. Mais, je vous en prie, ne vous prenez pas pour un ministre. »

Le député de la Corrèze se doutait, il est vrai, de quelque chose. Deux jours après son élection, le général de Gaulle avait demandé à le voir. Le président avait observé avec curiosité le seul des « jeunes loups » de Pompidou à ne s'être pas cassé les dents sur les montagnes du Limousin. Il l'avait jaugé. Il l'avait jugé.

Le grand homme n'avait pas vraiment impressionné le nouvel élu. Pendant l'auguste rencontre, Bernadette Chirac, aux cent coups, promenait, pour se détendre, les enfants dans les jardins du Trocadéro. Quand, au retour de son mari, elle lui demanda, inquiète, comment l'entrevue s'était passée, il répondit sur un ton détaché que le général de Gaulle ne l'avait pas « intimidé ». Mais qui peut se vanter d'avoir jamais intimidé Chirac ?

Rencontre décisive, pourtant. Non pas pour ce qu'ils se disent – l'entrevue ne dure qu'une demi-heure –, mais parce que, en quelques phrases, le général de Gaulle a su séduire Chirac. Ce jour-là, le Général a donné à l'amateur qu'il est encore les armes du professionnel : « De Gaulle ne mettait pas de barrière avec son interlocuteur, dit Chirac. On était tout de suite de plain-pied avec lui. Avant de recevoir les gens, il devait se faire donner des fiches parce qu'il prenait toujours soin, dans la conversation, de glisser des allusions ou des références à votre vie personnelle. Elles avaient l'air naturelles, spontanées. Un jour qu'il nous avait invités à dîner, ma femme et moi, je me souviens qu'il nous avait parlé de nos filles : il connaissait leur prénom et leur âge. Il vous parlait comme un ami que vous fréquentez depuis longtemps. »

Leçon apprise...

Jacques Chirac est, dans l'ordre des préséances, le dernier des ministres du gouvernement : vingt-neuvième exactement. Mais il hérite de ce qui est, aux yeux de Georges Pompidou, un poste clé : le secrétariat d'État à l'Emploi. Dans la sidérurgie, dans les charbonnages, dans les chantiers navals, l'heure des restructurations a sonné. Le Premier ministre est convaincu qu'il ne tiendra pas longtemps sur la crête des trois cent mille chômeurs. Il a quelques mois d'avance sur tout le monde.

Fine mouche, Chirac prend soin d'installer ses bureaux le plus loin possible du 127, rue de Grenelle. C'est là que se trouve Jean-Marcel Jeanneney, ministre des Affaires sociales, auquel il est, en principe, rattaché.

« C'est une attitude que j'ai toujours adoptée, dit-il. Quand j'étais officier en Algérie, je me suis débrouillé pour que mon escadron soit détaché et se trouve à deux cents kilomètres de mon colonel. Quand j'étais à Matignon, je suis allé m'installer sur le trottoir d'en face alors que tout le monde se battait pour être le plus près possible du Premier ministre. Quand, enfin, je suis devenu secrétaire d'État à l'Emploi, j'ai jeté mon dévolu sur un hôtel particulier de la rue de Tilsitt, près des Champs-Élysées, ce qui introduisait une distance respectable entre mon ministre et moi. »

Et c'est ainsi qu'il n'a pratiquement aucun contact avec Jean-Marcel Jeanneney et son directeur de cabinet. Ils ne demandent jamais de comptes et ne donnent jamais de nouvelles à leur secrétaire d'État (« Il est vrai qu'en ce temps-là, dira Chirac avec ironie, l'emploi n'était pas à la mode ! »).

Échange de bons procédés : pour diriger son cabinet, Jacques Chirac recrute Gérard Belorgey, son vieux camarade des Étudiants socialistes à Sciences-Po, qui, il n'y a pas si longtemps, l'a mis en selle à Matignon. Dans la foulée, il embauche, entre autres, un sous-préfet, Olivier Stirn, et un énarque, Jean-Paul Parayre, qui deviendra, quelques années plus tard, patron de Peugeot SA.

Avec son équipe et avec Matignon, Chirac met au point une batterie de mesures antichômage. Ce n'est pas un petit plan pour l'emploi comme on en verra beaucoup d'autres dans l'avenir. C'est, en fait, une refonte totale et une consolidation du système de protection sociale que l'Hexagone s'est construit pendant les « trente glorieuses ». Le secrétaire d'État invente ce qu'on appellera plus tard « le traitement social du chômage ». L'Histoire a de ces ruses...

Social-démocrate, Chirac? Son plan n'est pas, à l'évidence, d'inspiration libérale. Qu'on en juge.

D'abord, Chirac institue la garantie de ressources pour tous les travailleurs sans emploi et généralise le régime des aides complémentaires. Le nombre des chômeurs secourus va ainsi tripler. Le secrétaire d'État invite aussi l'UNEDIC à relever le taux des allocations de 35 à 40 % du salaire de référence pendant les trois premiers mois de chômage.

Ensuite, Chirac crée l'Agence nationale pour l'emploi (ANPE), les « techniques antérieures » tenant plutôt, à ses yeux, « de la soupe populaire que de celles du placement moderne ».

Enfin, *last but not least,* Chirac fixe un taux minimum d'indemnité de licenciement et établit ce qu'il appelle un « délai de prévenance ».

Le 5 décembre 1967, invité d'honneur au déjeuner de l'Association des spécialistes de l'information sociale, le secrétaire d'État à l'Emploi n'hésitera pas à dire, dans un mouvement de menton gaullien, que son plan antichômage fait du système de protection français « le meilleur de tous les pays capitalistes et socialistes ».

Apparemment, la France n'en a pas conscience. Quelques semaines plus tôt, aux élections cantonales, l'opposition atteignait 49,8 % des suffrages.

A l'étroit dans l'Hexagone, le général de Gaulle pense au monde d'après-demain. Mais il sent bien qu'il commence à fatiguer les Français : « Lorsqu'ils ont la trouille, dit-il, ils se serrent autour de moi comme des moutons. Après, ils s'égaillent [...]. Ils retournent à leurs chères divisions[1]. »

Ils doutent, en fait. Certains s'inquiètent de la petite vague de chômage qui passe sur le pays après quinze années de plein emploi. Dans *l'Express*[2], Georges Suffert sonne le tocsin : « Le taux de croissance de notre économie baisse : nous ne ferons guère plus de 4,5 % cette année pour 5 % prévus par le Plan. »

D'autres, au contraire, n'en peuvent plus de l'abondance. Le journaliste Pierre Viansson-Ponté est tout à fait représentatif de cet état d'esprit, qui écrit à la Une du *Monde* : « La France s'ennuie. »

1. Raymond Tournoux, *Le Tourment et la Fatalité,* Plon, 1974
2. 24 avril 1967.

On ne s'ennuie pas à la faculté de Nanterre, pourtant : les gauchistes y font grand bruit – et presque la loi. Dans cette université, le doyen Grappin mène une politique libérale que Georges Pompidou désapprouve. Jacques Chirac a entendu le chef du gouvernement morigéner Alain Peyrefitte, le ministre de l'Éducation nationale, en Conseil des ministres : « Il y a des désordres continuels à Nanterre. Le moment est venu d'agir. C'est un engrenage dangereux [1]. »

Le 2 mai 1968, les maoïstes ayant pris le contrôle de la faculté, le ministre de l'Éducation nationale fait fermer Nanterre. Le lendemain, les premiers incidents ont lieu au Quartier latin entre étudiants et forces de l'ordre. Chaque soir ou presque, l'émeute reprendra pour culminer dans la nuit du 10 au 11 mai. Au petit matin, le bilan s'élève à trois cent soixante-sept blessés (parmi lesquels une grande majorité de policiers). A partir de là, tout s'enchaîne. Les universités se mettent en grève une à une. Les têtes s'enflamment peu à peu.

C'est Mai 68. Autrement dit, le désennui, la révolution, le fracas d'une société dont les fondations chancellent. On chante la fin du vieux monde, l'imagination au pouvoir, sous les pavés la plage. On confond les CRS et les SS, de Gaulle et la tyrannie, les désirs et les réalités.

« Frappe-toi le cœur », disait Musset. C'est ce que fait la France en ce printemps pathétique. Elle croit exsuder le bonheur et le progrès social parce que, pour la première fois, ses habitants ne passent plus dans la rue sans se voir. Ils s'arrêtent. Ils se parlent. Pour s'apostropher, parfois...

Alors que Georges Pompidou se trouve en visite officielle en Iran et en Afghanistan, la Sorbonne est fermée et occupée par les forces de l'ordre. Mesure qu'approuve Jacques Chirac, partisan de la poigne. A son retour, le chef du gouvernement, d'assez méchante humeur, désavoue ses ministres. « Le général de Gaulle aime qu'on prenne ses responsabilités, dit-il. Je suis Premier ministre, j'ai l'intention de prendre les miennes. » Le 11 mai, il annonce que la Sorbonne sera rouverte et que les étudiants arrêtés seront libérés. C'est trop tôt ou c'est trop tard. Inutile d'avoir lu Clausewitz pour savoir qu'un pouvoir acculé ne doit jamais reculer.

C'est la première faute de Pompidou. Ce sera, à dire vrai, la seule. Le lendemain de son intervention, Pompidou comprend qu'on

---

1. Cf. Philippe Alexandre, *L'Élysée en péril*, Fayard, 1969.

n'obtient point merci de ses ennemis en les apaisant : les syndicats préparent une grande manifestation unitaire pour le 13 mai, le corps social est en alerte, les préfets sont dans tous leurs états, l'angoisse envahit les palais gouvernementaux.

Pour Jacques Chirac, c'est le moment, c'est l'instant. Depuis plusieurs jours, il se morfondait dans les antichambres de Matignon à l'affût des consignes de celui qu'il appelle dévotement « Monsieur le Premier ministre ». Georges Pompidou l'appelle, justement. Il a besoin de lui. Et il lui tient à peu près ce langage : « Il ne faudrait pas que les syndicats s'y mettent, maintenant. Je compte sur vous pour maintenir le contact avec eux. »

C'est ainsi que le secrétaire d'État à l'Emploi devient, auprès de Pompidou, l'un des hommes clés de Mai 68. Une sorte d'ambassadeur itinérant, chargé des missions secrètes, des contacts délicats. Il va faire partie du « dernier carré » du Premier ministre avec Michel Jobert, le directeur de cabinet, Pierre Juillet, le conseiller politique, et Édouard Balladur, le conseiller social.

Il est partout. Il hume les vents. Il dépiste les intrigues. On le verra même un soir dîner chez son directeur de cabinet, Gérard Belorgey, en compagnie de Michel Rocard, numéro un du PSU, qui est l'un des animateurs du mouvement de Mai 68. Il faut imaginer le face-à-face entre les deux anciens camarades de Sciences-Po arbitré par leur ami commun Belorgey. Chirac est attentif. Rocard, didactique. Ils restent les meilleurs amis du monde, pour le meilleur et pour le pire. Mais ils ne sont pas du même côté de la barricade. Ils échangent leurs doutes, leurs convictions. Et Rocard rigole : « On va gagner, Jacques. Mais ne t'en fais pas. On aura toujours besoin de gars comme toi. »

Du Chirac de Mai 68, Édouard Balladur a fait, un jour, ce portrait attendrissant : « Totalement dévoué au Premier ministre, il passait à Matignon tout le temps qu'il ne consacrait pas, ici où là, à des entretiens avec les émissaires des syndicats. Il s'y donnait sans ménager sa peine, insoucieux des risques, jamais fatigué, toujours tout entier dans ce qu'il faisait. Croyant plus à la vertu des contacts entre les hommes qu'à celle des écrits, à l'efficacité des tête-à-tête clandestins qu'à celle des discussions publiques, il ne se laissait pas décourager par les difficultés. Revenant à la charge quand il n'avait pas convaincu, tour à tour véhément, prévenant, chaleureux ou habile, brutal aussi quand il le fallait, il jouait de son intelligence, de sa promptitude, prêt à se rendre où l'on voulait, à rencontrer qui l'on voulait si cela pouvait être utile, n'ayant pour les questions de forme pas plus de considération qu'elles n'en méritent [1]. »

Jacques Chirac a fait de Henri Krasucki, alors numéro trois de la CGT, son interlocuteur privilégié. Il le trouve intelligent, efficace, « régulier ». Krasucki, lui, semble fasciné par ce secrétaire d'État rapide, passionné, gesticulant. Bref, entre ces deux êtres si dissemblables, le courant passe.

Leurs relations, pourtant, vont se distendre. Le 16 mai, l'un et l'autre comprennent que la grève est en train de se généraliser. Ce n'est plus seulement une crise universitaire ou sociale ; c'est une crise nationale. Krasucki évite donc de se commettre avec Chirac. Pour éviter les fuites, les deux hommes se téléphonent en utilisant des noms de code. Chirac se fait appeler Walter.

Le 20 mai, Krasucki fixe un rendez-vous à Chirac ; il n'ira pas lui-même mais il enverra l'un de ses hommes de confiance. Ils se retrouveront square d'Anvers, près de la place Pigalle, sur le premier banc à gauche.

Le même jour, Chirac rend visite au général de Gaulle qui a convoqué tous ses ministres, qu'il reçoit un à un. Le président, partisan d'une offensive foudroyante, se contente, pour l'heure, de consulter.

« Alors, Chirac ? demande-t-il au plus jeune de ses ministres. Que faut-il faire ?

– Négocier, mon général. S'entendre avec les syndicats. C'est la seule chose à faire. Ils sont les premiers à s'inquiéter de ce mouvement de grève qu'ils n'arrivent pas à contrôler. Et ils savent bien qu'ils seraient balayés en cas de cataclysme. Ils préfèrent le *statu quo*. Ils ne demandent qu'à trouver un accord avec nous. »

De Gaulle ne dit rien mais il n'a pas l'air convaincu. Il songe à utiliser cette arme qui, jusqu'à présent, s'est révélée si payante : le référendum. Il en veut au Premier ministre de retenir son bras ; il pense que sa tactique de conciliation est dangereuse. C'est ce jour-là, pourtant, qu'il donne carte blanche à Georges Pompidou.

Et c'est ce jour-là que Jacques Chirac s'en ira proposer la négociation à la CGT au rendez-vous du square d'Anvers. Mais, quand il arrive sur place dans sa Peugeot 403 banalisée, le secrétaire d'État à l'Emploi s'aperçoit que le square a disparu : on y creuse un parking. Il descend quand même de voiture et regarde autour de lui. Pas l'ombre d'un banc. Est-ce un piège ? Une main se pose sur son

---

1. Édouard Balladur, *L'Arbre de mai*, Atelier Marcel Jullian, 1979.

épaule. Il se retourne. Un homme, qui fume la pipe, lui glisse le mot de passe en souriant.

C'est l'envoyé spécial de Krasucki. Il s'excuse. Il ne savait pas que le square n'existait plus. Et il fait bien comprendre au secrétaire d'État qu'il n'est qu'un des obscurs rouages de la CGT. Il n'est là que pour prendre les messages.

Chirac explique alors la proposition de Pompidou. Pour éviter le débordement des troupes, pourquoi ne pas organiser une grande négociation sur les revenus, sur le salaire minimum, sur la Sécurité sociale ? « Je transmettrai », dit l'homme. Et il tourne les talons.

Le lendemain, Chirac, suivant le mot d'ordre de Pompidou (« Ne lâchez plus Krasucki ! »), téléphone au numéro trois de la CGT. « Nous étudions vos propositions, lui répond "Krasu", laconique. On se rappelle. »

Les jours suivants, le secrétaire d'État cherche, à plusieurs reprises, à joindre Krasucki. Sans succès. Le numéro trois de la CGT – après Frachon et Séguy – ne prend plus « Monsieur Walter » au téléphone.

Le 23 mai, enfin, Henri Krasucki appelle « Monsieur Walter » et lui propose un rendez-vous dans un des quartiers les plus populaires de Paris, rue Chaptal, tout près de la place Pigalle.

Faut-il y aller ? « Faites attention, dit Pompidou. Il ne manquerait plus que la CGT prenne un secrétaire d'État en otage. Ce serait le bouquet ! »

De même que le léopard ne se déplace jamais sans ses taches, Jacques Chirac a gardé son tempérament de sous-lieutenant ; c'est même le grand point fort de ce personnage contrasté. Il est toujours habité par le goût du risque ; il aime les missions dangereuses.

A tout hasard, pour ce rendez-vous historique avec Henri Krasucki, il prend tout de même un revolver. Et c'est ainsi qu'il entre dans une « série noire » qui aurait pu sortir de l'imagination d'un James Hadley Chase, comme le montre ce récit haletant de Philippe Alexandre, visiblement puisé aux meilleures sources :

« Il glisse son revolver dans sa poche. Il convoque l'officier de police chargé de sa protection et un membre de son cabinet. Il leur dit :

"J'ai un rendez-vous dans le quartier le plus mal famé de Paris. Je n'ai pas confiance. Vous allez m'accompagner."

« La Peugeot noire arrive au coin de la rue indiquée. Chirac montre une maison grise devant laquelle deux costauds font les cent pas. Il dit à ses anges gardiens :

C'est ici. Au troisième étage. Si dans trois quarts d'heure, vous ne m'avez pas vu revenir, montez. Avec vos armes. " Il hésite une dernière fois : "Dans trois quarts d'heure. Compris ? "

« Il descend, franchit à pied les cent derniers mètres. La crosse du revolver lui griffe la poitrine. Il s'approche des deux gorilles et prononce à mi-voix son nom de code ; on lui répond :

"Très bien. Suivez-nous. "

« Derrière ses guides, Chirac monte l'escalier plein d'odeurs de friture et de bruits de radio. Au troisième étage, une porte s'ouvre. Le secrétaire d'État se retrouve dans une petite chambre : un lit, une table ; un soutien-gorge traîne sur une chaise. Mais il n'y a pas de femme : seulement trois hommes dont deux dirigeants connus de la CGT. Jacques Chirac s'assied sur la chaise qu'on lui tend. Les battements de son cœur retrouvent leur rythme habituel.

« Au bout de la rue, dans une Peugeot, un officier de police en civil regarde sa montre. Fin de l'intermède : la grande négociation entre le gouvernement et les ouvriers a pratiquement commencé [1]. »

En fin de soirée, le même jour, Georges Séguy, secrétaire général de la CGT, remet un texte à la presse. C'est la réponse officielle du bureau confédéral à la proposition officieuse de Jacques Chirac. La centrale note, dans son communiqué, que « les organisations syndicales ont toutes exprimé leur volonté de voir s'ouvrir rapidement les discussions avec le gouvernement et le patronat ». Elle critique, en passant, « la lenteur des pouvoirs publics à répondre à cette attente ».

Georges Pompidou peut prendre la CGT au mot. La grande négociation syndicats-gouvernement-patronat s'ouvrira le lundi 27. Mais Georges Séguy est pressé, très pressé. Ce sera finalement le samedi 25 mai, à 17 heures, au ministère des Affaires sociales, rue de Grenelle.

Avant la séance, Georges Pompidou a mis au point sa stratégie avec Michel Jobert, Édouard Balladur et Jacques Chirac. Le secrétaire d'État à l'Emploi a définitivement supplanté Jean-Marcel Jeanneney, le ministre des Affaires sociales, que le chef du gouvernement n'a même pas pris la peine de consulter. Tout au long des négociations, d'ailleurs, Jeanneney, hors jeu, ne soufflera mot et traînera un air d'ennui désabusé.

Georges Pompidou et ses hommes sont décidés à jouer à fond la carte de la CGT pour casser le front syndical. A leurs yeux, seule la

1. Philippe Alexandre, *L'Élysée en péril, op. cit.*

centrale de Georges Séguy peut arracher les grévistes au vertige révolutionnaire. Quand elle sera d'accord sur un compromis, pensent-ils, les autres finiront bien par suivre, bon gré mal gré.

Quelques minutes avant le début de la négociation de Grenelle, le Premier ministre tient aux responsables de la CGT le langage que Chirac tient, depuis deux semaines, à Krasucki : « Vous êtes menacés autant que le gouvernement, et peut-être davantage. Si les étudiants, les gauchistes de toute espèce et les partis politiques qui courent après eux, sans parler des syndicats qui vous concurrencent, entraînent les ouvriers, vous serez emportés, quoi que vous fassiez. Votre encadrement n'y résistera pas [1]. »

Quand les responsables de la CGT sortent de son bureau, notera plus tard Édouard Balladur, Pompidou a le sentiment qu'il a gagné. « Je suis prêt à négocier toute la nuit s'il le faut, souffle le Premier ministre. Les accords seront signés dimanche au plus tard. »

André Fanton, député gaulliste de Paris, que le Premier ministre reçoit ce jour-là, diagnostique : « Pompidou voulait refaire les accords de 36, il se prenait pour Léon Blum. » Et il est vrai que le chef du gouvernement est décidé, d'entrée de jeu, à lâcher beaucoup. Jacques Chirac avait laissé entendre à ses interlocuteurs de la CGT que le pouvoir était prêt à envisager une augmentation de 20 % du SMIG (Salaire minimum interprofessionnel garanti). « C'était énorme, dit-il aujourd'hui, mais nous avions pensé qu'un tel "cadeau" permettrait de faire bien démarrer les discussions. »

Bien vu ? Quand, lors de la première nuit de négociation, Georges Pompidou annonce, pour mettre de l'ambiance, qu'il peut envisager une augmentation du SMIG « de l'ordre de 20 % », André Bergeron, secrétaire général de FO, fait de la surenchère : « Non. Il faut 35 %. » Et Paul Huvelin, patron du CNPF, apparemment dépassé, opine alors, à la surprise générale. Adjugé.

Ensuite, la discussion s'enlise, la CFDT fait traîner les choses et Séguy s'impatiente. De temps en temps, il échange de lourds regards avec Pompidou ou Chirac. Entre le gouvernement et la CGT, ce n'est certes pas l'entente cordiale mais c'est au moins l'alliance objective. Contre tous les débordements, contre tous ceux qui, comme les cédétistes, sont prêts à jouer la poursuite du mouvement.

Le 27 mai, après deux jours de négociations infructueuses, Pompidou et ses hommes commencent à douter de l'issue. Le Premier ministre a le sentiment d'être allé trop loin dans les

---

1. Édouard Balladur, *L'Arbre de mai, op. cit.*

concessions. Il rompt son flegme légendaire en lâchant une réflexion désabusée qu'entendront plusieurs syndicalistes : « Oh, comme responsable du budget de l'État, il y a longtemps que j'ai roulé sous la table. » Apparemment, pourtant, cela ne suffit pas.

Chirac broie du noir quand, à 2 heures du matin, il remarque un étrange remue-ménage dans la délégation de la CGT. Séguy sort de la salle de négociation pour téléphoner. Quelques instants plus tard, il appelle toute son équipe et confère avec elle. Puis il revient et fait un signe au secrétaire d'État à l'Emploi. Il veut lui parler seul à seul.

Dans le petit salon où ils se sont isolés, Séguy annonce à Chirac qu'une grande manifestation est prévue au stade Charléty, ce 27 mai. Y participeront, d'après ses informations, François Mitterrand[1], Pierre Mendès France et les dirigeants de la CFDT.

Le secrétaire général de la CGT est rouge de colère : « La CFDT bloque la négociation parce qu'elle est engagée dans une opération "politicienne". Elle est en train de nous rouler. » Puis : « Maintenant, il faut conclure. »

Pendant que la grande négociation s'éternise sous l'œil las de Pompidou, Chirac et Séguy s'enferment donc dans un bureau. Pour en finir. Deux heures durant, le secrétaire d'État à l'Emploi cherchera, à la demande du Premier ministre, à aplanir toutes les difficultés. Quand il a un doute, il fait passer un petit papier au Premier ministre qui le renvoie annoté. Sur l'échelle mobile des salaires et des prix, le secrétaire d'État propose que le patronat et les syndicats se retrouvent plus tard pour en parler. Séguy hoche la tête. Sur la question de la Sécurité sociale qui tient tant à cœur à la CGT, il suggère la réduction du ticket modérateur et un débat à l'Assemblée nationale. L'autre accepte.

Chirac a moins d'atomes crochus avec Séguy, « homme d'appareil et militant communiste type », qu'avec le « très fin », le « très astucieux » Krasucki. C'est tout de même avec le secrétaire général de la CGT qu'il boucle, dans le huis clos d'un salon lambrissé, ce qu'on a appelé les accords de Grenelle.

A la fin de leur discussion, Séguy dira à Chirac : « N'ayez aucune crainte. Il y aura encore des "queues" de grèves dans les entreprises. Mais tout rentrera dans l'ordre d'ici quarante-huit heures[2]. »

Quand les deux hommes reviennent – pas ensemble, bien sûr, pour ne pas étaler leur collusion –, Pompidou sait que tout est réglé.

---

1. François Mitterrand, finalement, ne se rendra pas à la manifestation du stade Charléty.
2. Philippe Alexandre, *L'Élysée en péril, op. cit.*

La CFDT tente bien de faire encore traîner le débat. Mais Pompidou et Séguy sont pressés. Les Français aussi.

Il est 7 heures du matin et il pleut. Tout le monde tombe de sommeil et, dans la foulée, d'accord : le SMIG augmentera de 35 %, les salaires de 10 % et le principe de la création de sections syndicales d'entreprise est acquis. Mai 68 est fini. C'est du moins le sentiment de Jacques Chirac.

Le dauphin

Plus grosse la tête, plus forte la migraine.
Proverbe serbe.

Ce lundi 27 mai, après une nouvelle nuit blanche, Jacques Chirac rentre chez lui, fatigué mais grisé. Avec ces accords de Grenelle, il est convaincu, comme Pompidou, que la France va se remettre au travail. Il a le sentiment d'avoir respiré l'Histoire à pleins poumons. Il est sûr, enfin, d'être devenu l'un des hommes forts du système Pompidou.

Après s'être lavé et rasé, il s'allonge un moment sur son lit et il écoute les nouvelles à la radio. Flanqué de Benoît Frachon, le président de la CGT, Georges Séguy est venu rendre compte du protocole de Grenelle à douze mille salariés de Renault, réunis dans la cour de l'île Seguin. Il est hué. Aussitôt, il se reprend : «Mais rien n'est signé, camarades ! A la demande du gouvernement au sujet de la reprise du travail, poursuit-il, nous avons indiqué que nous n'avions pas lancé l'ordre de grève et qu'il nous était donc impossible de donner un ordre de reprise du travail.»

Le mouvement les dépassant, les dirigeants de la CGT feignent d'en être les organisateurs. Ils ne reconnaissent plus le gouvernement légal et plaident pour l'avènement d'un «gouvernement populaire». Le mardi 28 mai, ils appelleront leurs troupes à défiler le lendemain pour obtenir un «changement politique».

Chirac, pourtant, n'a pas le sentiment d'avoir été «roulé» par Séguy. Dans un entretien avec les auteurs de *Jacques Chirac ou la République des cadets*[1], il laisse transparaître ce qu'il faut bien appeler sa connivence avec les communistes : «Les communistes ne "roulent" pas les gens comme ça. Ce n'est pas leur style. Je pense seulement que, chez Renault, les responsables de la CGT se sont mal "débrouillés" : ils avaient laissé entrer beaucoup trop de gauchistes dans l'usine.»

---

1. Catherine Clessis, Bernard Prévost et Patrick Wajsman, *op. cit.*

Apparemment, avec ces accords de Grenelle, Pompidou et ses hommes ont perdu sur tous les tableaux : sur le plan social mais aussi sur le plan économique. Au conseil des ministres, le général de Gaulle se borne à faire remarquer platement que le travail n'a pas repris dans le pays. En sortant, le Premier ministre est blessé, mortifié. « Le Général n'a pas eu un mot pour me remercier de ce que j'ai fait », rapporte-t-il tristement, de retour à Matignon, à Jobert et Balladur.

Quelques instants plus tard, Balladur croise plusieurs ministres qui attendent, dans l'antichambre, que Pompidou les réunisse. Michel Debré, ministre des Finances, se lève et apostrophe le conseiller du Premier ministre :

« Alors, vous êtes content ?

– Content n'est pas le mot qui convient.

– Pourtant, en deux jours de discussions avec les syndicats, vous avez réussi à mettre par terre l'économie française... et vos accords ne parviennent même pas à rétablir l'ordre. C'était bien la peine [1]. »

Étranges journées. Tout craque. Les visages se défont. Les langues se délient. Les portes claquent. Le Premier ministre donne l'ordre aux chars de Satory de venir prendre position dans la banlieue parisienne. François Mitterrand annonce qu'il est prêt à se présenter à la présidence de la République et qu'il appellera Pierre Mendès France pour former un gouvernement provisoire. Le général de Gaulle murmure : « Depuis quelque chose comme trente ans, j'ai affaire à l'Histoire. Je me demande si je ne devrais pas la quitter. »

Tout craque. Y compris le masque du Premier ministre. De Matignon ou bien du quai de Béthune, sur l'île Saint-Louis, où il habite, il entend, chaque soir ou presque, le fracas des émeutes du Quartier latin. Il en a perdu le sommeil. De Gaulle aussi. Le 28 mai, le Général dira à Christian Fouchet, son ministre de l'Intérieur : « Je n'arrive plus à dormir à l'Élysée avec ces grenades qu'on entend éclater dans les environs [2]. »

Il est minuit, ce soir-là, quand le Premier ministre appelle Chirac. Le secrétaire d'État est en pyjama ; il a *le Monde* à la main ; il va se coucher.

« Jacques, ça ne va pas, dit Pompidou, la voix cassée de fatigue et de tabac.

– Que puis-je faire ? demande Chirac, déjà bondissant.

---

1. Édouard Balladur, *L'Arbre de mai, op. cit.*
2. Christian Fouchet, *Les lauriers sont coupés,* Plon, 1973.

– Passez me voir tout de suite. Je vous attends. »

Quand Chirac arrive à Matignon, le Premier ministre a perdu son cafard et retrouvé son tonus. Le secrétaire d'État s'assoit. Les deux hommes parlent et fument, fument et parlent. Ils font leurs comptes. Ils rêvaient de réconcilier la France avec elle-même. Ils croyaient à la politique de la négociation. Elle a piteusement échoué. Ce sont eux, finalement, les grands vaincus de Grenelle. La solution est désormais entre les mains du général de Gaulle. Mais il semble justement avoir perdu la main...

Des explosions crèvent le silence de proche en proche. Comme la plupart des Français, Pompidou et Chirac ont le sentiment que la crise touche à son terme. Mais ils ne connaissent pas la fin de l'histoire. D'ordinaire, ce genre de révolution se termine par la fuite du souverain (1848) ou bien par la répression (Galliffet contre la Commune). Il n'y a apparemment pas de troisième voie. Le Premier ministre n'exclut plus tout à fait que les communistes tentent un coup de force. En ce cas, pense-t-il, ils prendront d'assaut l'Hôtel de Ville et non pas l'Élysée ou Matignon. Il est bien décidé à se battre et, si besoin, à employer l'armée.

Mais le pire n'est pas toujours sûr. Pompidou est convaincu que de Gaulle peut reprendre le dessus s'il abandonne son projet de référendum sur la participation et décide de dissoudre l'Assemblée nationale. C'est, pour le pouvoir, le meilleur moyen de retrouver sa légitimité. Le Général hésite : «Pompidou, lui a-t-il dit dès les premiers jours de la crise, vous êtes trop optimiste. »

Trop optimiste ? Le Premier ministre hausse les épaules. Il ne se départit jamais, c'est vrai, d'une sorte d'épicurisme euphorique. Il donne toujours le sentiment d'être en veine. Même ce soir-là. Mais il se veut avant tout réaliste (le jour de la grande manifestation gaulliste du 30 mai qui réunira un million de personnes et renversera le courant, Pompidou dira à Juillet : «Si je connaissais le con qui a organisé ça ! – Ben, c'est nous, répondra l'autre. J'ai même débloqué 10 000 francs. » Alors, Pompidou, glacial :«Y aura cinquante mille personnes »).

Le Premier ministre, en fait, est prêt à envisager toutes les solutions et à essayer toutes les ouvertures. Quitte à se contredire. Exactement comme Chirac qui, aujourd'hui, décrit ainsi Pompidou dans la tempête : «Mis à part ce coup de fil qu'il me passa à minuit, je n'ai jamais vu ni senti Pompidou inquiet. Même dans les moments de grande tension, il lui arrivait de s'extraire de la discussion en cours pour se transporter subitement en d'autres temps, d'autres lieux, et parler des cigares Davidoff, du dernier roman à la mode ou de je ne sais quoi d'apparemment futile. Son bureau était devenu le QG du gouvernement. C'était un va-et-vient permanent. L'Intérieur y avait installé des appareils de communication du dernier cri qui permettaient de suivre le déroulement des opérations de police. Tout ça faisait un vacarme infernal. Mais Pompidou qui travaillait sur un petit guéridon, près de la fenêtre, ne perdait jamais son calme. »

C'est pendant ces heures sombres de Mai 68 que Chirac nouera ses rapports privilégiés avec Georges Pompidou. Son entreprise de filiation est arrivée à son terme.

Les Pompidou ont un fils, Alain, qu'ils ont adopté. Mais, apparemment, cela ne suffit pas à assouvir tout à fait les instincts de paternité du Premier ministre. Il commence à regarder Chirac avec des yeux protecteurs. Il lui trouvait du talent. Il lui découvre des qualités. C'était son poisson pilote. Il devient son dauphin.

Son jeune secrétaire d'État, Georges Pompidou le racontera un jour ainsi à son ami Jean Cau, journaliste à *Paris-Match* :

« Il n'était pas timide mais fasciné. Absolument fasciné de manière aiguë par le Général. Quant aux maréchaux gaullistes, couverts de médailles glanées au fil de l'Histoire, les Debré, Frey, Guichard, Messmer, etc., il posait sur eux un œil respectueux mais aux aguets.

– Du regret de n'être pas de leur espèce et de n'avoir pas vécu leur épopée ?

– Non. Il avait sa jeunesse à leur opposer. »

Pompidou dira encore à Cau :

« Vous savez, en Conseil des ministres, lorsque tout le monde avait parlé et que je me tournais vers Chirac silencieux et interrogeais : "Mais qu'en pense M. Jacques Chirac ?", il y en avait qui se demandaient pourquoi je me souciais à ce point des avis d'un si jeune homme[1]. »

Ce n'est donc pas par hasard si le jeune Chirac est l'un des rares hommes sur lesquels Pompidou peut encore s'appuyer pleinement, en ces journées de folie, alors que tout l'appareil d'État se délite autour de lui, que les ministères se vident de peur, que le fossé se creuse entre de Gaulle et lui.

C'est la débandade. Y compris au secrétariat d'État à l'Emploi, rue de Tilsitt. Dans ses mémoires inédits[2], Jacques Chirac écrit, à propos des membres de son cabinet : « Tous excellaient à prendre

1. *Paris-Match*, 4 avril 1986.
2. *Les Mille Sources*, *op. cit.*

des responsabilités administratives, à préparer des déclarations mesurées et fortes, j'étais plutôt fier de mon équipe. Et le vent de mai s'est levé. Certains, que je ne nommerai pas, se sont effondrés, d'un coup, comme sous l'effet d'un cyclone. D'autres se sont savamment éparpillés. L'un des plus dignes m'a remis sa lettre de démission. Un seul a été parfait : Jean-Paul Parayre. Il s'est contenté d'être là, de le montrer, de ne pas déserter son bureau et ne pas faire le bel esprit, c'est-à-dire, quand le bateau tangue, le mauvais esprit. Je passe sous silence le fidèle compagnon, au cœur torturé, qui s'est rendu chez François Mitterrand, dès 9 heures du matin, pour l'assurer de sa fidélité la plus complète. Il n'était pas le seul à avoir eu cette idée originale, force lui fut de faire la queue. Longtemps. Si bien que, le soir, on l'a prié de rentrer se coucher sans avoir été reçu. Cela ne l'a pas entièrement démonté. Par l'entremise d'une de ses amies, journaliste, il a tenté de faire savoir à François Mitterrand qu'il se tenait à sa disposition ! C'était un de mes proches collaborateurs et ami "fidèle". »

Dans son autobiographie, Chirac ne cite pas son nom. L'ami «fidèle», c'est Olivier Stirn, alors son chef de cabinet. La journaliste, Michèle Cotta.

Tirant les leçons de la démarche d'Olivier Stirn, Jacques Chirac conclut : «François Mitterrand, au hasard des sondages politiques et des poussées de défaitisme ou de triomphalisme qui agitent la majorité, a disposé d'un extraordinaire poste d'observation. Son paillasson aurait beaucoup à dire. François Mitterrand est, certes, de nous tous, du fait de sa position et de la conjoncture, celui devant qui la peur, l'arrivisme, la soif, l'impatience et l'ingratitude se sont davantage montrés. J'imagine que certains de ces revirements subits, de ces prises de conscience inattendues, de ces pitoyables lâchetés et de ces vilenies apeurées, loin de lui être agréables, ont dû lui faire douter, un peu plus, de l'animal politique. »

Au gouvernement, le moral n'est pas meilleur que dans le cabinet de la rue de Tilsitt. Certes, Pompidou peut compter sur quelques membres du gouvernement, solides comme des armoires normandes : Raymond Marcellin, Olivier Guichard, Roger Frey. Sans parler du secrétaire d'État à l'Emploi. Mais beaucoup de ministres, et non des moindres, se terrent, affolés, en province. Quant à ceux qui restent à Paris, en première ligne, ils n'arrivent pas souvent à conserver leur sang-froid. « Il m'a été donné, écrit Chirac dans son autobiographie, de voir se décomposer, se dissoudre des hommes politiques tenus pour éminents dans l'univers gaulliste. »

Christian Fouchet, le ministre de l'Intérieur, passe d'un extrême à l'autre. Quand il ne s'emballe pas, il se déballonne. Dans la nuit du 24 au 25 mai, il ira jusqu'à réclamer des blindés pour charger les étudiants.

Alain Peyrefitte, le ministre de l'Éducation nationale, lâché sans pitié par tout le monde ou presque, ne sait plus bien à quel saint se vouer.

Michel Debré, le ministre des Finances, passe de la colère à l'abattement et inversement. Il finira au lit. Grippé, paraît-il.

Albin Chalandon, ministre de l'Industrie, devenu mendésiste, préconise, à voix basse, la démission du général de Gaulle.

Charles de Gaulle lui-même tire sa révérence. Le mercredi 29 mai, il annonce qu'il ajourne le Conseil des ministres et part pour Colombey-les-Deux-Églises. Avant de s'en aller, il dit à Georges Pompidou : « Je suis vieux, vous êtes jeune, c'est vous qui êtes l'avenir. » Puis : « Au revoir, je vous embrasse [1]. »

Quelques heures plus tard, Bernard Tricot, secrétaire général de l'Élysée, fait irruption dans le bureau de Georges Pompidou. Il est blême.

« On a perdu la trace du Général, dit-il. Il n'est pas arrivé à Colombey. »

Alors, Pompidou :

« Il est parti pour l'étranger ! »

Édouard Balladur raconte ainsi cette folle journée qu'il a vécue avec Chirac, Jobert et Juillet : « L'angoisse étreignit le Premier ministre. Il était plus démuni que jamais avec quelques hommes seulement autour de lui. Le départ de De Gaulle allait-il rendre espoir aux gauchistes, aux communistes, aux syndicats, à tous ceux qui souhaitaient la chute du gouvernement ? Déjà, l'on affirmait que les communistes donneraient, dans l'après-midi, l'assaut à l'Hôtel de Ville [2]. »

De là date la rupture entre de Gaulle et Pompidou, comme ce dernier le confirme dans le premier tome de ses mémoires [3]. Le Premier ministre n'a pas admis que le chef de l'État quitte le territoire national sans l'en avoir informé. Il a estimé aussi que le

---

1. Georges Pompidou, *Pour rétablir une vérité*, Flammarion, 1982.
2. Édouard Balladur, *L'Arbre de mai, op. cit.*
3. *Pour rétablir une vérité, op. cit.*

Général avait paniqué et pris « un risque effroyable », comme le dira Balladur, en le laissant seul aux commandes dans un Paris où le feu couvait.

Quand il revient de Baden-Baden où il a rencontré le général Massu, qui commande les forces françaises en Allemagne fédérale, de Gaulle a peut-être retrouvé la confiance des Français mais il a définitivement perdu celle de son Premier ministre (et de Chirac).

« La panique qui s'était emparée de la France, à la nouvelle que le général de Gaulle avait disparu, était un véritable référendum qui rendait bien inutile celui, fort inopportun, que le Général avait imaginé, écrira Georges Pompidou [1]. Mais je n'en avais pas moins été traité avec ce qui m'apparaissait, à ce moment-là, comme une singulière désinvolture. »

Le lendemain de l'escapade du Général à Baden-Baden, Pompidou lui remet sa démission de Premier ministre. De Gaulle la lui refuse. Alors, Pompidou : « Mon général, vous me demandez de rester. Je vous demande la dissolution. » De Gaulle cède. De retour à Matignon, le chef du gouvernement rapporte à ses conseillers : « Il a compris que si l'Assemblée nationale n'était pas dissoute je maintiendrais ma décision. » Les deux hommes n'entretiennent plus des relations amicales mais des rapports de forces. Ils ne tarderont pas à en tirer les conséquences.

Est-ce pour n'avoir pas à choisir publiquement entre l'un ou l'autre ? Chirac prétend en tout cas n'avoir jamais rien su du différend entre les deux hommes. « Je n'ai jamais senti de tensions particulières entre de Gaulle et Pompidou, dit-il aujourd'hui. Ils étaient tous les deux pleins de pudeur et n'étaient pas du genre à prendre les tiers à témoin de leurs états d'âme. Tous ceux qui ont disserté sur leur soi-disant duel l'ont fait avec inconscience, incompétence ou mauvaise foi. »

Ou bien Chirac n'a pas vu ni entendu ce qui se passait autour de lui en Mai 68. Ou bien il cherche à mystifier. Le désaccord entre les deux hommes est apparu très clairement lors du remaniement gouvernemental du 31 mai. Le Général a décidé – suprême humiliation – d'installer au ministère de la Justice un homme qui, il n'y a pas si longtemps, accusait le Premier ministre de mettre « en danger le régime et le général de Gaulle lui-même ». C'est René Capitant, député de Paris et « gaulliste de gauche ». Vingt-quatre heures avant que sa nomination ne soit officielle, Capitant annonce qu'il sera

1. *Ibid.*

ministre sur l'ordre de l'Élysée : « J'avalerai la couleuvre Pompidou. J'y suis bien obligé. Je ne dis pas que ce sera agréable mais ce sera mon devoir. »

Certes, Georges Pompidou profitera du remaniement pour faire avancer ses féaux : François-Xavier Ortoli sera promu à l'Éducation nationale, Raymond Marcellin à l'Intérieur, Olivier Guichard au Plan et Jacques Chirac au secrétariat d'État au Budget. Mais le Premier ministre aura du mal à avaler la couleuvre Capitant.

Quelques semaines plus tard, son éviction de Matignon, après le triomphe des gaullistes aux élections législatives anticipées de juin, achèvera la déchirure. Dans son bloc-notes, l'écrivain François Mauriac, gaulliste intransigeant, résume bien le malaise d'une partie de la majorité : « L'homme d'État qui a tenu tête presque seul sur tous les fronts, durant la crise de mai, qui a été l'organisateur de la plus grande victoire électorale en France qu'un parti ait jamais remporté, se retire ?... est congédié ? Chacun est libre d'en rêver et de répondre selon son humeur. » Dans *Pour rétablir une vérité*, Georges Pompidou ouvre carrément la plaie : « Quelque chose en moi était ébranlé. Nos rapports étaient donc des rapports de fonction et de circonstance et non pas des rapports privilégiés entre un grand homme et quelqu'un qui lui était dévoué. »

Nous voilà bien loin du couple harmonieux, embaumé d'encens, que célèbre volontiers Chirac...

En un mois, Jacques Chirac a beaucoup appris. Sur la France, sur les autres, sur lui-même. Il a perdu aussi beaucoup d'illusions et quelques certitudes. Quatre ans après, il confesse : « Je réalise après coup que Mai 68 a été quelque chose de plus important que je ne l'avais cru sur le moment. Je comprends mieux, aujourd'hui, la nécessité de tenir compte, bien plus que par le passé, des contraintes que la vie fait peser sur les hommes. A cet égard, c'est un événement positif de notre histoire contemporaine. Regrettable dans sa forme, mais positif quant au fond[1]. »

Déclaration assez sibylline. Elle indignera pourtant quelques-uns de ses disciples. Y compris les plus dévots. Dans sa biographie aussi complète qu'enflammée, Thierry Desjardins ne peut s'empêcher d'écrire : « On peut [...] se demander si Chirac n'a pas, là, lui-même été victime de Mai 68, en versant, comme le Tout-Paris politico-mondain, dans l'autocritique[2]. »

1. *Jacques Chirac ou la République des cadets, op. cit.*
2. *Un inconnu nommé Chirac, op. cit.*

Dix ans après ce qu'on appellera les « événements de 1968 »,
Jacques Chirac récidive en écrivant dans son seul vrai livre, *la Lueur
de l'espérance*[1] : « Mes interlocuteurs se désolent très souvent de ce
qu'une grande partie de la jeunesse française se moque de la patrie,
de l'armée, du devoir, du travail... Je ne dirai pas que cette
contestation mérite l'éloge, mais seulement qu'il ne faut pas conclure
aussitôt à l'irrémédiable subversion des valeurs. *Semper idem...*
"Cette jeunesse est pourrie depuis le fond du cœur. Les jeunes gens
sont malfaisants et paresseux. Ils ne seront jamais comme la jeunesse
d'autrefois. Ceux d'aujourd'hui ne seront pas capables de maintenir
notre culture" (inscription babylonienne, − 3 000 ans avant J.-C.)...
"Notre monde a atteint un stade critique. Les enfants n'écoutent
plus leurs parents. La fin du monde ne peut être loin" (inscription
égyptienne, − 2 000 ans avant J.-C.)... »

Ce qu'il condamne, ce sont les politiques et les syndicalistes qui ont
surfé sur la vague de Mai 68 pour en faire une révolution. Pas les
jeunes ni les étudiants, dont il se refuse à dramatiser la révolte :
« Après tout, les défis juvéniles d'aujourd'hui ne diffèrent guère de
ceux que lançait le surréalisme au cours des années vingt, à
l'émerveillement du snobisme dans les milieux mondains et cultivés.
La diffusion de l'enseignement les a vulgarisés, rien de plus. Avec
l'appui de la littérature ou par invention spontanée, les adolescents
d'avant-guerre, si l'on en croit maints souvenirs, affectaient aussi très
volontiers l'exaltation des cancres et de la gaudriole, un irrespect
universel, un scepticisme absolu, un égoïsme catégorique [...]. On
oublie facilement que le pacifisme anarchique, l'internationalisme
ont été beaucoup plus répandus qu'à l'heure actuelle, l'antimilita-
risme beaucoup plus virulent. »

On dira qu'il parle là en connaissance de cause. L'homme
politique, coiffé court et tiré à quatre épingles, n'oublie apparemment jamais le garçon révolté qu'il fut.

Mai 68 fut d'abord, pour lui, un danger, un tourment, une
obsession. Pour devenir, le temps aidant, un remords ?

1. La Table ronde, 1978.

Cadavres

Ce sont les cimes que frappe la foudre de Zeus.
Eschyle.

Le 10 juillet, quand la démission de Georges Pompidou du poste de Premier ministre devient officielle, Jacques Chirac est tiraillé, déchiré, traumatisé. Après la fuite à Baden-Baden, il n'a plus vraiment confiance en de Gaulle. Il est convaincu que le chef de l'État avait prévu de faire un séjour prolongé en Allemagne fédérale et qu'il a fallu la force de conviction du général Massu pour le retourner. C'est en tout cas ce qui se dit, aux sommets de l'État gaulliste. Cette crise de découragement, des observateurs aussi avertis que Philippe Alexandre ou Raymond Tournoux l'ont, à l'époque, subodorée. De Gaulle lui-même l'avouera à son Premier ministre, trois jours plus tard : « Pour la première fois de ma vie, j'ai eu une défaillance. Je ne suis pas fier de moi[1]. »

Chirac est convaincu que le Général commet une grave erreur en renvoyant l'homme qui vient de sauver la mise du régime et en donnant ainsi raison au célèbre précepte d'Alexandre Dumas père. « Il y a des services si grands qu'on ne peut les payer que par l'ingratitude. » Il a envie de quitter le gouvernement. Il accourt donc à l'Assemblée nationale pour recevoir les consignes auprès de Georges Pompidou qui est en train de prendre tristement possession de son bureau de député du Cantal.

Pompidou n'hésite pas : « Il faut rester, bien sûr. Mais au secrétariat d'État au Budget. Ne transigez surtout pas. C'est un poste où vous pourrez vous former. »

Maurice Couve de Murville, le nouveau Premier ministre, propose à Jacques Chirac un ministère de l'Information et des Réformes administratives. Il est convaincu que ce jeune homme ne peut hésiter devant pareille promotion : c'est un poste qui lui permettra de se faire connaître.

1. Georges Pompidou, *Pour rétablir une vérité, op. cit.*

Mais Chirac refuse. Ce sera le secrétariat d'État au Budget ou rien. Pompidou l'a persuadé qu'il a besoin de lui à ce poste stratégique où l'on n'ignore rien des mouvements de l'économie française, des comptes des ministères ou encore, grâce à la Direction générale des impôts (DGI), des finances des particuliers (« Un ministère qui vaut bien l'Intérieur », aurait dit, un jour, Pompidou).

De bonne composition, Maurice Couve de Murville revient à la charge en faisant une seconde proposition, plus alléchante encore : le ministère des Affaires sociales. Nouveau refus du freluquet. Couve doit finalement s'incliner devant tant d'intransigeance. Ce n'est évidemment pas Chirac qu'il cherche à amadouer. C'est son puissant protecteur.

Chirac est ainsi catalogué, d'entrée de jeu, comme l'homme de Pompidou au sein du gouvernement Couve de Murville : le messager et le porte-parole – l'intermédiaire, en somme. C'est si vrai que, pendant le remaniement, le Premier ministre désigné le convoque et le consulte à tout bout de champ, comme s'il était l'un des grands dignitaires du régime. Il cherche un ministre de l'Éducation nationale, par exemple, et il ne le trouve pas.

« Mettez Edgar Faure à l'Éducation, dit Chirac sans hésiter.

– Faut-il vraiment lui faire une place ? demande Couve avec son air de sucer un citron. Personnellement, je n'y tiens pas.

– Il vaut mieux l'avoir à l'intérieur du gouvernement. Si vous le laissez à l'extérieur, il va vous empoisonner la vie. J'ajoute que c'est un ministère qui est fait pour lui. S'il se plante avec ses idées farfelues, on dira que c'est un échec personnel. Si, au contraire, il réussit, on dira que c'est le gouvernement qui a redressé la situation. »

Le raisonnement ne tient évidemment pas debout. Jacques Chirac en convient aujourd'hui : « C'était bien mal connaître Edgar Faure que, pourtant, je connaissais bien. S'il réussissait, c'était lui tout seul. S'il échouait, c'était à cause du gouvernement. »

Et c'est ainsi qu'Edgar Faure est devenu ministre de l'Éducation nationale.

Quelques heures plus tard, Chirac rencontre Pompidou à une réunion de sénateurs, à la gare d'Orsay. Il lui donne les dernières nouvelles et ajoute :

« On n'a toujours pas trouvé de ministre des Finances. »

Alors, Pompidou :

« Il faut nommer Ortoli. C'est un homme sûr. »

Chirac fonce alors à Matignon.

« J'ai votre ministre des Finances », dit-il à Couve qui, une fois encore, obtempère.

Il est content, Pompidou. Avec François-Xavier Ortoli aux Finances et Jacques Chirac au Budget, il a une main dans le gouvernement. Les deux hommes, pourtant, ne vont pas être à la fête. Ils sont chargés de faire payer aux Français la facture de Mai 68.

L'histoire aime les pieds de nez, de Gaulle aussi : c'est Chirac qui, au Budget, doit faire digérer à l'économie française ces accords de Grenelle dont il fut l'un des principaux artisans. Les caisses sont vides. Le gouvernement a utilisé tous ses droits de tirage au Fonds monétaire international (FMI) et dépensé la plupart des réserves de la France. Le commerce extérieur est malade et le franc n'est pas bien portant.

Que faire ? Augmenter les impôts, cela va de soi. C'est du moins ce qu'Ortoli et Chirac ont appris sur les bancs de l'ENA. C'est aussi ce que leur serinent les services de la DGI. Le Général n'est pas de cet avis. Un jour, il convoque Chirac à l'Élysée.

« Monsieur le secrétaire d'État, racontez-moi le budget de la France... »

Chirac chausse ses lunettes, sort ses tableaux, crache ses statistiques. Au bout de quatre ou cinq minutes, le général de Gaulle l'interrompt :

« Quel est le niveau de pression fiscale, actuellement ?

– 34,7 % du produit intérieur brut, mon général.

– Eh bien, arrêtez tout là et faites-la redescendre à 33 %. C'est la seule chose qui compte. »

Message reçu. Chirac racontera souvent, par la suite, la leçon du Général : un budget n'est jugé qu'en fonction du taux des prélèvements obligatoires.

Tout en matraquant les gros revenus et en augmentant les droits de succession, Ortoli et Chirac prétendent donc faire baisser la fiscalité. « Le gouvernement, déclare fièrement le secrétaire d'État au Budget dans un entretien au *Figaro*[1], n'a pas voulu réaliser l'équilibre budgétaire par une accentuation de l'effort fiscal mais présente, au contraire, un budget caractérisé par une réduction importante de la fiscalité. »

Pour parvenir à ses fins, Chirac a taillé dans les dépenses, qui augmentent deux fois moins vite que les recettes. Un budget équilibré, en somme, que n'eût pas désavoué le professeur Barre. Le

1. 3 novembre 1969.

secrétaire d'État a, de toute évidence, du savoir-faire. Il ne lui manque que le faire-savoir.

Au poste clé du Budget, Chirac a l'occasion de montrer son personnage sous tous ses angles, ses bons côtés et les autres...

La maladresse. Sur l'affaire de l'augmentation des droits de succession, par exemple, le secrétaire d'État n'arrive pas à faire passer son message. Un épisode sur lequel ses biographes, officiels ou pas, ne s'attardent jamais. Il en dit pourtant long sur l'impétuosité de Chirac, ses excès de vitesse, ses dérapages incontrôlés. Version de Couve de Murville : « C'est moi qui ai lancé l'affaire. Chirac y était favorable. Mais l'opération a été mal menée sur le plan des relations publiques. » Version – concordante – de Chirac : « Quand Couve a eu cette idée, je me suis battu pour la faire passer, étant d'un naturel discipliné. Or cette réforme est mal tombée : la majorité n'en voulait pas. Très vite, je n'ai plus trouvé personne derrière moi ni devant. Ni Couve ni Ortoli. Ils n'étaient plus au courant de rien. Alors, tout seul au Parlement, de jour comme de nuit, j'y suis allé avec la souplesse d'un verre de lampe, j'ai été envoyé dans le décor et j'ai fini par comprendre que j'avais fait une connerie. Les députés gaullistes ont mis longtemps à me pardonner. »

L'appétit de pouvoir. Chirac aurait tort, pourtant, de se plaindre des absences d'Ortoli dans l'affaire des droits de succession. Dès son entrée en fonction, en effet, il a dit au ministre des Finances : « Je n'étais pas candidat pour rester. C'est Couve qui a insisté. Alors, tu fais un décret qui me donne un statut de secrétaire d'État complètement indépendant. » Ortoli, bonne pâte, s'est exécuté. Et c'est ainsi que Chirac règne, en maître après Dieu, sur le Budget, les douanes, la comptabilité publique, le tabac et la loterie nationale. A lui, les finances nationales ; à Ortoli, les finances extérieures. Qui est le vrai ministre ?

L'esprit de clocher. Dominique de La Martinière, qui fut son directeur des Impôts, se souvient de la plaisanterie qu'il faisait avec Renaud de La Genière, directeur du Budget : « Quand on veut faire passer une réforme, il faut dire à Debré : " Ce sera impopulaire. " Et à Chirac : " Cela plaira aux Corréziens. " » L'obsession corrézienne du secrétaire d'État est si forte que, pendant les réunions avec ses directeurs, il passe son temps à signer des parapheurs : c'est le courrier de sa circonscription. Entre deux signatures, il lève rarement les yeux. Certains hauts fonctionnaires s'en indignent. Les plus insolents interrompent soudain leur exposé : « Vous m'entendez ? » Le secrétaire d'État n'a pas, de toute évidence, la vocation de refaire le monde, voire la France

L'oreille. Chirac est sans arrêt à l'écoute. « C'est un type très simple, rapporte Dominique de La Martinière. Pas le genre à pérorer : "Je suis le secrétaire d'État de la France." On pouvait tout lui dire. Quand vous lui annonciez une mauvaise nouvelle, Giscard vous punissait en cessant de vous convoquer. Chirac, lui, vous écoutait sans agacement et même avec intérêt. » Puis : « En cela, il ressemble beaucoup à Barre. »

Le caractère. Certes, Chirac ne casse pas les vitres. Plusieurs témoins se souviennent d'un conseil restreint où Dominique de La Martinière était parti en guerre contre la décision du général de Gaulle de renforcer le contrôle des prix et les contrôles fiscaux : « Mon général, avait dit La Martinière, on est à la veille d'un nouveau mouvement poujadiste. Je crains que cette mesure ne fasse qu'empirer la situation. » Couve cherche à lui couper la parole. Le Général lui demande de continuer. Chirac attendra sagement qu'Ortoli défende La Martinière pour embrayer.

Il arrive néanmoins au secrétaire d'État au Budget de casser, parfois, le morceau. Lors de l'affaire de la fausse dévaluation, par exemple, Chirac n'hésite pas à prendre le contre-pied du général de Gaulle. L'épisode se passe en novembre 1968. La confiance s'envole et le franc s'écroule. C'est le contrecoup de Mai : l'économie se venge. Et le projet de réforme des droits de succession, qui affole les petits épargnants, n'arrange rien. Il ne reste plus qu'à dévaluer. Les Allemands font savoir qu'ils sont d'accord. Les Français s'entendent rapidement avec les autres pays européens, sur un taux de 9,78 %. Au ministère des Finances, les circulaires sont prêtes.

Moralement, en revanche, le Général n'est pas prêt. Après l'humiliation politique, le camouflet économique ? Il renâcle.

C'est ici qu'entre en scène un homme qui pense que la France n'est pas « condamnée » à la dévaluation. Il est vice-président de la Communauté économique européenne, où il est chargé des questions économiques. Il s'appelle Raymond Barre.

Il a un allié au gouvernement : Jean-Marcel Jeanneney, ministre des Affaires sociales, dont il fut le directeur de cabinet. Barre le convainc que la France ne doit pas céder au front des spéculateurs. Et qu'elle peut tout aussi bien emprunter aux banques européennes les devises dont elle a besoin. Jeanneney fait le siège du Général et finit par le retourner.

Le « crime » spéculatif ne payera pas. Telle sera la morale de cette histoire.

Le samedi 23 novembre, alors que commence le Conseil des

ministres exceptionnel convoqué avant la réunion extraordinaire des ministres européens des Finances, les Français sont convaincus que la dévaluation est «inévitable» : toute la presse l'a déjà annoncée. Mais quand de Gaulle fait un «tour de table», comme dans les grandes occasions, la plupart des membres du gouvernement brodent sur le thème du prestige de la France. Deux voix seulement s'élèvent, avec force, pour la dévaluation : celle d'Albin Chalandon, ministre de l'Industrie, et celle de Jacques Chirac.

«Mon général, dira Chirac, c'est le seul moyen de redonner leur compétitivité à nos entreprises et d'assurer la croissance.»

La dévaluation n'aura pas lieu. L'indépendance nationale sera sauve. Le prestige du Général, intact. Le monde des finances, estomaqué. Mais la Banque de France perdra, dans cette affaire, 15 milliards de francs, au bas mot.

On a parfois dit que si le secrétaire d'État au Budget s'est engagé à ce point, ce jour-là, c'est parce que Pompidou était favorable à la dévaluation. Chirac prétend qu'il n'a pas le souvenir de lui en avoir parlé. Mais il ajoute : «Intuitivement, je suis sûr qu'il était pour.»

Comment n'aurait-il pas partagé l'opinion de Pompidou ? Il le voit tous les jours alors qu'il ne fait qu'entrevoir, de temps en temps, de Gaulle ou Couve. Chaque soir, sur le coup de 19 h 30, le secrétaire d'État au Budget fait un tour au QG du député du Cantal, 8, avenue de Latour-Maubourg. Il retrouve là, autour d'une bouteille de whisky, l'ancien Premier ministre et sa garde noire : Michel Jobert, Pierre Juillet, Édouard Balladur et Marie-France Garaud. Il fait partie du cabinet fantôme de l'ancien Premier ministre. Il est l'homme de Pompidou avant d'être celui de Couve, qu'il considère, d'une certaine façon, comme un «usurpateur».

La loyauté ne se divise pas. Chirac ne marchande pas la sienne à Pompidou qu'il tient informé de tout, à commencer par la préparation du budget. Et, quand éclatera l'affaire Markovic, il réagira exactement comme Pompidou, avec la même violence : en tigre blessé.

L'histoire commence le 1er octobre 1968 : dans la décharge d'Élancourt, dans les Yvelines, non loin d'Orvilliers où se trouve la résidence secondaire des Pompidou, on découvre, enveloppé dans une housse en plastique, le cadavre d'un homme assassiné. Il s'appelle Stefan Markovic. Il a été le garde du corps, le confident et l'ami d'Alain Delon. On apprend, dans la foulée, qu'une lettre du mort accuse, par avance, François Marcantoni, truand apparemment

« rangé », et Alain Delon lui-même. On fait aussitôt le rapprochement avec le « suicide » dans des circonstances étranges d'un autre garde du corps d'Alain Delon aux États-Unis. On commence à parler de chantage, de drogue, de parties fines. On évoque même, dans les journaux, la participation de « la femme d'un ancien ministre » ou d'« un ancien membre du gouvernement » à ces soirées libertines. On murmure que des photos circulent. C'est parce qu'il en savait trop que Markovic aurait été tué. On sort d'un roman de Georges Simenon pour entrer dans un SAS de Gérard de Villiers.

Comme toujours, les premiers concernés sont les derniers avertis : ce sont les Pompidou qui sont visés mais ils ne se doutent de rien. Beaumarchais avait tout compris quand il faisait dire à son barbier de Séville : « Croyez qu'il n'y a pas de plate méchanceté, pas d'horreurs, pas de contes absurdes qu'on ne fasse adopter aux oisifs d'une grande ville en s'y prenant bien. » Le Tout-État gobe et jase. Un jour, n'y tenant plus, Jean-Luc Javal, qui fut chargé de mission de Pompidou à Matignon, prend son courage à deux mains, passe le voir, avenue de Latour-Maubourg, et lui tient ce langage : « Il faut que vous sachiez quelque chose que personne n'ose vous dire. La "femme d'un ancien ministre" dont tout le monde parle à propos de l'affaire Markovic, c'est votre femme, et ce que je puis vous assurer, c'est que, dans les dîners en ville, dans les salles de rédaction, il n'est question que de cela[1]. »

Georges Pompidou a justement rendez-vous avec Pierre Somveille, un de ses anciens collaborateurs, devenu directeur de cabinet de Raymond Marcellin à l'Intérieur. Cela tombe à pic. Il pourra y voir plus clair. Malchance : Somveille fait savoir *in extremis* que sa visite est remise au lendemain. Il est retenu par le ministre. Pompidou s'agace. Le jour suivant, nouveau contrordre. Pompidou s'énerve.

Pierre Somveille finira tout de même par venir faire le point sur le dossier Markovic. Il ne sait pas bien comment raconter son histoire. Elle est pourtant toute simple : un certain Akow, Yougoslave emprisonné à Fresnes, est entré dans la danse ; il dit avoir rencontré Mme Pompidou dans une partouze dans les Yvelines ; sa déclaration figurera dans le dossier d'instruction.

Et de Gaulle ? Il est au courant de tout. Au lendemain de la Toussaint, il a réuni, à l'Élysée, un petit conseil de guerre avec Maurice Couve de Murville, René Capitant, le garde des Sceaux, et

1. Georges Pompidou, *Pour rétablir une vérité*, op. cit.

Raymond Marcellin, le ministre de l'Intérieur. Il a été décidé que la justice suivrait son cours. En guise de conclusion le Général a tout de même demandé à son Premier ministre de prévenir Pompidou. Mais Couve ne l'a pas fait. Il garde une dent contre cet homme qui, il n'y a pas si longtemps, lui faisait la leçon sur sa vie privée. Il ne prend pas, de toute façon, cette affaire au tragique.

Le député du Cantal est indigné que personne, au sommet de l'État, n'ait songé à le défendre. Personne, pas même de Gaulle. « Ainsi, note-t-il dans le premier tome de ses mémoires [1], le Général lui-même, qui connaissait ma femme depuis si longtemps, n'avait pas tout balayé d'un revers de main. » Il s'étonne aussi, dans ce texte posthume, qu'aucun de ses ministres ou de ses amis « n'eût le courage d'aller voir le Général et de dénoncer le scandale des attaques contre ma femme et moi ». Ce qui rend d'autant plus net le coup de chapeau qu'il donne au secrétaire d'État au Budget : « Celui qui fut le plus fidèle, le plus ardent, qui m'aida vraiment, c'est Jacques Chirac [2]. »

De tous les proches de Pompidou, il sera en effet, avec Marie-France Garaud, l'un des plus actifs. D'un côté, Marie-France Garaud met le juge d'instruction devant ses contradictions, exige qu'on entende les témoins, démonte, pour tout dire, le complot. De l'autre, Jacques Chirac fait la leçon aux ministres, aux députés, aux journalistes. Sans gants (blancs).

Thierry Desjardins raconte : « Un jour, Chirac est dans sa voiture officielle avec cocarde. Il se rend à un déjeuner. Il écoute les informations à la radio. Et il entend que le juge Patard qui mène l'enquête sur l'affaire Markovic (" Un méchant con ", dira Pompidou en reprenant un mot de Chaban) a cité " comme témoins " M. et Mme Pompidou [3]. »

Chirac décèle même, à en croire Pompidou dans ses mémoires posthumes, « un ton de jubilation » dans la voix du journaliste qui donne la nouvelle.

Mais laissons Desjardins poursuivre : « Hors de lui, Chirac fait arrêter la voiture, se précipite dans un bistrot et appelle Joël Le Theule, alors secrétaire d'État auprès du Premier ministre chargé de l'information (et ancien ministre des DOM-TOM de Pompidou). Fou de rage, Chirac exige des explications, il exige que cette campagne orchestrée cesse sur les ondes nationales et il va jusqu'à déclarer à son collègue, célèbre jeune célibataire [...], que, "si ça ne

1. *Ibid.*
2. *Ibid.*
3. Thierry Desjardins, *Un inconnu nommé Chirac, op. cit.*

s'arrête pas tout de suite, il va y avoir des pédés qui vont le regretter "[1]. »

« Une sérieuse engueulade », dira, dans ses mémoires[2], Pompidou qui en avait eu vent.

Le député du Cantal, qui a des lettres, a lu Corneille : « Tombe sur moi le ciel, pourvu que je me venge. » Sa colère sera lente, mais terrible. On veut l'abattre ? Il déstabilisera le régime. Le 17 janvier 1969, dans un hôtel de Rome, il dit benoîtement devant un petit groupe de journalistes : « Ce n'est, je crois, un mystère pour personne que je serai candidat à une élection à la présidence de la République quand il y en aura une. » Puis : « Mais je ne suis pas du tout pressé. » Un mois plus tard, il récidive à Genève : « J'ai un passé politique, j'aurai peut-être un destin national. »

Dans ses mémoires, il se fait reproche de n'avoir pas mesuré, sur le coup, l'effet produit par ses déclarations. Il n'empêche. Consciemment ou non, Pompidou a obtenu ce qu'il voulait : la France commence à se détourner du vieil homme qui l'a trahi ; elle observe le député du Cantal avec de plus en plus d'intérêt. Le Général est atteint. Et cela tombe mal : de Gaulle a en effet décidé de consulter, une fois encore, son « cher et vieux pays » en lui soumettant un référendum sur la régionalisation qui prévoit la réforme du Sénat. Il sent que l'Histoire est en train de le perdre de vue. Il ne s'est toujours pas remis de Mai 68. Il a le sentiment que le siècle ne peut plus le supporter. Et il fait de cette consultation une affaire personnelle – un plébiscite, dira-t-on. S'il perd, il partira.

La France peut donc se débarrasser, à bon compte, de son président. Pompidou est prêt à prendre la relève. Il l'a dit. Pour lui ouvrir les portes de l'Élysée, il suffit de dire *non* au référendum. Tel est le scénario écrit en ces premiers mois de 1969. Il ne reste plus qu'à le jouer.

La plupart des ministres adjurent de Gaulle d'ajourner son référendum. Mais il a décidé d'aller jusqu'au bout de son destin. Comme dans une pièce de Shakespeare. « C'était un suicide programmé », dira Chirac.

Pompidou, d'une certaine façon, a « tué » de Gaulle. Chirac, lui, l'a-t-il trahi ? La question, à dire vrai, n'a guère de sens. Mais, quand on la lui pose, il la prend au sérieux et s'indigne : « Tout le monde savait que j'allais tous les jours avenue de Latour-Maubourg. Je

1. *Ibid.*
2. *Pour rétablir une vérité, op. cit.*

faisais les choses franchement. Couve peut en témoigner, qui me sondait de temps en temps pour savoir ce que Pompidou penserait de telle nomination ou de telle réforme. »

Il est vrai que Jacques Chirac ne se cache pas de préparer l'après-gaullisme – autrement dit, le pompidolisme présidentiel. C'est ainsi qu'il tisse des liens avec les députés qui, au sein du « club des huit », forment la jeune garde parlementaire du député du Cantal : Olivier Stirn, Jean-Philippe Lecat, Pierre Mazeaud, Jacques Sourdille, etc. Il est vrai aussi que, tout au long de l'affaire Markovic, il prend fait et cause pour Pompidou qui pense, à l'époque, que la calomnie est entretenue par une petite camarilla gaulliste. Un jour, l'ancien Premier ministre ira jusqu'à dire au général de Gaulle, qui l'a invité à dîner à l'Élysée : « Ni place Vendôme, chez M. Capitant, ni à Matignon, chez M. Couve de Murville, ni à l'Élysée, il n'y a eu la moindre réaction d'homme d'honneur [1]. »

Georges Pompidou a noté, sur une petite fiche, les noms de tous ceux qui, dans cette affaire, lui ont « manqué », comme il dit. Une liste de quinze personnes qu'il garde dans son portefeuille. Quand il sera président de la République, il la conservera plusieurs mois, sur son bureau, sous son sous-main.

« Au fond, dira, un jour, Pompidou à son conseiller Balladur, je garde leur nom pour m'en souvenir et non pour les punir. »

En tête de la liste noire : Maurice Couve de Murville, Bernard Tricot, secrétaire général de l'Élysée pendant l'affaire, Aubert, secrétaire général de la police. Autant d'hommes qui, dans l'avenir, n'auront rien à attendre de Chirac.

C'est après son élection à la présidence que Georges Pompidou pourra, enfin, démêler les fils de la machination. Couve n'y était pour rien. Ni Tricot. L'affaire avait été montée de toutes pièces par quelques agents du SDECE. Après l'assassinat crapuleux de Markovic, ils cherchèrent tous les documents ou témoignages qui pouvaient mettre en cause l'ancien Premier ministre et sa femme. Ils alimentèrent les gazettes de chantage, les avocats marrons, les ragots parisiens. Et, quand le soufflé retomba, ils poussèrent en avant Alexandre Markovic, frère du mort, qui raconta qu'il avait dîné, un jour, dans la cuisine des Delon avec les Delon et les Pompidou. C'était faux, naturellement.

Qui était Alexandre Markovic ? Un homme des services secrets yougoslaves. Interrogé par Michel Jobert, l'ambassadeur de You-

_____
1. *Ibid.*

goslavie à Paris répondit que les services secrets de son pays n'étaient pas les seuls à intervenir dans cette affaire. Dans ses mémoires, Georges Pompidou se demande si le diplomate ne voulait pas parler des Soviétiques. Mais, à l'époque, il ne savait probablement pas encore la vérité.

L'affaire Markovic, en fait, c'était la vengeance de l'affaire Ben Barka ; c'était la réponse des services secrets français au désaveu que leur avait infligé Pompidou après la disparition du chef de l'opposition marocaine, en 1965.

Les auteurs de la cabale n'avaient simplement pas prévu qu'en aiguillonnant le député du Cantal elle devait se retourner contre le Général.

Chirac fait campagne pour le *oui* au référendum sur la régionalisation. Il ratisse le centre de la France et plus particulièrement le Limousin. Un soir d'avril, lors d'un dîner officiel en l'honneur d'un chef d'État africain, de Gaulle prend à part le secrétaire d'État au Budget :

« Alors, Chirac, comment sentez-vous ce référendum ?

– Pas très bien, mon général.

– Ah ? Vous croyez que c'est tangent ?

– Je dois vous dire que je suis très pessimiste, mon général. Mais il est vrai que ma région, le Limousin, ne vous a jamais été favorable. C'est un terrain très difficile comme vous le savez. On y fera, au mieux, 45 %. » Chirac remarque qu'un air soucieux passe sur le visage du Général. Il se reprend : « Mais tout le monde attend votre prochaine intervention télévisée. Les choses iront mieux après. »

Alors, de Gaulle :

« Non, elles n'iront pas mieux, Chirac. Il est évident que je vais perdre ce référendum. »

Le 27 avril 1969 au soir, le pays apprend que le général de Gaulle a perdu son référendum : 53,2 % des Français ont voté *non*. Onze minutes après minuit, le chef de l'État annonce sa démission. Il ira désormais trôner dans son ciel. La France est veuve de De Gaulle et de Gaulle est veuf de la France.

Deux jours plus tard, Georges Pompidou annonce qu'il est candidat à la présidence de la République. Jacques Chirac sera le trésorier de sa campagne. Il est chargé des recettes. Juillet, Jobert et Balladur supervisent les dépenses.

« Je ne suis pas le général de Gaulle », s'en va répétant Georges Pompidou. Mais quelqu'un l'est encore moins que lui. C'est Alain

Poher, président du Sénat, qui assure l'intérim du chef de l'État à l'Élysée. Le centre a trouvé en lui ce que certains appellent drôlement son «bonhomme providentiel». Il est vrai, brave et simple. Il plaît aux Français.

Que serait l'Histoire sans de Gaulle? Pas grand-chose. Mais que serait la France sans le bon M. Poher? Il incarne parfaitement les Français qui, à ce moment-là, ne supportent plus la pompe, la geste et la légende.

Écoutons Chirac : «Au départ, les sondages étaient excessivement mauvais. Ils donnaient 45-55 % pour Alain Poher. Résultat : on ne nous donnait pas une chance ni un rond. J'avais tous les créanciers sur le dos; personne ne voulait nous fournir de prestations sans être payé d'avance. Et, pour ne rien arranger, j'avais pour principe de refuser l'argent des étrangers comme celui des agents immobiliers. Un soir, Pierre Juillet m'apprend qu'une étude d'opinion, aussi exécrable que les précédentes, allait être publiée le lendemain par la presse. A ce moment-là, Georges Pompidou sort de son bureau. Il a l'air touché, malheureux. "On n'est pas sortis de l'auberge", grogne-t-il. Et il nous propose de dîner avec lui. On comprend tout de suite, à son regard, qu'on ne peut pas lui refuser. On va au Napoléon, qui se trouvait en face de nos bureaux. C'était notre cantine. Ce soir-là, le restaurant était vide. Pas un chat. "Où voulez-vous vous installer? demande le patron. Sur la terrasse ou à l'intérieur?" Alors, Pompidou, grinçant : "Mettons-nous sur la terrasse, contre la vitre. Il faut qu'on nous voit. C'est le moment de nous faire connaître." Telle était l'ambiance. »

Mais plus la campagne dure, plus le bon «Monsieur Intérim» s'use. Il est vrai qu'il ne s'est pas préparé. Il n'avait pas prévu de se lancer dans l'aventure présidentielle. Pour incarner le courant centriste, Alain Poher avait d'abord compté sur Valéry Giscard d'Estaing puis sur Antoine Pinay. Les deux hommes s'étaient défilés. Alors, en désespoir de cause, il avait sollicité le général Koenig, l'un des héros de la France libre. «Je ne me vois pas à l'Élysée, lui avait répondu l'autre. Et j'estime qu'un général ne peut pas succéder à un autre général. » Il avait donc fallu que le président du Sénat se dévoue.

Pauvre M. Poher. Il n'en demandait pas tant. Avec son air d'attendre un autobus, il ne fait brusquement plus l'affaire. La France le regarde couler.

Le 15 juin, Georges Pompidou est élu président de la République avec 58,21 % des voix. Pour Chirac, apparemment, c'est le moment, c'est l'instant. Il est en droit de nourrir les plus hautes espérances.

Peu après son élection, Pompidou invite le journaliste Jean Cau à déjeuner en tête à tête à l'Élysée. Cau raconte leur conversation dans *Croquis de mémoire*[1] :

« Qui allez-vous prendre comme Premier ministre ? demande Jean Cau.

— Qui voulez-vous que je prenne ? Chaban !

— Chaban ? Mais c'est un gandin, un patron de salon de coiffure, un marchand de chaussures de luxe, et je vous assure que c'est du trente-sept qu'il vous faut, madame ! Un chef de rayon.

— Je sais, je sais, mais je n'ai personne d'autre. Il y aurait Chirac.. Vous le connaissez ?

— Non.

— Il y aurait Chirac mais il est trop jeune... Et puis les gaullistes, si je leur sortais Chirac... »

Plus haute est la faveur, plus rude sera la chute...

1 *Op. cit.*

La tasse de thé

Ne mangez point de cerises avec les grands ; ils vous jetteront les noyaux au nez.

Proverbe danois.

Un jour de juin, Jacques Chirac croise Georges Pompidou dans un couloir de l'Élysée. Le nouveau président de la République s'arrête pour le saluer et lui jette négligemment : « Vous allez rester au Budget. Mais est-ce que vous souhaitez autre chose ? » Chirac, bien sûr, espérait mieux. Mais les choses sont présentées de telle façon qu'il ne peut qu'acquiescer bravement.

Pompidou a, de toute évidence, un (gros) faible pour Chirac. Un jour, il demandera d'un air dégagé à Xavier Marchetti, son attaché de presse :

« Vous le voyez de temps en temps, Chirac ?

– Non. Pas vraiment.

– Voyons, Marchetti, il faut voir Chirac. »

Une autre fois, le président dira, professoral, à Denis Baudouin, le chef de son service de presse : « Il fera une belle carrière, Chirac. Mais il ne faut pas hésiter à lui donner des coups de règle sur les doigts. »

Le chef de l'État l'aime bien, son secrétaire d'État. Et il le châtie bien. D'entrée de jeu, dès son accession à l'Élysée, il lui a rogné les ailes. Pas pour l'humilier, encore moins pour le décourager. Sans doute pour qu'il prenne du poids et garde bien les pieds sur terre.

Il tombe de haut, en tout cas. Les temps ont bien changé. Sous de Gaulle, Chirac était consulté sur les remaniements. Sous Pompidou, Jacques Chaban-Delmas, le Premier ministre désigné, ne prend même pas la peine de l'appeler. Chirac se sent floué, abandonné, hors-jeu. C'est là, dès le premier jour, que sourd son ressentiment contre ce chef de gouvernement désinvolte et gouailleur.

Le 21 juin au soir, veille de la formation du gouvernement, le téléphone sonne dans l'appartement des Chirac, rue de Boissière. Le secrétaire d'État, anxieux, se rue dessus. A l'autre bout du fil, c'est Valéry Giscard d'Estaing.

« Cher ami, dit Giscard, je suis heureux de vous annoncer que vous êtes secrétaire d'État au Budget. Je suis moi-même ministre des Finances. Nous travaillerons donc ensemble.

– Je m'en réjouis.

– Moi aussi. Mais je dois à la vérité de dire que ce n'est pas moi qui vous ai choisi. C'est le président Pompidou. Si j'avais eu à choisir, cependant, c'est vous que j'aurais choisi. »

Tout paraît donc pour le mieux dans le meilleur des mondes. Mais Chirac ne peut s'empêcher de s'inquiéter.

« Il y a un problème, dit-il. J'ai pris de mauvaises habitudes.

– Ah ? Vraiment ? De mauvaises habitudes ?

– Avec Ortoli, j'étais un secrétaire d'État totalement indépendant. Je n'ai jamais demandé à rester au gouvernement et je préfère vous dire tout de suite que je suis prêt à m'en aller plutôt que d'accepter un changement de statut.

– On devrait pouvoir s'arranger », répond Giscard avec un détachement étudié.

Mais Chirac ne saurait se contenter de cette formule vague. C'est un homme de pouvoir. Il sait ce qu'on dit du nouveau ministre des Finances : « Exigeant, distant, méprisant, rapide, incapable de déléguer. » Pour défendre son territoire, il se dresse, toutes griffes dehors, et revient à la charge :

« Je connais votre façon de travailler. Quand vous étiez ministre des Finances, vous contrôliez tous les services. Je vous demande de prendre l'engagement de n'avoir personne, dans votre cabinet, qui traite des affaires relevant de ma compétence.

– Pas de problème.

– Et je veux que vous resigniez le décret d'attribution que m'avait fait Ortoli. Sans en changer une seule virgule.

– Je suis d'accord. »

En raccrochant, Chirac est aux cent coups. Pompidou déteste Giscard. C'est donc pour surveiller le nouveau ministre des Finances qu'il l'a maintenu au secrétariat d'État au Budget.

Cafard, Chirac ? Il ne s'en sent pas la vocation. Il va, au contraire, se mettre sagement dans le sillage de Giscard. Non sans arrière-pensées.

De sa première collaboration avec Giscard, Chirac parlera toujours sur un ton ému. Il entend en donner, pour l'Histoire, une vision idyllique. « Tout s'est parfaitement passé, dit-il. Giscard a tenu parole. » Il est vrai que le secrétaire d'État au Budget y a mis du sien. Quelques minutes après le coup de téléphone de Giscard, il appelle

Jacques Friedmann, son meilleur ami, qui fut l'un des collaborateurs de Giscard, et lui tient à peu près ce langage : « Tu sais ce qui m'arrive ? Une vraie catastrophe. Je reste au Budget et Giscard devient mon ministre des Finances. Je ne sais vraiment pas comment m'y prendre. Toi, tu le connais. Alors, je ne te demande pas ton avis, tu viens auprès de moi comme directeur de cabinet. »

Jacques Friedmann s'incline. Il avait déjà refusé la direction du cabinet de Chirac au secrétariat d'État à l'Emploi. Mais, cette fois, leur amitié ne souffrirait pas qu'il refusât. Quand Friedmann débarque au Budget, Chirac le présente ainsi à Giscard : « Je souhaite que les relations entre nos deux cabinets soient aussi étroites que confiantes. C'est pourquoi j'ai demandé à l'un de vos anciens collaborateurs de diriger le mien. »

Bref, Chirac fait allégeance...

On n'imagine pas couple plus mal assorti. Chirac et Giscard ont bien été à la même école : l'ENA. C'est-à-dire qu'ils peuvent expliquer une chose ou son contraire avec la même conviction monocorde. Mais, à ce détail près, ils n'ont rien de commun.

L'un est bonapartiste, vorace, rustique, mal fagoté. En Corrèze, dans les restaurants-épiceries du plateau de Millevaches, il tutoie tout le monde, y compris la serveuse, partage le pain et la piquette, lève la lame du couteau comme tous les paysans, balance lui-même les bûches dans l'âtre. Quand il se veut solennel, il l'est avec emphase, comme tous les bouseux.

L'autre est orléaniste, au régime, propre et bien mis. Il adore les érudits, les diplômes, les particules et les souliers vernis. Dans son appartement du XVIᵉ arrondissement ou dans son château du Loir-et-Cher, il prise surtout la compagnie des grands de ce monde. A la rigueur, des bien-nés. Quand il se veut simple, il l'est avec excès, comme tous les féodaux.

Dans sa *Physiologie du mariage*, Balzac prétend que le sort d'un ménage dépend de la première nuit. Les lois qui régissent les mariages ne sont pas très différentes de celles qui président aux accouplements politiques. Pour travailler ensemble, il faut d'abord y trouver du plaisir. Or, d'entrée de jeu, Chirac et Giscard n'éprouvent aucun bonheur à se voir.

Giscard, par exemple, supporte mal cette manie qu'a Chirac de secouer sans arrêt ses deux jambes. Quand il ne tape pas du pied. C'est bien simple, si vous êtes assis à la même table que lui, elle bouge tout le temps sous ses coups de genoux. Le ministre des

Finances ne s'accommode pas non plus des gestes brusques de son secrétaire d'État, de ses grosses blagues et des cigarettes qu'il grille à la chaîne. Chirac gigote tout le temps. Il ne tient pas en place. Il a toujours l'air de quelqu'un qui a un rendez-vous urgent. «Ce garçon me donne le tournis», dira, un jour, Giscard.

Chirac, lui, s'impatiente des hésitations de ce ministre à qui il est toujours difficile d'arracher une réponse claire à une question urgente. Il accepte mal aussi cette distance que Giscard cherche à mettre entre lui et les autres. «Je ne sens vraiment pas ce type, dira Chirac. On ne sait jamais ce qu'il pense.»

Quelques incidents émailleront les premières semaines de leur cohabitation. Giscard tient à marquer son territoire. Il le fait avec raffinement et cruauté, en bon disciple du marquis de Sade. Le chemin de l'association entre les deux hommes est ainsi semé d'épreuves :

Le scandale de la porte. Un jour, Chirac est convoqué par Giscard. C'est la première fois. Pour entrer dans le bureau du ministre des Finances, le secrétaire d'État a le choix entre deux possibilités. D'abord, emprunter la grande porte, celle des visiteurs extérieurs : c'est ce qu'il faisait déjà quand Couve puis Ortoli occupaient la place. Ensuite, passer par le bureau du directeur de cabinet, où une porte donne accès à l'auguste bureau : c'est le chemin que prennent les collaborateurs du ministre. Le directeur de cabinet peut ainsi «filtrer» les fâcheux. Chirac n'hésite pas. Il passe par la grande porte. A peine en a-t-il franchi le seuil que Giscard lui dit, d'une voix sifflante : «Dorénavant, monsieur le secrétaire d'État, vous passerez par le bureau de mon directeur de cabinet.»

L'affaire de la tasse de thé. Une autre fois, alors qu'il est en conversation avec son secrétaire d'État au Budget, Giscard appuie sur le bouton d'appel de l'huissier et, quand ce dernier passe la tête, lui demande une tasse de thé. Une seule tasse. Sans en proposer à son visiteur qui n'en croit pas ses oreilles. Goujaterie naturelle ou humiliation calculée ? En sortant du bureau du ministre, Chirac se perd en conjectures.

L'histoire de la cigarette. Giscard déteste que l'on fume dans son bureau. Chirac n'aime pas qu'on lui interdise de griller de temps en temps une petite cigarette. Le choc a lieu, un jour, en présence de Jacques Friedmann, le directeur de cabinet de Chirac, qui raconte : «N'y tenant plus, Jacques allume une cigarette. Il cherche autour de lui : pas de cendrier. Il ne sait pas très bien quoi faire. Pour se donner du courage, il m'offre une cigarette. Je la prends. Les cendres, au début, ça va, on les fait tomber sur le tapis. Mais on a beau tirer le moins possible sur nos cigarettes, il faut bien arriver à l'heure de vérité : que va-t-on faire des mégots ? Alors, Jacques sort de sa poche un petit carton d'invitation, on tamponne nos cigarettes dessus, il plie soigneusement le tout et le range dans sa poche en prenant un air dégagé. Tout cela s'est passé sous l'œil de Giscard qui, à aucun moment, ne nous a proposé de cendrier. »

Ce ne sont là que des broutilles. Apparemment, Giscard a cherché, pendant les premières semaines, à tester les défenses et les nerfs de Chirac. Mais le secrétaire d'État a décidé de ne pas jouer avec son ministre. Il sait que l'autre a des griffes au bout des pattes. Il s'en méfie. Il file doux. Et, un beau jour, comme par miracle, les petites vexations cesseront...

Si les choses se sont arrangées entre Chirac et Giscard, c'est parce qu'ils se sont habitués l'un à l'autre ; c'est aussi parce que le ministre des Finances s'est découvert des connivences théoriques et tactiques avec son secrétaire d'État.

D'abord, Chirac n'est plus Chirac. Autrement dit, il n'a rien à voir avec cet indécrottable laxiste qu'on lui avait dépeint. Certes, quand il supervisait, à Matignon, les dossiers de l'aéronautique, c'était un budgétivore de la pire espèce qui, pour demander une rallonge, revenait une onzième fois à la charge quand il avait été éconduit dix fois. Il demandait toujours plus, en élevant la voix et en tapant sur la table, pour Concorde, pour Airbus, pour les Mirage. Et c'est ainsi qu'il devint la bête noire de Jacques Calvet, l'un des piliers des Finances, devenu directeur adjoint au cabinet de Giscard, futur patron de la Banque nationale de Paris puis de Peugeot SA. Une personnalité forte, ce Calvet. L'apparence est nonchalante, la voix un peu traînante, l'œil perçant mais tranquille. Il est pourtant craint par tout le monde, rue de Rivoli, où sa technicité et son esprit de décision impressionnent très fortement. Y compris Giscard.

D'entrée de jeu, Chirac redoutait Calvet, son expansionnisme, son intransigeance, ses vacheries pour tout dire. Il s'en méfiait tellement qu'il avait prévenu Giscard dès le premier jour : « Je ne veux pas que Calvet ait quoi que ce soit à voir avec le budget. »

Las ! Calvet est ministre *bis*. Il n'a fait qu'une bouchée du directeur de cabinet en titre : Jean Serisé, un petit homme qui fait tout pour passer inaperçu. Mais Chirac et Calvet font rapidement la paix – et même cause commune. L'homme fort de Giscard se rend compte, avec délectation, que le secrétaire d'État met désormais sa hargne et sa ténacité au service de la «rigueur». Il ne lui coupera pas ses longues jambes.

Roux-Combaluzier de la «politique d'assainissement», Giscard et Chirac se renvoient sans arrêt l'ascenseur. Le secrétaire d'État fait sagement écho au ministre des Finances qui va partout répétant qu'un pays doit savoir dominer ses désirs. C'est la ligne Calvet.

«Dépenser plus que nous gagnons, je le dis tout de suite, cela n'est pas possible[1]» : tel est l'austère leitmotiv du secrétaire d'État. Dans la foulée, Chirac met en garde les Français contre un éventuel «emballement» de l'économie. Il dit aussi qu'il faut rester «vigilants afin de ne pas remettre en question les équilibres établis». Le côté Cassandre en moins, il parle déjà comme tous les «peine-à-jouir» de la «rigueur» économique qui, dans les années quatre-vingt, pourront s'en donner à cœur joie.

Chirac ajoute toutefois un codicille personnel à ce discours pré-barriste : «La pression fiscale, serine-t-il déjà, a atteint, pour des raisons tenant à la fois à la psychologie des Français et à la structure du régime fiscal, une limite qu'il n'est pas possible de dépasser[2].» Il aura, sur ce point au moins, de la suite dans les idées...

En accord avec Giscard sur le plan économique, Chirac est aussi, ce qui ne gâche rien, très arrangeant avec le ministre des Finances sur le plan fonctionnel. Trop arrangeant? Jacques Friedmann en convient à demi-mots : «Jacques régnait sur le budget et sur la comptabilité publique, c'est vrai. Mais il était pratiquement tenu à l'écart des autres domaines. J'avais parfois le sentiment qu'il s'écrasait un peu trop.»

Il se résigne facilement au second rôle. Les exemples abondent. Quand le franc est dévalué de 11,1 % en août 1969, il n'est pas mis dans la confidence. Tous les hauts responsables du ministère des Finances sont au courant. Pas lui. «On me traite comme un domestique», grogne-t-il dans un premier mouvement de colère.

Quand tout est bouclé et qu'il reste à régler les détails du plan d'accompagnement, Giscard réunit tout son état-major de la rue de Rivoli. Il lui faut bien convoquer aussi son secrétaire d'État qui arrive, l'air malheureux et distrait, flanqué de Jacques Friedmann. La séance traîne en longueur quand, sur le coup de 20 h 30, Chirac se lève et dit avec insolence : «Ce n'est quand même pas une dévaluation qui va nous priver de dîner.»

1. Débat au Sénat, le 9 juin 1970.
2. Interview aux *Échos*, le 9 juin 1970.

Mais ce n'est là qu'une bravade sans conséquence. Et Giscard n'a pas le souvenir que Chirac lui ait demandé des explications sur l'affaire de la dévaluation. Il croit, de toute façon, avoir une excuse. C'est Pompidou qui, pour ménager l'effet de surprise et réussir ainsi l'opération, avait voulu que le moins de personnes possible soient informées du projet de réajustement monétaire. Le ministre des Finances n'avait simplement pas songé à rajouter son secrétaire d'État à la liste des initiés.

N'importe. Chirac ne cherche pas d'histoires. Eût-il tort, le maître a toujours raison. Un jour, il veut connaître la rémunération de ce qu'on appelle les « postes extérieurs » du ministère des Finances – les présidents d'Air France, de la Régie Renault, etc. Il demande donc à la Direction du budget la liste des salaires. Elle la lui communique aussitôt. Manquent, dans le dossier, les revenus des présidents de banques ou d'assurances. Renseignements pris, il faut demander leurs émoluments à la Direction du Trésor dont ils relèvent. Le Trésor présentera à Chirac une fin de non-recevoir : « Ce sont des informations que nous ne pouvons pas communiquer au secrétaire d'État. » Chirac se contentera, cette fois, de serrer les dents.

Un dernier élément contribue au rapprochement entre Chirac et Giscard. C'est la politique. Au départ, les collaborateurs du ministre des Finances se méfient du secrétaire d'État au Budget : « C'est, disent-ils, le petit rapporteur de l'Élysée. Giscard ne pourra pas l'accepter longtemps. »

Mais Chirac rend régulièrement compte à Giscard de ses entretiens politiques à l'Élysée. Il l'informe – de rien comme de tout. C'est lui qui, par exemple, apprendra à Giscard la mort du général de Gaulle, le 9 novembre 1970. Mieux : le secrétaire d'État plaide la cause de Giscard à l'Élysée. Rude tâche. Giscard râpe les nerfs de Pompidou. Bien sûr, le ministre des Finances a appelé à voter pour lui pendant la campagne présidentielle. Mais, sous de Gaulle, ils ne se sont jamais ménagés et Pompidou a la rancune plus tenace encore que Giscard. Le président tient à maintenir la distance.

Giscard-Pompidou, c'est le choc du raffinement conceptuel contre l'épaisseur paysanne ; de la « croissance zéro », grand mythe du moment, contre l'industrialisation à tous crins ; de l'esthétisme désabusé contre le style parvenu du président, qui s'appuie sur le triptyque : Porsche pour l'épate, Saint-Tropez pour le farniente et Vasarely pour la fronde. Le chef de l'État est totalement imperméable au charme de celui qu'on appelle, dans le Tout-État, le « giscordinateur » « C'est, tranche-t-il, un funambule de la statistique, un tocard du concept, un snob idéologique.» Agacé par son brio, Pompidou a même trouvé un truc qui met toujours Giscard mal à l'aise. Lors des conseils restreints consacrés à la préparation du budget ou aux questions économiques, il ne demande pas au ministre des Finances de tirer les leçons de la réunion, comme le veut la tradition : Giscard excelle à cet exercice. Pompidou le fait, au contraire, parler en premier. Et ce n'est jamais brillant. «Alors, vous voyez ce que je vous disais», s'amuse Pompidou, le sourire victorieux, en sortant.

Chirac, pourtant, ne s'avoue pas vaincu. Chaque soir, il fait les bureaux de l'Élysée et y explique qu'il ne faut pas «marginaliser» le ministre des Finances. Il vante sa loyauté, sa science, son œil (de lynx).

Chirac ne se contente pas de tenir ce discours au «château». Giscard apprend avec ravissement que son secrétaire d'État dit dans Paris : «Quel dommage que Giscard ne soit pas UDR[1].»

C'est l'époque où l'on dit que Chirac se giscardise. Certes, le secrétaire d'État au Budget ne comprend pas l'obsession de la hiérarchie de Giscard, encore moins sa manie de l'étiquette ou des plans de table. Mais l'autre le bluffe. C'est qu'il ne travaille apparemment pas beaucoup, Giscard. Il aime les week-ends, les chasses lointaines et les soirées mondaines. Rien, pourtant, ne lui échappe. Et, autour de lui, personne ne résiste.

Surtout pas Chirac. Il va même faire du mimétisme. Il articule ses syllabes aussi lourdement que Giscard et appuie plus qu'il ne le faut sur les graves. Pour ressembler tout à fait à son modèle, il ne lui manque qu'une chose : le charisme...

Cette fascination qu'il éprouve pour Valéry Giscard d'Estaing, aucun de ses proches ne la nie. Écoutons-les :

Jacques Friedmann : «C'était une machine prodigieuse, Giscard. Il est l'une des rares personnes qui ait jamais intimidé Jacques.»

Bernadette Chirac : «Devant Giscard, Jacques faisait un vrai complexe.»

Jacques Toubon : «Depuis qu'ils se connaissent, Chirac a toujours eu une attitude révérentielle avec Giscard.»

Qui s'attache à bon arbre en reçoit bonne ombre. Jacques Chirac s'attache et colle. «Il fallait les voir en Conseil des ministres, se souvient Raymond Marcellin, alors ministre de l'Intérieur. Deux

---

1. Olivier Todd, *La Marelle de Giscard,* Robert Laffont, 1977.

compères. Ils se soutenaient l'un l'autre. » Il est vrai qu'ils ne manquent ni l'un ni l'autre d'ennemis.

Dans le groupe UDR de l'Assemblée nationale, un groupe omnipotent après les élections législatives de 1968, on a rapidement pris en grippe « Chicard » et « Gisrac », ces duettistes qui fleurent tant le post-gaullisme. Quant à Jacques Chaban-Delmas, le Premier ministre, il les trouve carrément sujets à caution. « Ce sont des conservateurs », dit-il

Chaban n'aime pas Chirac. Il l'appelle avec un brin d'ironie « brillant jeune homme », ce qui a le don d'exaspérer le secrétaire d'État. Et il ne fait même pas semblant de lui demander ses lueurs sur les grands problèmes économiques de l'heure. Il sait que Chirac est proche de Pierre Juillet et de Marie-France Garaud, les conseillers de Pompidou, qui, dès le premier jour, ont juré sa perte.

Avec Giscard, c'est pire encore : le Premier ministre est sans arrêt sur ses gardes. Il a perçu en lui le rival ; il a senti le couteau.

Comme Giscard, Chirac pense que le Premier ministre n'a pas la « classe ». Il lui reproche sa « légèreté ». Il lui fait grief, ce qui pourrait être une autocritique, de n'être capable ni de réflexion ni d'introspection. Il le blâme, enfin, de prendre tant d'aises avec l'autorité présidentielle, fondement des institutions de la Ve République.

C'est peut-être là le ciment le plus solide de l'alliance entre Chirac et Giscard : l'antichabanisme. L'un et l'autre considèrent que le Premier ministre n'est pas un « homme d'État ». Ils sont également convaincus que Jacques Chaban-Delmas, en multipliant les initiatives personnelles, se comporte comme un président du Conseil de la IVe, outrepasse ses fonctions et pervertit la pratique gaullienne de la Constitution. Bref, qu'il se trompe de République. Ils le font savoir.

La faute de Chaban ? Son fameux discours sur la « Nouvelle Société » du 16 septembre 1969, il l'a fait parvenir à l'Élysée quelques minutes avant de le prononcer. Michel Jobert, secrétaire général de l'Élysée, l'a lu en vitesse. Mais Georges Pompidou a été mis devant le fait accompli. Ce texte constitue pourtant un acte politique de première importance. D'inspiration mendésiste, il porte la griffe de Jacques Delors et de Simon Nora, les deux nouveaux hommes forts de Matignon, qui ont longtemps fréquenté les conclaves de la gauche moderne. Reprenant la plupart des thèmes chers au club Jean-Moulin et autres cénacles réformistes des années soixante, il dénonce la société bloquée et ouvre les voies d'une social-démocratie à la française.

C'est une bombe politique. Elle casse tous les vieux clivages, désarme les socialistes, dresse les contours d'un nouveau consensus. C'est justement ce que veut Jacques Chaban-Delmas. Mais c'est justement ce qui horripile Georges Pompidou. Depuis le discours sur la «Nouvelle Société» – slogan que lui avait proposé Guichard pour la campagne présidentielle et qu'il avait refusé –, le chef de l'État ne cesse de répéter qu'il est inutile de faire la politique de ses adversaires : la gauche ne disparaîtra pas, dit-il, sous prétexte que la droite fait du social à tout-va. Pierre Juillet, le conseiller politique du président, est plus sévère encore. Il l'accusera de faire le lit du socialisme.

Bigre ! Ces critiques, Giscard et Chirac auraient mauvaise grâce à les reprendre à leur compte. La «Nouvelle Société» de Chaban, c'est la préfiguration de ce que Giscard appellera, cinq ans plus tard, la «société libérale avancée». Il se dira d'ailleurs tout à fait favorable, de prime abord, au projet chabanien. Et il ne cessera, par la suite, de rivaliser de réformisme avec le Premier ministre. Quant à Chirac qui, sept ans après, devait appeler de ses vœux un «travaillisme à la française», il reconnaît sans ambages : «Le discours de la "Nouvelle Société" ne m'a pas choqué. C'était plutôt un bon discours. Il n'a rien de révolutionnaire. On en a fait un événement parce qu'il a cristallisé tous les problèmes entre Pompidou et Chaban. Problèmes qui devaient bientôt être montés en épingle par les conseillers des uns et des autres.»

Ce n'est pas Chaban-le-réformiste que Giscard et Chirac combattent dans un même élan fraternel. Pas davantage le politicien boy-scout et tutoyeur qui appelle ses ministres par des noms de volaille – «canard», «poussin» ou «oisillon», ce dernier sobriquet désignant plus particulièrement le secrétaire d'État au Budget. Ce n'est pas non plus, quoi qu'ils disent, le chef de gouvernement qui met au défi la primauté présidentielle.

On sait de quelles petitesses naissent, parfois, les grandes causes. On ne peut exclure, en l'espèce, que leur antichabanisme commun ait des raisons très prosaïquement politiciennes : le Premier ministre se trouve sur la route de l'un et de l'autre, tout simplement.

La terre ne pouvant tolérer deux soleils, le ministre des Finances ne peut supporter qu'un autre que lui, dans la majorité, cherche à occuper le créneau du centro-modernisme. Il considère, au surplus, le Premier ministre comme le pilier de cet «État-UDR» qu'il entend bien renverser.

Chirac, lui, voit en Chaban le patron de l'establishment gaulliste et l'incarnation du système des barons. Tout-puissants sous Pompidou comme sous de Gaulle, ils se partagent tout : le pain lors de leur déjeuner hebdomadaire, les postes lors des remaniements gouvernementaux, les clientèles, les complots et, parfois, les aventures. Ils n'aiment pas les cadets qui, comme Chirac, piaffent à leur porte. Ils ont de toute façon leurs propres poulains, comme André Fanton dont Michel Debré entend bien faire, un jour, le patron du parti gaulliste.

Pompidou connaît l'aversion des barons pour Chirac. Jusqu'à présent, il s'en amusait. Il a décidé, désormais, de l'utiliser. Un jour, il fera une petite place à Chirac à la table des barons. Pas n'importe quel jour : c'est le lendemain de la mort du général de Gaulle qu'il le retient à déjeuner avec eux à l'Élysée. On imagine les regards, les sous-entendus, les silences. Les barons n'apprécient pas d'avoir à raconter leurs souvenirs et leurs batailles sous l'œil détaché du secrétaire d'État au Budget. Mais Pompidou n'en a cure.

Ce 10 novembre 1970, en fait, c'est le sacre du dauphin ; c'est aussi la déclaration de guerre du président aux barons...

« Marie-la-France »

> Si l'homme était un fleuve, la femme en serait le pont.
>
> *Proverbe arabe.*

Le 7 janvier 1971, Jacques Chirac devient ministre délégué du Premier ministre, chargé des relations avec le Parlement en remplacement du baron Roger Frey que Georges Pompidou a relégué aux Réformes administratives. Dans le même temps, le président de la République a fait entrer au gouvernement Robert Poujade qui devient ministre de l'Environnement, libérant ainsi le secrétariat général de l'UDR qui est confié à René Tomasini, député de l'Eure et antichabaniste notoire.

Chirac-Tomasini. C'est l'équipe sur laquelle Pompidou compte pour « marquer » le Premier ministre, former des équipes et préparer la campagne des municipales, en mars de la même année, puis celle des élections législatives de 1973.

Jacques Chirac apparaît clairement, ce jour-là, comme l'héritier du président. S'il réussit, Matignon est à sa portée. Georges Suffert ne s'y trompe pas, qui signe dans *l'Express* [1] un article acide qui, désormais, donnera le ton. On y retrouve tout l'attirail thématique des articles qui, les mois suivants, seront consacrés au ministre des Relations avec le Parlement.

L'ambition : « M. Chirac est fascinant non par ce qu'il a de compliqué, mais par ce qu'il a de simple. Il est ambitieux. C'est tout. Sa vie, son travail, ses jeux, son argent et ses rêves, tout s'ordonne autour de cet objectif unique : réussir. »

La rusticité : « Pour arriver là, finalement, il n'a pas marchandé sa peine : il a travaillé, voyagé, flatté. Tout cela sans finesse. Mais pourquoi diable la finesse ? »

La filiation : « M. Pompidou a compris : M. Chirac est de sa race, en gros. Un peu moins sophistiqué, peut-être. Un peu plus

1. 11 janvier 1971

ennuyeux. C'est l'époque qui veut ça. Les jeunes gens, décidément, lorsqu'ils n'ont pas le goût de la révolution, ont celui de l'efficacité. »

La décadence : «De Gaulle puis Pompidou, puis Chirac [...]; la révolte, la succession, la gestion, tout ce chemin qui mène de la mystique à la politique, de la poésie à la prose, des discours sur la France au plaidoyer sur la Corrèze, c'est peut-être la pente inévitable que dégringolent les songes politiques. »

De tous les articles qui dépeindront le Chirac d'alors, c'est, de loin, le plus talentueux. Mais ce n'est pas le plus cruel. Le ministre des Relations avec le Parlement est devenu la cible privilégiée d'une partie de la presse, notamment de *l'Humanité*. Rien de plus normal : il n'y a pas si longtemps, sous la IIIe ou la IVe République, les aînés montaient péniblement, marche à marche, l'escalier du pouvoir. Or, comme l'écrira un jour finement Pierre Viansson-Ponté[1], ce jeune homme a pris l'ascenseur et grillé les étages.

L'étage que fréquente ce nouveau baron du régime, justement, c'est l'étage noble de l'Élysée. Il y retrouve chaque soir Pierre Juillet et son adjointe, Marie-France Garaud : ces deux éminences cohabitent dans le même bureau lambrissé, l'un des trois grands bureaux du «château» avec celui du chef de l'État et du secrétaire général de l'Élysée. C'est avec eux, sur le coup de 19 h 30, que le ministre des Relations avec le Parlement fait le point sur les manœuvres du jour et met au point les tactiques du lendemain.

Certes, Jacques Chirac prend toujours soin d'aller saluer Michel Jobert, le secrétaire général de l'Élysée, puis Édouard Balladur, son adjoint. Mais ce sont des visites de politesse. Les deux hommes ne se font pas d'illusions : le ministre des Relations avec le Parlement joue l'autre clan.

A Matignon puis dans les bureaux de Latour-Maubourg, Michel Jobert et Pierre Juillet étaient apparemment les meilleurs amis du monde. Ils n'avaient pas la même sensibilité, c'est vrai, mais ils s'en amusaient. «Plus je vieillis, plus je vire à droite, disait Juillet. – C'est drôle, répondait Jobert. Moi, c'est exactement le contraire. » L'entente cordiale a brusquement pris fin à l'Élysée : le pouvoir suprême a fait de deux copains deux rivaux. Histoire classique. «Juillet voulait tout régenter, dit Jobert. On a cessé de communiquer mais personne ne s'en apercevait. » Ils s'épient. Ils s'espionnent.

Michel Jobert se souvient d'avoir surpris, un jour, Marie-France Garaud en train de fouiller dans un de ses tiroirs. «Elle prétendait

1. *Lettre ouverte aux hommes politiques,* Albin Michel, 1976.

chercher un dossier dont elle avait besoin sans tarder, dit-il. J'en ris encore. » Telle était l'atmosphère de l'Élysée en ce temps-là : électrique et névrotique. Le « château » n'est plus qu'un nœud de vipères – et elles piquent...

Le secrétaire général de l'Élysée en veut à Jacques Chirac de s'être ligué avec ceux qu'il appelle les « harpies » : Marie-France Garaud, Anne-Marie Dupuy et Pierre Juillet, leur « mascotte ». Quant à Édouard Balladur, il n'arrive pas à retrouver avec le ministre des Relations avec le Parlement la complicité fraternelle des grandes heures de Mai 68. On dit, à cette époque, qu'il le juge léger, naïf, superficiel. Sans personnalité, pour tout dire.

Jacques Chirac est-il sous influence ? Le tandem Juillet-Garaud a en tout cas trouvé en lui un relais aussi docile qu'habile. A l'heure de l'apéritif, on verra le ministre des Relations avec le Parlement chercher les verres, les glaçons, la bouteille de whisky, puis servir sagement la compagnie. Il parle peu. Et quand ses deux hôtes émettent leurs avis ou leurs oracles, c'est selon, il semble les écouter religieusement. Il a simplement, disent-ils, une fâcheuse tendance à s'emballer. Question d'âge, probablement.

Curieux couple. Deux provinciaux qui aiment les idées simples, les hommes carrés et les pouvoirs forts. Ils adorent aussi le mystère et ils ont toujours l'air de partager un secret. Qui domine l'autre ? Quand Pierre Juillet reçoit un visiteur de marque, il arrive que Marie-France Garaud s'éclipse discrètement, respectueusement, dans un bureau voisin. Elle ne semble pas, pourtant, être faite pour les seconds rôles.

Pierre Juillet n'a qu'une obsession : la France (profonde) qu'il retrouve dans la Creuse pour des séjours prolongés. N'ayant pour la chose politique qu'une passion intermittente, il ne fait souvent que passer à l'Élysée où sa seule fonction officielle est « l'organisation des chasses présidentielles ». C'est donc son adjointe qui assure la permanence. Elle convoque son monde, offre le thé, donne ses consignes. Elle peut jouer de tous les registres : la puissance d'envoûtement, la force de conviction, la menace sifflante. Et elle obtient à peu près toujours ce qu'elle veut. On commence à parler, à l'Assemblée nationale, des « Marie-France's boys » : Olivier Stirn, Paul Granet ou encore Pierre Vertadier. Alors même que Chirac prend son envol, ce « Rastignac en jupons », pour reprendre un mot de Pompidou, est en train d'entrer à grandes enjambées (bottées) dans la légende de la Ve République.

L'idée de s'appeler Marie-France ne pouvait venir que d'une femme de génie. Mais elle s'appelle Marie-Françoise, en fait. Fille de Mᵉ Quintard, un avoué cossu de Poitiers, elle est née en 1934 avec beaucoup de certitudes et non moins d'aptitudes. A l'âge de six ans, elle accompagne son père qui chasse le perdreau au chien d'arrêt. Elle vise toujours bien. Très jeune, elle monte à cheval. Il lui en est resté quelque chose : même en talons hauts et tailleur Chanel, elle donne l'impression de rentrer d'une longue chevauchée campagnarde, de descendre tout juste de sa monture, la cravache à la main. Chez les sœurs de la Providence où elle a fait ses études, il lui est arrivé de faire le mur. Figée sur les vertus bourgeoises, elle n'est pas pour autant du genre à s'immoler. Il ne faut pas se fier au chignon, plutôt sévère : elle s'aime.

Et elle aime les puissants. Marie-France Garaud a le «snobisme» de la France, de l'Histoire, de la littérature. Cette provinciale riche, sportive et sensuelle est ainsi dotée d'une culture ébouriffante et parfois un peu envahissante. Ni Emmanuel Mounier, ni Julien Gracq, ni Paul Valéry n'ont de secrets pour elle. Aucun détail de l'histoire de France ne lui est étranger, surtout pas le mot de Louis XIV : «Tout l'art de la politique est de se servir des conjonctures» – «et des hommes, Sire», ajouterait-elle. Encore moins la confidence de Napoléon Iᵉʳ à Talleyrand : «Je sais, quand il le faut, quitter la peau du lion pour celle du renard.» Elle sait changer d'apparence au hasard des interlocuteurs, surprendre, désarçonner – et tuer, comme tous les grands politiques.

De Marie-France Garaud, Arthur Conte, ancien PDG de l'ORTF, a écrit : «Elle respire l'amitié chaude... Il faut pourtant contempler le cou. C'est par lui, puissant et souple, que se trahit la Walkyrie guerrière, âpre au combat[1].» Et Françoise Giroud a ajouté : «Fascinante personne, probablement l'une des femmes les plus haïes de France parce qu'elle a beaucoup humilié, et au-delà.» Rares sont ceux qui, à l'époque, osent tenir tête à «l'homme qui gouverne la France», comme dit le Nouvel Observateur.

Sa vie, Marie-Françoise née Quintard l'a menée à bride abattue. Résumons. Après des études de droit, elle «bovaryse» deux ans au barreau de Poitiers, monte à Paris, épouse Mᵉ Louis Garaud, avocat poitevin, dont elle aura deux enfants, s'ennuie à mourir comme rédactrice au contentieux du ministère de la Marine avant d'entrer, en 1961, comme attachée parlementaire au cabinet de Jean Foyer,

---

1. *Hommes libres*, Plon, 1973

garde des Sceaux. Pierre Juillet entend parler d'elle. Six ans plus tard, sans même la connaître, il la convoque et l'embauche dans l'équipe de Georges Pompidou. Elle est chargée, là encore, de veiller au grain à l'Assemblée nationale. Et elle fait des étincelles. Comme elle connaît bien les centristes René Pleven et Jacques Duhamel, elle prépare leur ralliement à Pompidou lors de l'élection présidentielle de 1969. Elle supervise aussi, pendant la traversée du désert du député du Cantal, le « dossier Markovic ». En quelques mois, à force de labeur et d'entregent, elle se hisse au rang de « pompidolienne historique ».

Inutile de dire que les barons n'aiment pas celle qu'ils appellent avec un brin de condescendance « la Marie-France » et qu'ils trouvent « intrigante », « cynique », « sans principes ». Il est vrai qu'elle les déteste. Avec Pierre Juillet, elle guerroie très vite contre le Premier ministre de Pompidou, ce « sauteur » de Chaban, accusé de réformité aiguë, de socialisme rampant, voire même d'insanité galopante pour avoir songé à « libéraliser » l'information à la télévision. Elle exècre ce qu'elle appelle « l'esprit de compromis » mais elle adore les manœuvres tortueuses. Une lumière glauque flotte autour d'elle. Affairée de mystères, crépitante d'idées, toujours en mouvement, elle ne laisse aucun répit au chef du gouvernement.

Un jour, lors d'une réunion du groupe parlementaire gaulliste, une algarade oppose Jacques Chaban-Delmas à Christian de La Malène, antichabaniste primaire. « Je vous emmerde », finit par lâcher le Premier ministre de la France. En sortant, il croise Marie-France Garaud. Et, sous cape : « Ce que j'ai dit s'adressait particulièrement à vous, madame. » Elle sourira parce qu'elle n'a que mépris pour ce chef de gouvernement qu'elle considère comme un pantin entre les mains de ses conseillers : « Enlevez-lui Jacques Delors, dira-t-elle pendant l'un de ses discours, et il ne lui reste plus rien. »

Pour faire pièce à Jacques Chaban-Delmas, déjà pris au filet, elle a décidé, avec Pierre Juillet, de lancer Jacques Chirac et Pierre Messmer. Ce sont les deux « premier-ministrables » de ces faiseurs de rois messianiques, intrépides et convaincus que le destin prend toujours le chemin de la volonté.

C'est à ce moment que se noue la connivence Garaud-Chirac. Sur quoi repose-t-elle, en dehors de leur fascination commune pour le pouvoir ? La conversation de Marie-France Garaud est la meilleure que l'on puisse trouver aux sommets de l'État. Belle, grande et drôle, elle a le rire généreux, la lippe gourmande et, chose étrange, quelque chose de perpétuellement noir dans le fond des yeux : c'est l'acuité du pessimisme. Elle est convaincue que l'Histoire est tragique et elle en a conçu un profond désenchantement envers le genre humain. Elle excelle dans la psychologie des hommes politiques qu'elle prend (trop) souvent pour de médiocres marionnettes et qu'elle démantibule à plaisir. Elle aime les «coups» – fourrés, de préférence – qu'elle raconte comme des parties de chasse. Et elle entrelarde ses propos de métaphores paysannes, de références historiques, de citations présidentielles : « Justement, Georges Pompidou me disait... »

Ce qui fascine Jacques Chirac chez Marie-France Garaud, c'est aussi tout ce qu'il n'a pas : des idées arrêtées, d'ardentes convictions, une sorte de corps de doctrine. Politiquement, intellectuellement, le ministre des Relations avec le Parlement est toujours flottant, habité par le doute. Il butine au hasard des lectures ou des rencontres. Il change souvent d'avis. Il n'a pas, comme il dit, la science infuse. Et voilà qu'il rencontre quelqu'un qui ne s'interroge pas – ou peu. Il admire, chez Marie-France Garaud, ce côté balzacien prophétique. «Contrairement à des anxieux comme Jacques Chirac, dira-t-elle un jour, quand la décision est prise, je n'hésite plus[1]. »

Entre le pompidolo-conservatisme et le chabano-réformisme, le ministre des Relations avec le Parlement donne en tout cas le sentiment d'hésiter. Certes, son bras droit à l'UDR, René Tomasini, verse volontiers dans le verbalisme droitier. Georges Pompidou envisage même de se débarrasser du secrétaire général du parti gaulliste après qu'il s'en est pris à «la lâcheté des magistrats qui libèrent les casseurs» et aux «ennemis de la liberté» qui, selon lui, monopoliseraient l'information sur la première chaîne de télévision. Jacques Chirac obtiendra son maintien.

Tout en protégeant le tonitruant «Toto», le ministre des Relations avec le Parlement multiplie néanmoins les déclarations d'inspiration modérée, voire réformiste. Qu'on en juge :

Sur la répression policière : « Il ne suffit pas d'être ferme, il faut encore appliquer cette fermeté avec énormément de discernement si l'on ne veut pas augmenter le désordre[2]. »

Sur le patronat : la position du CNPF sur la formation professionnelle – il refuse d'en assurer une partie de la charge – n'est «ni raisonnable ni sérieuse[3]».

1. *L'Enjeu,* journal électoral de Marie-France Garaud, publié avant les élections législatives de mars 1986.
2. Déclaration devant les Jeunes Dirigeants d'entreprise, le 15 juin 1971.
3. *Ibid.*

Sur la concertation : « A la notion de lutte de classes prônée par les marxistes et leurs alliés objectifs mais hélas pratiquée encore par certains patrons "de combat" se substitue progressivement la notion de contrat [1]. » On croirait entendre Jacques Delors, le « père Joseph » de Jacques Chaban-Delmas.

On pourrait multiplier les exemples. Contrairement à Marie-France Garaud, Chirac semble convaincu qu'un cheveu sépare le faux du vrai et sa volonté commence curieusement là où ses certitudes finissent. Sorti de sa fidélité pompidolienne et placé sur le terrain conceptuel, ce n'est pas un hussard mais un esprit compliqué, voire confus. Un article paru dans la revue *Preuves,* au premier trimestre 1972, et intitulé « Finalité de la croissance », résume bien sa mécanique intellectuelle. Il ne peut avancer une idée sans la démolir aussitôt.

Dans cet article, Jacques Chirac entremêle à plaisir thèse et antithèse. Mais où est donc la synthèse ?

Thèse : « Seule la croissance permet une évolution vers une société plus juste. C'est essentiellement sur le surplus de richesses que produit chaque année un pays que peut s'effectuer une meilleure répartition sociale. La stagnation, dans ce domaine, ne peut qu'être stérilisante. »

Antithèse : « Mais à l'inverse, au fur et à mesure que cette croissance s'accélère et se prolonge, elle engendre par son existence même des difficultés, des contradictions. »

Que faire ? Chirac renvoie pratiquement dos à dos les modèles soviétique et américain : « Le modèle marxiste, qui, au nom d'une idée très spéciale de la justice, interdit toute véritable responsabilité individuelle ou collective, ne peut pas être admis, mais il n'est pas possible d'accepter davantage le modèle américain, où la philosophie mécaniste a trouvé son expression la plus complète. »

Après quoi, Chirac balance à nouveau, tel l'âne de Buridan, entre l'affirmatif et le négatif.

Oui : « Une telle politique de croissance que certains économistes ont baptisée du nom savant d'"anthropogénie" renverserait la tendance actuelle qui fait du progrès social, intellectuel ou culturel une conséquence, voire un simple embellissement du développement économique et technique réel ; elle donne le primat dans la croissance à l'équilibre harmonieux sur la rapidité, à la montée lente de la

1. Revue *Preuves,* 1972

communauté dans son ensemble sur l'ascension fulgurante de quelques-uns. »

Non : « Dans une société où, pour bénéficier de la distribution des richesses, il faut participer d'une manière ou de l'autre au processus productif, dans une civilisation de plus en plus "sophistiquée" dont la complexité ne cesse de s'accroître, le nombre des marginaux abandonnés ou "sinistrés de la croissance" connaît une augmentation rapide. »

Y a-t-il une solution ? Là encore, Chirac hésite.

Oui : « L'organisation de structures de solidarité [...] dans le cadre d'un vaste système de sécurité sociale. »

Non : « Les prestations servies, si elles coûtent fort cher à la collectivité, ne permettent que de freiner modérément le "décrochage économique" du groupe bénéficiaire tout en lui conférant une position d'assisté qui risque de le fermer sur lui-même et d'accentuer son isolement moral. »

On ne s'étonnera pas, dans ces conditions, que la conclusion ressemble à une motion nègre-blanc de fin de congrès radical. Chirac y explique qu'il faut « bien analyser » ce qui provoque le réflexe anticroissance. Autrement dit : « cette conception matérialiste mécaniste du progrès économique qui, malgré les atténuations apportées par un certain socialisme, a gravement appauvri le concept de croissance ».

L'article souffre, à l'évidence, d'un grave défaut de construction. Mais il met bien au jour le Chirac un tantinet caricatural de ces années-là. Idéologiquement velléitaire, le ministre des Relations avec le Parlement trouve refuge, sur les grands problèmes, dans l'amphigourisme technocratique.

Il n'arrive pas à choisir un projet politique. Il les joue donc tous en même temps. On connaît le mot du général de Gaulle : « Les hommes, si lassants à voir dans les manœuvres de l'ambition, combien sont-ils attrayants dans l'action pour une grande cause ! » Jacques Chirac n'est vraiment pas attrayant...

Les géants de la politique s'accrochent à une idée – une seule. De Gaulle s'est attelé à la France, Pompidou à l'industrialisation, Mitterrand à l'union de la gauche. Jacques Chirac, lui, n'est encore accroché qu'au président et à quelques-uns de ses collaborateurs.

C'est à cette époque, cependant, qu'il commence à développer le thème qui, quinze ans plus tard, le fera passer dans la catégorie supérieure, celle des hommes d'État : la cohabitation. Il ne l'a pas inventée. Il l'a découverte.

Le 23 septembre 1971, lors d'une conférence de presse, Georges Pompidou a déclaré qu'il fallait distinguer la majorité présidentielle et les majorités qui se dégagent à l'occasion des autres consultations électorales. Tollé chez les gaullistes. Devant les secrétaires fédéraux de l'UDR, le 3 octobre, Jacques Chirac explique qu'en disant cela le chef de l'État était dans le droit fil du Général qui, dans son discours de Bayeux, en 1946, parlait d'un président « placé au-dessus des partis ». Il faut, dit le ministre des Relations avec le Parlement, que « l'élection présidentielle – fait politique fondamental – ne puisse pas être remise en cause par les élections législatives et, par conséquent, que les majorités qui se dégagent à l'occasion de ces deux consultations ne soient pas confondues ». Puis : « Il est naturellement souhaitable pour le bon fonctionnement des institutions qu'elles soient aussi proches que possible l'une de l'autre, et vous savez que nous ferons tout le nécessaire pour qu'il en soit ainsi. »

Comment la cohabitation pourrait-elle fonctionner ? « La seule condition, dit alors Chirac, c'est que le président de la République puisse prendre un certain recul par rapport à la gestion quotidienne, afin que son autorité ne soit pas mise en cause par les aléas inévitables de la vie politique. »

On parle, on parle, et c'est ainsi que se fait l'Histoire.

Déclaration prémonitoire. Une autre ne l'est pas moins. C'est celle qu'il fait, le 23 novembre 1971, en faveur d'un régime présidentiel – régime où, on le sait, le chef de l'État perdrait fatalement le droit de dissolution et où, comme aux États-Unis, les deux partis dominants pourraient cohabiter, l'un campant sur le pouvoir exécutif, l'autre sur le pouvoir législatif.

En préambule, Jacques Chirac commence par affirmer le contraire de ce qu'il dirait aujourd'hui : « Les partis politiques traditionnels, qui sont en réalité calqués très exactement sur leurs ancêtres de la IVe République, de la IIIe République et peut-être même d'avant, ne répondent pas et ne peuvent pas répondre, en raison même de leurs structures, au désir de participation et s'inscrivent comme des écrans entre les citoyens et le pouvoir politique. »

Ce sont toujours ceux qui n'ont pas pris le contrôle d'un parti qui parlent ainsi : Raymond Barre ou Michel Rocard aujourd'hui. Quelques années plus tard, à la tête du RPR, Jacques Chirac fera l'éloge, avec la même conviction, des partis et autres appareils verticaux. Pour rester au goût du jour, l'homme politique doit savoir changer d'avis comme de chemise...

Mais ce n'est pas ce qui compte dans la déclaration de Jacques

Chirac, ce jour-là. Après avoir souligné « la complexité croissante de la technique, de la technologie, l'évolution très importante des modes d'information et des moyens audiovisuels, en particulier », il note que les écrans entre les citoyens et le pouvoir politique ont tendance à tomber. Puis, claironnant : « C'est un problème qui suppose une réforme des structures politiques et qui permet de se poser la question de savoir si le régime parlementaire n'appartient pas au passé. »

Là encore, le ministre des Relations avec le Parlement va faire des vagues. Chez les giscardiens qui exigeront une « mise au point » qu'ils n'auront pas. Mais aussi à l'Élysée où Pompidou s'est toujours prononcé contre le régime présidentiel. Non sans quelques arguments, en ces temps de lyrisme idéologique. « Le régime présidentiel, dira-t-il un jour à Giscard, qu'est-ce que c'est ? C'est la suppression du droit de dissolution. Je trouve cela bien dangereux. C'est concevable dans un système anglo-saxon. Car les Anglo-Saxons ont des réflexes de compromis en cas de crise entre l'exécutif et le législatif. Les Français ont, au contraire, des réflexes de guerre civile. Si le législatif met à la porte l'exécutif, c'est une révolution [1]. » Pierre Juillet et Marie-France Garaud sont sur la même longueur d'ondes. Chirac sera donc rudement sermonné et n'évoquera plus ce délicat sujet.

Tel est alors Chirac : discordant et disconvenant. Il sent un peu le soufre, ou l'orage. Après chaque incartade, il baisse la tête, l'air soumis. Mais il n'arrive pas vraiment à plaire. Même plus à l'Élysée...

---

1. Catherine Nay, *La Double Méprise, op. cit.*

Château-Chirac

> Même lavé à l'eau de rose, l'ail ne perd pas son odeur.
>
> *Proverbe indien.*

C'est l'illustration du principe de Peter : au ministère des Relations avec le Parlement, Jacques Chirac est vraiment arrivé à son niveau d'incompétence. Il n'a plus d'administration derrière lui ni de projets de loi à préparer. Il lui faut désormais écouter, négocier, apaiser – bref, gérer non plus des dossiers mais des êtres de chair et plus particulièrement deux cent quatre-vingt-onze députés UDR. Or, « il ne sait pas y faire ». Si un élu l'arrête, dans les couloirs de l'Assemblée nationale, il s'en débarrasse en lui offrant une cigarette avant de lui jeter : « On se rappelle et on déjeune ensemble. » En audience, il n'a pas davantage de patience. A peine son visiteur entre-t-il dans son bureau que Jacques Chirac a déjà l'air ennuyé, débordé, traqué, c'est selon. Il se lève, s'assoie, gigote, se gratte, fume, tousse. Au cas où l'autre n'a pas compris qu'il indispose, le ministre finit par lâcher : « Bon, excuse-moi, vieux, il faut que je file, j'ai un rendez-vous à l'Élysée. »

Il y a, chez Chirac, une inaptitude fondamentale à remplir cette fonction éminemment politique. Il n'entend rien aux relations humaines, comme on dirait dans l'industrie. Il ne sait pas perdre son temps avec un fâcheux. Sur ce fiasco ministériel, ses collaborateurs et amis de l'époque sont unanimes.

Jacques Friedmann : « Les députés allaient le voir comme on va au confessionnal. Ils voulaient juste un peu d'attention. Or c'est tout le temps Jacques qui parlait et, dès que l'autre en plaçait une, il prenait congé. Les gens ressortaient furieux de son bureau. »

Jacques Toubon : « Il ne pouvait pas s'arrêter cinq minutes, s'asseoir dans les galeries de l'Assemblée nationale et laisser les gens venir à lui. Il filait à toute vitesse comme s'il craignait de se faire harponner par un indésirable. »

Marie-France Garaud : « C'est un ministère où il faut donner aux gens l'impression qu'ils disent des choses importantes et intelligentes. Jacques Chirac n'avait pas le temps de les entendre. Il était trop occupé à courir dans tous les sens, comme un rat empoisonné. »

Le drame des impatients, c'est qu'ils sont souvent en retard – d'une bataille, d'un débat, d'un complot. Jacques Chirac n'échappe pas à la règle, qui, au ministère des Relations avec le Parlement, accumule les embarras.

Juillet 1971. C'est le manifeste des présidents de commission à l'Assemblée nationale. Signé, entre autres, par Alexandre Sanguinetti (Défense), Alain Peyrefitte (Affaires culturelles), Jean Charbonnel (Finances), il s'en prend au gouvernement, qu'il accuse, en gros, de se concerter davantage avec les syndicats qu'avec la majorité parlementaire. Mais les connaisseurs de la chose politique notent que le pamphlet anti-gouvernemental est également paraphé par Hubert Germain, député de Paris et président de l'association Présence et Action du gaullisme. Ils apprennent, dans la foulée, qu'il a mis la main à la rédaction du texte. Bon sang, mais c'est bien sûr ! Ce grand gaillard de Germain est un fidèle de Pierre Messmer, ministre d'État, chargé des DOM-TOM depuis le début de l'année et nouveau protégé de Pierre Juillet et de Marie-France Garaud. Bref, il ne peut s'agir que d'une nouvelle opération du tandem de l'Élysée contre le Premier ministre.

Le ministre des Relations avec le Parlement a reçu quelques éclats au passage : c'est lui qui est chargé d'organiser le travail parlementaire. « On ne peut exclure, dit aujourd'hui Jacques Chirac, qu'il y ait eu, dans cette affaire, un petit côté règlement de comptes à mon égard. Mais, après tout, je ne l'avais peut-être pas volé. » A l'époque, Juillet et Garaud nient cependant avoir téléguidé cette opération qui a pris Chirac par surprise. Mais ils ont, on l'a vu, deux fers au feu : Messmer et Chirac. Il n'est sans doute pas mauvais, à leurs yeux, qu'ils s'aiguisent l'un l'autre...

Septembre 1971. C'est le fiasco du face-à-face télévisé avec Georges Marchais. Toute la France attendait Jacques Chirac, mais la fusée médiatique explose avant même le décollage. Opposé au secrétaire général du PC à l'émission « A armes égales », le ministre des Relations avec le Parlement ne crève pas l'écran, loin de là. C'est un débat de politicards caricaturaux qui aurait pu être imaginé par des chansonniers à la main lourde : on y retrouve tous les poncifs éculés du tournoi politicien. Résumons-nous :

« Vous manquez de sérieux, s'indigne Marchais.

– Vos chiffres ne correspondent pas à la réalité, s'étonne Chirac.

– Vous rognez les libertés démocratiques, éructe Marchais.

– Ne parlez pas des libertés, s'étrangle Chirac.

– Vous êtes de mauvaise foi », se lamente Marchais.

Et ainsi de suite.

Tous les contradicteurs de Georges Marchais sont condamnés d'avance. Il se met, d'emblée, en position d'accusé. On ne compte plus les coups que lui portent ses adversaires mais ceux qu'ils manquent. Chirac prend le secrétaire général du PC non pas de biais mais de front, tête contre tête, cornes contre cornes. Et, comme sur les prés, c'est le plus tendre des deux qui flanchera. Le lendemain matin, Georges Pompidou, qui a regardé le match à la télévision, soupirera : « On ne gagne rien à se colleter contre Marchais. »

Novembre 1971. Aux assises de l'UDR à Strasbourg, le ministre des Relations avec le Parlement s'exprime avec la subtilité de ces « enragés » du gaullo-pompidolisme qui, depuis les élections législatives, peuplent l'Assemblée nationale, aboyant après les réformes, clabaudant contre le laxisme, rêvant, en fait, d'autoritarisme. Il leur en donne – un peu. Éloquent comme un télex, il déclare : « Le bon fonctionnement des institutions suppose l'existence au sein de la majorité d'un parti détenant à lui seul la majorité absolue à l'Assemblée nationale. » Puis, sur un ton incantatoire : « Il n'y a pas de place dans le monde pour la France de Mitterrand et de Jean-Jacques Servan-Schreiber. »

Le mythe de « Facho-Chirac » est né. Il fera une longue carrière.

Janvier 1972. L'affaire commence avec le coup de colère d'un inspecteur des impôts dans le magazine économique *l'Expansion*. « Lequel d'entre nous dans la profession ne connaît pas le nom de ce ministre qui, depuis des années, très légalement, ne paie pas d'impôts parce qu'il déduit de ses revenus des frais de restauration de château historique ? Mieux : c'est l'administration qui lui fait des remboursements de crédit d'impôts. » La semaine suivante, *le Canard enchaîné* retrouve le ministre en question. C'est Jacques Chirac.

On sait qu'il n'est point de petit chez-soi. A tout hasard, Chirac a tout de même voulu que le sien fût très grand : deux mille mètres carrés habitables sur onze hectares de terre. Le 3 mars 1969, alors qu'il est secrétaire d'État au Budget, il devient propriétaire du château de Bity, à Sarran, en haute Corrèze. Une « ruine » du XVIᵉ siècle, qui fut occupée jadis par Jean-Gabriel de Selve, mousquetaire du roi. Chirac l'achète pour le prix de 210 000 francs. Curieusement, le 3 avril suivant, Bity est classé « monument historique ». Une aubaine et une bonne affaire. S'agissant d'un monument classé, la participation de l'État aux travaux de restauration doit en effet s'élever, en principe, à 50 %. En l'espèce, ce sera moins : sur des frais de réfection de 200 000 francs, les pouvoirs publics verseront 60 000 francs.

On s'étonnera naturellement que le classement du château de Bity soit intervenu un mois seulement après que le secrétaire d'État au Budget l'eut acheté. La presse d'opposition hume le fumet du scandale. Mais Jacques Chirac fait savoir que le principe du classement de Bity avait été voté le 26 décembre 1963, sur une proposition de Charles Spinasse et avec l'accord de Marcel Champeix, sénateur socialiste.

Il ne convainc pas : même s'il était justifié, le classement tombe à pic pour Jacques Chirac. Coïncidence ? Peut-être. Mais quand bien même le secrétaire d'État au Budget aurait accéléré la procédure, somme toute régulière, ce ne serait là qu'une petite indélicatesse. Il n'y aurait rien là de vraiment choquant. Ce qui l'est davantage, en revanche, c'est qu'il n'ait pas payé d'impôts en deux ans, ni en 1970, ni en 1971. Rue de Rivoli, on dit qu'il paraphrase saint Matthieu : « Faites ce que je dis, mais ne faites pas ce que je fais. »

Tout est légal. Mais est-ce bien moral ? Quand André Wurmser note, dans *l'Humanité* : « M. Chirac n'est pas coupable juridiquement [...]. Moralement, il n'est pas défendable », l'éditorialiste communiste exprime bien le sentiment général.

Jacques Chirac réagit comme une bête blessée. Il téléphone à ses amis journalistes. Il s'embrouille dans des explications qui, souvent, font mauvaise impression. « Quand les impôts m'ont fait savoir que les travaux de réfection du château effectués à mes frais étaient déductibles de mes revenus, déclare-t-il au *Canard enchaîné,* j'ai refusé par lettre. » Mais il ne montre pas la lettre. Il s'abstient à tout moment de dire la vérité, toute simple mais peu reluisante. Le secrétaire d'État au Budget ne faisait pas lui-même sa déclaration d'impôts.

Dominique de La Martinière, alors directeur des Impôts au ministère des Finances, explique : « C'est mon chef de cabinet qui faisait sa déclaration. Dans le feu du zèle, il en a trop fait. Et je suis sûr que Jacques Chirac, toujours sous pression, l'a signée sans rien remarquer. »

L'affaire a eu le don d'énerver Georges Pompidou : « Quand on prétend faire de la politique, grogne-t-il, on s'arrange pour ne pas avoir de château. Sauf s'il est dans la famille depuis au moins

Louis XV !» Elle a fait flotter autour de Chirac un parfum peu ragoûtant de combines et de menus grappillages. Elle lui a donné aussi un méchant surnom : «Château-Chirac».

Quand Chirac dit à Pompidou que ce n'est, après tout, qu'un petit manoir qui ne compte que six fenêtres, l'autre le reprend, avec un œil noir et un sourire cruel : «Six fenêtres, oui, mais sur trois étages!»

Pour le président, cette affaire relève à la fois de l'erreur politique et de la faute de goût. S'il voulait devenir un homme d'État, il fallait d'abord que Chirac songe à donner l'exemple au lieu de rechercher le faste comme la laitière de La Fontaine («Quel esprit ne bat la campagne ? Qui ne fait châteaux en Espagne ?»). «Décidément, il n'est pas encore mûr», tranche Pompidou qui paraît, soudain, prêt à mettre une croix sur ce dauphin trop maladroit. Tant il est vrai que la porte des grands est toujours balayée par les vents...

Aux sommets de l'État, on a beaucoup dit, à l'époque, que cette affaire du château n'était qu'une manifestation du syndrome Chodron de Courcel. C'est sa femme, si voussoyeuse et si délicate, qui aurait encouragé le ministre à acheter Bity. Mais l'explication ne tient pas. Bernadette Chirac fait partie de ces aristocrates qui croient que la vraie noblesse se conquiert en vivant mais qu'elle n'est pas acquise et qu'elle ne s'achète jamais.

Plus dure avec elle-même qu'avec les autres, Bernadette, née Chodron de Courcel, est du genre à venir alimenter chaque jour, pendant des semaines, son père qui se meurt à l'hôpital. Jacques Chirac ne la laisse jamais faire ses sandwiches. Elle ne met pas assez de beurre. En Corrèze, l'ascétisme de Mme Chirac est légendaire, sa frugalité aussi : apparemment, il s'agit là de la vraie nature de Bernadette. Et, s'il s'agit d'un rôle de composition, il faut convenir qu'elle le joue fort bien.

En achetant Bity, en fait, Jacques Chirac a sans doute voulu suivre les traces de Pierre Juillet et de Marie-France Garaud. Tous deux sont des châtelains : l'un a un manoir dans la Creuse, l'autre dans les Deux-Sèvres. Là-bas, ils se ressourcent, ils écoutent le vent et ils comptent leurs moutons.

Ébloui par les certitudes provinciales du tandem Juillet-Garaud, Chirac a sans doute voulu s'enraciner davantage en Corrèze. Et «entrer au château», comme on disait jadis...

Où va Jacques Chirac ? De moins en moins loin. Il n'a plus d'or au bout des doigts. Il déglingue tout ce qu'il touche. C'est un personnage qui semble s'être laissé dépassé par son avenir et n'avoir plus qu'un passé. On le dit cassant, gaffeur, vorace et même cupide. Et, à l'Assemblée nationale, les députés parlent parfois de lui à l'imparfait. La montagne a accouché d'une souris...

Comment vit-il les caprices de la fortune? Jacques Chirac se voit (presque) toujours avec lucidité et sincérité. Il se dit qu'il peut mieux faire. Écoutons-le : «C'est vrai que j'avais une mauvaise image de marque chez les députés. D'abord, j'étais le jeune que Pompidou poussait : ça ne favorisait pas forcément la sympathie. Ensuite, j'avais parfois été très maladroit : l'affaire des droits de succession, par exemple, a longtemps laissé des traces. Enfin, au ministère des Relations avec le Parlement, ça a été la fin des haricots : si j'ai fait convenablement mon travail sur le plan administratif, je n'ai pas su entretenir de bonnes relations avec les élus.»

Il n'est pas plus populaire en France que dans le groupe UDR de l'Assemblée nationale. Au baromètre mensuel SOFRES-*Figaro*, il n'arrive pas à décoller : sa cote culmine à 4 % d'opinions favorables, loin derrière Jacques Chaban-Delmas ou Valéry Giscard d'Estaing qui tournent autour de 50 %.

Quand, enfin, Jacques Chaban-Delmas démissionne, le 5 juillet 1972, Jacques Chirac ne fait donc pas partie des «premier-ministrables». Et Georges Pompidou nomme tout naturellement à Matignon l'autre candidat de Pierre Juillet, Pierre Messmer. Le tandem de l'Élysée sable le champagne.

Mais, en confectionnant son gouvernement avec Pierre Messmer, Georges Pompidou fait un oubli freudien. Quand il montre son projet de liste à Pierre Juillet, son conseiller a un haut-le-corps :

«Et Chirac? Vous avez oublié Chirac?

– Mon Dieu, c'est vrai. Mais où peut-on bien le mettre?

– Il lui faudrait un grand ministère technique. Pourquoi pas l'Industrie?»

Georges Pompidou opine. Va pour l'Industrie...

Le soir, en passant voir Pierre Juillet et Marie-France Garaud, Jacques Chirac blêmit en apprenant la nouvelle :

«L'Industrie? Vous n'y pensez pas, dit-il en faisant les cent pas.

– C'est un beau ministère, plaide Pierre Juillet, un tantinet agacé. Vous devriez être content.

– Mais c'est un ministère qui n'existe pas. Prestigieux, peut-être, mais complètement honorifique. Sans administration, sans vraie marge de manœuvre : ce sont, vous le savez bien, les Finances qui prennent les décisions en matière d'allégements fiscaux.

– Que voulez-vous, alors ?

– A tout prendre, je préférerais encore l'Agriculture. »

Adjugé. Sur sa liste, George Pompidou raye *in extremis* le nom de Michel Cointat, qui sera renvoyé sans savoir pourquoi dans sa bonne ville de Fougères. Et c'est Jacques Chirac qui se retrouve, à sa place, ministre de l'Agriculture. Jean Charbonnel, autre élu de la Corrèze, héritera de l'Industrie.

Quelques heures plus tard, Pierre Juillet et Marie-France Garaud vérifient que l'Industrie est en effet un faux ministère – une coquille vide. Et les anges gardiens s'autocongratulent : « Ce garçon est épatant. Il a quand même du sens politique. »

Il l'avait bien caché. Il va maintenant le déployer...

Le ministre aux pieds crottés

> Quand l'escargot bave, ne lui en demandez pas la raison.
>
> *Proverbe chinois.*

Il est parti au ministère de l'Agriculture, rue de Varenne, étrillé, à bout de souffle, comme un fuyard. Il en est revenu avec le regard droit et le sentiment d'avoir réussi. C'est si vrai que longtemps après – en 1978, très exactement –, accordant un entretien au *Quotidien de Paris*, il répond sans l'ombre d'une hésitation à son ami Paul Guilbert qui lui demande où il a le sentiment d'avoir été le plus utile à la France : « Quand j'étais ministre de l'Agriculture... »

Relisant le texte avant publication, le stylo à la main, Marie-France Garaud, alors conseillère de Chirac, sursaute en lisant cette réponse. « Allons, dit-elle à Paul Guilbert. Jacques a été Premier ministre, il a fondé le RPR. Vous voyez bien qu'il plaisante. » Et, d'un geste furibond, elle biffe la phrase. Épisode tout à fait révélateur de la mythification par Chirac de son passage au ministère de l'Agriculture.

Mythification ? Dans ce ministère, Jacques Chirac a peut-être servi la France. Mais il a aussi servi son image en faisant preuve à nouveau de savoir-faire, et, pour la première fois, de faire-savoir.

Il a même, chose nouvelle, un projet. Banal sans doute, démagogue peut-être. Mais il a le mérite d'exister. C'est le développement rural.

Le 14 novembre 1972, lors de la présentation du budget de l'agriculture, il déçoit tout de même quelques chroniqueurs comme Rémi Huppert du *Monde*[1] : « D'aucuns espéraient que le discours de M. Chirac à l'Assemblée nationale ressemblerait à celui de son collègue des Finances, M. Giscard d'Estaing, que son allocution lui serait occasion sinon de tracer une doctrine nouvelle, du moins de présenter une réflexion d'une certaine élévation sur les problèmes

---

1. *Le Monde*, 16 novembre 1972.

agricoles [...]. Mais M. Chirac les traita en froid technicien, usant d'un verbe facile mais peu imagé. »

Le credo du ministre : il faut renforcer l'exploitation de type familial – « à responsabilité personnelle », comme il dit. Électoralement, c'est un langage très payant – et les législatives ne sont pas loin. Mais économiquement ? Quand Chirac déplore l'exode rural et quand il plaide pour une politique d'animation rurale afin de préserver la « richesse » de l'agriculture française, il ne laisse pas seulement parler ses fibres paysannes et corréziennes. Il fait aussi un pari, somme toute pompidolien : que la croissance va continuer sur sa lancée ; qu'il faut donc continuer à augmenter la production agricole. Les surplus ? Connaît pas : « Pour répondre à la demande, même non solvable, qui existe actuellement en matière d'alimentation, dit-il dans un entretien avec Philippe Alexandre [1], il faudrait doubler la production agricole mondiale. »

Doubler ? Ce n'est pas encore assez. Il ajoute : « Et comme la population doit doubler d'ici à l'an 2000, il faudrait quadrupler la population agricole en moins de trente ans. »

Tel est le ministre de l'Agriculture : optimiste et productiviste. Pas churchillien, « Monsieur anti-quotas » n'assènera ni « sang » ni « larmes ». Il va s'enflammer, au contraire, contre la Commission de Bruxelles quand elle envisage de réduire la production de sucre de la CEE (« Tous les experts prévoient une pénurie de sucre dont le prix a déjà grimpé de 120 % en dix-huit mois »). Ou bien il va partir en guerre contre le rapport Thiede qui, pour en finir avec les excédents agricoles, propose de laisser en friche de cinq à onze millions d'hectares cultivables. Chirac ou l'anti-« croissance zéro »...

Le dauphin nage dans le bonheur, au ministère de l'Agriculture. Il est incollable sur le prix européen de la viandre bovine, les exportations de soja, les excédents de pommes ou de poudre de lait. Il adore les marathons européens, les crises « au bord du gouffre », les nuits blanches à griller des cigarettes. Jacques Toubon, « tête politique » du ministre de l'Agriculture, témoigne : « Pour nous, ce fut une période faste, celle où Chirac s'est imposé aux autres. »

Un esprit peu suspect de complaisance, Pierre-Marie Doutrelant, qui est alors le meilleur spécialiste des questions agricoles, note : « Jamais – c'est vrai – le revenu agricole n'a progressé deux ans de suite aussi fortement [...]. Jamais aucun gouvernement n'a autant fait pour la paysannerie actuelle depuis 1960. Jamais, depuis M. Pisani,

---

1 *Paris-Match,* 2 mars 1974.

un ministre de l'Agriculture n'est apparu aussi pressé d'agir et aussi efficace. Jamais la concertation entre les organisations paysannes et le gouvernement n'a été aussi radieuse [1]. »

Si un vent de révolte continue néanmoins à souffler dans les campagnes françaises, la raison en est toute simple, selon Doutre-lant : «Quels qu'aient été les efforts méritoires du gouvernement, l'écart persiste entre les revenus de la plus grande partie des paysans et les ressources des autres Français [2]. »

Il n'empêche. Les syndicalistes agricoles sont, pour la plupart, au septième ciel. Un jour, Michel Debatisse, président de la FNSEA (Fédération nationale des syndicats d'exploitants agricoles), déclare : «Un syndicaliste ne s'avoue jamais satisfait. Eh bien, moi, je le ferai. » Une autre fois, Marcel Bruel, le «patron» des éleveurs, se goberge : «Jacques Chirac est [...] le meilleur ministre de l'Agriculture depuis Sully. » Chose rare pour un ministre de l'Agri-culture, quand il se rend dans les foires agricoles, on ne lui jette pas des tomates mais des fleurs. C'est la coqueluche des herbages et des labours. C'est la star des cours de ferme.

Pourquoi réussit-il ? Comme les paysans, Chirac plante, sème, butte, moissonne, engrange. Tout : projets, réformes, monts et merveilles. Il lance l'Office de la viande qui interviendra, chaque fois qu'il le faudra, pour maintenir les prix à la production. Il se démène comme un diable lors des Conseils des ministres européens de l'Agriculture : son homologue allemand lui conseillera même, un jour, de se faire psychanalyser. Il n'hésite même pas à envisager l'impensable : des vacances pour les paysans qui seraient remplacés dans leurs fermes par des stagiaires des collèges agricoles, rémuné-rés, en partie, par l'État...

Corporatisme ? Il y a, chez Chirac, un rural qui sommeille sous le cavalier. Il aime humer dans les cours de ferme les odeurs de son enfance, crotter ses chaussures dans le purin, plonger sa main dans le cul des vaches, soupeser le veau blanc à l'œil, ouvrir la bouche du cheval pour dire son âge. Mais, s'il cultive volontiers le clientélisme avec les catégories sociales, il pratique carrément le favoritisme à l'égard des agriculteurs français. Ce n'est pas une politique ; c'est une religion. Il la partage avec Juillet et Pompidou.

Pierre Juillet raconte que, voyageant un jour avec de Gaulle au temps des années folles du RPF, à l'aube de la IVe République, il

---

1. *Le Monde,* 6 janvier 1973.
2. *Ibid.*

avait vu l'un des augustes sourcils du Général se lever devant un champ verdissant de petites pousses.

« Qu'est-ce que c'est ? avait demandé de Gaulle.

– De l'orge, mon général », répondit Juillet sans hésiter.

Alors, de Gaulle fit arrêter la traction avant Citroën et, accompagné de Juillet tout tremblant d'être démenti, il alla voir le champ de plus près : c'était bien de l'orge en herbe.

Chirac est, comme Juillet, comme Pompidou aussi, un homme qui peut reconnaître de l'orge en herbe à vingt mètres. Avec ces deux pères putatifs, il peut parler, pendant des heures, et sur le ton de la passion, des cours du porc, de la dinde ou de la pomme de terre. Rien de ce qui est agricole ne leur est étranger.

Mais si l'agriculture compte tant pour ces trois hommes, ce n'est pas tant à cause de sa production et de ses capacités de développement ; c'est à cause des paysans eux-mêmes – des « exploitants familiaux » que Pompidou célèbre régulièrement en Conseil des ministres. Ils les ont parés de toutes les vertus comme jadis les rousseauistes attribuaient toutes les qualités aux indigènes. C'est le noyau dur de leur électorat ; c'est aussi la base du tissu social ; c'est enfin l'animation des campagnes. Il n'y aura pas de bonne France sans ces bons Français.

Et c'est ainsi que Chirac a tendance à confondre la France avec la Corrèze...

Rien ne l'arrête. Jacques Chirac fait fort et gros. Jacques Friedmann, qui supervise alors les affaires économiques à Matignon auprès de Pierre Messmer, témoigne : « On ne pouvait pas le tenir. Il m'en a fait voir de toutes les couleurs. »

Il est vrai que Chirac a retrouvé sa place, toute sa place, dans le cœur de Pompidou. « C'était, de toute évidence, le ministre préféré de Pompidou, se souvient Bernard Stasi, alors ministre des DOM-TOM. En Conseil, il s'enquérait de ses avis, échangeait des regards complices avec lui et lui réservait de temps en temps un petit mot affectueux qui faisait frémir les autres de jalousie. » Il est vrai aussi que le ministre de l'Agriculture est redevenu, pour le chef de l'État, un homme sur lequel il peut se reposer complètement. Certes, il lui arrive de dire à quelques-uns de ses proches, comme Marie-France Garaud : « Je vous en prie, calmez-le. » Mais c'est toujours d'une voix toute tremblante de délectation.

Pompidou ne lui marchande plus sa confiance. Un dimanche matin, vers 8 heures, pendant un de ces « marathons » européens qui·

durent toute la nuit, le ministre de l'Agriculture décide d'appeler le président dans sa résidence secondaire, à Orvilliers. Il redoute qu'un point du projet d'accord soit considéré, par les «ultras» du gaullisme, comme un premier pas vers la supranationalité. Il préfère donc se couvrir.

C'est Pompidou qui décroche le combiné. Il a la voix lasse. Chirac commence son explication. Alors, le président : «Premièrement, Chirac, vous me réveillez; deuxièmement, Chirac, vous faites partie du gouvernement; troisièmement, Chirac, vous êtes chargé de négocier, alors, négociez[1]. »

Et il raccroche. En reposant le combiné, Chirac a tout de même de quoi se rengorger un peu. Si Pompidou l'a laissé maître de la décision, c'est parce qu'il croit en lui. Le chef de l'État a simplement la fidélité bougonne, l'estime agressive, l'amour vache.

Un jour, Georges Pompidou n'hésitera pas à donner raison à Chirac contre Giscard. L'affaire commence le 3 novembre 1973 avec la publication d'un arrêté du ministre des Finances fixant les marges bénéficiaires des détaillants de fruits et légumes. C'est une décision qui, économiquement, n'est pas absurde. Elle va même de soi. Du moins dans la logique étato-dirigiste qui est alors celle de Giscard. Sur ces entrefaites, V.G.E. s'envole pour la Malaisie où il restera quinze jours. Officiellement, pour inaugurer la grande foire de Kuala Lumpur. Officieusement, pour chasser le tigre...

Et voilà que, partout, les étals s'embrasent : c'est la révolution sur les marchés, dans les halles et dans les épiceries. Le 15 novembre, les détaillants ferment boutique. Le pays s'inquiète. Pompidou aussi. Il est convaincu qu'il y a en chaque Français, outre le paysan, un petit commerçant qui sommeille. En l'absence de Giscard, il confie le dossier à Chirac.

Que fait le ministre de l'Agriculture ? Il reçoit aussitôt les organisations de détaillants. Il leur offre des cigarettes, des boissons, de bonnes paroles. Puis il leur donne raison et satisfaction. Pour ne pas humilier le ministre des Finances, il trouve même une parade toute chiraquienne : l'arrêté de Giscard est maintenu mais les contrôles s'effectueront «dans la plus grande souplesse». La grève des fruits et légumes n'aura pas lieu.

Giscard rentre de Malaisie reposé mais furieux. Il parle, sur un ton pincé et vaguement dégoûté, de «démagogie». Et il bat froid à Chirac pendant un mois.

---

1. Thierry Desjardins, *Un inconnu nommé Chirac, op. cit.*

Un mois. Pas un jour de plus. C'est que le ministre de l'Agriculture multiplie les formules aimables à son endroit. Contre Chaban, Chirac a, de toute évidence, décidé de jouer Giscard. Et il ne s'en cache pas. Il sait que Pompidou n'aime pas son ancien Premier ministre : « Son grand tort, lui a dit un jour le président, c'est de ne songer qu'à être aimé. » Cela tombe bien. Il n'a lui-même aucune confiance en ce galantin. Il est convaincu qu'il ne fait pas le poids. C'est l'époque où Chirac dit aux journalistes : « Chaban, président ? Mais vous voulez rire ! Il ne survivrait pas au premier tour ! »

Il ne mégote pas. Le 4 janvier 1973, recevant la presse agricole, il déclare tout à trac : « M. Giscard d'Estaing est l'un des rares hommes d'État actuels. » Les semaines suivantes, pendant la campagne des élections législatives, les initiés remarquent que le ministre de l'Agriculture s'en va surtout porter la bonne parole dans des circonscriptions tenues ou convoitées par des giscardiens. « En ce temps-là, se souvient Jacques Toubon, Chirac n'avait rien à refuser à Giscard. »

Le 13 août, Chirac donne un nouveau coup de pouce à Giscard en déclarant au *Point* : « Si M. Pompidou venait à disparaître, je serais giscardien. »

Quand il tient ces propos prophétiques, Chirac n'est pas censé savoir que le chef de l'État est très malade et qu'il mourra quelques mois plus tard. Au contraire, à en croire ses proches, il est convaincu, à cette époque, que Matignon est un objectif à sa portée. Il ne désespère donc pas de succéder à Pompidou lors de l'élection présidentielle prévue en 1976 – à condition, bien sûr, d'avoir détruit Chaban qui se trouve sur son chemin, avec la faveur du parti gaulliste.

Mais Chirac a remarqué comme tout le monde les bouffissures qui gonflent le visage du président, sa démarche hésitante, son irritabilité croissante, ses grippes à répétition. En évoquant publiquement cette « disparition » qui le briserait en plein vol, cherche-t-il à conjurer le sort ?

Le syndrome de Reykjavik

> Couche-toi et sois malade, tu sauras qui te veut du bien et qui te veut du mal.
>
> *Proverbe espagnol.*

Pierre Juillet veut faire de Jacques Chirac un Premier ministre. Après les élections législatives de 1973, médiocres pour la majorité, il suggère à demi-mot au président de remplacer Messmer qui n'a pas percé par Chirac qui, à l'Agriculture, a fait son trou.

Georges Pompidou est bien conscient qu'il doit organiser sa succession. Il n'y a pas si longtemps, il disait à Denis Baudouin, son fidèle, son confident, chef du service de presse de l'Élysée : « Il n'y a jamais eu, pendant l'Empire romain, de meilleure dynastie que celle des Antonins. Ils se choisissaient. Ils se cooptaient. Ils savaient préparer la suite. »

Faut-il, alors, préparer Chirac ? Claude Pompidou, la femme de l'ancien président, raconte : « De Chirac, mon mari disait toujours : "C'est un type généreux, loyal, courageux. On peut lui demander n'importe quoi." Mais il ajoutait aussitôt : "Il est si jeune. Il faut qu'il se forme." Il pensait à lui pour la suite. Et, après les élections de 1973, il m'a confié qu'il songeait sérieusement à lui pour Matignon. Je me souviens qu'il n'avait pas fini sa phrase, comme s'il avait voulu que je la reprenne au vol. »

Le président finit par envoyer paître Juillet. Il trouve Chirac trop tendre et il ne se sent pas assez décrépit. Son conseiller politique revient à la charge avec un nouveau plan. Il ne demande plus Matignon pour son poulain. Il veut simplement en faire l'homme fort du gouvernement – le ministre des Finances, très exactement.

Soit. Mais Giscard dans tout cela ? Juillet en fait son affaire. Son schéma est simple : faire passer V.G.E. au Quai d'Orsay et le remplacer par Chirac. Pour arracher l'accord de Giscard, le conseiller politique du président a une botte secrète. C'est Michel Poniatowski.

Il a en effet convaincu Pompidou de faire entrer au gouvernement

Michel Poniatowski, meilleur ami de V.G.E., député du Val-d'Oise, prince de sang – un sang vif – et bretteur magnifique. Cet homme possède une subtilité considérable dans un corps éléphantesque, une profonde volonté de puissance sous des dehors modestes, un fichier privé sur la plupart des hommes politiques dans sa maison de Neuilly et, surtout, un sens inouï des formules assassines qu'il glisse négligemment dans des discours d'une grande platitude. C'est lui, par exemple, qui a trouvé, à propos de Chaban et des scandales, un slogan qui fera mouche : «les copains et les coquins». Bref, ce faux amateur est un vrai tueur. S'il se contentait de sabrer le maire de Bordeaux, tout irait bien pour Juillet. Mais il s'acharne sur tous les gaullistes. Il ne les aime que morts. Il est donc urgent de le faire taire. Autrement dit, d'en faire un ministre.

Entrant au gouvernement, «Ponia», tout miel, prêtera une oreille compréhensive à la proposition de mutation de V.G.E. au ministère des Affaires étrangères. Il fera même mine de défendre l'idée auprès de Giscard. Seulement voilà : son ami ne veut rien entendre. Il s'accroche comme une huître à la rue de Rivoli.

Que faire ? Juillet n'est pas homme à se décourager. Il revient voir Pompidou avec une nouvelle proposition.

«Chirac, dit-il, a échoué aux Relations avec le Parlement, ministère politique, mais il a réussi à l'Agriculture, ministère technique. Essayons de le mettre dans un ministère technico-politique, l'Intérieur par exemple.»

Le chef de l'État secoue la tête :

«Marcellin se débrouille bien, place Beauvau, et il me sécurise. Si j'y mets Chirac, on dira que je monte en première ligne.»

Sur ces entrefaites, coup de théâtre : Juillet apprend que Giscard est en train de flancher ou, du moins, qu'il n'est plus si réticent à la solution du Quai. Quand le conseiller politique de l'Élysée va annoncer la nouvelle au président, celui-ci laisse tomber : «C'est trop tard. Je viens de proposer le ministère des Affaires étrangères à Michel Jobert.»

C'est le fiasco. «Si la manipe a échoué, expliquera plus tard Raymond Marcellin, c'est parce que Pompidou était très malade et que son réflexe était de faire rentrer tout le monde dans le rang. Ses forces défaillaient mais il essayait de faire encore ce qu'il voulait, non pas ce qu'on voulait lui faire faire.»

On ne s'étonnera pas que Chirac n'eût été au courant de rien. D'abord, Juillet croit comme de Gaulle que «rien ne rehausse l'autorité mieux que le silence, splendeur des forts et refuge des faibles ». Ensuite, c'est un personnage trop conscient de sa valeur pour s'abaisser à raconter, par le menu, ses tractations avec le chef de l'État. Enfin, Juillet ne serait pas Juillet sans le secret.

Aujourd'hui, Chirac se dit ainsi persuadé que Juillet ne l'avait pas mis en piste pour Matignon. Mais la plupart des élyséens sont convaincus du contraire. Y compris Édouard Balladur, alors secrétaire général adjoint de la présidence, qui se souvient : « Juillet le poussait sans relâche. Il était clair qu'il voulait en faire un Premier ministre. »

Raymond Marcellin est plus précis encore : « L'avancement est ainsi programmé : un grand ministère puis le remplacement de Messmer comme Premier ministre pour être, le moment venu, candidat à la présidence de la République. La candidature de Jacques Chaban-Delmas pourrait difficilement être maintenue alors que Jacques Chirac, Premier ministre en exercice, poserait la sienne. Il est assez facile de deviner quel serait le choix de l'UDR[1]. »

Chirac n'a-t-il rien vu ni senti ? On peut en douter. Ce ministre, qui, comme l'a écrit Michel Jobert[2], « visitait successivement plusieurs bureaux à l'Élysée, en chaque occasion possible, et malgré les tâches agricoles », est bien conscient que quelque chose se trame. Marie-France Garaud se souvient l'avoir entendu dire, au lendemain des élections législatives : « Sortez-moi de là. J'ai tout promis. Je ne pourrai plus rien tenir. »

Jacques Toubon nuance : « Chirac hésitait mais il avait, c'est vrai, plutôt envie de partir. Moyennant quoi, tout ce qu'il a fait au ministère de l'Agriculture, et qui demeure pour lui un capital irremplaçable, a été réalisé après les élections, et non pas avant. »

On ne connaît que peu de cas, dans l'Histoire, d'hommes d'État mettant en place leur dauphin. Quand, parfois, ils daignent l'installer sur un socle, c'est pour le déboulonner aussitôt. Les patrons, les syndicalistes ou les universitaires savent parfois bien préparer leur succession. Les politiques, jamais – ou presque. Ils voient danser la mort, leur propre mort, dans le regard de celui que l'on présente comme leur héritier. Et ils ne le supportent pas. Gâteux, grabataires ou moribonds, ils cherchent toujours à aller jusqu'au bout de leur pouvoir et à s'en délecter jusqu'à leur dernière goutte de vie.

De Gaulle se sépara de Pompidou après que ce dernier fut devenu son dauphin incontesté. Quand le Général dut finalement lui laisser

1. Raymond Marcellin, *L'Importune Vérité,* Plon, 1978.
2. *L'Autre Regard, op. cit.*

la présidence de la République, il le regarda, au dire de Jacques Vendroux, son beau-frère, «comme un Judas, un traître, un renégat[1]».

En ce mois d'avril 1973, Pompidou, rongé par la maladie, se refuse à mettre Chirac en position de pouvoir prétendre à sa succession. En le maintenant au ministère de l'Agriculture, il semble dire, comme les vieux paysans sur la fin : « Il ne faut jamais se dépouiller avant de se coucher. »

Bref, Chirac est un dauphin sans delphinat – un favori que son protecteur a omis de coucher sur son testament.

Mais Juillet n'est pas mieux loti. Ce printemps-là, c'est un conseiller dont le prince n'écoute plus les avis. Qu'il n'ait pas obtenu la promotion de Chirac, passe encore. Mais que le clan Jobert tienne désormais le haut du pavé, il n'arrive pas à l'accepter.

Entre les deux ailes du «château», autrement dit entre Juillet et Jobert, c'est la guerre. En embauchant Xavier Marchetti, l'une des grandes signatures de *Paris-Match*, à son service de presse, le président lui avait dit : « J'ai deux ailes. Ne mettez jamais les doigts entre les deux. Et sachez bien que je reste toujours au milieu. »

Il n'y a qu'un problème. Le président n'est plus au milieu. Il joue clairement une aile contre l'autre. Et, pendant ce temps, quelqu'un, doucement, s'avance. C'est Édouard Balladur, secrétaire général adjoint de l'Élysée et bras droit de Michel Jobert. On le dit sec, sérieux et ennuyeux. Mais il ne perd jamais son calme ni son humour – glacé, cela va de soi. Avec son haut cou, son œil lointain, son air parfaitement maîtrisé, il semble fait pour les tempêtes qui s'annoncent. Pompidou aime de plus en plus se reposer sur lui.

C'est justement ce qui inquiète ses ennemis de l'Élysée – et il en a. Un jour, ne reculant devant rien, ils transmettent au chef de l'État un petit dossier d'accusations putrides. Tel est en effet le climat du château : malpropre et empoisonné. Mais que fait Pompidou devant tant de vilenie ? Au lieu de repousser ces accusations en se bouchant le nez, le chef de l'État demande une enquête.

Balladur en a vent. Alors, un soir, il entre dans le bureau du président et lui jette une lettre en disant, d'une voix tremblante de colère blanche : « Puisque vous avez cru bon de diligenter une enquête sur moi sans même me tenir au courant, vous trouverez dans ce pli les réfutations que vous n'avez même pas pris la peine de me demander. »

Et Balladur sort, théâtral, en claquant la porte.

---

1. Raymond Tournoux, *Le Tourment et la Fatalité, op. cit.*

Cet homme est donc, en plus, pourvu de caractère. C'est ce soir-là sans doute que Pompidou a décidé de le nommer secrétaire général de l'Élysée à la place de Michel Jobert, promu ministre des Affaires étrangères.

A la même période, une autre porte claque. C'est celle de Juillet. Informé de la mauvaise humeur de son conseiller politique, Georges Pompidou a marmonné : «Qu'il aille donc s'occuper de ses moutons.» On s'est empressé de répéter le mot à l'intéressé. Humilié, mortifié, ridiculisé, il a décidé de retourner dans sa Creuse. Un jour, Pompidou annonce gravement la nouvelle à Jobert :

«Juillet s'en va.

– Comme d'habitude, hasarde Jobert, perfide.

– Non, pas comme d'habitude, justement. Définitivement.

– Tiens, fait Jobert, ironique. Vous êtes bien sûr?»

Ce n'est pas la première fois en effet que Juillet prétend prendre congé de Pompidou. Mais ses brouilles avec le président ne durent jamais que le temps d'une saison. La dernière fâcherie entre les deux hommes date du référendum sur l'Europe, en 1972. «Une fausse bonne idée, avait dit Juillet. Les Français ne s'intéressent pas à la politique étrangère. Vous aurez un maximum d'abstentions.» Et il éait parti. Après le fiasco du référendum (39,5 % d'abstentions), Pompidou, on l'a vu, l'avait fait rappeler.

Cette fois, pourtant, les choses semblent sérieuses. Juillet a rangé ses dossiers et il a fait savoir partout qu'il ne reviendrait plus, croix de bois, croix de fer. Mais il n'a trompé personne. Il tire toujours les fils et les ficelles : en contact téléphonique permanent avec lui, Marie-France Garaud assure l'intérim.

Quand Édouard Balladur dit, avec un brin de sadisme, à Marie-France Garaud qu'il faut songer à remplacer Juillet, elle proteste : «Attendez. Je suis sûre qu'il va revenir.» Il n'est pas très loin, il est vrai. Pour Jacques Chirac qu'il fouette ou qu'il bride, c'est selon, il n'est même jamais parti...

La vérité ne gagne jamais à montrer son visage. Le 1er juin 1973, quand Georges Pompidou se rend à Reykjavik, en Islande, pour conférer avec Richard Nixon, le président des États-Unis, c'est un grand malade que surprennent toutes les caméras de la presse internationale. Il a les traits boursouflés. Il doit s'aider des deux mains pour descendre la passerelle et il ne se déplace qu'avec une lenteur extrême. Pour ne rien arranger, il a un sourire coincé, souffrant, effrayant.

Rien n'est plus rapide qu'une rumeur. Quelques heures plus tard, elle court la France, jusque dans les campagnes les plus reculées : le président est gravement atteint. On parle de cortisone, de cancer, de chimiothérapie. On commence à évoquer sa succession.

Le chef de l'État sait de quoi il mourra mais il ne le dira pas. Le diagnostic a été formulé pour la première fois en juillet 1972 : c'est la maladie de Kahler. Elle est mortelle. Il attend, donc. En serrant les dents, comme on fait dans son Cantal. Il vient d'une terre où l'on ne parle ni de ses malheurs ni de ses maux. Ce n'est pas lui qui ferait, à la façon de Chateaubriand, « la réhabilitation de ce pauvre corps, si malmené par l'âme ». Il ne s'aime pas. Comme Chirac, comme tous ceux qu'il apprécie et comprend, il tire le maximum de sa carcasse.

« Vous n'avez pas l'air bien, lui dira un jour Denis Baudouin, le chef de son service de presse qui est devenu son ami. Il faut vous reposer.

– Moi, Baudouin, je suis d'une famille où l'on ne se couche que pour mourir. »

En attendant, le président fait mine de prendre les choses à la farce. Il ironise pesamment sur ses « cancers hebdomadaires » et, introduisant des invités à table, laisse tomber : « Chacun a ses soucis. Nixon va être démissionné. Moi, je vais mourir. »

Pour décrisper l'atmosphère, Édouard Balladur, le nouveau secrétaire général de l'Élysée, utilise une autre méthode. Il fait comme si le bureau du président, qui jouxte le sien, était toujours occupé. Quand il reçoit ses visiteurs, il vient justement, comme par hasard, de voir Pompidou qui, d'après les communiqués médicaux, se repose des suites d'une grippe à rechutes. Sur sa santé, il n'a que de bonnes nouvelles. Et il transmet d'un même ton égal ses consignes, ses colères ou ses blagues.

Mais l'humour noir de Pompidou et le sang-froid de Balladur n'y changent rien : la classe politique est frappée du syndrome de Reykjavik. Elle prépare déjà les élections. De colloques économiques en émissions télévisées, Giscard s'est mis en marche. Chaban, lui, court à perdre haleine. Quant aux barons du gaullisme, ils ont décidé de prendre en main l'UDR. Contre le président, accusé tout à la fois de faiblesse et de despotisme.

Un jour, Alain Peyrefitte, secrétaire général de l'UDR, est ainsi allé proposer à Georges Pompidou que la direction du mouvement gaulliste soit attribuée à Michel Debré. « Je ne le tolérerai pas, explose le président. S'il le faut, je démissionnerai. » Et il éconduit son visiteur. Quelques minutes plus tard, il raconte sa conversation à

Marie-France Garaud : « De Gaulle n'aurait jamais accepté ça. C'est parce que c'est moi et que je suis malade qu'ils veulent me mettre sous tutelle. »

Le trio Juillet-Garaud-Chirac cherche, avec l'énergie du désespoir, à desserrer l'étreinte qui pèse sur l'Élysée. Mais il ne peut rien contre la rumeur : on peut à peu près tout arrêter, sauf les langues de tout un pays. Aux assises de l'UDR, à Nantes, en novembre 1973, Jacques Chirac lit, pathétique, un discours agressivement pompido-lien. Et le congrès boude. Jacques Chaban-Delmas lit, dans la foulée, un texte belliqueusement chabaniste. Et le congrès applaudit.

Chaban est sûr de son affaire. Trois semaines après l'arrivée de Messmer à Matignon, il avait déjeuné avec le nouveau Premier ministre. Il y avait aussi Debré. Au café, le chef de gouvernement avait dit au maire de Bordeaux : « Il est bien entendu que mon destin s'arrête à Matignon. Nous sommes d'accord pour que ce soit vous qui assuriez la continuité du gaullisme. »

Dans les premières semaines de 1973, les trois hommes s'étaient retrouvés. Et, à la salade de fruits, Debré avait gravement posé la question cruciale au Premier ministre :

« Qu'allons-nous faire si Georges Pompidou ne finit pas son mandat ? »

Alors, Messmer :

« Ce n'est pas à moi qu'il faut poser la question. C'est à Jacques Chaban-Delmas. »

Que peut-il espérer de mieux, Chaban ? Il oublie de se méfier. Il est aux anges. Après tout, il n'a que Messmer en face de lui, c'est-à-dire pas grand-chose.

Avec son regard ligne bleue des Vosges, Messmer semble fait pour les cimes. Il ne lui manque que l'ambition. Mais si vous ne vous occupez pas de votre destin, c'est parfois lui qui s'occupe de vous. En l'occurrence, il a pris le visage de Pierre Juillet et de Marie-France Garaud. Ils ont pris en charge l'avenir du Premier ministre. Ils ont décidé d'en faire un président. Ils ont seulement oublié de prévenir l'intéressé.

En décembre 1973, quelques jours avant Noël, Valéry Giscard d'Estaing est convoqué à l'Élysée, dans le bureau de Pierre Juillet et de Marie-France Garaud où il s'entend dire à peu près : « Si jamais Georges Pompidou n'arrivait pas au terme de son mandat, n'essayez pas de bouger : Pierre Messmer sera le candidat de la majorité. Et il sera élu parce qu'il aura la machine derrière lui. Tout est déjà prêt : on a l'argent et on peut partir à tout moment. Vous ne pourrez rien faire. Mais ne vous formalisez pas. Vous êtes destiné aux plus hautes fonctions. Attendez simplement votre tour. Et sachez que, si Messmer l'emporte, vous jouerez un rôle éminent. »

Tout le monde ne songe déjà plus qu'à l'après-Pompidou. Le président n'arrive même plus à cacher la douleur qui, parfois, l'assaille : ceux qui l'approchent, à cette époque, ne peuvent douter qu'il est désormais en danger de mort.

Michel Poniatowski : « C'était en novembre 1973. Ministre de la Santé et de la Sécurité sociale, j'étais venu parler à Pompidou d'un projet de loi. Soudain, il devint blême et transpirant. Puis il me coupa d'un geste : " Arrêtez. Je ne peux plus vous entendre. " Et il se mit la tête dans les mains. »

Raymond Marcellin : « C'était au début de 1974. Je lui parlais quand, brusquement, il s'est effondré sur son fauteuil en murmurant avec un air si malheureux : " C'est dur, c'est dur. " »

Chaque fois, c'est la mort qui passe...

Et elle rôde à l'Élysée. Le climat y est si lourd qu'il arrive que les nerfs des propres collaborateurs du président craquent. Un soir, pour dérider Pompidou, Marie-France Garaud va dans son bureau afin de lui raconter une de ces histoires drôles dont il est si friand. Un chargé de mission de la présidence a été surpris tout nu avec une demoiselle sur une plage de Corse et, au lieu de s'excuser, il a dit aux policiers qui en rient encore : « Vous ne savez pas à qui vous avez affaire. » Elle a le sentiment que le chef de l'État ne l'écoute pas. Il a le regard fixe et les jointures de ses mains sont blanches comme neige.

Peu après, Marie-France Garaud retrouve son mari et les Juillet chez Prunier, un restaurant de l'avenue Victor-Hugo. Elle arrive, comme toujours, très en retard mais, cette fois, Pierre Juillet se fâche. Alors, elle fond en larmes, devant les garçons et les clients : « Vous savez bien que Pompidou va mourir ! »

Jacques Chirac n'a pas de ces états d'âme. Contre toute logique, il est le seul de tous les proches de Pompidou qui, jusqu'au dernier moment, semble croire que le président va s'en sortir.

« Personne ne savait qu'il était mourant, dit-il encore aujourd'hui, pour la bonne raison qu'il ne l'était pas. Il a attrapé une cochonnerie sur un organisme fatigué, ce qui a provoqué une septicémie – et il en est mort. Ce n'était pas prévu. Ni sa femme ni personne n'était préparé à cela. »

Non content de se tromper, Jacques Chirac persiste, en somme, dans l'erreur Tout le monde n'a pas l'esprit si ferme.

Pourquoi s'aveugle-t-il devant la maladie présidentielle ? Pratique-t-il la méthode Coué ou bien laisse-t-il parler son inconscient ? La réponse est, à dire vrai, toute simple. De tous les hommes politiques, Chirac est apparemment celui qui souffrirait le plus de la mort du président. Il ne perdrait pas seulement un *pater familias* mais aussi un maître, un bienfaiteur, un ange gardien. Après quoi, il lui faudrait probablement faire le deuil de ses hautes ambitions, traverser des déserts, retourner à la base. Il n'est donc pas question que le chef de l'État disparaisse.

Gare à ceux qui, déjà, rêvent de se partager les dépouilles. A l'époque, Chirac ironise méchamment sur eux : « Le président est conscient qu'autour de lui on discute ferme. Deux clans s'opposent. Sur une conception politique ? Non. Sur un diagnostic médical. Jacques Chaban-Delmas a des rapports médicaux concluant à un départ obligatoire du président en juin ou octobre au plus tard. Donc, il se dépêche. Valéry Giscard d'Estaing, lui, pense que le président ira jusqu'en 1976. Qu'il finira son mandat. Ce qui lui donne du temps, donc plus d'espérance [1]. »

Qui a dit que l'humour était une tentative d'expurger les grands sentiments de leur sottise ?

Georges Pompidou approche de sa fin et il le sait. A la fin de l'année 1973, il remet son testament à Édouard Balladur (« Ni fleurs ni couronnes ni monument funéraire, bien sûr. Une simple dalle de pierre de taille... »). Quelques semaines plus tard, rencontrant Leonid Brejnev à Pitsounda, sur les bords de la mer Noire, il finit par laisser tomber, épuisé, devant Michel Jobert : « Je ne vais tout de même pas' mourir ici. » Le 28 février 1974, sentant ses forces l'abandonner et apparemment décidé à préparer l'avenir, il se résout, enfin, à donner un nouveau gouvernement à la France.

Trois semaines plus tôt, *l'Express* [2] a cassé les vitres du Tout-État en annonçant : « C'est Giscard qui remplacera Messmer avant la fin du mois. » Michèle Cotta, l'auteur de l'article qui a fait sensation, n'est pas une débutante. Ni une plaisantine. Elle ne le dit pas – secret professionnel oblige – mais elle tient son information de source autorisée. Plus autorisée que sûre, en l'espèce.

C'est Jean-Philippe Lecat, ministre de l'Information, qui a vendu la mèche. Un brave homme au-dessus de tout soupçon, qui n'est pas

---

1. Michèle Cotta, *La VIᵉ République*, Flammarion, 1974.
2. 4 février 1974.

du genre à inventer n'importe quoi. Cet ancien major de l'ENA a parlé, comme toujours, en service commandé : Pierre Juillet et Marie-France Garaud lui avaient demandé d'organiser la « fuite ».

Le tandem Juillet-Garaud a-t-il cherché à forcer la main à Pompidou ? A-t-il simplement voulu lancer un ballon d'essai ? La nouvelle fait en tout cas tant de bruit que les conseillers du président jugent nécessaire d'allumer un contre-feu. C'est Chirac qui, du bureau de Garaud à l'Élysée, convoque Michèle Cotta pour lui tenir à peu près ce langage : « Georges Pompidou est en mesure de gouverner jusqu'à l'élection présidentielle de 1976. Sa maladie n'est pas mortelle. Giscard et Chaban en seront pour leurs frais. »

C'est le scénario de Chirac qui semble l'emporter avec le remaniement ministériel rendu public le 1er mars. Pompidou a décidé, dans un sursaut d'orgueil, de ne pas donner raison au *Point* qui a titré haut et fort ce que tout le monde pense autour du président : « Messmer doit partir. » Il conserve donc son Premier ministre mais il donne un sérieux coup de pouce à Chirac qui prend en main le ministère de l'Intérieur. C'est, à dire vrai, la seule nouvelle de ce réaménagement. Contre Chaban et Giscard, le président a désormais un nouveau recours : après Messmer, Chirac.

Cette thèse, Chirac l'accrédite quand il raconte : « Lorsqu'il a annoncé ma nomination à l'Intérieur, Pompidou a eu une phrase qui a tinté à mes oreilles, du style : "Ainsi vous aurez achevé un parcours suffisant pour connaître tout le gouvernement." Ce n'était pas le genre d'homme à dire quelque chose comme ça sans arrière-pensées. Je me suis dit que j'étais un fer au feu qui pourrait éventuellement servir, selon les circonstances. »

Juillet est comblé. Il peut réinvestir son bureau de l'Élysée. « Il est revenu, s'amuse Jobert, mais il n'y a qu'un problème : Pompidou ne l'a pas rappelé. »

C'est le réflexe de Volpone : Georges Pompidou renvoie dos à dos tous les prétendants en assurant à Pierre Messmer encore six mois, voire un an d'existence – le temps qu'il reste à Jacques Chirac pour convaincre.

Place Beauvau, Chirac s'impose d'entrée de jeu comme l'anti-Marcellin. Son prédécesseur s'était donné, non sans un brin de provocation, des airs d'épouvantail à libéraux. Il aimait dire : « Ne dites pas que je suis un brave type, on n'aurait plus peur de moi. » En cinq ans de ministère, cet homme paisible et madré avait tout de même commis quelques grosses bourdes, la moindre n'étant pas cette sombre affaire de micros posés dans les locaux du *Canard enchaîné*.

Déboulant après Marcellin, Chirac se sculpte, à peu de frais, un profil libéral. Pour commencer, il annonce la suppression des écoutes téléphoniques strictement politiques. « Le voyeurisme, dit-il, ce n'est pas mon genre. » Et il prépare, dans la foulée, la réorganisation de la DST (Direction de surveillance du territoire) dont, rappelle-t-il en privé, il est une ancienne « victime ».

L'affaire remonte à 1965. Jacques Chirac, alors chargé de mission de Pompidou à Matignon, se rend en Union soviétique pour négocier avec Robert Vergnaud, directeur des transports aériens, le survol de la Sibérie par Air France qui veut établir entre Paris et Tokyo une liaison plus courte que la « route polaire ». Lors d'un trajet en train entre Moscou et Leningrad, les deux hommes se retrouvent dans le même compartiment que deux femmes dont l'une, Alevtina Fedorova, est employée au bureau d'Air France à Moscou. Naturellement, les services secrets français veillent. Un des membres de la délégation française, honorable correspondant du SDECE, est intrigué. Il prévient Paris : enquête faite, Alevtina Fedorova travaille bien pour le KGB. Alors, la machine s'emballe et Chirac est mis sur table d'écoute.

Dès son arrivée à l'Intérieur, Chirac retrouve sa fiche d'écoute et la donne au *Nouvel Observateur* qui la publie, le 11 mars 1974 : « Chirac, âgé de trente-deux ans, est de nationalité française [...]. Il constitue une "visée opérationnelle" des services soviétiques. Lors d'un voyage à Moscou, une femme nommée Fedorova Alevtina, utilisée par le KGB, s'est efforcée de le séduire. Parmi les documents découverts chez Pavlov, l'officier du GRU récemment expulsé, il a été découvert un rapport dans lequel Pavlov exprimait une option sur Chirac. Compte tenu de la position de M. Chirac, il est certain que les services spéciaux soviétiques cherchent le moyen de l'approcher. »

On aura rarement vu ministre prendre possession aussi vite de ses services. Après avoir annoncé que l'Intérieur aura désormais un rôle plus politique que policier, il « démarcellinise » à toute vitesse, faisant valser tout le monde, les directeurs comme les préfets. En privé, Marcellin, relégué au ministère de l'Agriculture, parle de « chasse aux sorcières ». En public, de « poudre aux yeux ». Il écrira plus tard : « Il s'agissait de donner l'illusion d'une politique plus libérale au ministère de l'Intérieur, et ceci afin de faciliter la suite[1]. »

---

1. *L'Importune Vérité, op. cit.*

Illusion d'une politique libérale ? Pas si sûr. Dans plusieurs instances gouvernementales – notamment en Conseil des ministres –, Chirac s'en était pris, au cours des mois précédents, à l'obsession du complot gauchiste comme à l'abus des écoutes téléphoniques. Il fut aussi, comme Jean Taittinger, le garde des Sceaux, défavorable à la dissolution de la Ligue communiste et d'Ordre nouveau, décidée, l'année précédente, à la demande de Marcellin.

Mais Chirac n'aura pas le temps de mettre ses belles intentions libérales à l'épreuve. La mort est en train de rattraper ce président qui la fuit si lentement, d'un pas tellement lourd.

Le 21 mars, la maladie du président arrive à la phase terminale : celle des hémorragies. Un communiqué médical annonce que le chef de l'État n'a pu assister au traditionnel dîner du corps diplomatique en raison d'une « lésion bénigne d'origine vasculaire, située dans la région ano-rectale », c'est-à-dire d'hémorroïdes. Pourtant, quand Jacques Chirac est reçu par le président, cinq jours plus tard, pour faire le point sur sa réforme du ministère de l'Intérieur, il le trouve, comme d'habitude, « normal, confiant, naturel ».

Le lendemain, au Conseil des ministres, le président ne fait plus le tour de la table pour saluer un à un les membres du gouvernement. Il se dirige directement vers son fauteuil où il s'abandonne. Il parle pourtant, ce jour-là. Et bien. Après un exposé de Michel Jobert, ministre des Affaires étrangères, il explique la dégradation des relations entre la France et les États-Unis : « Il faut savoir sacrifier le secondaire à l'essentiel. Le secondaire, c'est le commercial sur lequel il faut savoir faire des sacrifices. L'essentiel est la politique. »

Quelques instants plus tard, à propos de la rentrée parlementaire, le chef de l'État demande à ses ministres de ne pas « chercher à louvoyer ou à combiner ». C'est le genre de leçon que Pompidou adore seriner en Conseil. Ce n'est pourtant pas un Conseil des ministres tout à fait ordinaire. Il y a, dans la belle voix grave du président, quelque chose de solennel comme si, ce jour-là, il s'adressait à la postérité. Mais il ne sait pas mourir. Il ne veut pas mourir.

« A l'heure actuelle, dit-il à ses ministres, ma vie n'est pas agréable ni physiquement ni moralement. » Puis : « Mais cela n'a rien de dramatique et cela finira. Cela étant, je ne gambade pas. » Avant de lever la séance, enfin, il laisse tomber : « J'ai le ferme espoir d'embêter tout le monde. »

Après le Conseil des ministres, Michel Poniatowski et Olivier

Guichard diront à leurs proches que le président est au bout du rouleau. Yves Guéna murmurera : « Il va mourir. » De tous les membres du gouvernement, Jacques Chirac est seul à confier, apaisant, à ceux qui l'interrogent : « Il est en train de remonter la pente. Il a simplement besoin d'un peu de repos. »

On pourrait dire qu'il ment. Mais Chirac, en fait, refuse de regarder la mort en face. Elle chamboulerait trop de choses, son passé et sa gratitude mais aussi son avenir et ses ambitions.

Le lendemain de la mort de Pompidou, Chirac est dans sa voiture quand il entend, sur l'antenne d'Europe 1, Jean Mauriac, journaliste à l'AFP, fils de François Mauriac et grand ami des barons, faire le compte rendu de ce Conseil des ministres du 27 mars 1974 qui fut le dernier que présida Pompidou. Mauriac raconte que le président était quasi mourant, qu'il arrivait à peine à parler, qu'il avait même un peu de coton sur la joue.

« Un récit indigne et scandaleux, raconte aujourd'hui Jacques Chirac. La moutarde me monte au nez. J'étais en voiture boulevard Malesherbes, je fais brusquement demi-tour, au grand dam d'un chauffeur de taxi que j'ai failli emboutir, et je fonce sur Europe 1. Arrivé au studio, je dis au journaliste de faction : "Je veux parler. Ou vous me donnez le micro tout de suite. Ou je vous fous par la fenêtre." Et c'est ainsi que j'ai raconté ma version du Conseil des ministres. »

Que dit Jacques Chirac ? « M. Pompidou, déclare-t-il au micro d'Europe 1, était précisément dans une excellente forme physique ce jour-là, probablement meilleure qu'il ne l'avait été dans les jours passés. Il a fumé comme il en avait l'habitude, beaucoup, il a interrogé tout le monde, il a tenu à ce que chacun fasse son commentaire, donné parfois longuement son sentiment sur les choses. »

En repartant, le ministre de l'Intérieur croise Jean Mauriac sur le trottoir. Il arrête sa voiture, ouvre la fenêtre et traite le journaliste de « voyou ». Alors, Mauriac se jette sur la Citroën et renvoie l'insulte à Chirac en tambourinant sur le capot.

Tel est Jacques Chirac. Il traite de sagouins, de pendards, tous ceux qui soulignent avec complaisance l'état de dégradation physique et morale de Pompidou au moment de sa mort.

Quelques mois plus tard, remettant la plaque de grand officier de la Légion d'honneur à Pierre Messmer, Jacques Chirac retrouve Jean Mauriac. Branle-bas. Puis abordage. Entre les deux hommes, le ton monte. Et Chirac commence à faire des moulinets d'un bras menaçant quand Olivier Guichard et Roger Frey, ses deux amis, décident d'entraîner Jean Mauriac dehors : « Il vaut mieux que tu t'en ailles. Il va y avoir un drame. »

Quelques mois plus tard, donc, Chirac ne supportait toujours pas l'idée que la mort de Pompidou fut programmée. Il fallait que ce soit un accident – un accident dont il allait tirer quelque avantage...

L'instant fatal

> Le peuplier aura beau pousser, il n'atteindra pas le ciel.
>
> *Proverbe libanais.*

Le dimanche 31 mars, Georges Pompidou est frappé de septicémie alors qu'il se trouve dans sa résidence secondaire d'Orvilliers. Son pauvre corps fourbu n'en peut plus. Il s'abandonne. Le chef de l'État est alors ramené d'urgence dans son appartement du quai de Béthune.

Pourquoi pas à l'hôpital? Parce qu'il n'y a plus rien à faire et que, dans les campagnes du Cantal, on meurt toujours chez soi. Il est 3 heures du matin quand Pierre Messmer appelle Jacques Chirac au téléphone:

«Je vous réveille mais le président est au plus mal. On pense qu'il va mourir dans les heures qui viennent.»

Si Messmer le dit... C'est à cet instant-là que les certitudes de Chirac chancellent. Il comprend enfin ce que tout le monde sentait ou savait.

«J'enfile un pantalon et j'arrive», dit-il.

Les deux hommes attendent jusqu'au petit jour à Matignon que la mort arrive. Mais elle ne vient pas. A 8 heures du matin, quand ils se quittent, elle semble même être repartie. «Il va mieux», a dit le professeur Schram qui soigne le président.

Le lendemain soir, même manège. Les médecins estiment que le président ne passera pas la nuit. Chirac et Messmer se retrouvent donc ensemble à Matignon où plusieurs des dignitaires du régime, comme Olivier Guichard, les rejoignent. Au petit matin, le président n'est toujours pas mort. Les malades ne le font pas exprès.

Quai de Béthune, les médecins se relaient au chevet du président, sous l'œil de son fils, le docteur Alain Pompidou. Il est effondré. Il ne savait pas la mort si proche. Mais il n'est pas le seul à être dépassé. L'appartement du chef de l'État est sens dessus dessous. Le téléphone sonne sans arrêt. Dans l'entrée, un médecin dort sur le manteau de Balladur.

Le troisième jour de l'agonie, c'est-à-dire le mardi 2 avril, alors que Chirac s'apprête à passer une nouvelle veillée funèbre avec le Premier ministre, l'interministériel sonne sur le bureau de Messmer qui décroche.

« C'est fini », fait la voix brisée de Balladur à l'autre bout du fil.

A-t-il au moins laissé un message ? Quelques minutes avant sa mort, le président a murmuré à l'oreille de Pierre Juillet, venu à son chevet : « Il faut continuer ce qui a été fait depuis 1958. »

C'est du moins ce que raconte Juillet. Mais l'infirmière attitrée du président ne se souvient pas d'avoir vu Juillet entrer dans la chambre de Pompidou. A l'en croire, Balladur et Messmer ont été les seuls politiques à se recueillir, pendant les dernières heures, devant le lit du chef de l'État. Quant aux dernières paroles du président, elles auraient concerné sa résidence secondaire du Lot et non point la Constitution de la Ve République : « Je ne pourrai pas aller à Cajarc. »

Jacques Chirac pleure. Il est submergé par un vrai et profond chagrin. Michel Jobert qui était à ses côtés à la messe de funérailles, en l'église Saint-Louis-en-l'Ile, se souvient encore de son dos secoué de longs et fréquents sanglots (« Pour être éploré ainsi, dit-il, il ne pouvait pas ne pas l'aimer beaucoup »). On découvre soudain un grand sentimental, un écorché vif, un cœur gros. Il sera désormais aux petits soins pour Mme Pompidou et portera, en signe de deuil, une cravate noire pendant pas moins d'un an. Dans sa *Lettre ouverte aux hommes politiques*[1], le journaliste Pierre Viansson-Ponté, qui, visiblement, l'exècre, ne peut s'empêcher d'écrire, à propos de cette cravate noire : « De votre part, un tel geste – gratuit, car pouvait-il émouvoir et quels avantages pouviez-vous en escompter ? – donne à réfléchir. C'est presque avec surprise qu'on vous découvre sentimental à votre manière, capable de gratitude désintéressée, en un mot humain. »

Si le bonheur est salutaire pour les corps, c'est, selon le mot fameux de Marcel Proust, « le chagrin qui développe les forces de l'esprit ». Tout baignant de larmes, Jacques Chirac prend aussi les armes – et elles ne sont pas courtoises. A peine Georges Pompidou a-t-il rendu son dernier souffle que, déjà, le ministre de l'Intérieur entre en campagne. Contre Chaban. Contre l'homme qui, dit-il, n'a aucune chance de remporter, pour l'UDR, l'élection présidentielle à

1. *Op. cit.*

venir. Devant les éminences du régime, sonnées par la mort du chef de l'État et venues aux nouvelles à Matignon, Chirac dit à Messmer : «Il faut que vous soyez candidat. Vous êtes notre seule chance.»

Pierre Messmer secoue doucement la tête. Il n'y croit pas vraiment. Chaban caracole en tête des sondages. Lui stagne dans les eaux basses. Tout le monde le prend de haut, les journalistes, les technocrates, les politiques. Il a le sentiment confus de ne pas faire le poids. Ce soir-là, pourtant, il fait l'unanimité – ou presque. «Vous seul pourriez assurer la cohésion de la majorité», embraye, après Chirac, Jean Taittinger, le très distingué garde des Sceaux, sous l'œil approbateur d'Alain Peyrefitte.

Dans leur coin, Michel Debré et Alexandre Sanguinetti bougonnent. Ils s'étonnent de ce quasi-consensus contre Chaban. Il est populaire. Il s'est préparé. Que faut-il de mieux?

Alors, Chirac, la voix tremblante et le ton prophétique : «Si c'est Chaban, c'est bien simple, Edgar Faure et Giscard d'Estaing seront également candidats. Or Chaban n'est pas le meilleur, vous le savez bien. Il fera une bêtise par jour et il finira la campagne en loques. Avec Messmer, en revanche, on est sûrs d'avoir une candidature unique de la majorité. On a donc toutes les chances de battre Mitterrand.»

Au fond de la pièce, un homme se tait. C'est Pierre Juillet. Il n'est pas tout à fait sûr qu'il faille mettre Messmer en selle. Il est impressionné par les réticences du Premier ministre. Il doute aussi qu'il ait le dynamisme nécessaire pour mener une bonne campagne. Il se demande donc s'il ne doit pas jouer le tout pour le tout et pousser carrément Chirac, encore un peu béjaune, certes, mais tellement entreprenant.

Tel est le rêve que caresse alors Pierre Juillet en tirant sur sa pipe. Un rêve absurde : Chirac n'aurait pas été en mesure de s'imposer comme candidat unique de l'UDR. Un rêve malfaisant de surcroît : en ne donnant pas tout de suite à Messmer le signal du départ, Juillet, qui a d'ordinaire la main plus heureuse, lui a fait perdre un temps précieux. C'est là sans doute la grande erreur d'une carrière qui, pourtant, en comprend si peu.

Tandis que Juillet est à ses songes, Chirac est à la manœuvre. Le ministre de l'Intérieur est partout, déchaîné, démultiplié, distribuant sans relâche la bonne parole messmérienne. Aux députés, aux journalistes, aux préfets qu'il appelle ou convoque, il dit toujours la même chose : «Pompidou avait choisi Messmer. Je le sais.»

Il ne suffit pas qu'il le dise pour qu'on le croie. Les incrédules ont raison. C'est faux : Pompidou n'avait choisi personne. Pierre Juillet et Marie-France Garaud n'ont pas trouvé l'ombre d'un testament politique dans le coffre-fort du président décédé qu'ils ont fait ouvrir par les services secrets.

Récapitulons. Un jour, l'ancien président penchait, à tout prendre, pour Jacques Chaban-Delmas (après les élections législatives de mars 1973, il demande à Chaban de ne pas se présenter à la présidence de l'Assemblée nationale que convoite Edgar Faure : «Restez hors du jeu politique. Il me sera ainsi plus facile de vous rappeler à Matignon la dernière année de mon septennat. Telle est en tout cas mon intention. La meilleure position pour être élu président, c'est celle de Premier ministre. Vous serez mon successeur, Jacques.» Duplicité ? Pas sûr. Quelques mois plus tôt, avant de partir pour une tournée africaine, il murmure à Jacques Foccart : « Si l'avion tombait, le meilleur d'entre nous serait Chaban »).

Le lendemain, il se demandait, en désespoir de cause, s'il ne devait pas préférer Valéry Giscard d'Estaing (en janvier 1974, il évoque même devant V.G.E., médusé, la perspective de le nommer Premier ministre : « Soyez prêt »).

Le troisième jour, enfin, la vie reprenant le dessus, il s'irritait contre Pierre Messmer qui ne décollait toujours pas dans les sondages (« On n'arrivera jamais à rien avec lui », répétait-il, découragé, à Xavier Marchetti, son conseiller de presse).

Et il concluait qu'il restait le meilleur. Bref, comme les vieux rois vacillants du théâtre shakespearien, il prêchait le faux, brouillait les pistes et cherchait à diviser pour régner. Il mourut ainsi comme meurent souvent les grands de ce monde : *intestat*.

Mais Chirac n'en a cure. Cet homme a parfois des illuminations. Comme les vieux paysans du plateau de Millevaches, il croit alors pouvoir humer les vents et prédire l'avenir. « Il a un côté sorcier », disent très sérieusement ses meilleurs proches. Il est persuadé que Chaban n'a aucune chance, qu'il n'est ni habile ni intelligent, qu'il est un candidat déplorable, qu'il s'effondrera pendant la campagne. Et personne ne lui enlèvera cette conviction qu'il ne partage alors qu'avec une extrême minorité du Tout-État.

Il est vrai qu'il n'a pas le choix L'élection de Chaban, l'ennemi juré, les rejetterait, lui et le tandem Juillet-Chirac, dans les ténèbres de la Ve République. Il en a froid dans le dos. Et le frisson lui donne des ailes.

Chirac en fait trop. Le mercredi 3 avril, au conseil de cabinet qui se réunit à Matignon, il explique qu'il faut que le Premier ministre fasse, dès 12 heures, une déclaration au pays afin de s'affirmer «solennellement» comme le chef de la majorité. L'idée tombe à plat. En sortant, il entraîne plusieurs membres du gouvernement par la manche et leur tient le même discours : « Le meilleur, c'est Messmer. D'ailleurs, il était le candidat de Pompidou. » Certains disent avoir eu un haut-le-cœur : après tout le président n'est pas encore enterré. Comment peut-on être si indécent ?

Messmer, lui, n'en fait pas assez. Il ne fait même rien. Le même jour, le Premier ministre reçoit Jacques Chaban-Delmas qui lui dit :

«Je me présenterai envers et contre tout.

– Envers et contre tous», répond Messmer. Puis : «Cela dit, Jacques, si vous êtes décidé, je ne me présenterai pas. »

Tel est le chef du gouvernement : s'il ne brille pas dans les sondages, il brille par le bon sens. Il a compris que la décision du maire de Bordeaux est irrévocable. Il craint, de toute façon, de n'être pas à la hauteur. Il est résigné.

Paraît Chirac. A 15 heures, ce même mercredi, il regonfle à bloc Messmer en l'abreuvant de sondages apocalyptiques et d'analyses catastrophiques : lui seul peut sauver la France des «socialo-communistes». «D'accord, finit par lâcher Messmer. Mais je ne me présenterai que si je suis le candidat unique de la majorité. Que les autres se retirent. »

Le ministre de l'Intérieur adjure à nouveau Messmer de faire une déclaration. Il prendrait alors tout le monde de court. Il apparaîtrait ainsi comme l'incarnation de la légitimité. Rien ni personne ne pourrait plus l'arrêter. Le chef du gouvernement hoche la tête. Mais il ne bougera pas : son instinct est toujours de se hâter lentement. Il est en train de perdre du temps – et sa chance.

Mais Chirac joue-t-il vraiment Messmer ? Se prépare-t-il déjà à rallier Giscard ? La question mérite d'être posée. Fatigué, tendu, impatient, la voix cassée par les cigarettes et les nuits sans sommeil, le ministre de l'Intérieur fait l'article aux députés UDR : «Les sondages sont mauvais pour le Premier ministre ? Mais il ne faut pas croire aux sondages. Et, de toute façon, j'en ai d'autres, désastreux pour Chaban. » Il se démène trop pour ne pas croire un peu en l'étoile du chef du gouvernement.

Il n'empêche. Le jeudi 4 avril, à peine sorti de la messe en l'église Saint-Louis-en-l'Ile, le ministre de l'Intérieur, tout de noir vêtu mais blanc comme un linge, s'en va déjeuner aux Finances avec Valéry

Giscard d'Estaing. Déjeuner d'état-major : autour de la table, les deux hommes retrouvent Michel Poniatowski, Pierre Juillet et Marie-France Garaud. Déjeuner de dupes aussi : dans ce salon Napoléon III de la rue de Rivoli, personne ne mettra vraiment ses cartes sur la nappe.

Certes, V.G.E. annonce, d'entrée de jeu, son intention de se présenter. Mais, quand Chirac et Juillet se relaient pour plaider le dossier de la candidature unique, il laisse dire. « Il avait l'air encore tout effrayé par l'événement qui avait tout déclenché », rapportera Marie-France Garaud. Le ministre de l'Intérieur et ses conseillers ont le sentiment que Giscard les a écoutés avec bienveillance quand ils lui ont expliqué que Chaban finira pas se retirer devant Messmer. Ils ont bien remarqué que « Ponia » rigolait : pour lui, le maire de Bordeaux ira jusqu'au bout, c'est-à-dire au fiasco. Mais ils ont trouvé le ministre des Finances plein d'égards, tout à fait accommodant, suavement coulant.

A la fin du repas, pour couronner le tout, Valéry Giscard d'Estaing a même laissé tomber : « Si Messmer est candidat, je vous donne ma parole, je ne serai pas candidat. »

Qu'espérer de plus ? Contre Chaban, Chirac et les siens ont le sentiment d'avoir, enfin, décroché l'argument massue : V.G.E. ne se retirera que devant Messmer. Ils savent bien que le ministre des Finances peut considérer qu'il n'est pas vraiment lié par cet engagement formulé sur un ton dégagé et courtois après un déjeuner privé : comme on disait sous l'Ancien Régime, promettre et tenir sont deux. N'importe. Ils foncent.

Jouent-ils la comédie ? Pas encore. Deux jours après la mort de Pompidou, ils sont toujours convaincus que Messmer peut faire l'affaire. Le Premier ministre a encore en tête la phrase que Chaban lui a jetée, comme une tomate : « Vous êtes mauvais. » Il sent pourtant monter en lui un destin national. La sève est là. Mais, quand Chirac lui dit qu'il faut se lancer maintenant, il lui répond qu'il est pressé, surtout, de ne rien précipiter. Il ne se déclarera pas, de toute façon, avant qu'Edgar Faure, président de l'Assemblée nationale, ait fini de prononcer l'oraison funèbre. Question de décence ou affaire de goût.

Chaban, lui, n'attend pas. A 16 h 9, en pleine oraison funèbre, une dépêche tombe sur les téléscripteurs de l'AFP : « Jacques Chaban-Delmas est candidat. » « Ce n'est pas convenable », s'étrangle Chirac, ce qui, dans sa bouche, est la pire des insultes.

Cette dépêche va bouleverser la carrière de Chirac.

Le visage tordu de souffrance, les yeux rougis, il n'en gamberge pas moins. Il joue seul, désormais. Il comprend que Messmer a raté le coche et qu'il n'a plus guère de chances d'être le candidat de la majorité. Mais il reste décidé à barrer la route à Chaban. Et il envisage sérieusement de rallier Giscard, comme le lui soufflent Pierre Juillet et Marie-France Garaud.

Ce n'est pas avec les bons sentiments que l'on fait de la bonne politique C'est avec les coups de tête, avec les défis. Chirac l'a compris : s'il joue Giscard, qui a besoin de lui, il peut ramasser la mise ; avec Chaban, il ne peut nourrir aucun espoir. Il fait donc le pari de Pascal, version politique : «Pesons le gain et la perte en prenant croix[1] que Giscard l'emportera. Estimons ces deux cas : si vous gagnez, vous gagnez tout ; si vous perdez, vous ne perdez rien. »

Il suffisait d'y penser.

A partir de cette dépêche, tout s'enchaîne. A 17 h 30, ce même jeudi 4 avril, Pierre Messmer a convoqué à Matignon tout l'état-major du gaullisme, le ban et l'arrière-ban, les barons et les noblaillons : Jacques Chaban-Delmas, Olivier Guichard, Michel Debré, Alexandre Sanguinetti, Jean Taittinger, Claude Labbé, etc. C'est ce jour-là, en quelques phrases lapidaires et un brin prophétiques, que Chirac prend date – en même temps qu'une sérieuse option sur la direction du parti gaulliste.

Pompidou enterré, le temps est venu pour lui de parler en chef. Il le fait sur le ton de Robespierre apostrophant Danton. «Si vous êtes candidat, lance-t-il à Chaban, Giscard se présentera aussi et vous disparaîtrez dans la trappe. Vous n'arriverez pas à suivre. Vous verrez : à la fin des courses, vous ferez 15 %, Giscard 30 % et Mitterrand 45 %. »

La Sainte Trinité des barons est indignée. Debré s'étouffe, Chaban blêmit et Guichard s'écrie :

«Ce n'est quand même pas Giscard qui va choisir notre candidat ! »

Alors, Chirac :

«Non, ce n'est pas Giscard. » Puis, s'adressant à Chaban : «Mais vous êtes un mauvais candidat. Et vous vous effriterez : un jour, un caillou fera éclater le pare-brise. Laissez Pierre Messmer y aller à votre place. Il ne fera pas d'erreur politique, lui. »

Il est allé trop loin. Bredouillant de colère, Chaban laisse tomber en torturant ses belles mains de dandy sportif :

«Tout ce que vient de dire le ministre de l'Intérieur ne tient pas

---

1. Face, quand on joue à pile ou face.

debout. » Puis, regardant Messmer les yeux dans les yeux : « Vous n'êtes pas électoral, Pierre. »

Le maire de Bordeaux annonce quand même, en se levant, qu'il se donne la nuit pour réfléchir. Mais c'est déjà tout vu : le vendredi 5 avril, à 9 heures, il confirme sa candidature au Premier ministre.

Chirac n'aura de cesse, désormais, de déstabiliser Chaban. Le héros balzacien devient, brusquement, un personnage florentin. Il sort de son monde douillet, protégé, pour entrer dans celui de tous les dangers.

Saint-Just disait : « Osez ! » Ce mot contient l'essence même de la politique : ceux qui ne tentent rien n'obtiennent jamais rien. Audacieux comme le cheval aveugle du proverbe, le ministre de l'Intérieur se meut maintenant, non sans aisance, dans une atmosphère de conspiration. Et, pour démolir le candidat de son parti, il se sert de tout : de la fausse confidence, du sondage truqué, voire même de l'intimidation.

En Conseil des ministres, ce vendredi-là, Chirac reporte d'une semaine le premier tour de l'élection présidentielle : plus la campagne sera longue, pense-t-il, plus Chaban s'épuisera. Le même jour, il « s'explique » avec le maire de Bordeaux.

« Si je suis le candidat unique de la majorité, lui demande Chaban, me soutiendrez-vous ? »

Le ministre de l'Intérieur hésite, puis :

« Si vous êtes le seul, bien sûr, mais il n'y a pas de chances que vous le soyez. »

Et, de son bureau de la place Beauvau, il continue, bien sûr, sa campagne téléphonique contre Chaban. Il en fait tant qu'au bureau exécutif de l'UDR plusieurs éminences du parti, comme Robert Poujade, demandent son exclusion au secrétaire général, Alexandre Sanguinetti, qui lève pathétiquement les bras au ciel : « Mais comment pourrais-je l'exclure ? Il n'a même pas sa carte ! »

Le lendemain, Chirac est encore secoué de sanglots pendant la messe officielle en l'honneur de Georges Pompidou. Dans la nef de la cathédrale Notre-Dame, où sont entassés les grands de ce monde et du Tout-État, c'est apparemment le seul à sangloter. Mais, dès qu'il sort de l'office, c'est pour reprendre le fil de son complot, ruminer son aversion et lever le couteau du sacrifice.

Le dimanche 7 avril, il dit froidement dans le huis clos du comité central de l'UDR, déclenchant un énorme chahut : « En ma qualité de ministre de l'Intérieur, je puis vous assurer que, sans candidature unique, nous allons au casse-pipe. Nous serons même ridiculisés, vous verrez. M. Chaban-Delmas en portera l'entière responsabilité. »

Chirac fait encore mine de défendre Messmer. Mais il n'y croit plus. Au même moment, Pierre Juillet prend le train pour Clermont-Ferrand. Il a un rendez-vous important. Il va retrouver Valéry Giscard d'Estaing, qui, le lendemain, de sa petite mairie de Chamalières, annoncera sa candidature : « Je voudrais regarder la France au fond des yeux, lui dire mon message et écouter le sien. »

Apparemment, il ne sied guère à Chirac de tuer Chaban. L'ancien sous-lieutenant n'est quand même pas un assassin et il trouve cet ennemi trop gentil, trop brave, trop faible aussi. Il se pose les mêmes questions que l'Hermione de Racine : « Pourquoi l'assassiner ? Qu'a-t-il fait ? A quel titre ? » « Il a faseyé », se souvient Marie-France Garaud.

Au lendemain du comité central, Chirac se rend chez Chaban, rue du Docteur-Blanche, à Paris. « Qu'est-ce que j'apprends ? demande-t-il sur un ton dégagé. Vous n'avez pas confiance en moi ? » Le maire de Bordeaux ne soufflant mot, le ministre de l'Intérieur insiste : « Sachez bien que je serai pour vous. » L'autre a l'air surpris. Alors, Chirac : « Comment ? Vous ne me croyez pas ? Je suis gaulliste, monsieur, et je vous assure que je vous soutiendrai... Je vous le jure... »

Parjure ? Le bourreau ne ment jamais à sa victime. Si, parfois, il lui conte des sornettes, c'est simplement pour l'apaiser...

Les longs couteaux

L'assassinat n'a jamais changé l'histoire du monde.
Benjamin Disraeli.

Il a fini son apprentissage. Il n'est plus l'exécutant enfiévré qui, depuis 1967, officiait au gouvernement pour le compte de Georges Pompidou ou du général de Gaulle. Il a quitté les palais nationaux pour affronter la vie, la violence politique, la rancœur des barons. Raide sous les huées et habile à la manœuvre, il est en train de devenir son propre patron. Nous sommes là au vrai début de la carrière politique de Chirac.

Pressent-il qu'il peut devenir Premier ministre si Valéry Giscard d'Estaing l'emporte ? Probablement. Et il le dit. Mais ce n'est pas vraiment ce qui importe à ses yeux. Il est bien davantage décidé à mettre la main sur l'UDR. On l'écoute encore parce qu'il prétend parler au nom d'un mort. Il sait bien que, demain, on l'enverra promener : « Combien de divisions ? » Il n'en a pas. Donc il lui en faut. Il est convaincu qu'après le fiasco prévisible de Jacques Chaban-Delmas et des barons le parti gaulliste sera à ramasser. Il se voit bien à sa tête. Tant il est vrai qu'en politique on hérite souvent de ceux qu'on assassine.

Personne, autour de lui, ne l'encourage à faire scission, comme le rapporte Jacques Toubon : « On se disait tous qu'on ne revient jamais dans une église qu'on a quittée. Pour nous, l'avenir de Jacques passait par l'UDR. Il fallait qu'il y reste et travaille, de l'intérieur, en cherchant des appuis, pour la candidature de Giscard. »

Aussi, le dimanche 7 avril, quand Valéry Giscard d'Estaing évoque devant Pierre Juillet la perspective d'un ralliement pur et simple de Jacques Chirac à sa candidature, l'autre sursaute : « Vous n'y pensez pas. On le prendrait en flagrant délit de trahison. Non, nous devons agir en douceur. Il faut que vous étendiez lentement la main sur lui. »

Et c'est ainsi que le triumvirat Chirac-Juillet-Garaud monte une opération en deux temps. D'abord, il faut discréditer Chaban en montrant aux Français qu'il est un candidat de division puisqu'il refuse de se retirer devant le Premier ministre. Ensuite, la preuve étant faite, il s'agit de creuser les divisions du parti gaulliste et de produire au grand jour une dissidence antichabaniste. L'affaire est menée rondement. Les grandes manipulations politiques valent ce que valent leurs metteurs en scène et, en l'espèce, ils sont très doués.

Le mardi 9 juin, une dépêche tombe sur les téléscripteurs de l'AFP : Pierre Messmer annonce sa candidature. Il se dit « résolu » à se présenter « au suffrage des Français » si les autres se retirent. C'est un formidable coup de bluff ; c'est un rude coup pour Chaban ; c'est aussi, cela va de soi, l'œuvre du ministre de l'Intérieur.

Deux jours plus tôt, avec Pierre Juillet, Jacques Chirac s'est échiné à convaincre le chef du gouvernement qu'il est le seul qui puisse sauver la majorité. Pendant près de trois heures, ce dimanche-là, il a épluché, avec Messmer, les rapports des préfets. Ils sont tous accablants pour Chaban et, pour ne rien arranger, ils prédisent souvent la victoire de Mitterrand, le candidat de la gauche unie. En vaticinant, le ministre de l'Intérieur a l'air de croire tout ce qu'il dit. Il vit jusqu'à la transe l'Apocalypse à venir. Il impressionne le Premier ministre. Mais il ne le convainc pas vraiment.

Messmer hésite. Ce n'est pas qu'il soit pleutre, ce héros de Bir Hakeim qui fut l'un des rares Français à s'évader d'un camp de Viets. Mais il se juge et il est sévère. Il redoute aussi les foucades de sa femme, exquise mais parfois triviale, voire extravagante (pendant une réception à Matignon, elle prend brusquement congé avec un plateau de petits fours en disant haut et fort : « Qu'est-ce qu'on s'emmerde ici ! » Un jour qu'on lui demande, à un cocktail, ce que fait son mari, elle répond : « Le con ! »). « Vous seul pouvez battre Mitterrand », lui répètent cependant, en chœur, Chirac et Juillet. A la fin, le chef du gouvernement semble flancher. Mais c'est peut-être pour avoir la paix. « Ce Chirac me fatigue », dit-il aux membres de son cabinet.

En le poussant à se présenter, Chirac et Juillet font-ils preuve de duplicité ? Probablement. Quelques heures plus tôt, Juillet a pris le café avec Poniatowski chez Marie-France Garaud, rue Marguerite, dans le XVIIe arrondissement. Et il lui a tenu à peu près ce langage : « Si les gaullistes sont assez bêtes pour ne pas soutenir Messmer, c'est évidemment Giscard que nous aiderons. » Quelques heures plus tard, il ne disait pas autre chose à Giscard qu'il retrouvait à Chamalières.

A en croire Marie-France Garaud, leur calcul était tout à fait logique : « On venait de gagner les élections législatives avec une solution unitaire autour de Messmer. On voulait refaire la même opération avec lui. Et on était sûr que Chaban se retirerait parce qu'il était absurde qu'il se maintienne. »

Ils sont même convaincus qu'il aurait été élu. « Je dois reconnaître que j'étais l'un des rares de cet avis, dit aujourd'hui Jacques Chirac, mais j'étais persuadé que, dans l'émotion générale, il serait passé : c'est un homme honnête et de conviction. J'étais sûr, en revanche, que Chaban n'avait pas assez d'épaisseur pour tenir la distance. »

Il n'empêche. Chirac et Juillet sont l'un et l'autre désemparés devant le manque d'enthousiasme du Premier ministre (« Il a le réflexe du bœuf devant la bétaillère », ironisera Juillet). Ils ne croient même pas qu'une candidature Messmer puisse faire reculer Chaban – ni même Giscard. S'ils s'obstinent, c'est pour ébranler le maire de Bordeaux.

Messmer n'est pas dupe. On a souvent fait un sot de celui que les journaux appellent volontiers par ses deux prénoms, « Pierre-Auguste ». S'il peut passer pour tel, c'est parce qu'il cherche à cacher ses doutes sur son talent derrière la gravité solennelle des faux inspirés. Mais le Premier ministre a, bien sûr, tout compris. Avant de publier le communiqué annonçant sa candidature, il dira à Christian Poncelet, l'un de ses fidèles au gouvernement : « Il n'y a pas une chance sur cent que ça réussisse. »

Quand il prend connaissance de la déclaration de Pierre Messmer, le mardi matin, Jacques Chaban-Delmas entre en fureur : « Je croyais qu'il me soutenait ! C'est un coup de poignard dans le dos ! » Valéry Giscard d'Estaing, lui, se contente d'être agacé. Il dira plus tard, dans un communiqué sibyllin, qu'il eût été prêt, une semaine plus tôt, à se retirer. Mais maintenant...

En fin de journée, après le refus furibond de Chaban et celui, plus policé, de Giscard de se retirer de la compétition, le Premier ministre annonce que, les conditions posées n'ayant pas été réunies, il abandonne : « Ma décision est irrévocable. » Le Tout-État a trouvé une nouvelle occasion de se moquer de « Pierre-Auguste » qui a lancé son appel avec près d'une semaine de retard.

Pourquoi Messmer s'est-il lancé dans cette affaire s'il ne s'est pas laissé berner par les bonnes paroles du ministre de l'Intérieur ? Le Premier ministre dira peu après : « J'avais le devoir de faire savoir aux Français ce que Chaban leur cachait, c'est-à-dire que nous avions tout fait pour l'empêcher de se présenter. » Bref, Messmer a joué froidement le jeu de Chirac dont il partage l'aversion pour Chaban et les barons. Il a pensé, lui aussi, aux lendemains d'élections. Il a marqué le coup.

Chaban ayant été déstabilisé par la manœuvre de Messmer, Chirac peut mettre au point le deuxième volet de l'opération : la fédération des antichabanistes à l'intérieur de l'UDR. Son raisonnement, le ministre de l'Intérieur l'expose ainsi à Michèle Cotta[1] : « Il ne faut pas que l'UDR soit battue avec Chaban. Si Giscard l'emporte, les UDR se rallieront en ordre dispersé. Ils partiront un à un. Il ne restera plus d'UDR. Si, au contraire, un noyau prend date, avant le premier tour, il sera, après le second, l'élément stable, celui autour duquel l'unité se fera chez les gaullistes. »

Le vendredi 12 avril, les sondages commencent à flancher. Chaban, qui approchait 30 % d'intentions de vote, assez loin devant Giscard, se retrouve brusquement à 25 %. Derrière V.G.E. C'est le moment, c'est l'instant. Chirac peut passer à la vitesse supérieure. Le soir, il se rend au domicile parisien du maire de Bordeaux et lui tient à peu près ce langage : « Vous êtes en train de naufrager le mouvement gaulliste. Jamais je ne vous soutiendrai. » Le lendemain, il s'en va expliquer très froidement sa stratégie à Valéry Giscard d'Estaing qu'il rencontre au ministère des Finances. Ce sera leur seul et unique tête-à-tête de la campagne.

« Alors, vous allez me soutenir ? demande Giscard.

– Oui. Mais indirectement. C'est ce que je peux faire de mieux pour vous. » Chirac expose alors l'opération qu'il est en train de monter : « Tout votre problème, dit-il à Giscard, c'est le premier tour. Si vous arrivez au-dessous de la barre des 30 %, je crois que vous aurez du mal à être élu. Je peux vous apporter des voix. Pas grand-chose : deux points, peut-être deux points et demi. Et je ne peux les prendre qu'à Chaban. C'est votre seul réservoir. Il faut le pomper au maximum afin que vous soyez le mieux placé possible pour le deuxième tour. »

Et il dévoile à Giscard son projet de regroupement, autour d'un manifeste, des antichabaniens de l'UDR. V.G.E. est aux anges. Mais, quand il évoque la possibilité de nommer son interlocuteur à Matignon s'il l'emporte, il a une surprise : Chirac envisage cette perspective avec un mélange d'ennui et de désinvolture. « Je n'ai pas tellement envie de servir quelqu'un d'autre que Georges Pompidou », finit par lâcher le ministre de l'Intérieur qui rappelle qu'il siège au gouvernement depuis sept ans.

1. *La VIe République, op. cit.*

Giscard met cet apparent manque d'enthousiasme sur le compte de la psychologie. Question de pudeur ou affaire de coquetterie, c'est selon. Il n'a pas compris – c'est leur premier malentendu – que le ministre de l'Intérieur, bien décidé à devenir son propre maître, n'a alors qu'un objectif en tête : la reconquête de l'UDR. La proposition de Matignon complique son plan. C'est pourquoi il a spontanément tendance à la refuser.

Décrivant son état d'esprit de l'époque, Jacques Chirac dira : «Je pensais que si j'avais une vocation, c'était celle de reprendre le mouvement gaulliste. Ses chefs historiques se disputaient et s'annulaient. Personne ne s'imposait. C'était ma chance.»

Il la tente. Avec Pierre Juillet, Marie-France Garaud, Jacques Toubon et Pierre Lelong, il téléphone en quelques heures aux députés ou aux ministres qui partagent ses doutes sur la candidature de Chaban et il leur demande de signer un texte lourdement ampoulé et apparemment anodin. Que dit ce qu'on appellera le «manifeste des quarante-trois»? D'abord, il regrette «profondément» la candidature unique qui aurait respecté «l'esprit de rassemblement de la Vᵉ République». Ensuite, après avoir rendu hommage à Pierre Messmer, il souligne les «risques» que font courir les divisions. Enfin, il appelle à une «position concertée» en faveur de la solution qui permettra de faire échec à la «coalition socialo-communiste».

C'est Pierre Juillet qui a imaginé la manœuvre. Elle se déroule en plein week-end de Pâques, l'un des plus longs de l'année. L'inconvénient est évident : les députés sont difficiles à joindre. Mais l'avantage ne l'est pas moins : les chabaniens, qui sont eux aussi aux champs, n'auront pas le temps de réagir. Le ministre de l'Intérieur et les siens misent avant tout sur l'effet de surprise. C'est la meilleure façon d'éviter les pressions, les contre-feux et les explications de texte.

Tous les services du ministère ont été réquisitionnés. Jean Fabre, député UDR de la Haute-Marne, est réveillé à 2 heures du matin par les gendarmes – furieux, il ne signera pas. Paul Granet, député UDR de l'Aube, parti en week-end sans laisser ses coordonnées, est retrouvé au bord d'une piscine du Midi. Mais plusieurs élus échappent aux mailles du filet.

Quêtant les signatures, Chirac tient un discours vague, unitaire et douloureux : «Chaban va être battu, nous en avons maintenant la certitude, avec les derniers sondages. Il faut que nous nous battions jusqu'au bout pour l'unité de candidature. C'est la meilleure façon de préserver l'avenir et de barrer la route à Mitterrand.»

Quelques membres du gouvernement flairent le piège : Robert Galley, Christian Poncelet et Hubert Germain, peu suspects de chabanisme, refuseront de signer. Mais beaucoup de députés, violés par un Chirac haletant et pressé, n'y voient que du feu. Ils ne comprennent pas que ce texte sera fatalement interprété comme un désaveu de Jacques Chaban-Delmas désigné à l'opinion comme le fauteur de désunion. Plus tard, quelques-uns, comme Gabriel de Poulpiquet, le député le mieux élu de France, diront qu'ils ont été «abusés» et chercheront à se rétracter. Sans résultat. Le mal a été fait.

Le samedi 13 avril, à 19 h 28, le manifeste est rendu public, avec ses quarante-trois signataires : quatre membres du gouvernement (Jacques Chirac, Jean Taittinger, Jean-Philippe Lecat, Olivier Stirn) et trente-neuf députés (pour la plupart, des élus lambda de l'UDR). Si Chaban a jamais eu une chance de se redresser, il l'a perdue ce jour-là, à cette heure-là.

Chaban et ses Horaces hurlent à la «trahison». Mais Chirac et ses Curiaces répondent : «On ne trahit pas ce qui n'existe plus.» Et il est vrai que le candidat gaulliste est en train de couler bas. Jusqu'alors, c'était un (vieux) jeune homme heureux, ouvert et sautillant. Il est devenu chagrin, solennel et confus. Et, à chaque apparition télévisée, il perd des voix. Tels sont les effets du progrès.

«On ne tire pas sur une ambulance», écrira Françoise Giroud dans *l'Express*. Chirac, qui n'a pas ces scrupules, mitraille sans discontinuer le maire de Bordeaux. Devant quatre cents élus et responsables de l'UDR convoqués, le mardi 16 avril, par Claude Labbé, président du groupe à l'Assemblée nationale, le ministre de l'Intérieur reprend, sous les sifflets, sa batterie d'arguments contre Chaban («J'étais entouré par des gens grimaçants de fureur, raconte-t-il aujourd'hui. Je me suis même demandé si je sortirais vivant de la salle»).

Cinq jours plus tard, il laisse *le Journal du dimanche* publier un sondage exécrable pour le candidat gaulliste. En sortant du bureau du Premier ministre, qui vient de le rappeler à l'ordre, il déclare avec un brin d'insolence : «Je ne vois pas en quoi cette fuite est de nature à perturber qui que ce soit.»

Chaban, soudain, ne semble plus relever que du mythe. Il cherche à ressembler si fort à de Gaulle que plus personne ne le reconnaît. Chassez le naturel, il ne revient jamais. Et c'est ainsi que les «quarante-trois» se retrouvent bientôt cinquante-six puis, les sondages aidant, soixante-douze. L'un d'eux, Olivier Stirn, secrétaire d'État aux Relations avec le Parlement, résume bien leur état d'esprit quand il annonce qu'il fera bien campagne, mais uniquement contre François Mitterrand.

Dans les réunions de l'UDR, les militants chabanistes scandent : «Chirac, traître ! Les gaullistes auront ta peau !» Le ministre de l'Intérieur est sans doute, dans son propre parti, l'homme le plus haï de France. Mais il n'en a cure. «Pour réussir en politique, dit-il volontiers, il faut savoir inquiéter et déplaire.» En l'espèce, il est servi. «Tu l'auras, ton ministère !» lui jette Robert-André Vivien, député du Val-de-Marne. On refuse de lui serrer la main. On le traîne dans la boue. On l'accuse de tous les maux. Il ne peut cependant s'empêcher d'en tirer quelque contentement. Tant il est vrai que ce traitement est celui que l'on réserve, d'ordinaire, aux grands hommes...

Pour la première fois, Chirac a le sentiment d'exister, c'est-à-dire de pouvoir changer le cours de l'Histoire, comme il le reconnaît lui-même : «Je pensais, sans doute était-ce prétentieux de ma part, que j'étais le seul qui, après l'élection, pourrait sauver l'UDR. Quand vous menez un combat, vous employez toutes les armes nécessaires pour le gagner. Et, quand vous êtes animé par une conviction, vous n'êtes pas vraiment sensible aux critiques dont vous êtes l'objet.»

Le dimanche 5 mai, le verdict des Français tombe : 43,2 % des suffrages pour François Mitterrand ; 32,6 % pour Valéry Giscard d'Estaing ; 15,1 % pour Jacques Chaban-Delmas. Le grand vent de l'Histoire a balayé les barons du gaullisme. Il ne reste plus qu'à faire tomber la poussière...

Le lundi matin, au bureau exécutif de l'UDR, alors que les barons cherchent à imputer à Messmer et à Chirac l'échec de Chaban, un obscur sénateur, Jacques Soufflet, explose : «C'en est assez ! Le règne des barons est terminé !»

Les regards, désormais, se tournent vers Jacques Chirac. A Yvetot, lors de la campagne du premier tour, Valéry Giscard d'Estaing lui a rendu un hommage franc et massif : «Jacques Chirac fait partie de cette génération d'hommes politiques qui sont ou seront appelés à exercer des responsabilités politiques importantes.» *Le Point,* sous la plume d'André Chambraud, l'a annoncé dès le 29 avril : en cas d'élection de V.G.E., c'est le ministre de l'Intérieur qui part favori pour Matignon.

En attendant, Chirac fait le mort. Entre les deux tours, il laisse Messmer se présenter en fédérateur de la majorité et récupérer pour

Giscard les plus rétifs de l'UDR. Il se contente de mobiliser les préfets pour V.G.E. et se rend, comme chaque jour depuis la mort de Pompidou, à l'ancien QG de l'avenue de Latour-Maubourg où Édouard Balladur, ancien secrétaire général de l'Élysée, classe les archives et reclasse les fidèles.

Il déambule tristement dans les bureaux. «Je suis là», répète-t-il à Balladur et aux anciennes secrétaires de Pompidou. L'une d'elles, Mᵐᵉ Esnous, se souvient avec un brin d'émotion : «C'est le seul – je dis bien le seul – ministre qui venait nous voir. Il était très affectueux et nous disait avec des airs mystérieux : "N'acceptez pas de propositions de travail pour le moment. Je m'occuperai de vous."»

Introuvable et silencieux, le ministre de l'Intérieur semble avoir compris la maxime de Sénèque : «Plus on est victorieux et plus on doit montrer de patience.»

Giscard n'en montre pas moins. Quand il discourt, c'est pour enseigner, voire expliquer. Pas pour convaincre. Tout, chez lui, est lisse et dominé – la parole, le regard, les traits du visage. Il est à l'aise. Mais il n'est habité par nulle allégresse, nulle passion. C'est un géomètre de la politique. Il fait partie de ce qu'Alexandre Vialatte, un autre Auvergnat, appelait «l'espèce rarissime du "chasseur d'Afrique"». Et il ennuie un peu les Français avec ses chiffres, ses prudences, ses litotes. Le 10 mai, pourtant, lors de son débat télévisé avec François Mitterrand, il sait faire passer le courant. Notamment quand il jette au candidat de la gauche : «Vous n'avez pas le monopole du cœur.» Neuf jours plus tard, il sera élu avec 50,8 % des voix.

Il a quarante-huit ans. C'est le plus jeune président depuis Louis Napoléon Bonaparte.

Le président a disparu. Pendant trois jours, les journalistes perdent la trace de Valéry Giscard d'Estaing. Il n'est pourtant pas à la chasse. Il est tout simplement en train de faire son gouvernement et de refaire la France avec celui que la presse appelle son «connétable» : Michel Poniatowski.

C'est dans l'hôtel particulier de Poniatowski, 16, rue Victor-Daix à Neuilly, que sera mise au point la stratégie giscardienne. Étrange maison. Elle dort sous les frondaisons. La sonnette est cachée sous le lierre qui prolifère. Les pièces sont pleines de bibelots, de vieux souvenirs, de meubles de famille. On dirait le domicile d'un notaire de campagne. A y regarder de plus près, pourtant, c'est tout le contraire d'une demeure bourgeoise : l'Histoire hante ces murs.

Quand on monte l'escalier qui mène au premier étage, on tombe sur un arbre généalogique où trônent tous les grands ancêtres de « Ponia » : Talleyrand, d'Artagnan, Louvois, le duc de Morny. Un portrait domine le salon : celui de Joseph Poniatowski, maréchal de France, qui s'est fait tuer en 1813 alors qu'il couvrait la retraite de l'armée de Napoléon.

Michel Poniatowski adore la compagnie de ces personnages historiques. Il les évoque volontiers, au hasard d'une anecdote. La légende des siècles est sa maison. Il semble la caresser tout le temps d'un œil rêveur. Et il paraît bien décidé à faire honneur à son épique lignée. C'est pourquoi, sans doute, il a lié son destin à Giscard. Il a beaucoup réfléchi pour lui, beaucoup ferraillé, beaucoup comploté aussi, avec ce mélange de raffinement et de brutalité qui est le sien. Il a transféré toutes ses ambitions sur son heureux ami. Sans ce politique complet, expert en stratégie et virtuose en persiflage, V.G.E. n'en serait pas là. C'est la force de « Ponia ». Ce sera aussi sa faiblesse.

Le connétable a une hantise : les gaullistes. Leur grand défaut, a-t-il écrit dans l'un de ses nombreux livres, *Cartes sur table* [1], « c'est de vivre sur le passé, sur des traditions, sur des dogmes ». Il aurait préféré que V.G.E., pour en finir avec eux, dissolve l'Assemblée nationale dès son élection. Il est convaincu qu'une nouvelle majorité, plus centriste, plus libérale, serait alors sortie des urnes. Mais Giscard, toujours prudent, n'a rien voulu entendre. Il a même pris l'engagement devant le pays de ne pas bousculer le calendrier électoral.

Privé de l'arme de la dissolution, il lui faudra jouer avec les gaullistes qui constituent le premier groupe à l'Assemblée nationale. Il s'est ainsi condamné à choisir un Premier ministre dans leurs rangs. C'est en tout cas ce qu'il pense. Dès le lendemain de l'élection, Poniatowski cherche à convaincre V.G.E. que Guichard est l'homme qu'il lui faut. Une bonne pâte, ce Guichard, et une vieille connaissance. C'est avec le plus indolent des barons du gaullisme que « Ponia », alors directeur adjoint du cabinet de Pierre Pflimlin à la présidence du Conseil, a négocié la passation des pouvoirs qui devait amener le général de Gaulle à Matignon en 1958, pendant la crise algérienne. Cela crée des liens. Depuis, l'un de ses fils, Ladislas, le politique de la famille, a épousé Constance, la fille cadette de Guichard.

1. Fayard, 1972.

« L'avantage de Guichard, dit Poniatowski, c'est qu'il calmera le jeu.

— J'ai fait une campagne de changement, de jeunesse et d'allant, objecte Giscard. Je ne peux décemment pas prendre quelqu'un qui ait l'image du gaullisme traditionnel.

— Cela, c'est l'image. Tu sais bien que Guichard est quelqu'un de très facile, de très coulant.

— C'est vrai. Mais il est plus âgé que moi. On dira que je suis sous influence. On en fera la statue du Commandeur.

— Si c'est toi qui le désignes, tu sais bien qu'il n'apparaîtra pas comme un tuteur.

— Mais je ne suis pas sûr que j'aurais beaucoup de prise sur lui, conclut Giscard. De toute façon, je préfère Chirac. »

Alors, va pour Chirac. Le 20 mai, le nouveau président invite le ministre de l'Intérieur à passer au 16, rue Victor-Daix. « Ponia » sert les apéritifs puis s'éclipse. Quand Giscard fait sa proposition à Chirac, il a une surprise. L'autre ne se rue pas dessus. Il semble peser l'offre avec un brin de dédain et soupeser les risques avec une gravité inquiète.

« C'est une lourde responsabilité, fait Chirac, les yeux baissés. Mon parti est terriblement divisé. On va devoir recoller les morceaux. De ce point de vue, franchement, je ne crois pas être très bien placé.

— Il me faut une équipe jeune et dynamique. Vous avez tout à fait le profil que je souhaite.

— Mais est-ce que je suis le meilleur ? Je ne sais pas.

— On s'est toujours bien entendus. Cela devrait continuer à bien marcher.

— Il faut que je réfléchisse. Je réserve ma réponse. »

Mauvaise journée. Ce même 20 mai, Michel Poniatowski propose le Quai d'Orsay à Pierre Juillet. « Si j'avais voulu entrer au gouvernement, s'entend-il dire, c'est ce ministère-là qui m'aurait intéressé. Mais je suis un homme de cabinet et j'entends bien le rester. » Le connétable offre, dans la foulée, le Travail à André Bergeron, le secrétaire général de Force ouvrière. « Croyez-moi, répond l'autre. Je pourrai vous rendre de plus grands services à la direction de FO qu'à la tête d'un ministère. » Telles sont les étranges mœurs en vigueur à l'aube de ce septennat : l'*alter ego* du nouveau président, ivre de son pouvoir naissant, est en train de constituer le gouvernement alors même que le Premier ministre n'est pas encore désigné...

C'est que Chirac hésite vraiment. L'histoire officielle dit qu'il s'est tâté parce qu'il répugnait à se donner à un autre patron que Pompidou. Il y a, on l'a vu, une autre raison. Chirac n'a qu'un objectif : reprendre en main l'UDR pour la mettre au service de son propre destin. Et il n'est pas sûr – à tort – que Matignon favoriserait ses vastes projets. En devenant Premier ministre, il donnerait l'impression de toucher les deniers de sa « trahison ». Il apparaîtrait aussi fatalement comme le second de Valéry Giscard d'Estaing, ce qui n'est pas la carte de visite idéale pour les gaullistes.

La solution Guichard lui conviendrait donc assez bien. « C'était une bonne formule, dit aujourd'hui Chirac, parce qu'elle me laissait les mains libres pour enlever la direction de l'UDR et sauver les restes. » Traduire : pendant que le plus valide des barons se serait épuisé à Matignon, le chef des pompidoliens aurait pu conquérir sans résistance la machine gaulliste.

Chirac, en fait, se verrait plutôt en ministre des Finances, voire en député de Corrèze. S'il écoutait son instinct, il refuserait Matignon.

Et s'il écoutait Pierre Juillet ? Avant l'élection de Giscard, l'ancien conseiller politique de Pompidou lui recommandait de refuser Matignon. « Vous auriez tout le mouvement contre vous », expliquait Juillet au ministre de l'Intérieur. Et, à V.G.E., il disait : « Je connais les gaullistes mieux que vous. Vous ne les aurez jamais. Ne vous cassez pas la tête et mettez " Ponia " à Matignon. C'est votre second. C'est donc un choix très logique que tout le monde comprendra. »

Depuis le second tour, pourtant, Juillet ne tient plus le même langage. Après le fiasco de Chaban, il se demande si l'UDR n'est pas menacée de mort. Rue de Lille, les bureaux du parti sont déserts. Les caisses, vides. Les députés, eux, sont aux cent coups. Avec ses prébendes et ses fonds secrets, Matignon pourrait permettre au mouvement gaulliste de se refaire une santé...

Ce jour-là, quand ils se retrouvent, Juillet, grave et spectral, adjure Chirac : « Acceptez, Jacques. L'UDR a perdu l'Élysée. Gardons-lui Matignon. Sinon, je crains qu'il n'y ait bientôt plus de mouvement gaulliste du tout. » C'est le seul argument qui pouvait trouver l'oreille de Chirac. Il porte.

Le lendemain, il fait connaître sa décision. Et c'est ainsi que Chirac deviendra, à quarante et un ans, Premier ministre de Giscard. Étrange couple. Avec leur jeunesse branlante d'enfants du tiers de siècle et leur parler plat de parfaits énarques, les deux hommes semblent faits pour qu'on les confonde.

Quelques – rares – connaisseurs de la chose politique se refusent à croire à la pérennité de cette association réduite aux acquêts. Dans *Cassandre et les Tueurs*[1], Gilles Martinet, ancien secrétaire national du PS, rapporte que François Mitterrand lui avait dit à l'époque : « Je ne comprends pas comment Giscard a pu commettre l'erreur de prendre Chirac comme Premier ministre. » « Et de m'expliquer, raconte Gilles Martinet, que, sous la Ve République, le président doit pouvoir disposer, à l'Assemblée nationale, sinon de la majorité absolue, du moins de la majorité de la majorité. C'était le cas du général de Gaulle et de Georges Pompidou. Ce n'était pas celui de Valéry Giscard d'Estaing. Son parti est minoritaire. Il lui faut donc exploiter à fond son succès, provoquer l'éclatement du mouvement gaulliste et rallier les transfuges au sein d'une formation unifiée. Cela est incompatible avec la présence à Matignon du seul homme capable de faire échec à cette opération et de reconstituer une force qui entrera inévitablement en conflit avec les partisans du président. »

Jacques Calvet, ancien directeur de cabinet de V.G.E., a lui aussi tout compris. Par l'entremise de Jean Serisé, il a fait transmettre ce message au président : « Je vous connais. Je le connais. Je peux vous dire que cela ne marchera pas. Plus tard, peut-être. Pas maintenant. » Dans *la Croix*[2], Jean Boissonnat écrit ces lignes prémonitoires, à propos du nouveau Premier ministre : « On voit mal qu'il se résigne durablement à jouer les intermédiaires accommodants, fonction pour laquelle il est d'ailleurs peu fait. »

Giscard n'a pas compris cela. Il a envie de promouvoir le jeune homme qu'il a connu naguère si compétent, si empressé, si malléable. Il aime sa vitalité et pense que l'ancien secrétaire d'État au Budget la mettra à son service comme il l'avait mise au service de Pompidou. Grave illusion. Il n'a pas vu le conquérant qui pointe sous l'exécutant zélé et fiévreux. Cette union commence donc sur un malentendu que Chirac se gardera bien de dissiper.

Le nouveau Premier ministre semble dire comme le Scapin des *Fourberies* de Molière : « Il vaut mieux encore être marié que mort... » La légende veut tout de même qu'en annonçant son consentement à Giscard Chirac ait laissé tomber : « J'accepte, mais il est possible que vous le regrettiez. »

1. Grasset, 1986.
2. 2 juin 1974.

L'ombre d'un doute

> Celui qui regarde au-dessus de soi a mal au cou.
> *Proverbe arabe.*

Rien n'étant irréparable en politique, il faut maintenant recoudre. A peine pressenti pour Matignon, Jacques Chirac appelle ses ennemis de l'UDR. Il fait mine de les consulter. Il écoute patiemment leurs récriminations. Il leur propose des postes au gouvernement. Il déploie désormais, avec rouerie, toute son énergie, tout son bagou, pour réaliser la grande réconciliation de tous les clans du parti gaulliste.

Tâche malaisée. Robert-André Vivien, député du Val-de-Marne, fort en gueule du chabanisme et figure historique du parti gaulliste, refuse ainsi de prendre Chirac au téléphone. Quelques semaines plus tôt, ce héros de la Seconde Guerre mondiale et de la campagne de Corée – couvert de médailles, de citations et de cicatrices – a déclaré : «Jacques Chirac est un néo-pétainiste qui concourt à une défaite qui sert sa carrière.» Propos qui, bien sûr, a fait grand bruit.

A la cinquième tentative de Chirac, Vivien finit par accepter de parler au «renégat». A l'autre bout du fil, le nouveau Premier ministre chantonne :

«Maréchal, nous voilà...»

Puis :

«Alors, Robert-André, tu m'en veux toujours?

Oui, fait Vivien.

– Quand on m'a apporté la dépêche qui reprenait ta déclaration, Alexandre Sanguinetti était dans mon bureau, figure-toi. Je la lui ai montrée. Et il a dit : "En voilà un qui a le courage de dire ce qu'il pense. S'il était là, je l'embrasserais."»

Et c'est ainsi que Chirac apprivoise Vivien. Le nouveau chef du gouvernement invite le député du Val-de-Marne à passer place Beauvau où, pendant plus d'une heure, il lui explique pourquoi la survie du gaullisme passe par Matignon :

«Je suis conscient des risques. Mais si je n'accepte pas Matignon, c'en sera fini de l'UDR. On sera tous laminés.

– Tu le seras tout autant si tu deviens Premier ministre, objecte Vivien. Tu n'auras pas la maîtrise de la politique économique. Et tu seras tout le temps "marqué" par "Ponia". Tu verras, mon vieux, tu partiras en guenille.

– Peut-être. Mais ne crois-tu pas qu'une dissolution serait une catastrophe ?

– Bien sûr, consent Vivien.

– C'est pourquoi il faut tout faire pour l'éviter. S'il y a des élections législatives anticipées dans les prochaines semaines, à la suite d'un conflit entre le président et l'Assemblée nationale, il n'y aura plus d'UDR. Nous serons juste bons pour une nouvelle traversée du désert comme du temps du RPF. A Matignon, je peux tout faire pour retarder l'heure de vérité. »

A Robert-André Vivien, le Premier ministre pressenti offre des paroles fraternelles, des cigarettes blondes et même un secrétariat d'État que l'autre refuse avec un sourire flatté. Il retourne ainsi le député du Val-de-Marne comme il retournera des dizaines et des dizaines de parlementaires chabanistes.

C'est le principe d'Agathocle que Chirac suit alors, avec un mélange de doigté, de rouerie et de cynisme. Machiavel raconte que ce fils de potier se fit roi de Syracuse après avoir massacré bestialement tous les sénateurs et qu'il sut consolider son pouvoir en multipliant les largesses. Pour s'imposer, d'après l'auteur du *Prince*, il faut exercer d'un coup toutes les violences nécessaires pour, ensuite, rassurer ses sujets et «les gagner à force de bienfaits». Ce printemps-là, Chirac-le-machiavélien ne fait pas autre chose.

Le lundi 27 mai, alors qu'il vient d'être nommé officiellement Premier ministre, Chirac réunit au ministère de l'Intérieur tous les grands vaincus du gaullisme, les historiques et les autres – Chaban, Debré, Couve, Chalandon, Sanguinetti, etc. Il est aux petits soins, effusant de gentillesse, prêt à suivre toutes les recommandations. Et il tient à peu près ce langage : «Je suis UDR. Je travaillerai donc avec l'UDR et je ferai tout pour qu'elle ne se divise pas. J'ajoute que rien, dans ma politique, ne sera contraire à mes convictions gaullistes. »

Il parle en patron – un patron modeste et attentif. Il est convaincu que le parti gaulliste n'a perdu qu'une bataille, pas la guerre, et qu'il pourra désormais, comme le dit le professeur de droit Georges Vedel, «être mieux qu'un héritier nanti»

Quand il arrive à Matignon, Chirac n'a donc pour objectif prioritaire que de s'arrimer l'UDR. Mais il n'en dit évidemment rien à Giscard, qui est sûr que son ancien secrétaire d'État au Budget, naguère si dévoué, va lui permettre de récupérer le parti gaulliste. Sur cette question cruciale, les deux hommes n'auront jamais l'ombre d'une explication. Et le silence ne fera qu'attiser le malentendu...

On imagine la duplicité de Chirac, courbé et déférent, faisant croire à Giscard qu'il le servira comme un maître. Mais le nouveau président n'est pas non plus dépourvu de ruse. Il joue sur les deux tableaux. Michel d'Ornano, son principal lieutenant après « Ponia », résume bien l'ambiguïté fondamentale du président : « Jusqu'à l'élection, on a hésité entre deux stratégies. Ou bien on procédait tout de suite à la dissolution de l'Assemblée nationale et on essayait de construire une grande fédération des centres à vocation hégémonique sur la majorité. C'était la thèse de Michel Poniatowski. Ou bien on essayait, grâce à Chirac, d'annexer à Giscard un parti gaulliste complètement désemparé. C'était ma thèse. Giscard a choisi la dernière stratégie. Il aurait fallu s'y tenir. Le drame, c'est qu'on a suivi les deux stratégies en même temps. Comme elles étaient contradictoires, on s'est plantés. »

« Ne commencez jamais un mariage par un viol. » Visiblement, Giscard a décidé, d'entrée de jeu, de ne pas suivre le précepte de Balzac. Si l'on en croit la constitution, le chef du gouvernement devrait désigner ses ministres. C'est rarement le cas. Mais, de toute l'histoire de la Ve République, Chirac est sans doute le Premier ministre qui aura été le moins associé à la formation de son gouvernement.

Qui met au point la liste ? Giscard, avec « Ponia ». Qui téléphone aux ministrables pour leur annoncer la bonne nouvelle ? le président encore. Chirac, pourtant, se bat. Et, sur les détails, il lui arrive d'obtenir gain de cause. Giscard et « Ponia » avaient, par exemple, décidé de donner le secrétariat d'État aux DOM-TOM – « un vrai petit ministère de l'Intérieur », dit Chirac – à l'un des leurs. Le chef du gouvernement s'insurge : les giscardo-centristes ne peuvent truster tous les postes clés. Il exige que ce portefeuille revienne à l'UDR. Et il obtient de placer là Olivier Stirn, qui fut naguère son chef de cabinet.

Ce n'est pas le seul changement que Chirac parvient à imposer. Il y en a un autre. Le mardi 28 mai, V.G.E. annonce à son Premier ministre qu'il a décidé de faire entrer trois réformateurs au gouvernement : Jean-Jacques Servan-Schreiber, le patron de *l'Express*, Françoise Giroud, la directrice du journal, ainsi qu'Anne-Marie Fritsch, député de la Moselle et Jeanne d'Arc du «schreibérisme» en Lorraine.

«Ce n'est pas possible, fait Chirac d'une voix blanche. Les gaullistes n'accepteront jamais. Ils vont considérer ça comme une provocation. »

Jean-Jacques Servan-Schreiber fait partie de la race des journalistes qui, à force de les avoir fréquentés, finissent par se prendre pour de grands hommes. Il est difficile, pourtant, de le prendre au sérieux. Exalté, effervescent et tranchant comme un couteau, il est affecté de ce syndrome que les Américains appellent le *name-dropping*. Toujours entre deux avions, ce patron de presse génial vient sans arrêt de rencontrer un chef d'État, un prix Nobel, un pape, un général, voire une star, qui lui ont confié de terribles secrets dont dépend, cela va de soi, l'avenir du monde. Il amuse Giscard qui aime sa conversation. Mais il a le don d'exaspérer les gaullistes. Non sans motif. Après le référendum d'avril 1969, perdu par de Gaulle, il a écrit dans *l'Express* : «Je suis fier d'être français. » Il n'a même pas hésité, un jour, à comparer le Général à Hitler.

«"J.-J.S.-S. ", ça suffit! répond le Premier ministre. Trois schrébériens dans le même gouvernement, ne trouvez-vous pas que c'est un peu beaucoup?

– J'ai promis le changement.

– Mais, si vous nommez Mme Giroud, ce gouvernement aura l'air d'être une succursale de *l'Express*. Quant à Mme Fritsch, je vous dis tout de suite que je suis contre son entrée au gouvernement.

– Je lui ai promis le ministère de la Santé. Qui me proposez-vous à la place?

– Simone Veil. »

Giscard secoue la tête :

«Elle a voté Chaban au premier tour et Mitterrand au second.

– Je peux vous assurer qu'elle n'a pas voté Mitterrand. Ce qui n'est pas le cas de Mme Giroud. »

Va pour Simone Veil. Secrétaire générale du Conseil supérieur de la magistrature, c'est une amie de Marie-France Garaud, qui s'en est portée garante. Elle impressionne Chirac qui, contrairement à la légende, ne l'appelle pas «poussinette» mais, fort respectueusement, «madame». Ancienne déportée à Auschwitz où elle a laissé sa mère, son père et son grand frère, elle a rapporté des camps de la mort un matricule (78 651) tatoué sur le bras, une étonnante force de caractère, une certaine dureté aussi. Grave, volcanique et importante, elle a l'air de sortir d'un chapitre de l'histoire sainte. Et elle exsude l'autorité. Ce qui tombe à pic : un grand dossier l'attend, celui de la libéralisation de l'avortement. Cette femme sera la seule bonne surprise du premier gouvernement de ce que V.G.E. appelle sans complexe « l'ère nouvelle ».

Jacques Chirac peut revendiquer à bon droit la nomination de Simone Veil au ministère de la Santé. Il peut revendiquer aussi la désignation de quelques secrétaires d'État : outre Stirn, il a casé Pierre Lelong (aux PTT) et René Tomasini (aux Relations avec le Parlement). Quatre exceptions. Pour le reste, en effet, le Premier ministre a dû se contenter d'avaliser la liste mise au point par Giscard et « Ponia ».

Résumons :

Michel Poniatowski, le grand chambellan, récupère l'Intérieur. Il annonce tout de suite la couleur. Il fera de son ministère une machine de guerre contre le parti gaulliste. A peine est-il arrivé place Beauvau qu'il convoque à déjeuner des élus centristes et schreibériens – comme Anne-Marie Fritsch, justement. Et il leur dit : « Il faut casser l'UDR, lui mettre un genou à terre. » Le mot fera le tour de la classe politique. Quelque chose d'opaque s'est ainsi installé, d'entrée de jeu, entre Chirac et le ministre de l'Intérieur, numéro trois de la République giscardienne.

Gardé à vue par « Ponia », Chirac ne peut avoir aucune prise sur ce gouvernement où les barons du giscardisme se sont approprié les postes clés : Jean-Pierre Fourcade, maire de Saint-Cloud, ancien collaborateur de V.G.E., débarque aux Finances. Michel d'Ornano s'installe à l'Industrie et Christian Bonnet à l'Agriculture.

Les centristes et les gaullistes se partagent les restes.

Jean Lecanuet, ex-élève de Sartre, ancien ami de Bachelard, surnommé le « douillon » par ses électeurs rouennais – c'est une pomme tiède enrobée de crème et de sucre qui fait le régal des Normands –, reçoit enfin le salaire de tant d'années de combat solitaire. Il devient garde des Sceaux.

Jean-Jacques Servan-Schreiber, que « Ponia » appelait naguère le « tarabistouilleur », est promu ministre des Réformes. On peut se demander, dans ces conditions, à quoi vont bien servir les autres ministères. Et c'est probablement ce que J.-J.S.-S. lui-même se demande.

Jean Sauvagnargues, fils d'instituteur, agrégé d'allemand et

ambassadeur à Bonn, se retrouve ministre des Affaires étrangères.
V.G.E. a dit qu'il voulait un vrai professionnel de la diplomatie au
Quai d'Orsay. Ce qui lui a plu, chez Sauvagnargues, c'est sa banalité.
On chercherait en vain une lueur dans son regard. Il est très froid,
très raide, très compétent. On remarquera toutefois, par la suite,
qu'il lui arrive de dire un peu n'importe quoi dans les cocktails ou
dans les conférences. C'est fâcheux mais c'est normal. Cet homme ne
supporte pas l'alcool.

Jacques Soufflet, l'inconnu des Yvelines – qu'il représente au
Sénat –, est bombardé ministre de la Défense. Il a une aversion : tout
ce qui tourne autour des barons du gaullisme (« Y en a marre, des
barons », répète-t-il avec un air inspiré). Et il a une passion : la
chasse. C'est en levant les faisans qu'il a fait la connaissance de
Marie-France Garaud. Et de fil en aiguille...

André Jarrot est l'ouvrier du gouvernement : folklorique et
convivial, le député-maire de Montceau-les-Mines est un ancien
employé du gaz. C'est aussi un grand sportif. Le 25 juin 1932, il a
ainsi conquis un record du monde en parcourant en moto
3 223,609 kilomètres en vingt-quatre heures. V.G.E. en a fait un
ministre de la Qualité de la vie. Mais Jarrot n'a pas très bien compris
ce qui se cachait sous ce titre. Interrogé sur ses attributions, il a
répondu : « J'ai, je crois, la Jeunesse, l'Environnement et un brin de
Culture. »

C'est à dessein, bien sûr, que Giscard et « Ponia » ont mis en avant,
pour l'UDR, des personnages aussi fantomatiques ou pittoresques
que Jacques Soufflet ou André Jarrot. Mauvais calcul. Rares sont les
giscardiens ou les centristes qui rehaussent le tableau. A l'insignifiant
s'ajoute le ridicule. Comment peut-on avoir la main si malheureuse ?

Et les gaullistes ? Maurice Couve de Murville résume bien leur état
d'esprit quand il déclare, le 28 mai, devant le bureau exécutif de
l'UDR, dans son style inimitable de diplomate britannique : « Ce
gouvernement ne devrait nous porter ni à l'hilarité ni à la jovialité. Il
est plutôt étrange. Pour rester dans les euphémismes, je dirais qu'il
aurait tendance à nous agacer. »

Il fallait que meure le gaullisme pour que vive la « République
nouvelle ». Le gouvernement Chirac consacre donc, comme le note
Raymond Barrillon dans *le Monde*[1], « la dislocation de l'" État-
UDR " ».

L'audacieux Chirac a-t-il manqué de fermeté ? Ou tout simplement

1   30 mai 1974.

de courage politique ? Pendant la période cruciale de la formation du gouvernement, il a, de toute évidence, mal négocié avec Giscard. On peut même se demander s'il a seulement négocié. Hormis le cas des schreibériens, V.G.E. ne se souvient pas qu'il ait fait la moindre objection à la composition de l'équipe ministérielle. Bref, le Premier ministre a laissé faire. Arrivé au but, le conquérant a perdu sa brutalité d'antan, ses façons rugueuses, rustiques et voraces. Il semble être devenu, soudain, un politicien fluide, manipulable, ébahi par son pouvoir tout neuf.

Ses doutes, il n'ose pas les formuler devant le président. Il laisse Michel Poniatowski rendre compte du premier Conseil des ministres. Il accepte sans broncher que Valéry Giscard d'Estaing, présentant le nouveau gouvernement à la télévision, laisse tomber : « Je travaillerai directement avec les ministres. » Il est déjà le Chirac qui, deux ans durant, va s'aigrir sous V.G.E. : « acquiesçant devant, furieux derrière », comme dira Marie-France Garaud.

Pourquoi a-t-il, d'entrée de jeu, laissé faire Giscard ? Michel Poniatowski avance une explication : « Chirac a toujours été un peu infantilisé par Giscard. C'est un homme très intelligent mais il a tendance à présenter les choses de façon primaire et, parfois même, assez peu intelligente. Cela agaçait prodigieusement Giscard qui ne disait rien et regardait l'autre fixement, le mettant mal à l'aise. Puis, quand il s'adressait à lui, il prenait un ton didactique et pédagogue. Il donnait toujours le sentiment de vouloir lui expliquer le *b.a.-ba*. C'est ainsi que Giscard a impressionné des générations d'hommes politiques. »

Il faudra des mois de querelles, d'orages, de tempêtes, pour que le magnétisme de Giscard s'évanouisse.

Premier ministrillon

Dieu, n'ayant pu faire de nous des humbles, fait de nous des humiliés.

Julien Green.

Quand il arrive à Matignon, Chirac est, à l'évidence, ébloui par V.G.E. Mais dans le même temps, par un phénomène de compensation assez courant, il a tendance à sous-estimer celui qui le fascine tant. «Giscard n'a pas de politique, dit-il ainsi à Marie-France Garaud. J'en ferai mon affaire.» Et c'est sans doute à cause de ce mélange d'enchantement, de suffisance et de vertige qu'il néglige, d'entrée de jeu, de borner son territoire. Il sera ainsi, du début à la fin, un Premier ministre au rabais.

Trois jours après sa nomination, Helmut Schmidt, chancelier de la République fédérale allemande, arrive en France. Chirac s'en va l'accueillir à l'aéroport de Roissy avec toute la solennité requise. Il l'accompagne ensuite jusqu'à l'Élysée où la porte se referme sur V.G.E. et son hôte. Le Premier ministre regagne alors Matignon, laissant les deux hommes refaire le monde, l'économie européenne et l'alliance franco-allemande.

Tels sont les effets de la Ve République : le chef de gouvernement n'est pas habilité à traiter ni même à parler des choses importantes – sauf, cela va de soi, en période de cohabitation. Il prend les coups. Pas les décisions. Il lui faut accepter les caprices du président et supporter toutes les humiliations.

Chirac les supporte. Sa première humiliation, c'est, ce même jour, justement lorsque Giscard «oublie» de l'inviter au dîner officiel offert par l'Élysée en l'honneur de Helmut Schmidt. Jacques Pélissier, le directeur de cabinet du Premier ministre, est indigné :

«A ce dîner, il y a le ministre des Affaires étrangères et pas vous, dit-il à Jacques Chirac. C'est scandaleux.

– Je me passerai fort bien de ce dîner.

– Votre devoir est de protester.»

Alors, Chirac :

« Je ne vais quand même pas commencer comme Chaban avec Pompidou. »

Qui se laisse outrager mérite qu'on l'outrage... Naturellement, Chirac prend des risques. Mais il est décidé à jouer la fidélité au chef de l'État et le respect des institutions. Quelques semaines après l'affront du « dîner officiel », Jacques Pélissier fait part de son irritation au Premier ministre : « Vous faites beaucoup de références au président dans vos discours. Je crois que vous en faites trop. » Il s'entendra répondre : « C'est la Constitution, mon cher. Et je crois, moi, à la prééminence de la fonction présidentielle. »

Pour la plupart des historiens du chiraquisme, la brouille entre Giscard et Chirac date de beaucoup plus tard. Elle est pourtant en germe dès les premiers jours. Certes, le chef du gouvernement a l'air heureux : toutes les gazettes le soulignent. Certes, en Conseil des ministres, il semble entretenir avec le chef de l'État des rapports fraternels, ludiques et complices : tous les membres du gouvernement le confirment. Mais, en consacrant toutes ses forces à la reconquête de l'UDR – pour lui-même, pas pour V.G.E. –, il sait qu'il se condamne à se heurter, un jour, au président. Et, même si on laisse de côté les arrière-pensées politiques, quelque chose est déjà en train de tout gâcher entre les deux hommes : c'est la multiplication de ce que le Premier ministre peut à bon droit considérer comme des offenses personnelles.

Qui a dit que l'édifice de la haine se construit avec les pierres des affronts ? Jacques Chirac accepte mal, pour commencer, la remise en question systématique par Giscard des grandes décisions urbanistiques et immobilières de Pompidou. Il apprend par la bande que le président a convoqué à l'Élysée « une espèce de conseil » autour de Michel Guy, secrétaire d'État à la Culture, afin de revoir et corriger le projet des Halles de Paris. Il ne connaît pas le dossier. Il n'émet donc pas de protestations. Il dira même, après coup, que le chef de l'État a pris « la bonne décision ».

Le Premier ministre peste, en revanche, quand il est informé que V.G.E. a enterré le projet de voie sur berge qui devait « décongestionner » la rive gauche – un projet qui tenait tant au cœur de Pompidou : « Tout souterrain, dit aujourd'hui Chirac, il mettait l'Académie française dans un écrin. C'était superbe. Si on ne l'a pas fait, c'est à cause de trois ou quatre écolo-mondains de l'aristocratie de gauche qui avaient leurs entrées à l'Élysée. Ils habitaient l'île de la Cité et ne pouvaient supporter l'idée d'avoir pendant deux ans des travaux en cours devant leurs fenêtres. »

Il monte sur ses grands chevaux, enfin, quand V.G.E. décide d'ajourner *sine die* le Centre national d'art contemporain à Beaubourg, dans le IVe arrondissement de Paris. Une mesure d'autant plus facile à prendre que le musée n'est pas encore sorti de terre. Seule la dalle est terminée. Déjà, les élyséens se demandent ce que l'on pourra bien poser dessus. Un grand magasin? Un parking? «C'est tout à fait simple, dit Chirac au président lors d'une réunion au "château" avec Michel Guy, secrétaire d'État à la Culture. Si vous voulez supprimer ce Centre, il faudra le faire avec un autre Premier ministre. Pas avec moi.»

Dans les semaines qui suivent, Chirac doit encore ferrailler contre Giscard qui tente de faire disparaître trois étages, puis deux, avant de mettre bas les pouces. *In extremis*, le président s'obstine tout de même à faire disparaître une cheminée. «Si vous l'enlevez, menace à nouveau le Premier ministre, il faudra le faire sans moi.» Mais il n'y aura ni cheminée ni démission. Le chef du gouvernement finira par céder devant l'insistance de V.G.E. qui a obtenu le renfort de Michel Guy. Il restera toujours une cheminée entre les deux hommes...

Chirac, qui garde en tête l'expérience du secrétariat d'État au Budget, en 1969, se dit que ces outrages faits à la mémoire de Pompidou et à sa propre dignité cesseront un jour. Giscard cherche simplement à tester ses défenses, comme la dernière fois. Cela lui passera...

Mais le président ne relâche jamais la pression. Dès la première semaine, il a l'occasion de montrer le peu de cas qu'il fait des propositions de son Premier ministre. La marine nationale n'a pas de chef d'état-major. Jacques Chirac propose un nom : celui de l'amiral Antoine Sanguinetti, baroudeur et querelleur, qui est le frère du secrétaire général de l'UDR. C'est peut-être pour cette raison que le chef du gouvernement l'a proposé. C'est en tout cas pour celle-là que V.G.E. n'en veut pas. «Regardez le dossier», dit-il, avec une moue, à Claude Pierre-Brossolette, secrétaire général de l'Élysée.

Claude Pierre-Brossolette prend ses renseignements puis rend son verdict : «C'est un fort en gueule un peu farfelu. Vous risquez d'avoir des pépins.» *Exit* Sanguinetti...

Le chef de l'État, qui connaît l'art du dressage canin, ne laisse pas courir sa laisse. Il la tient toujours d'une main ferme. Avant que Chirac ne prononce son discours de politique générale à l'Assemblée nationale, Giscard le convoque ainsi à l'Élysée devant une sorte de jury, composé, entre autres, des quatre nouveaux barons du régime – Poniatowski, Fourcade, Lecanuet et Servan-Schreiber. Aucun n'est emballé par le projet d'allocution – plat et terne, il est vrai – du chef du gouvernement. Jean-Jacques Servan-Schreiber est le plus sévère : « Où sont les réformes ? On dirait du Pompidou d'il y a dix ans ! » Le président opine gravement : « Cela manque de souffle. Il faudrait demander à quelqu'un qui a une bonne plume de mettre quelques formules là-dedans. »

Chirac a toujours nié, depuis, avoir reçu, pour son allocution, des suggestions de l'Élysée. Il est vrai qu'il ne les a pas entendues. Mortifié, il n'a pas refait sa copie. C'est le même discours, à la virgule près, qu'il prononcera, le 5 juin 1974, devant l'Assemblée nationale. Un discours d'énarque, interminable et consensuel, où l'on sent la patte de Jacques Friedmann et le poids de Pierre Mendès France. On y retrouve presque tous les clichés de la « gauche moderne » de l'époque : la détente, « gage de la paix », l'organisation des marchés des matières premières du tiers monde qui souffre tant des « fluctuations aberrantes des cours », notamment sur le sucre et le cacao ; l'inégalité des chances et des conditions qu'il faut combattre par « l'accès égal à la culture » et « une plus juste répartition des revenus » ; la réforme fiscale, afin que l'impôt « joue pleinement, sans privilège ni discrimination, de droit ou de fait, son rôle redistributeur ». Pour ne pas parler de la protection de la nature, menacée par « l'accumulation des déchets de moins en moins biodégradables ». Passons.

A l'évidence, ce Chirac qui fait du Chaban sans Chaban n'est pas encore Chirac. Ni libéral ni conservateur, il est sagement, résolument, technocratiquement réformiste. On croirait même entendre Rocard, voire Mitterrand, quand il déclare devant les députés : « Il est des moments, dans l'histoire des peuples, où tout concourt à rendre plus aiguë la conscience, à la fois collective et individuelle, de la nécessité de profondes transformations. Qui peut douter que le peuple français ne vive un tel moment ? [...] Notre vocation est de conduire cette affaire avec enthousiasme et imagination, et non de la subir avec résignation. »

Claude Imbert, le patron du *Point*, résume bien l'état d'esprit général quand il décèle dans la tirade du Premier ministre « un dessein encore un peu brouillé mais bien intéressant. Celui qui marie dans une ambition de bon aloi un libéralisme à l'anglo-saxonne et un projet de modernisme social ».

Politiquement, pourtant, le Premier ministre n'est pas tout à fait en phase avec le président de la République. Tous les jours ou presque, dans le huis clos des palais officiels, un incident survient, qui met au jour de nouvelles divergences. Sur l'affaire de la campagne des essais nucléaires français dans le Pacifique, par exemple, Chirac menacera à deux reprises de démissionner.

Écoutons-le : « On faisait la dernière campagne à l'air avant d'en venir aux essais souterrains qui, eux, effectivement, sont beaucoup moins critiquables. Traditionnellement, un mois avant le début de la campagne, un décret paraît au *Journal officiel*, qui interdit toute navigation dans un certain rayon autour de Mururoa. On m'apporte ce décret à la signature. Il a déjà été signé par le ministre de la Défense. Je le signe. Pour moi, c'est de la routine. Je l'envoie à l'Élysée avec la mention "urgent", car il faut qu'il paraisse le lendemain si l'on veut respecter le délai des trente jours et je connais les lenteurs de l'administration. Le matin suivant, je reçois un coup de fil du président de la République : "Vous m'avez envoyé un texte à la signature. Il faut que nous en parlions. Venez demain à onze heures avec le ministre de la Défense." Le jour dit, il nous annonce qu'il a décidé de surseoir aux essais nucléaires dans le Pacifique. Et je tombe de l'armoire. »

Flanqué de Soufflet, stupéfait, accablé, soufflé pour tout dire, Chirac s'entend dire : « Nous sommes critiqués par tout le monde. En arrêtant les essais cette année, la France fera un geste de paix. »

C'est l'essence même du gaullisme qui est remise en question. Même si l'arrêt des essais n'est que provisoire, le pays risque de n'en retenir que la symbolique. Alors, Chirac se lance : « Cette décision, vous avez tout à fait le droit de la prendre, monsieur le président. Mais je ne peux l'accepter parce qu'elle est, à mes yeux, contraire aux intérêts nationaux. Si vous la maintenez, je ne pourrai donc pas l'appliquer. Il vous faudra trouver un autre Premier ministre. » Après une heure de discussion, les deux hommes finissent par se mettre d'accord sur un communiqué annonçant que les essais nucléaires auront lieu pour la dernière fois à l'air et qu'ils seront, dès l'année suivante, souterrains. « Cela ne posera aucun problème, lâche Chirac, goguenard, à la fin de l'entretien. C'était prévu. »

Mais l'affaire n'est pas finie. La veille, V.G.E. a eu, sur la question, un entretien avec Jean-Jacques Servan-Schreiber. Le ministre des Réformes en a tiré la conviction que le président de la République ajournerait les essais prévus. Du coup, J.-J.S.-S. s'est senti assez sûr de lui pour faire un de ces « coups » dont il a le secret. Le 9 juin, alors qu'il se trouve dans son fief de Nancy, il organise en toute hâte une conférence de presse où il déclare froidement qu'il condamne la reprise de la campagne nucléaire dans le Pacifique :

« L'autorité militaire a mis le gouvernement devant le fait accompli. »

Quand Chirac prend connaissance des déclarations de J.-J. S.-S., il est à Tulle, en Corrèze, où il inaugure, avec Jacques Soufflet, les nouveaux bâtiments de l'école militaire. Le Premier ministre bondit de rage, saute dans son hélicoptère et, sitôt arrivé à Paris, se rue à l'Élysée où le chef de l'État lui accorde sans discuter la tête du ministre des Réformes.

Après le départ de Jean-Jacques Servan-Schreiber, le Premier ministre peut avoir l'illusion de peser sur le cours des choses. Il lui faudra vite déchanter. A défaut de J.-J. S.-S., Giscard fait entrer, le 16 juillet, Françoise Giroud au gouvernement, où elle devient secrétaire d'État à la Condition féminine. Elle n'aime guère – et elle ne s'en est jamais caché – le chef du gouvernement. Il n'y a pas si longtemps, on l'a vu, Chirac portait plainte en diffamation contre son hebdomadaire, *l'Express,* après avoir été mis en cause dans une obscure affaire fiscale. Il lui faudra retirer sa plainte en toute hâte.

Ce Premier ministre qui ne dirige personne, dirige-t-il au moins quelque chose ? Hors jeu en matière diplomatique, il n'a même pas prise sur la politique économique. Il pourrait s'en offusquer. Il ne semble même pas en souffrir, comme en témoigne cruellement Jean-Pierre Fourcade, alors ministre des Finances : « Je ne me souviens pas avoir eu avec lui des discussions sérieuses sur le fond des problèmes. Quand on se rencontrait, c'était pour parler de questions de personnes. Ou bien pour monter des " coups ". Jamais pour faire le point sur de grands dossiers, comme l'investissement ou l'épargne. »

Jacques Chirac aime bien Jean-Pierre Fourcade. Aussi abrupt que le chef du gouvernement, le ministre des Finances a la coiffure en brosse, la poignée de main athlétique, la décision rapide et l'éloquence péremptoire d'un officier de cavalerie. Autant dire que les deux hommes sont faits pour se comprendre sinon pour s'entendre. Un soir de lassitude, le Premier ministre laissera même tomber devant Marie-France Garaud, médusée : « Il faut que j'appelle Fourcade. Il me remontera le moral. C'est mon seul ami au gouvernement. »

C'est plus exactement un grand ami de Jacques Friedmann, chargé de mission à Matignon où il supervise les affaires économiques. L'un et l'autre se sont mis d'accord sur un plan d'austérité modéré pour faire face à la hausse des prix du pétrole qui creuse le déficit du commerce extérieur. Confiant ou inconscient, comme on voudra, Chirac ferme les yeux.

Pierre Juillet tente bien de les lui ouvrir. En vain. Alors que la France est confrontée au défi du premier choc pétrolier, Chirac ne donne pas l'impression de s'intéresser vraiment au problème. D'un côté, il s'agace du catastrophisme économique de l'ancien conseiller politique de Pompidou. De l'autre, il s'inquiète de la prudence de Fourcade qui s'entendra dire un jour : «Ton plan est trop mou.» Giscard, apparemment, n'est pas plus lucide.

Au président qui le reçoit, Pierre Juillet tient à peu près ce langage :

«Il faut que le Premier ministre se batte sur l'inflation et prenne l'engagement de la réduire. Il doit jouer toute sa carrière dessus.

— Vous faites erreur, répond Giscard. Le plan Fourcade suffira à remettre les choses en ordre. J'en ai exposé les grandes lignes au chancelier Schmidt. Il est d'accord.»

Depuis, Pierre Juillet raconte partout cet échange avec une mine navrée avant d'ajouter, méprisant : «Quand l'étranger est content de la France, c'est toujours qu'elle fait des bêtises. Le jour où Giscard s'en apercevra, il aura tout compris.»

Il reste néanmoins un domaine dans lequel ce Premier ministre de deuxième zone peut laisser sa marque. C'est le social. Empruntant, comme dit *le Point,* «aux méthodes préventives de la social-démocratie suédoise», Jacques Chirac augmente le salaire minimum, les retraites, les allocations familiales. Dans la foulée, il annonce aux syndicats qu'il entend faire avancer l'amélioration des conditions de travail, la réforme de l'entreprise ou la protection en cas de licenciement collectif. Et à François Ceyrac, le président du CNPF qu'il reçoit à Matignon, il jette en confidence : «Il faut que le patronat s'engage dans un processus très rapide de transformation sociale. Si Giscard ne l'avait pas emporté, à 0,5 % près, vous seriez aujourd'hui soit nationalisé, soit, pour le moins, fortement traumatisé. Alors, jetez-vous à l'eau. C'est la seule façon d'être raisonnable.»

Chirac, en somme, est un ministre des Affaires sociales et c'est à peu près tout. Il n'a pas su s'imposer d'entrée de jeu. Il ne s'en remettra jamais. Giscard non plus, qui prend tout de suite de mauvaises habitudes. Il décide de tout. Il multiplie les conseils restreints à l'Élysée. Il donne ses consignes aux membres du gouvernement en passant par-dessus la tête du Premier ministre. Il découvre le pouvoir et, visiblement, y prend plaisir. Or, comme le dit alors fort bien Alexandre Sanguinetti, secrétaire général de l'UDR, «cet homme a toutes les intelligences, sauf celle du pouvoir...».

Le Premier ministre a, lui, toutes les patiences. «Quand le roi revient de Reims, commente-t-il sur un ton blasé, il n'est plus jamais le même. » Il semble s'accommoder de ce président royal, égotique et tatillon, qui expérimente sa philosophie «moderniste», bouscule les tabous de sa classe et s'installe avec ravissement sur le terrain de la «mutation culturelle».

V.G.E. pose pour l'Histoire. Il se fabrique. Il s'admire. Après être parti à l'Élysée en emportant, contrairement à tous les usages, son bureau de la rue de Rivoli et son carillon Louis XV, il demandera à son successeur, Jean-Pierre Fourcade, de ne pas utiliser les appartements personnels du ministre des Finances.

«Mais où vais-je déjeuner? » s'inquiète Fourcade.

Alors, Giscard :

«J'ai beaucoup de souvenirs là-bas. J'aimerais que tout reste en l'état. »

Lors de la visite du shah d'Iran, quelques semaines après son arrivée au pouvoir, le président a pu remarquer que Reza Pahlavi traitait ses ministres comme des laquais. «Après le passage du shah, se souvient Fourcade, Giscard semble avoir pensé qu'il avait fait preuve jusqu'alors de trop de considération, de trop de courtoisie. » Il ne prendra plus de gants avec ses ministres. Y compris avec le premier d'entre eux. Il ne gouverne pas. Il règne. Chirac s'en formalise si peu qu'il n'hésite pas à abonder dans le sens de V.G.E.

Le chef de l'État lui ayant dit qu'il fallait présidentialiser le régime et donner davantage de pouvoirs au chef de l'État, il déclare dans un entretien avec Paul Guilbert pour *le Quotidien de Paris*[1] : «Je suis convaincu que le régime français doit se présidentialiser beaucoup plus qu'il ne l'est actuellement [...]. C'est le chef de l'État qui est directement responsable de l'orientation générale de la politique, c'est lui qui doit donner les directives servant à l'action quotidienne du gouvernement. »

Et c'est ainsi que Chirac théorise sa propre dépossession. Mais il est vrai qu'il la vit fort bien, comme en témoignent tous ceux qui l'ont côtoyé pendant cette période. Il faut les écouter.

Jacques Friedmann : «Jacques ne trouvait pas choquant que certains dossiers importants soient traités à l'Élysée. Il avait, de toute façon, beaucoup de choses à faire. A commencer par la reprise en main de l'UDR. »

Jacques Pélissier : «Matignon était court-circuité de tous les côtés.

1. 9 juillet 1974

Je passais mon temps à essayer de rattraper les fils. Mais Jacques ne s'en indignait pas. Il avait même l'air de considérer que c'était normal. Il était convaincu, en fait, qu'il était essentiel pour lui d'entretenir d'excellentes relations avec Giscard. Il subordonnait tout le reste à ça. »

Jean-Pierre Fourcade : « Son erreur fondamentale, c'est de ne pas avoir cherché tout de suite à secouer le joug de Giscard. Au lieu de cela, il s'est laissé grignoter de bonne grâce. Et, quand enfin il a voulu reprendre au président le terrain perdu, l'autre a pris ça pour une agression. »

Pourquoi, alors, Chirac ne s'est-il pas tout de suite cabré ? Parce qu'il ne pèse rien : le rapport de forces lui interdit de bouger. Parce que, aussi, il a succombé au charme giscardien – une passion réciproque comme le rapporte Claude Pierre-Brossolette, alors secrétaire général de l'Élysée : « Les deux hommes s'étaient pris d'affection l'un pour l'autre. Giscard est un homme d'un scepticisme et d'un cynisme sans limite. Sa passion pour Chirac me bluffait. Il était fasciné par son énergie. Ce qui ne l'empêchait pas de se moquer un peu de ses airs sérieux et de son côté pataud. »

S'il l'aime bien, Giscard n'a pourtant rien compris à Chirac. Un jour, il fait l'éloge de son Premier ministre devant le secrétaire général de l'Élysée :

« Ce Chirac est épatant. Dévoué, efficace, travailleur. On ne pouvait pas trouver mieux.

– Méfiez-vous quand même, hasarde Claude Pierre-Brossolette. Il est ambitieux. Il sera un jour ce que vous avez été par rapport à Pompidou. Un rival.

– Vous n'y êtes pas. C'est un enfant, Chirac. Il n'a pas d'envergure. Il me sera toujours fidèle. »

Brumaire

Malheureusement dans le monde, comme dans le monde politique, les victimes sont si lâches qu'on ne peut pas en vouloir bien longtemps aux bourreaux.
Marcel Proust.

Dès son arrivée à Matignon, Jacques Chirac avait demandé à Marie-France Garaud d'entrer à son cabinet. Elle lui avait répondu avec cette fierté provinciale et gouailleuse qu'elle affecte volontiers : «J'étais dans la maison du roi. Je ne me vois quand même pas épouser le locataire suivant. »

Avec Pierre Juillet, Marie-France Garaud garde tout de même un œil sur les affaires du Premier ministre. Elle s'emploie, entre autres, à lui frayer un chemin à l'intérieur de l'UDR. Mais le terrain est périlleux. Alexandre Sanguinetti, le secrétaire général du mouvement gaulliste, n'a jamais caché qu'il préférait Mitterrand à Giscard. Cet ancien résistant, qui a perdu une jambe pendant la guerre, voit dans la victoire de V.G.E. la revanche de Pétain et de Vichy. Et ce faiseur de bons mots, qui est aussi un fin lettré, distille, dans le Tout-État, des formules aussi justes qu'assassines. Sur Giscard : «C'est un très bel insecte mais il n'a pas d'antenne. » Ou bien : «Il a toutes les intelligences sauf celle du pouvoir. » Sur Chirac : «Il veut rassembler mais il a du mal à se rassembler lui-même. » Ou encore : «C'est un cheval. Le drame commencera quand il se prendra pour un jockey. »

Ses formules, c'est à peu près tout ce qu'Alexandre Sanguinetti peut aligner contre l'État-Giscard qui se construit. Il le sait si bien qu'il gère son parti en dilettante désabusé. L'UDR n'a plus ni argent, ni volonté, ni même projet. Ses militants, assommés, ont disparu. Rue de Lille, les bureaux du mouvement sont déserts et le téléphone ne sonne plus.

«Pendant plusieurs mois, dit aujourd'hui Jacques Chirac, l'UDR, c'était un homme et un seul : Pierre Charpy qui faisait la *Lettre de la nation*. Tout le monde étant parti, il n'avait de contact avec personne mais, avec sa plume, il incarnait tout le mouvement – son existence et sa ligne politique. »

L'UDR, en somme, est à la fois fantomatique, crispée, hostile. Il faut la manipuler avec doigté : elle peut se cabrer au moindre faux mouvement. Le 27 mai, lors d'une réunion du groupe parlementaire dans la salle Colbert, à l'Assemblée nationale, Hector Rolland, élu de l'Allier et porte-flambeau des députés de base, provoque un beau tollé en déclarant que Jacques Chirac, devenant Premier ministre, doit être automatiquement le chef du mouvement gaulliste. « Il sera un grand Premier ministre, explique-t-il benoîtement. Si notre mouvement n'apparaît pas étroitement lié à lui, nous n'en tirerons pas bénéfice. » Devant les exclamations et les sifflets, celui qui se fait appeler « Spartacus » finit par s'écrier : « Vous avez mis l'UDR dans la m... Ceux qui ici me conspuent iront lécher les bottes de Chirac avant moi. » Les huées redoublent.

Dans la foulée, Alexandre Sanguinetti signifie à Jacques Chirac qu'il n'est plus, comme ses prédécesseurs, membre de droit du bureau exécutif de l'UDR. « Le Premier ministre, dit-il, en écho à Hector Rolland, n'est plus le chef naturel du mouvement. »

Pour ne rien arranger, Alexandre Sanguinetti, qui cherche un chef, commence à lorgner dangereusement du côté de Michel Jobert, qui fut un très populaire ministre des Affaires étrangères. En quelques mois, ce petit homme a su se poser en s'opposant à Henry Kissinger, son homologue américain. Cocardier, ergoteur et sophistiqué, il a fini par incarner avec talent et ostentation la France de toujours, celle du complexe d'Astérix.

Convaincu que Jacques Chirac lui doit quelque chose, en vertu de l'ancienneté comme des services rendus, il vient le voir à Matignon et lui dit à peu près, d'une voix paternelle : « Je vais me lancer dans l'action politique. Est-ce que vous m'aiderez ? » En posant cette question, Michel Jobert ne pense pas qu'aux fonds secrets, cela va de soi. Le Premier ministre fait mine de réfléchir. Puis, évasif et distrait : « Naturellement, je vous aiderai. Mais il faut que nous en reparlions. »

Au rendez-vous suivant, quelques semaines plus tard, Jacques Chirac a l'air à la fois absent et pressé. Il noie son visiteur sous les bonnes paroles et le reconduit très vite à la porte. « Je crois, dit Michel Jobert en prenant congé, que nous ne nous reverrons plus souvent. » Il a raison. Entre eux, la brouille est désormais consommée. Peu après, l'ancien directeur de cabinet est reçu par quelques députés gaullo-chiraquiens, comme le général Aubert et Lucien Neuwirth, qui lui jettent : « Autant vous prévenir tout de suite. Personne, au groupe parlementaire, ne marchera avec vous. »

Michel Jobert reconnaîtra là, non sans raison, la griffe de Marie-France Garaud. Elle est partout. Dans les coulisses, déployant des trésors de séduction et des bordées de menaces, c'est selon, elle déjoue les complots et dégage le terrain. Sous son contrôle, René Tomasini, secrétaire d'État aux Relations avec le Parlement, retourne un à un les élus gaullistes à coups de services, de subventions et de déjeuners arrosés. Elle a un autre atout dans sa manche. C'est Charles Pasqua, délégué à l'organisation de l'UDR.

Bonimenteur, hâbleur et tutoyeur, cet ancien résistant a l'air sorti d'un film de Marcel Pagnol. Avec ce Corse né à Grasse, on se croit toujours à Marseille, dans le café de César. Ses passions sont toutes simples : le pastis, la famille, la patrie. Et il a eu deux hommes dans sa vie : Charles de Gaulle et Paul Ricard. Il leur a même tout donné.

Pour Paul Ricard, il a gagné, comme VRP puis comme directeur commercial, la guerre de l'anisette contre Pernod, Berger et Casanis avant d'inventer sa propre marque : l'Americano Gancia. Pour de Gaulle, il a organisé le Service d'action civique (SAC) qui fera souvent les gros titres dans les journaux sous la rubrique des faits divers. Il a également monté, avec d'autres, la grande manifestation de soutien au Général du 30 mai 1968 – un million de personnes sur les Champs-Élysées. Il a même été élu député dans la foulée avant d'être battu en 1973.

Pasqua aime Chirac. Quand Robert Poujade a demandé son exclusion du bureau exécutif de l'UDR, pendant la campagne présidentielle, il s'est indigné : « Arrêtez vos bêtises. Vous serez bien content de l'avoir un jour avec vous. » Depuis, il s'est mis dans le sillage de René Tomasini. Il fait le tour des fédérations du mouvement ou de ce qu'il en reste. Il verrouille. Il cultive. Et les fruits tombent...

Claude Labbé, président du groupe parlementaire de l'UDR à l'Assemblée nationale, est le premier à flancher. Lors d'une réunion exceptionnelle des députés, le 3 juillet 1974, il fait publiquement acte d'allégeance au Premier ministre : «Nous ne marchanderons pas notre appui. »

Le 12 juillet suivant, c'est au tour d'Alexandre Sanguinetti de poser les armes. Après deux longs entretiens avec Chirac, il s'arrête à Lyon, sur la route de ses vacances, pour expliquer, lors d'une conférence de presse, qu'il apporte son «total soutien» au Premier ministre, qu'il juge pourvu d'une «bonne analyse politique». Comme le note alors André Passeron dans *le Monde,* «la récupération de l'UDR [...] est désormais accomplie, du moins au niveau des états-majors et des responsables».

Chirac croit, comme Lao-tseu, que le plus grand conquérant est celui qui sait vaincre sans bataille. Pour les gaullistes, il a table ouverte. Il les cajole. Il les enjôle. Et ils ressortent presque toujours désarmés de l'Hôtel Matignon, désarmés et radieux.

Quand il sort sa flûte, maintenant, tout le monde danse. C'est vrai à la réunion des secrétaires fédéraux de l'UDR, le 8 septembre, comme aux journées parlementaires du mouvement à Cagnes-sur-Mer, les 26 et 27 septembre. Il parle en chef dominateur et les autres l'écoutent en soldats subjugués. Il reste bien quelques irréductibles sur les bancs du fond, comme Jean Charbonnel, maire de Brive, qui porte haut le flambeau de l'antichiraquisme. Mais ils prêchent dans le désert. Et le Premier ministre peut se permettre de les menacer d'exclusion.

A Cagnes-sur-Mer, le Premier ministre prononce un discours très important. Pour la première fois, avec sans doute plus de cynisme que de candeur, il y laisse clairement percer son jeu. Du grand Chirac. Pour emporter l'adhésion, il utilise toutes les palettes et tous les tons.

Comminatoire : si le mouvement gaulliste décidait de quitter la majorité présidentielle, explique-t-il, aux prochaines élections ses élus seraient « en compétition avec un candidat ayant reçu une investiture présidentielle et un candidat unique de la gauche ». « Alors, l'UDR disparaîtrait. »

Confiant : pour les prochaines élections, il annonce qu'il s'est fixé pour objectif de ramener à l'Assemblée nationale « au minimum cent cinquante députés UDR ». « Cet objectif, nous l'atteindrons. »

Intransigeant : « Je puis vous dire ici que je ne serai pas le Premier ministre qui aura constaté avec indifférence et sans réaction la disparition du gaullisme. »

Impérial : « Jusqu'à présent, nous pouvions nous abriter derrière un chef d'État qui pensait pour nous. Aujourd'hui, nous devons penser par nous-mêmes. C'est à ce prix que nous survivrons. »

Autant dire que cet appel à l'autonomie tintera fort dans les oreilles très fines et très sensibles de Michel Poniatowski. Le Premier ministre n'a pas caché ses intentions. Valéry Giscard d'Estaing, pourtant, ne lui marchande toujours pas sa confiance.

Jacques Chirac a-t-il gagné ? Pas vraiment. Les barons ont pris l'habitude de se retrouver au Palais-Royal à la table de Roger Frey, le président du Conseil constitutionnel. Là, ils égrènent leurs souvenirs, macèrent leurs rancœurs, échafaudent de nouveaux plans. Convaincus qu'ils ont perdu une bataille mais pas la guerre, ils entendent reprendre le mouvement gaulliste que le Premier ministre a charmé, certes, mais pas pris – du moins pas encore. Le mandat d'Alexandre Sanguinetti n'arrive à expiration qu'en février 1975 au plus tôt. Et qui se nourrit d'attente risque de mourir de faim. Ils ont donc décidé de liquider rapidement le secrétaire général de l'UDR qu'ils jugent trop chiraquien. Pour le remplacer, ils ont un candidat : Olivier Guichard. S'il ne fait pas l'affaire, ils ont une solution de rechange : une direction collégiale avec des hommes comme André Fanton.

Voilà qui fait enrager Jacques Chirac. Il pensait en avoir fini avec les barons. Mais c'est toujours quand on les croit enterrés pour de bon qu'ils sont le plus dangereux.

Si les barons investissent le mouvement gaulliste, ils auront tôt fait de déstabiliser le chef du gouvernement. A moins qu'ils n'en fassent leur otage. Pour Jacques Chirac, il n'y a pas mille alternatives. Ou bien le Premier ministre tient l'UDR. Ou bien l'UDR tient le Premier ministre qu'elle peut faire tomber à tout moment.

Le Premier ministre engage donc la contre-attaque. A sa façon : celle des grands prédateurs. D'abord, en tournant autour de son objectif, il semble humer l'air et tâter le terrain. Hésitant et louvoyant, il laisse faire les barons, qui se sentent bientôt assez sûrs d'eux pour s'avancer à découvert. Ensuite, d'un coup de patte d'une brutalité inouïe, il met tout le monde d'accord et emporte le morceau. Telle est sa stratégie : velléitaire, équivoque et implacable.

A Valéry Giscard d'Estaing, le Premier ministre explique, lors de leur tête-à-tête hebdomadaire, qu'il ne peut accepter que les commandes du parti soient confiées à des hommes qui lui sont hostiles. A l'en croire, ce n'est pas vraiment ce vieil ennemi personnel de Guichard qui l'inquiète. Il se dit convaincu que le brave Olivier ne pourra pas s'imposer durablement à la tête de l'UDR. Il redoute, en revanche, qu'André Fanton ne prenne très vite le dessus. Or ce député, antigiscardien de tripes, a la tête et le sang chauds. Il faut tout faire pour que le gouvernement gaulliste ne tombe pas entre des mains de ce genre. V.G.E. opine.

«Prenez une initiative», dit Valéry Giscard d'Estaing, le 12 décembre, au Premier ministre qui l'accompagne à l'aéroport de Roissy. Le chef de l'État doit s'envoler pour les Antilles où il rencontrera Gerald Ford, le président des États-Unis. Il a déjà la tête ailleurs. Quand ils n'ont pas tort, les absents se font du tort. V.G.E. s'en rendra bientôt compte à ses dépens..

Jacques Chirac a une idée. C'est de lancer Pierre Messmer dans la course au secrétariat général de l'UDR. Il l'a déjà jaugé au téléphone. L'autre est prêt à faire don de sa personne au mouvement gaulliste. Il lui a donc demandé de passer le voir à 18 heures. Mais le jour dit, deux heures avant le rendez-vous, Pierre Juillet appelle Marie-France Garaud. Il a sa voix des grands jours :

« On est complètement idiots, Marie-France. On va encore s'embêter avec des histoires de tringleries. Il faut que l'UDR soit conduite en direct par Chirac. »

Alors, Garaud, vibrante d'enthousiasme :

« Il suffisait d'y penser. C'est l'œuf de Christophe Colomb. »

Juillet et Garaud parlent derechef de leur insolite projet à Chirac, qui, du coup, se contentera de demander à Messmer, déçu, ce qu'il pense de sa propre candidature à la tête de l'UDR.

Il faut faire vite. Avant le conseil national du mouvement gaulliste qui doit se tenir le week-end suivant, les barons ont prévu de souper, ce même 12 décembre, chez Roger Frey, au Palais-Royal. Au menu : des huîtres fourrées aux épinards, du marcassin à la purée de marrons et, comme d'habitude, la tête d'Alexandre Sanguinetti qu'ils entendent faire tomber rapidement. Ne reculant devant rien, le Premier ministre téléphone au président du Conseil constitutionnel et il s'invite sans façon pour le soir même.

Autour de la table de Roger Frey, ce soir-là, il y a Jacques Chaban-Delmas, Olivier Guichard, Michel Debré et Jacques Foccart, autrement dit les barons, auxquels se sont joints, pour la circonstance, Alain Peyrefitte, Pierre Messmer et Maurice Couve de Murville. L'ambiance, sous les hauts plafonds et dans les décors Restauration, est à couper au couteau. Des armées d'anges passent. Et les traditionnelles plaisanteries de Couve, boute-en-train professionnel, ne parviennent pas à dissiper le malaise qui sourd dans les appartements lambrissés du président du Conseil constitutionnel.

C'est Chaban qui casse le morceau, triomphalement :

« Autant le dire tout de suite, cher Jacques. Nous pensons faire campagne pour Olivier Guichard. Il ferait un excellent secrétaire général de l'UDR, ne trouvez-vous pas ? »

Chirac fait mine d'apprendre la nouvelle. Puis il lâche froidement :

« Si Olivier est candidat, je m'y opposerai. Désolé. Mais je ne peux pas faire autrement. Son accession à la tête de l'UDR provoquerait une dualité inacceptable avec Matignon.

— Mais il n'y a pas de problème, voyons, bougonne Guichard. Si tu ne veux pas, je laisse tomber, voilà tout. »

Quelques anges passent. Chaban finit par susurrer :

« Vous voyez bien, Jacques. Ce n'est pas un complot. C'était simplement une idée que nous avions. Il n'y aura pas de conflit entre nous. »

Relayé par Debré, Chaban propose alors une direction collégiale pour l'UDR. Un directoire, très exactement. Tous les problèmes de dosage seraient ainsi résolus. Chirac fronce les sourcils. Puis, goguenard : « Après tout, le plus simple serait que je prenne moi-même le secrétariat général de l'UDR. »

Au même moment, dans un petit salon du restaurant Lasserre, à Paris, un dîner très arrosé réunit Pierre Juillet, René Tomasini et Alexandre Sanguinetti. L'un boit abondamment pour digérer le choc, les autres pour se donner du courage. Le secrétaire général de l'UDR apprend en effet, ce soir-là, qu'il est prié d'annoncer sa démission du conseil national du mouvement, le surlendemain, afin de laisser le champ libre au Premier ministre. En quelques secondes, il vieillit de quelques années. Plus que jamais, il a l'air d'un épagneul grave et sceptique.

Bien sûr, il hésite, Sanguinetti. Même quand on lui fait valoir qu'il aura un bureau à Matignon, une voiture avec chauffeur et des fins de mois assurées. Il demande à consulter Charles Pasqua, son dernier fidèle, qu'on fait appeler aussitôt.

Pasqua croit porter l'estocade : « Il faut que tu laisses la place à Jacques. C'est une question de vie ou de mort pour le mouvement. » Sanguinetti se débat, objecte, ergote. Mais c'est un moine-soldat, cet homme-là. Si on insiste, il va de soi qu'il s'inclinera. Pierre Juillet lui propose de finir la soirée à Matignon en attendant le retour de Jacques Chirac. Et la bande se retrouve à siroter des whiskies dans les bureaux du Premier ministre.

Chirac se fait attendre. Juillet l'appelle au Conseil constitutionnel :

« Rentrez vite. Sanguinetti vous attend. Il est mûr. Mais je ne peux plus compter les whiskies.

– Ce n'est pas possible, répond Chirac, agacé. Je suis en train de convaincre les barons. »

Le Premier ministre raccroche. Un quart d'heure passe. L'œil farouche, l'air rembruni, Juillet fait les cent pas pendant que Sanguinetti noie son chagrin et que Tomasini vérifie, sur un petit carnet, ses pointages pour le comité central. L'air est lourd. Marie-France Garaud finit par rappeler le Conseil constitutionnel :

« Allô. Ici Matignon. Le président de la République veut parler d'urgence au Premier ministre. »

Remue-ménage à l'autre bout de la ligne. Le chef du gouvernement arrive au téléphone. Et il s'entend dire par Garaud :

« Ce n'est pas le président, c'est Pierre Juillet. »

Elle passe le combiné à l'ancien conseiller politique de Georges Pompidou qui dit alors d'une voix ferme :

« Tout cela a assez duré, Jacques. Il faut rentrer. Vous ne convaincrez jamais les barons de rien. Venez voir Sanguinetti. C'est plus important. »

Jacques Chirac obtempère et revient à Matignon, le front lourd et l'humeur noire.

« J'allais les convaincre », bougonne-t-il.

Pierre Juillet hausse les épaules et René Tomasini expose au Premier ministre le scénario qui a été concocté :

« C'est très simple. Alexandre va démissionner samedi. Vous allez alors présenter votre candidature et vous serez élu.

— Et les barons ? objecte Chirac.

— Les barons, répondit Juillet, ils feront comme ils ont toujours fait. Ils se coucheront.

— Ils peuvent présenter un candidat contre moi, insiste Chirac.

— Vous avez raison », reconnaît Juillet.

Il se passe alors quelque chose qui comptera des années plus tard. Pierre Juillet se tourne vers Charles Pasqua, l'homme de l'organisation à l'UDR, et il lui demande sur un ton dégagé :

« S'il y a un candidat des barons contre lui, combien Jacques fera-t-il ?

— Soixante pour cent.

— Vous en êtes sûr ?

— Absolument. J'en réponds personnellement. »

C'est ce jour-là que commencera l'ascendant de Pasqua sur Chirac : le jour dit, au comité central de l'UDR, le Premier ministre fera 60 % des voix.

Le duc de Wellington remarquait jadis que le conquérant, comme le boulet de canon, ne doit jamais s'arrêter en chemin. Sinon, c'est la catastrophe. Jacques Chirac hésite. Mais il sait bien que ce n'est pas avec des doutes que l'on fait de la bonne politique. Le complot est lancé. La machine est partie. Rien ne pourra l'enrayer. Le comité central de l'UDR est convoqué en session extraordinaire pour 8 h 30, au salon « l'Aiglon », à l'hôtel Intercontinental, à Paris. Tout le monde, à commencer par les barons, est pris de vitesse. Tant il est vrai que l'opération paraît sortie de la tête d'un apprenti Machiavel : elle joue avant tout sur la surprise. Homme surpris, à moitié pris...

Le vendredi, à 13 heures, Marie-France Garaud et Olivier

Guichard déjeunent en tête à tête. Le plus jeune des barons raconte à l'éminence grise de Chirac que son poulain pourrait bien, un de ces jours, guigner le secrétariat général de l'UDR : c'est en tout cas ce que le Premier ministre a laissé entendre lors de son dîner au Conseil constitutionnel. Elle fait l'étonnée avant d'expliquer qu'elle a prévu de passer son week-end à la chasse. Candide, le bon Guichard s'en ira, comme d'habitude, cultiver son jardin et sa circonscription.

Jacques Chirac, de son côté, commence à prévenir les uns et les autres. Il cueille à froid Michel Poniatowski :

« J'ai prévu de me faire élire demain secrétaire général de l'UDR.

– Pardon ?

– Tu as bien entendu.

– As-tu prévenu le président ?

– C'est embêtant. Je n'arrive pas à le joindre : les lignes sont très mauvaises, avec les Antilles. De toutes façons, il m'avait demandé, avant de partir, de prendre une initiative. La voilà. »

Quand il entend la voix de ce hussard vibrionnant, imprévisible, inquiet, à fleur de peau, le ministre de l'Intérieur fait, comme toujours, la part des choses. Il a même tendance à rigoler : cette affaire de secrétariat général de l'UDR, c'est trop gros pour être vrai.

A 23 heures, ce même vendredi, après avoir appelé la plupart des barons, Jacques Chirac finit par joindre Olivier Guichard à La Baule. Il l'informe de son projet. L'autre se contente de grommeler : « Ce n'est pas sérieux. » Puis il passe l'appareil à Michel Poniatowski qui, justement, passait la soirée avec lui. Pour ne pas indisposer Guichard, le ministre de l'Intérieur fait semblant d'apprendre la nouvelle. Il entreprend, ensuite, de dissuader Chirac. En vain, cela va de soi.

« Il ne veut rien entendre », dira « Ponia », après avoir raccroché, à Olivier Guichard.

Mortifié, Guichard en perd son sang-froid habituel :

« Je n'aime pas passer pour un imbécile, pestera-t-il. Chirac nous ridiculise et le mouvement gaulliste avec nous. »

Le pari est si fou, si dangereux, que le Premier ministre se tâte jusqu'au dernier moment. Depuis son entrée en politique, il a été porté par l'impatience de se hausser. Mais il se demande si, cette fois, il n'est pas allé trop loin.

Le samedi matin, tout s'enchaîne, pourtant, suivant le scénario prévu. Pour commencer, Alexandre Sanguinetti, l'air bougon, mystérieux, annonce sa démission du secrétariat général de l'UDR. La salle s'interroge puis proteste. Il faut élire un remplaçant. Justement, un candidat s'avance et se dit prët à relancer le mouvement. C'est Jacques Chirac.

Tollé. Pendant plusieurs heures, Jacques Chirac va devoir essuyer les insultes et les quolibets. Qu'on en juge.

Robert-André Vivien ricane : «Est-ce un 18 Brumaire ou un 1er Avril ? »

Alain Peyrefitte stigmatise le «mépris de la démocratie» du Premier ministre.

Jacques Chaban-Delmas crie à la «pantalonnade».

Robert-André Vivien encore : «Ma parole, c'est Pinochet ! »

Face à cette explosion, le Premier ministre a un mouvement de recul. Pendant une suspension de séance, Michel Debré, paternel, le prend par le bras et lui vante à nouveau, loin des autres, les mérites de la direction collégiale. Jacques Chirac l'écoute avec intérêt. Apparemment, il est en train de flancher. Quand on a tout à perdre, faut-il tout risquer ?

De son QG de Matignon, Marie-France Garaud surveille les opérations. Elle connaît la maxime du Général : «L'autorité ne va pas sans prestige, le prestige sans éloignement. » Et elle adore diriger de loin, par téléphone. Apprenant que les vents tournent, elle appelle Charles Pasqua, à la manœuvre au salon «l'Aiglon» de l'hôtel Intercontinental. Il est aux cent coups.

«Tout se passe très mal, dit Charles Pasqua. Tous les gens contre ont parlé. Les autres ne disent rien. Et Chirac est, en ce moment même, en grande discussion avec Debré.

– Mon Dieu ! Voulez-vous dire que la direction collégiale revient à l'ordre du jour ?

– Exactement. Mais, si l'on votait maintenant, Chirac ferait toujours 60 %.

– Alors, que l'on fasse voter ! »

Non loin de là, René Tomasini est dans tous ses états. Il a refait ses pointages : Jacques Chirac est à deux contre un. Mais il constate que, psychologiquement, le climat devient exécrable : le Premier ministre apparaît désormais clairement comme le diviseur. Et il fait part de ses doutes à un jeune gaillard, aussi haut que le général de Gaulle, qui assiste Pasqua à l'organisation.

«C'est affreux, fait "Toto", mais je crois que Jacques va retirer sa candidature. »

Le jeune gaillard est effondré.

Justement, le Premier ministre passe par là. Il a l'œil interrogatif et sa tête des mauvais jours. Le jeune gaillard s'accroche à lui :

« Les gaullistes, il faut les prendre à la hussarde. Faisons donner Messmer et votons. Vous verrez : vous obtiendrez sans difficulté deux tiers des voix. »

Le jeune gaillard en question, c'est l'un des futurs lieutenants de Chirac : Michel Noir. Avec Charles Pasqua, il a gagné, ce jour-là, ses galons. Et il est entré dans l'histoire sainte du chiraquisme.

Ni Pasqua ni Noir, pourtant, ne sont des petits saints. Pour retourner les membres du comité central, ils n'ont pas lésiné sur les moyens, les sourires, les menaces. Le Premier ministre finit par se rendre à leurs arguments. Il s'oppose à la direction collégiale. Il fait donner Messmer. Il maintient sa candidature. Indigné, Jacques Legendre, député-maire de Cambrai et jeune étoile du néo-chaba-nisme, présente la sienne. Les barons tempêtent. Les insultes pleuvent. On passe au vote.

Il est sans surprise. Comme par hasard, les résultats coïncident avec les prévisions de Charles Pasqua et de Michel Noir : cinquante-sept voix pour Jacques Chirac et vingt-sept pour son adversaire. Personne, pourtant, ne pourra crier au truquage : on a voté sans mandats et à bulletins secrets.

Le vendredi, Jacques Chirac n'avait pas sa carte de l'UDR. Le samedi, il était élu secrétaire général. C'est à peu près dans les mêmes conditions que François Mitterrand s'était emparé, trois ans plus tôt, de la direction du PS, au congrès d'Épinay. On reste frappé par les similitudes entre les deux opérations. On y retrouve la même duplicité, la même impatience, la même brutalité.

Ce n'est pas vraiment surprenant. Pour les deux hommes, la politique n'est que le prolongement de la guerre par d'autres moyens. Elle n'admet pas les excuses. Ni les sentiments. Ils emportent tout sur leur passage. Et ils vont si vite qu'on se demande s'ils prennent la peine de respirer.

L'un et l'autre partaient à l'assaut d'une vieille garde encore puissante : qu'il s'agisse des barons du gaullisme (Chaban, Guichard, etc.) ou des apparatchiks du socialisme (Mollet, Savary, etc.), elle était bien décidée à ne pas se laisser déloger. Ils ne l'ont pas prise en traître puisqu'ils lui ont fait part, peu auparavant, de leur dessein. Puis ils l'ont croquée, grain à grain, comme une grappe de raisin, avec le même flegme ricanant.

C'est ainsi que l'un est devenu Chirac et l'autre, Mitterrand : en faisant table rase.

Jusqu'à présent, Chirac, casse-cou dégourdi et joueur inspiré, avait construit son destin en se mettant dans le sillage des autres. Dans celui de Pompidou, pendant douze ans, puis dans celui de Giscard, pendant huit mois. Ce matin-là, en prenant la direction de l'UDR, il accède sans ambiguïté à la maturité politique, pour le plus grand malheur de V.G.E. Il ne reste plus au Premier ministre qu'à plumer l'oie sans la faire crier.

En attendant, c'est l'UDR qui crie. L'après-midi, quand les membres du comité central s'en vont retrouver les militants porte Maillot, à l'hôtel Concorde où se tient le conseil national du mouvement, ils sont accueillis par un brouhaha de clameurs, de huées, de sifflets. La tension est insupportable. Jacques Chirac commencera dans le chahut son discours d'ouverture. Quand il clôturera les débats, il déclenchera, au contraire, des tonnerres d'applaudissements.

Pourquoi a-t-il convaincu ? Parce qu'il a vaincu et que les militants gaullistes sont trop contents de se faire violenter. Leur mouvement, qui a vécu, pendant onze ans, à l'ombre d'un grand homme, a la nostalgie d'un vrai chef. Jacques Chirac en a les apparences, sinon les attributs. L'UDR aime les éperons, les mâchoires, les coups de cravache et les jugulaires au menton. Elle est conquise. Après le Général, elle a au moins hérité d'un colonel...

Au conseil national, pourtant, les barons ont sonné la charge. Olivier Guichard, par exemple, est sorti de sa réserve bonasse pour laisser tomber d'une voix exceptionnellement vigoureuse, l'index pointé en direction du Premier ministre : «C'est un mauvais coup parce qu'il nous divise. Votre décision renie un effort de plus de trente ans.» Michel Debré, sermonneur comme jamais, a mis en garde : «La politique n'est pas un jeu, la politique est un service public.» Annonçant sa décision de démissionner du mouvement, René Ribière, député du Val-d'Oise et vieille figure du gaullisme parlementaire, dit à Jacques Chirac : «Un de vos ministres, monsieur le secrétaire général, a récemment qualifié de "fascisant" un des principaux partis politiques. Avec vous à la tête de l'UDR, je crains que cette épithète ne puisse bientôt être appliquée à ce qui fut le mouvement gaulliste.»

Les exhortations historiques, les admonestations hystériques, rien n'y fait. Tous les barons ou presque devront s'incliner devant l'unanimisme qui soulève bientôt la salle. A la fin du conseil national, une motion de soutien à Jacques Chirac est adoptée à main levée. Un seul militant indique qu'il ne prend pas part au vote. C'est Jacques Chaban-Delmas.

Reste maintenant à gagner la victoire. Jacques Chirac, comme tous les machiavéliens, tend sa main aux vaincus. Il en fait même trop, comme toujours. On le voit se précipiter, tout effusant, vers Chaban qui passe dans un couloir : « Comment ça va, cher ami ? » On l'aperçoit se ruer, la paume tendue, vers Guichard, Vivien et les autres. Il faut savoir terminer une guerre...

Et cela, Chirac le sait. Il s'est donné deux mois pour réorganiser l'UDR et laisser la place à un homme qui aura sa confiance. En attendant, il soigne sa minorité en suivant à la lettre le précepte d'Henri IV : « Le meilleur moyen de se défaire d'un ennemi est d'en faire un ami. » Grâce aux voix chiraquiennes, Olivier Guichard est ainsi le mieux élu des parlementaires délégués au comité central. André Fanton, le hussard noir des barons, se voit proposer un secrétariat général adjoint qu'il refuse. Albin Chalandon, qui flottait entre les uns et les autres, acceptera, lui, l'aubaine.

L'état-major que Chirac met sur pied est guidé, comme le notera *le Monde*[1], par « la volonté d'affirmer une nouvelle image de marque : celle du libéralisme et d'une certaine ouverture ». Déjà, dans son discours au conseil national, le Premier ministre avait dans un même mouvement annoncé le projet de loi sur la taxation des plus-values, exalté les vertus de la participation et célébré la réforme de l'entreprise. Parmi les nouveaux secrétaires généraux adjoints et secrétaires nationaux du mouvement, on trouve des hommes comme Jean Taittinger, ancien garde des Sceaux de Pompidou, réformiste notoire ; Lucien Neuwirth dit « Lulu », auteur de la loi sur la contraception qui porte d'ailleurs son nom ; Jean de Lipkowski, ex-mendésiste, gaulliste de gauche ; René Caille, porte-parole toni-truant de l'aile « ouvriériste » de l'UDR.

Réformiste, Chirac ? Probablement. Pierre Lelong, alors secré-taire d'État aux PTT, qui entrera en conflit avec lui, se souvient : « Son obsession, c'était de faire du social. Il était à la remorque des idées de gauche, naviguant au plus près en essayant de se faire critiquer le moins possible par les commentateurs à la mode. »

Ainsi naquit Jacques Chirac : brûlant, rapace et réformiste, furieusement réformiste. Il ressemble si fort à un chef qu'il finira par se prendre pour tel.

Valéry Giscard d'Estaing n'a rien vu. Quand son Premier ministre prend l'UDR à l'abordage, Olivier Stirn, secrétaire d'État aux

1. 20 décembre 1974.

DOM-TOM, se trouve aux côtés de V.G.E., aux Antilles. Il rapporte que le président, en apprenant la nouvelle, était au comble du ravissement. Claude Pierre-Brossolette, secrétaire général de l'Élysée, se souvient avoir entendu Giscard commenter le coup d'État chiraquien ainsi : « C'est sans doute mieux comme ça. »

Le chef de l'État vit, il est vrai, au-dessus de lui-même. Il trône loin du monde et de son tintamarre. Il ne voit donc pas venir les coups. Claude Pierre-Brossolette explique ainsi, non sans cruauté, la psychologie présidentielle : « Il y avait, chez Giscard, l'idée qu'il était tellement beau et tellement intelligent qu'on ne lui ferait pas de méchanceté. Narcisse, il se croyait invulnérable, irrésistible. Et il avait parfois tendance à prendre les autres pour des imbéciles. »

Faisant taire les prophètes de malheur, le président dit à son état-major de l'Élysée : « "Ponia" est fatigant. Qu'il laisse donc tranquille ce pauvre Chirac ! » Et, à la fin de l'année, il décide de décorer son Premier ministre de l'ordre national du Mérite.

Apparemment, le couple Chirac-Giscard marche bien. Il règne entre eux des relations de confiance. Mais la confiance n'est-elle pas souvent mère du dépit ?

Les autruches

Le mensonge qui fait du bien vaut mieux que la vérité qui fait du mal.

Proverbe persan.

Les hommes politiques devraient préparer la prochaine génération. Ils se contentent généralement de préparer la prochaine élection. C'est, apparemment, ce que fait Jacques Chirac qui, dans les entretiens qu'il accorde à la douzaine, parle plus volontiers de politique que d'économie.

Après l'explosion des prix des matières premières de 1973 – ce qu'on appelle aujourd'hui le premier choc pétrolier –, Chirac a-t-il vraiment vu venir la crise qui, pendant près d'une décennie, allait secouer l'économie occidentale ? Oui et non. Certes, quelques jours après son accession à Matignon, il présentait un plan d'austérité. Certes, il n'a cessé, depuis lors, de plaider pour la rigueur : « Il faudra s'habituer à une économie dont la croissance sera modeste », déclare-t-il, le 23 septembre 1974. Mais c'est pour ajouter aussitôt : « Il faut absolument que le taux de progression des salaires reste légèrement supérieur au taux de progression des prix. » D'entrée de jeu, le Premier ministre a refusé de faire passer la lutte contre l'inflation avant le maintien du pouvoir d'achat et du plein emploi. Lors de sa déclaration de politique générale, il n'a même pas hésité à brocarder « l'erreur paresseuse de la déflation ». De ce point de vue, il est, à l'évidence, l'anti-Barre.

A qui va-t-il faire payer la crise ? A l'entreprise. Pour le Premier ministre comme pour le président de la République, c'est la victime expiatoire du choc pétrolier, taillable et corvéable à merci.

C'est donc l'entreprise qui endurera, pour l'essentiel, les effets du plan social – notamment avec l'augmentation du SMIC. C'est elle encore qui supportera le poids du plan anti-inflationniste de Jean-Pierre Fourcade – prélèvement fiscal supplémentaire de 5 milliards de francs, maintien d'un encadrement très strict du crédit, etc. Au lieu de répondre au choc pétrolier en renforçant les investissements, donc les entreprises, le tandem Giscard-Chirac a préféré prendre la décision de protéger avant tout les salariés et les consommateurs. Choix stratégique aberrant : pour s'en tirer, en somme, l'Hexagone devrait investir moins et consommer... plus.

C'est ainsi que la France sera l'un des rares pays industrialisés dont le train de vie restera intact, pour le plus grand malheur de son appareil industriel. En 1975, alors que la croissance est en moyenne négative dans les pays de l'OCDE (− 0,3 %), elle est positive dans l'Hexagone (+ 0,2 %).

Sur la crise, Giscard et Chirac parlent à peu près le même langage : celui, réconfortant, des anesthésistes. Après avoir annoncé qu'elle serait « durable », lors de sa conférence de presse du 24 octobre 1974, le président fait volte-face et répète en Conseil des ministres : « Dramatiser, c'est décourager. » Alors, sans discontinuer, le chef du gouvernement, la leçon bien apprise, dédramatise pour encourager. Lors d'un déjeuner organisé par la *Revue des Deux Mondes,* le 28 janvier 1975, il déclare : « Pour résumer la situation présente, je me suis gardé d'employer le mot " crise ". Il implique en effet, dans la mémoire collective des Européens, des souvenirs qui ne peuvent que rendre plus difficile une analyse correcte [...]. Dans le monde de 1975, il n'y a pas de crise mondiale. Il y a une remise en question qui peut être une salutaire remise en ordre. »

Chirac n'a pas voulu être celui qui fermerait le chapitre ouvert par les « trente glorieuses » – trente années pendant lesquelles le pouvoir d'achat a été multiplié par quatre. Il n'a pas eu ce courage. Mais il est vrai qu'aucun homme politique français ne l'a eu, ce courage. Jusqu'à ce que Pierre Mauroy, après un an de faste budgétaire et de relance par la consommation populaire, décide d'avaler le calice de la rigueur, en 1982.

Le Premier ministre n'en a pas moins été partisan d'une austérité plus « musclée » que celle du plan Fourcade (« Jacques me trouvait trop laxiste », reconnaît aujourd'hui son ancien ministre des Finances). Chirac fait également front, pendant plusieurs mois, contre tous ceux qui réclament la relance à tout va.

Dans *l'Express,* il résume ainsi sa philosophie économique devant le journaliste Roger Priouret :

« Sans doute, certains – je crois que vous en êtes – suggèrent une solution de plus grande facilité, qui consisterait à tolérer pour l'économie un certain taux de hausse des prix qui faciliterait la croissance. Mais il n'est pas possible de maintenir l'inflation à un taux modéré. Comme l'a dit un économiste qui avait de l'humour : " On ne fait pas plus un peu d'inflation qu'on fait un peu de grossesse. "

« L'inflation, en effet, n'a de charme, pour les agents économiques, que quand elle s'accélère progressivement, donnant à chacun l'illusion d'un accroissement constant de ses revenus en argent. Et, dans une économie ouverte comme la nôtre, on assiste très vite au déséquilibre des échanges extérieurs, auquel il faut remédier bientôt par une action de déflation qui plonge dans un chômage aggravé [1]. »

Ces propos, d'une grande orthodoxie, Jacques Chirac les a tenus après avoir relâché quelque peu la pression. Le 23 avril 1975, il parvient à arracher à V.G.E. un premier petit plan de relance. Mais il est convaincu que ce n'est pas assez. La production industrielle a baissé de 14 % en moins d'un an. Le niveau des offres d'emploi chute de 9 % tous les mois : le pays compte déjà neuf cent mille travailleurs sans emploi et le patronat en prédit déjà deux millions pour l'année suivante.

Que faire, alors ? Rompre avec la politique de refroidissement. Le Premier ministre se demande en effet si le diagnostic de François Mitterrand n'est pas le bon : le gouvernement risque d'être balayé, bientôt, par l'explosion sociale. A moins qu'il ne se décide à relancer vraiment. Chirac s'appuie sur une étude d'Edmond Malinvaud, probablement le plus grand économiste de France, réalisée pour le Commissariat général au Plan. Elle plaide pour un « redéploiement » de l'activité économique et, dans la foulée, pour le retour à une croissance soutenue. Le 23 juillet 1975, au cours du Conseil des ministres, le chef du gouvernement repart à la charge : « Avec notre taux de chômage, nous sommes entrés dans la zone de danger : c'est tout le pays qui peut maintenant sauter en l'air. Le plan de redressement n'a que trop duré. Les entreprises ont besoin d'une relance, même si les technocrates imbéciles ne songent qu'à freiner leurs investissements. »

Interloqué, V.G.E. fait un tour de table. Et, à la surprise générale, Michel Poniatowski abonde dans le sens du Premier ministre : « Les Français ont peur du chômage. Si l'on veut éviter que le climat ne se dégrade, il faut lâcher du mou. » Michel Durafour, ministre du Travail, et Christian Bonnet, ministre de l'Agriculture, embrayent. Le président est surpris. Surpris et secoué. C'est une unanimité qui donne à songer.

Le 29 juillet, Valéry Giscard d'Estaing flanche : « L'évaluation des faits économiques et sociaux a été différente au cours des derniers

---

1. *L'Express*, 24 novembre 1975.

mois de ce qui avait été prévu», dit-il aux Français. Puis : «Il faut donc agir.» Et le président annonce «un programme important de soutien de l'activité économique». Le lendemain, au Conseil des ministres, Jacques Chirac en profite pour enfoncer le clou. Il se livre à une attaque en règle de la politique de Jean-Pierre Fourcade avant de conclure : «On a commis, depuis un an, trop d'erreurs d'appréciation.»

Ainsi naît Chirac-la-relance. Après avoir prêché la rigueur pendant la première année du septennat de V.G.E., il se fait soudain, dans un retournement saisissant, l'avocat de la reprise économique. Jugulaire au menton, il se contredit lui-même avec la même conviction péremptoire.

Ainsi naît aussi Chirac-l'inconstant. A cette occasion, en effet, il apparaît comme un personnage qui change d'avis comme de chemise. Question de propreté sans doute, comme disait Jules Renard. Mais le Premier ministre brouille ainsi son image de hussard noir téméraire et tout d'une pièce.

Il fait le parcours inverse de François Mitterrand qui, en 1981, a commencé par prendre les chemins de la relance avant de déboucher, grâce à Pierre Mauroy, sur la rigueur économique. Mais, dans les deux cas, le résultat est le même. C'est une perte de crédibilité.

En reprenant à nouveau le thème de la croissance, Chirac ne fait pourtant que reprendre un vieux thème qui lui est cher. Pour lui, le doute n'est plus permis, à l'approche des échéances électorales : le gouvernement doit entrouvrir les vannes. A Roger Priouret encore, le Premier ministre déclare froidement : «Ce qui est important pour nous, non seulement pour notre devoir d'hommes politiques, mais pour les échéances électorales, c'est la situation économique et ses conséquences. La France est un pays – et Georges Pompidou le disait souvent – qui supporte à la rigueur l'inflation, mais certainement pas la récession et le chômage[1].»

Pour Chirac, cette crise, qui est arrivée sans qu'on l'ait fait venir, n'a rien à voir avec le destin : le monde est à la volonté bien plus qu'à la fatalité.

D'après plusieurs éminences du giscardisme, c'est sur l'économie que tout a commencé à se fissurer entre V.G.E. et le Premier ministre.

Jean-Pierre Fourcade se souvient d'avoir entendu Giscard dire, à

1. *Ibid.*

cette époque : « Sur la relance, Chirac a des thèses extrémistes. Il raconte vraiment n'importe quoi. »

Michel Poniatowski confirme que l'agacement présidentiel date de l'été 1975 : « Ils avaient un dialogue de sourds. L'un disait : "Ouvrons les robinets pour préparer les élections." L'autre répondait : "Serrons les boulons pour lutter contre l'inflation." »

A en croire la version officielle du giscardisme, Chirac, en présentant le plan de relance, se serait fait tancer par le chef de l'État :

« Je vous ai demandé un plan de lutte contre l'inflation. Vous m'avez fait un plan de relance de l'inflation.

– Il faut relancer l'économie pour pouvoir affronter en bonne position les élections législatives anticipées. Je propose qu'elles aient lieu en juin 1976.

– Les élections, ce n'est pas votre problème mais le mien. Occupez-vous de l'inflation. »

« Ponia » rapporte même que V.G.E. aurait grommelé devant lui . « Cette affaire de relance, c'est un choix politique fondamental. En lâchant maintenant, on se condamne sans doute à faire des efforts beaucoup plus grands dans l'avenir. »

A chacun sa vérité. Jacques Chirac refuse, lui aussi, d'assumer la paternité du plan de relance du 4 septembre. A l'entendre, il aurait préparé le terrain. Pas le train de mesures...

« Les pays européens étaient en pleine récession, explique-t-il aujourd'hui. Ils se sont donc concertés à Bruxelles pour mettre au point une relance par l'investissement. Ce plan, le président de la République l'a voulu. Jean-Pierre Fourcade l'a conçu. Et je l'ai, pour ma part, totalement approuvé. Je ne pouvais guère faire davantage : ce n'est pas trahir un secret de dire que la conduite de la politique économique m'échappait un peu. » Pourquoi, alors, lui attribue-t-on la responsabilité de la relance ? « Sans doute parce que Raymond Barre, mon successeur, a pris l'habitude, pour se forger une personnalité, de me critiquer à travers ce plan qu'il trouvait détestable. Mais il savait bien que c'est le président qui en avait pris l'initiative. »

Historiquement, Chirac n'a pas tort. C'est Giscard qui a mis au point le plan de relance. Dans *le Pharaon*[1], Jean Bothorel va même jusqu'à écrire : « Ce sera sa chose. »

A Bonn, lors du sommet franco-allemand, les 25 et 26 juillet 1975,

---

1. Tome 1 de l'*Histoire du septennat giscardien*, Grasset, 1983.

c'est en effet le président qui définit les grands principes du plan avec Helmut Schmidt qui, de son côté, parachève ses mesures de relance de l'économie allemande. Après le Conseil des ministres du 4 septembre, c'est encore Giscard qui présente aux Français ce qu'il appelle son « programme de développement économique » : 23 milliards de crédits supplémentaires – pour les restructurations industrielles, le réseau routier, le logement, le TGV, etc.

C'est un plan Giscard, en somme. Pas un plan Chirac. Et, claquemuré dans son bureau de Matignon, le Premier ministre ne manque pas, à l'époque, de le faire savoir : « Giscard, explique Chirac à sa petite équipe de l'UDR, ne peut tout de même pas nous faire endosser la responsabilité d'une politique qu'il a directement concoctée avec les ministres, par-dessus Matignon[1]. »

S'il n'est pas l'auteur du plan, Chirac l'a inspiré. Bref, il est au moins complice.

Étrange fatalité. Giscard et Chirac avaient d'abord raté la rigueur : en refusant de toucher au pouvoir d'achat des ménages, ils avaient plumé l'avenir, c'est-à-dire les entreprises et les investissements. Ils allaient maintenant rater – à moitié, il est vrai – la relance. Entre octobre 1975 et avril 1976, la croissance a atteint, en taux annuel, 18 %. Mais la hausse des prix reste à un niveau trop élevé : 10 %. Et le déficit du commerce extérieur continue à se creuser.

A qui la faute ? L'un et l'autre étaient sur la même longueur d'onde. Ce n'est donc pas à cause du fond des choses que Chirac et Giscard ont entamé, cet été-là, leur procédure de divorce. C'est à cause des vices de forme : en quelques mois, ils vont miner leur contrat de confiance...

1. *Ibid.*

Les liaisons dangereuses

> La haine est toujours plus clairvoyante et plus
> ingénieuse que l'amitié.
>
> *Pierre Choderlos de Laclos.*

« Vous n'avez pas été un mauvais Premier ministre. Vous n'avez pas été Premier ministre du tout. »

C'est ce que Jacques Chirac s'est entendu dire, un jour, alors qu'il demandait à Marie-France Garaud s'il avait été un bon chef de gouvernement. Dans la bouche de son éminence grise, ce n'était sûrement pas une boutade. Comme Pierre Juillet, elle était convaincue que l'ex-hussard de Georges Pompidou n'avait pas pris, à Matignon, assez de hauteur ni de recul, qu'il s'enlisait dans la gestion quotidienne, qu'il suivait, pour tout dire, la stratégie du bourdon sur la vitre.

Était-il vraiment Premier ministre, ce grand escogriffe toujours pressé, jamais en repos et légèrement écervelé ? A cette époque, Marie-France Garaud raconte qu'elle a découvert un autre Chirac : « Celui du soir, celui que je connaissais jusqu'alors, était attentif et sérieux. Celui du jour, celui que j'apprends à connaître, est dissipé et galopant. »

Notant que V.G.E. rend souvent des arbitrages contre son Premier ministre, Marie-France Garaud demande à Jacques Chirac de réunir son état-major, chaque lundi matin, pour faire le point sur les dossiers de la semaine. Il accepte, apparemment de bonne grâce. Mais il arrive toujours en retard, l'air distrait ou préoccupé, c'est selon. Il passe son temps à répondre au téléphone. Parfois même, il s'éclipse au bout de quelques minutes : « Excusez-moi. Il faut que j'appelle la Corrèze. C'est important. » Il va de soi que la conférence du lundi sera rapidement supprimée...

On peut trouver plusieurs explications à l'attitude du Premier ministre. D'abord, sa difficulté à se concentrer sur les questions de fond – ce qui n'est pas surprenant chez un homme qui ne croit pas à l'urgence du long terme. Ensuite, sa volonté de ne pas laisser ses propres collaborateurs prendre en main sa stratégie – et il est vrai que Marie-France Garaud était une conseillère aussi directive que dominatrice. Il est même probable que Jacques Chirac a saboté la conférence du lundi pour les deux raisons en même temps : par lassitude de primesautier et par soif d'autonomie.

Faut-il en conclure pour autant que cet ennemi de la prévision ait été un exécrable Premier ministre ? Les avis sont partagés. Curieusement, Michel Poniatowski prend, sur cette question, le contre-pied de Marie-France Garaud : «Chirac faisait très consciencieusement son métier de Premier ministre. Tant qu'il n'a pas fait de politique, il faisait de la très bonne gestion.»

Claude Pierre-Brossolette, alors secrétaire général de l'Élysée, est à peu près sur la même longueur d'ondes : «Il était rapide, sérieux, efficace. Il était même gentil et modeste.» Puis : «Mais je n'arrivais jamais à savoir le fond de ses convictions. Je n'étais même pas sûr qu'il en avait.»

Sur ses qualités de Premier ministre, tout le monde n'a pas la même vision : les déçus du chiraquisme, par exemple, condamnent le Premier ministre de Giscard au nom de la morale, de l'aptitude et de la capacité politique.

Pierre Lelong, que Jacques Chirac a écarté sans ménagement du secrétariat d'État aux PTT après une grève des postiers qui avait mal tourné, est l'un des moins indulgents : «Le Premier ministre était toujours de l'avis du dernier qui avait parlé. Du coup, ses consignes changeaient tout le temps. Et il était très difficile de travailler avec lui. D'autant qu'il était impensable de lui extorquer une conversation de fond. C'était bien la preuve qu'il n'avait pas d'idées bien précises sur la politique à suivre.»

Yves Guéna, que Jacques Chirac a porté à la tête du mouvement gaulliste avant de le liquider quelques mois plus tard, n'est pas moins cruel : «A la fin, les comités interministériels à Matignon avaient disparu. Il n'y avait plus que des conseils restreints à l'Élysée. Le Premier ministre était trop occupé à faire de la politique. Il faisait, non sans raison, une fixation sur Michel Poniatowski qui le court-circuitait systématiquement. Il passait donc son temps à courir après le ministre de l'Intérieur. Et, pendant ce temps-là, il ne gouvernait pas.»

C'est tout le problème : depuis son arrivée à l'Élysée, V.G.E. a deux bras droits. Un de trop. Alors, ils jouent, comme le dira un jour Marie-France Garaud, à «Madame Première et Madame Seconde».

Gigantesque, attentif et sanguin, Poniatowski parle d'une voix douce. Il a souvent les yeux baissés et un sourire coquin, comme s'il pensait à autre chose. Mais, quand il est avec V.G.E., tout son visage s'anime, ses pommettes rougeoient, ses deux petits yeux papillotent de plaisir : c'est un autre homme. « Spadassin et femelle, comme dit Marie-France Garaud, Poniatowski a aimé Giscard comme un homme aime un homme. » Claude Pierre-Brossolette confirme : « "Ponia" était jaloux comme un tigre. Et, comme il est du genre lourdaud, il a multiplié les impairs. » Jean-Pierre Fourcade avoue : « Il me montait sans arrêt contre Chirac. »

Jacques Chirac ne voit pas les choses autrement. « C'est Michel Poniatowski qui a creusé le fossé entre Giscard et moi, dit-il aujourd'hui. Étant de nature très disciplinée, j'ai, au départ, complètement joué le jeu. Mais "Ponia", qui considérait que je prenais trop de place, disait sans arrêt au chef de l'État : "Méfie-toi de Chirac. Il fait trop de voyages à l'étranger. Il te fait de l'ombre." C'était de l'action psychologique vingt-quatre heures sur vingt-quatre. Et, bien entendu, ça a fini par porter. A cela, il faut ajouter mon lot de vexations quotidiennes. Elles avaient pour effet de me dresser contre le président et non contre leurs auteurs que je ne connaissais d'ailleurs pas. »

Dans *les Mille Sources* [1], son livre non publié, Jacques Chirac avait développé le même thème : « Il m'est arrivé d'apprendre – par l'un ou l'autre de mes ministres, quand ce n'était pas par la presse ou la radio – des décisions importantes sur lesquelles je n'avais pas été consulté. S'il m'advenait de diverger d'opinion avec mon ministre de l'Économie et des Finances, je pouvais très bien apprendre qu'une décision avait été prise à l'Élysée sans que j'en aie été davantage informé. Jour après jour, j'ai mesuré ce qu'il y avait d'inconvenant à prétendre détenir une responsabilité qu'on n'était pas en mesure réelle d'exercer. »

Le 31 janvier 1975, quand Giscard et « Ponia » remanient le gouvernement, ils ne prennent même pas la peine de prévenir Chirac qui, quelques jours plus tôt, déclarait, péremptoire, qu'il n'y aurait pas de remaniement.

Quelques mois plus tard, cherchant un remplaçant pour Jacques Pélissier, son directeur de cabinet, qui vient de prendre la présidence de la SNCF, le Premier ministre convoque un homme qui l'a ébloui lors de son passage éclair à l'Intérieur. Un roc comme il les aime. C'est Robert Pandraud, énarque à la voix rocailleuse. Bougon,

1. *Op. cit*

balourd, zozotant et tétant toujours quelque chose, une cigarette, une pipe ou un crayon, il a l'œil mi-clos du berger, sa vigilance tranquille. Et il ne semble jamais ému par rien, même quand tout bouge autour de lui.

Chirac demande à Pandraud s'il veut bien devenir son directeur de cabinet à Matignon.

« Évidemment, fait l'autre. Mais il faudrait que tu en parles à "Ponia". Jusqu'à nouvel ordre, je fais partie de son cabinet.

– J'en fais mon affaire », tranche Chirac.

Le Premier ministre appelle alors « Ponia » sur l'interministériel. Pandraud comprend tout de suite que l'affaire est mal engagée. Chirac rame, s'échauffe. Puis, laissant tomber l'écouteur :

« Je suis désolé mais ça ne peut pas se faire. "Ponia" et le président envisagent autre chose pour toi : la direction générale de la Police. »

Y a-t-il encore un Premier ministre à Matignon ? Celui qui, alors, fait office de chef du gouvernement ne peut en tout cas pas choisir à sa guise son directeur de cabinet. Pas banal...

Michel Poniatowski a bon dos et les courts-circuitages n'expliquent pas tout. Entre Jacques Chirac et Valéry Giscard d'Estaing, le malentendu date du premier jour. Catherine Nay l'a fort bien résumé : « Valéry Giscard d'Estaing croit son Premier ministre assez souple et maniable pour lui être indéfectiblement soumis et Jacques Chirac croit le président assez malléable et fragile pour lui imposer à la longue ses volontés. C'est la double méprise [1]. »

La conquête de l'UDR par le Premier ministre a commencé à entrouvrir les yeux présidentiels : pour la première fois dans l'histoire de la Ve République, le chef du gouvernement pèse plus lourd, à l'Assemblée nationale, que le président de la République. C'est un tournant institutionnel. Et François Mitterrand, alors premier secrétaire du PS, ne fait pas seulement de la polémique quand il déclare au *Point* [2] : « Désormais, le président de la République n'est plus maître du choix de son Premier ministre, car celui-ci dispose d'un appui parlementaire plus large que le sien. Il ne pourra plus le révoquer à son gré, sauf à l'occasion de difficultés gouvernementales qui affaibliraient l'exécutif [...]. M. Giscard d'Estaing rêvait d'un régime de plus en plus présidentiel. Et c'est le contraire

1. *La Double Méprise, op. cit.*
2. 27 janvier 1975.

qui se produit. La dyarchie récusée dédaigneusement par de Gaulle existe désormais. La faillite constitutionnelle par où passera un jour ou l'autre la crise des institutions, c'est-à-dire la possibilité pour un Premier ministre de rester à son poste en s'appuyant sur l'Assemblée nationale contre la volonté du chef de l'État, M. Chirac, par son récent retour en force, vient de l'actualiser. M. Giscard d'Estaing mesurera bientôt la faute qu'il a commise en négligeant cet aspect de la Constitution et en désignant un homme capable de l'exploiter, ce qu'avant lui de Gaulle et Pompidou avaient soigneusement évité. »

Le trait est forcé, la conclusion scabreuse, mais l'analyse est juste : Jacques Chirac a entrepris de se hisser au niveau de Valéry Giscard d'Estaing. Ce n'est pas sans raison que l'état-major de V.G.E. à l'Élysée répète alors à qui veut l'entendre la sentence d'un vieux sage chinois qui avait tout compris : « Le ciel n'a pas deux soleils, le peuple n'a pas deux souverains » (Mencius).

Au fur et à mesure que le Premier ministre renforce son emprise sur l'UDR, le président semble perdre la sienne sur la majorité : l'un grandit, l'autre rétrécit. C'est particulièrement clair aux assises du mouvement gaulliste à Nice, les 14 et 15 juin. Elles réunissent six mille délégués sous le plus grand chapiteau de France et devant des portraits de cinq mètres de haut du général de Gaulle et de Georges Pompidou. C'est le sacre de celui qui, il y a un an encore, n'était qu'un homme seul, désarmé, renié par les siens.

A la stupeur générale, Jacques Chirac annonce, à la fin de son discours de clôture, qu'il se démet de son mandat de secrétaire général. Il propose de se faire remplacer par un intérimaire, André Bord, gaulliste alsacien, dévoué et pataud, qui, cela va de soi, ne lui fera pas d'ombre. Pour qui n'aurait pas compris, il annonce, dans la foulée, qu'il se « considère comme moralement responsable de l'avenir du mouvement ». Et il se fait proclamer secrétaire général d'honneur.

Pourquoi cette « démission » ? Parce que, tout en continuant à contrôler l'UDR, Jacques Chirac entend maintenant étendre sa main sur toute la majorité. Il guigne, pour tout dire, le titre de chef de ladite majorité pour préparer les élections législatives de 1978. Depuis plusieurs mois déjà, il explique au président qu'elle ressemble à une « brouettée de grenouilles qui sautent de tous les côtés » ; qu'il lui faut un grand coordonnateur ; qu'il est tout désigné, en tant que Premier ministre, pour tenir ce rôle. A chaque fois qu'il revient à la charge, V.G.E. fait mine de ne pas comprendre : « Mais, voyons, vous êtes déjà chef de la majorité. »

Que veut Chirac ? D'abord, en finir avec les petites phrases. C'est à croire que tout le monde, dans la majorité, n'a de cesse que de le ridiculiser ou de le brocarder, c'est selon. Les membres du gouvernement s'en prennent parfois directement à lui. Le Premier ministre ayant déclaré – sottement – que le pays a évité « un grand drame » en votant V.G.E., et non Mitterrand, Françoise Giroud, secrétaire d'État à la Condition féminine, lui répond publiquement : « Je ne saurais tolérer que l'on crache sur l'opposition. C'est peut-être habile, mais c'est insupportable que l'on dise de la moitié des Français qu'ils ont été des criminels. » Pierre Abelin, ministre centriste de la Coopération, déclare froidement : « Il faut combattre l'UDR avec toute notre énergie. » Quant à Jean-Pierre Fourcade, dans un entretien avec Jacqueline Chabridon pour *le Figaro*[1], il défie son Premier ministre avec une insolence inouïe : « J'ai une plus grande expérience de la gestion que Jacques Chirac. Il n'a jamais dirigé personnellement une administration ou une entreprise, il s'est peu penché sur les problèmes internationaux. Il me fait donc confiance dans ces domaines. Nous avons des conceptions différentes de la société. Il est, au fond, beaucoup plus interventionniste et dirigiste que moi. C'est un homme qui a été marqué par la sociologie de sa circonscription. »

Ces ministres, Jacques Chirac les retrouve, chaque mercredi ou presque, à la table du Conseil. Ils n'ont cure de ses remontrances. Ils le regardent droit dans les yeux, avec un sourire moqueur, parce qu'ils ont tous droit à la protection de V.G.E. Autant dire que l'autorité du chef du gouvernement est flageolante, aux sommets de l'État.

Humilié, Jacques Chirac passe sa mauvaise humeur sur deux hommes de Giscard : René Haby, ministre de l'Éducation nationale, et Christian Bonnet, ministre de l'Agriculture. Ce sont ses têtes de Turcs. A l'un, il dit en comité interministériel : « On sait que vous avez été instituteur. Ce n'est pas la peine de défendre cette profession à ce point. » A l'autre, il lâche devant plusieurs ministres : « Vous êtes incapable de diriger votre administration. » Et il oublie d'inviter Bonnet aux repas qu'il organise régulièrement avec les quatre principaux représentants du monde agricole – les présidents de la FNSEA, des Jeunes Agriculteurs, des chambres d'agriculture et de la Mutualité agricole.

Irritable et crispé, Chirac n'a pas toujours la hauteur et la patience

_____

1. Le 30 avril 1975.

que commande la fonction. On le verra même, un jour, interrompre brutalement un comité interministériel après une algarade avec Jean-Pierre Fourcade.

Chirac voudrait que le gouvernement et la majorité le reconnussent. Il a besoin de considération et de beaucoup d'autres choses encore.

Après avoir abandonné le secrétariat général de l'UDR, aux assises de Nice, Chirac est convaincu que Giscard ne fera plus aucune difficulté pour le mettre officiellement à la tête de la majorité présidentielle. Il se trompe. V.G.E. répugne, non sans raison, à confier le « rééquilibrage » de ladite majorité à celui qui, politiquement, y a le moins intérêt.

Au Conseil des ministres qui suit les assises de Nice, le chef de l'État, après avoir salué la « démission » de son Premier ministre (« C'est une sage décision »), laisse tomber un commentaire équivoque : « l'organisation d'ensemble de la majorité présidentielle » devra permettre aux Françaises et aux Français « d'apporter leur soutien personnel au mouvement vers une société libérale avancée ». Comprenne qui pourra...

Le Premier ministre comprend tout de suite. Il est atterré. Il ne se sent pas la force de supporter longtemps encore les diatribes et les sarcasmes des ministres ou des apparatchiks giscardiens. Ce qui n'était qu'une querelle de pouvoir se transforme ainsi peu à peu en conflit politique.

Récapitulons. Depuis l'avènement de V.G.E., la surprise est au pouvoir. Le président tend la main aux taulards de Lyon. Il invite les éboueurs à petit déjeuner à l'Élysée. Il s'en va dîner chez le Français moyen, garde-champêtre ou sapeur-pompier, dans le pays profond. Il change le rythme de *la Marseillaise*. Il décide que la photo officielle ne se fera plus en hauteur, mais en largeur, et qu'il n'y sera plus en redingote mais en habit de ville. Il fait broder son emblème sur le drapeau présidentiel. Il conduit souvent sa voiture lui-même. Bref, il étonne.

Autant dire qu'il agace Chirac. Avant de se rendre au Conseil des ministres, le chef du gouvernement dit parfois à ses collaborateurs : « Qu'est-ce qu'il va encore nous inventer, ce matin ? » Il n'aime pas ce qu'il appelle, avec un brin de condescendance, les « gadgets » du président.

Et ses réformes ? Apparemment, elles lui conviennent. Après tout, c'est lui qui les met au point et qui les défend devant le Parlement. Le chef du gouvernement a ainsi fait voter l'abaissement de l'âge du droit de vote à dix-huit ans, la libéralisation de la contraception, la légalisation de l'avortement, la réforme des collectivités locales, etc.

V.G.E. ayant déclaré que la France doit devenir « un immense chantier de réformes[1] », Chirac en est le maître d'œuvre. Aujourd'hui, pourtant, ses biographes orthodoxes expliquent religieusement qu'il fut, d'entrée de jeu, un réformiste malgré lui : la tension entre les deux hommes aurait donc été avant tout politique.

A en croire Thierry Desjardins[2], le Premier ministre découvre très vite que « finalement, Giscard est chabaniste. Même manie de vouloir faire jeune, de jouer au tennis ou de faire du ski devant les photographes, même idée fixe qu'on peut récupérer l'électorat de l'adversaire sans perdre le sien [...]. Chirac sait parfaitement que, si le président se lance dans cette politique de la proie pour l'ombre, il va perdre des voix en masse sans en gagner une seule ».

Sur la forme, il est vrai, le président et son Premier ministre ne sont pas sur la même longueur d'ondes. Tandis que V.G.E. célèbre Léon Blum – « l'un des hommes politiques que j'admire le plus » – et les idées de la gauche – beaucoup « doivent être mises en œuvre » –, Chirac multiplie les attaques frontales, sans grande élégance, contre le Programme commun. Question de tempérament. Juste répartition des rôles aussi...

Mais sur le fond ? Pierre Juillet et Marie-France Garaud ont, certes, une vision clairement conservatrice de la société – provinciale, gastronome et gaullienne. Ils mettent en garde contre ce qu'on pourrait appeler le syndrome de Benjamin Disraeli. Autrement dit, contre la politique qui consiste à revêtir les habits de l'adversaire. « Chassez votre électorat, disent-ils, c'est l'autre qui revient au galop. Et qui vous renverse. » Jacques Chirac hausse les épaules. Il reste, lui, sur sa ligne des années soixante, celle du réformisme « musclé ».

Et c'est ainsi que les mesures sociales des premiers mois du septennat de V.G.E. portent sa griffe. Il supervise la création de l'allocation supplémentaire d'attente qui garantit aux personnes licenciées pour raison économique 90 % de leur salaire brut pendant un an. Il met également au point la loi du 3 janvier 1975 qui subordonne tout licenciement à l'autorisation de l'Inspection du travail. Encore un pied de nez de l'Histoire : c'est l'annulation de cette loi qui figurera en tête du programme de la droite pour la campagne des élections législatives de 1986.

1. 24 septembre 1974.
2. *Un inconnu nommé Chirac, op. cit.*

Ce n'est pas tout. Chaque fois qu'il en a l'occasion, Chirac réaffirme sa volonté réformatrice. Il entend bien changer la société, ni plus ni moins. Dans un grand entretien avec Georges Mamy pour *le Nouvel Observateur*[1], il définit ainsi sa philosophie sociale : « J'ai toujours été frappé par le caractère excessif des inégalités dans notre société non pas par rapport à ce qui existe dans d'autres pays mais par rapport à ce qui devrait exister pour des gens qui ont pour ambition – comme c'est le cas des gaullistes – d'affirmer la dignité de l'homme. Et, bien que ce soit une tâche difficile, ardue lorsqu'on [...] voit les adhérences qui maintiennent les privilèges, je pense que nous devons affirmer de façon concrète notre volonté d'organiser une société plus juste et plus humaine. Eh bien, nous le ferons [...]. Je crois que tous les murs peuvent être abattus. La puissance des armes modernes est plus grande et les remparts sont de plus en plus fragiles. »

A l'UDR, il ouvre même officiellement la chasse aux conserva-teurs lors d'un comité central qui se réunit les 11 et 12 octobre 1975 : « Les conservateurs ont tenu une trop grande place dans l'UDR. C'est aux plus progressistes d'entre nous d'occuper le devant de la scène. »

Paroles verbales ? Sa pratique gouvernementale a tendance à coïncider avec sa mélopée réformiste. S'il bloque la réforme de l'entreprise avec la complicité tacite de V.G.E., Chirac enterre aussi quelques projets qui ont le défaut d'être à rebours de la sensibilité ambiante et de l'idéologie dominante, celle de la gauche. Il en va ainsi de la privatisation d'une partie de l'audiovisuel d'État.

Quelques semaines après l'arrivée de Giscard à l'Élysée, Denis Baudouin, alors délégué à l'information du gouvernement – le ministère du même nom a été supprimé par Pompidou –, propose la privatisation de la troisième chaîne de l'ORTF. C'est une bombe. Mais Baudouin est un vrai libéral et il est allé jusqu'au bout de sa logique.

V.G.E., note Jean Bothorel dans *le Pharaon*[2], « partage les convictions de Baudouin et dit clairement son intention de rompre le monopole». Ce projet, révolutionnaire pour l'époque, dresserait fatalement beaucoup de monde contre lui : les gaullistes, les socialistes et les communistes, les syndicats... Chirac s'y oppose avec la dernière énergie, et Giscard finira par s'incliner. Il faudra se contenter d'un éclatement de l'ORTF.

1. 3 février 1975.
2. *Op. cit.*

On peut expliquer la position de Chirac contre la privatisation par cet étatisme robuste et véhément qui, depuis l'ENA, ne l'a jamais quitté. On peut aussi l'interpréter par la volonté de ne pas effaroucher cette intelligentsia qu'il prétend mal connaître et qui s'accroche fiévreusement au principe du monopole d'État sur l'audiovisuel. Le plus sensible aux sirènes du Tout-Paris culturel n'est pas forcément celui qu'on croit. C'est particulièrement net lors de l'affaire de la vente du *Figaro*.

Quand le plus vieux quotidien de France commence à battre de l'aile et que ses propriétaires décident de s'en débarrasser, le Premier ministre cherche à le faire reprendre par plusieurs banques. Mais Robert Hersant est plus rapide. Il bénéficie aussi de l'appui de V.G.E. et de Marie-France Garaud. Aux sommets de l'État, Chirac est, curieusement, celui que gêne le plus aux entournures le rachat du *Figaro* par le député UDF de l'Oise. Il soutient même ceux qui, derrière Raymond Aron, entendent limiter l'influence de leur nouveau patron sur la ligne politique du journal.

Dans ses *Mémoires* [1], Raymond Aron, racontant l'histoire d'un combat perdu, confirme bien que Jacques Chirac ne resta pas inerte :

« Les grands personnages auxquels je confiai mes inquiétudes ne manifestèrent qu'un médiocre intérêt pour cette crise à répétition du *Figaro* (à l'exception de Jacques Chirac).

« Le président de la République me déconseilla, si mes souvenirs ne m'abusent pas, de quitter *le Figaro,* mais il me parut insensible à l'essentiel, à savoir la perte d'autorité intellectuelle et morale qu'entraînerait pour le journal le départ de quelques noms symboliques. Seul Jacques Chirac reconnut la force de l'argument et il menaça Robert Hersant de lui refuser le soutien de l'UDR aux élections s'il acculait au départ les " intellectuels " du *Figaro*. »

Chirac saura bien, le moment venu, amadouer Hersant. D'autant qu'il ne résiste pas au magnétisme naturel de celui qui est en train de fabriquer le premier groupe de presse français. Mais l'épisode en dit long sur ses doutes, sa pente naturelle, sa mauvaise conscience.

Va-t-il tomber à droite ou à gauche ? Comme V.G.E., Chirac a souffert d'un prurit réformiste et cherché à échapper au face-à-face avec son électorat. Comme lui encore, il a cru que « le changement est une nécessité de survie ». Pendant les premiers mois du septennat, en fait, les deux hommes ont ouvert les enchères. Et il est

1. Julliard, 1983.

malaisé de dire aujourd'hui qui, en matière de réformisme, fut le plus offrant des deux...

Peu à peu, pourtant, Chirac a commencé à détester la « réformite » giscardienne. Il l'a associée à tout le reste, et d'abord aux innombrables coups de téléphone quotidiens de ce président effervescent qui le harcèle sans arrêt avec de nouvelles idées et le traite en secrétaire ou, au mieux, en directeur de cabinet.

En décembre 1975, Chirac a pris sa décision. Pendant les fêtes de Noël, qu'il passe en Guyane où il est en visite officielle, il glisse à l'oreille d'Olivier Stirn, son secrétaire d'État aux DOM-TOM :

« Je ne crois pas que Giscard va finir son mandat.

— Tu plaisantes ou quoi ? fait Stirn, amusé.

— Il y a trop de problèmes et il ne cherche pas à les résoudre. On dirait qu'il ne se rend compte de rien. Il va falloir prendre ses distances, ça va tanguer. »

Quelques jours plus tard, Jérôme Monod, son directeur de cabinet, annonce au Premier ministre qu'il souhaite faire entrer au cabinet de Matignon Jacques Wahl, conseiller financier à Washington, pour superviser les questions économiques. « N'en fais rien, dit Chirac. Je crois qu'on va bientôt partir. »

Le putsch

Le roi ne meurt jamais.
François Ier.

Le 11 janvier 1976, V.G.E. et « Ponia » remaniaient leur gouvernement. Officiellement, ce n'est rien qu'un « réaménagement technique » sans importance. Mais les deux hommes abattent leurs cartes. Un homme aux manières onctueuses, à la voix de violoncelle et au curriculum chargé, fait son entrée dans le gouvernement. C'est Raymond Barre, professeur d'économie et ancien vice-président de la Commission de Bruxelles. Il devient ministre du Commerce extérieur.

C'est « Ponia », convaincu de la fin prochaine de Chirac, qui l'a glissé dans le gouvernement, à tout hasard. « Mettons un fer au feu », a-t-il dit à V.G.E. qui a opiné. Non sans humour, le chef de l'État a ensuite demandé à son Premier ministre d'annoncer lui-même à Barre qu'il lui offrait le Commerce extérieur. Barre se fera prier. Il demandera un délai de réflexion. Chirac ne lui donnera que la nuit...

Mais ce qui frappe alors le plus dans ce nouveau gouvernement Chirac, ce n'est pas l'entrée en politique de Raymond Barre ; c'est la promotion donnée aux principaux rivaux du Premier ministre, Michel Poniatowski et Jean Lecanuet, qui deviennent tous deux ministres d'État. Quand ils apprennent la nouvelle, Pierre Juillet et Marie-France Garaud éructent.

« Vous vous êtes laissé manœuvrer comme un trompette », tonne Juillet dans son langage inimitable.

Quant à Garaud, elle fait carrément une scène.

« C'est ridicule, dit-elle. Vous avez l'air de la pendule entre les deux candélabres. Il faut refuser.

— Mais il est trop tard, beaucoup trop tard », fait Chirac, à la fois ennuyé et pressé.

Il prend congé.

« Où allez-vous ? demande Garaud.

– Déjeuner à l'Élysée avec " Ponia " et Lecanuet.

– Mais ce n'est pas possible. Annulez tout de suite ce déjeuner.

– J'ai accepté, répond l'autre avec lassitude. On ne fait pas faux bond au président de la République. »

Jacques Chirac est blessé. A partir de ce jour-là, il écoute d'une oreille attentive et complaisante les philippiques de ses deux conseillers. Et il hoche la tête quand ils lui disent qu'il est mis sur le même pied que « Ponia » et Lecanuet, qu'il est relégué au rang de chef de parti, que l'UDR n'est plus marginalisée mais ridiculisée.

Comme une humiliation n'arrive jamais seule, V.G.E. lui cherche noise à propos de l'appartenance politique de Norbert Segard, nouveau secrétaire d'État aux PTT. Cet élu du Nord, apparenté UDR, est tout à la fois gaulliste, giscardien et démocrate-chrétien. Une girouette ? « Non, se souvient Chirac. C'était un type très sympa. On se l'arrachait et il disait oui à tout le monde. »

Avant le remaniement, Chirac lui demande de prendre l'étiquette du mouvement gaulliste afin d'étoffer son contingent de ministres. « Giscard est tout à fait d'accord », croit-il bon de préciser. Peu après, Segard se rend chez le président. Après l'avoir félicité de son entrée au gouvernement, Giscard lui demande sur un ton dégagé pourquoi il s'est laissé étiqueter UDR lors de la formation de l'équipe ministérielle. « Parce que vous l'avez voulu, voyons », répond Segard, étonné. Le chef de l'État lève un sourcil dubitatif. Et il se fait raconter l'entretien que le nouveau secrétaire d'État a eu avec le Premier ministre. Alors, furibond, il téléphone à Chirac et le convoque. Il n'aura droit, cela va de soi, qu'à des explications embrouillées.

Meurtrissure n'est pas rupture. Mais c'est à cette époque que Chirac commence à dire de temps en temps à V.G.E., au hasard d'un aparté : « Je tiens à vous prévenir. Il va falloir que vous trouviez un autre Premier ministre. »

Giscard ne prend pas la chose au tragique. Ni même au sérieux. Il semble même se faire une raison. Dans l'euphorie de l'état de grâce, il disait à Chirac qu'il aimerait avoir le même Premier ministre jusqu'à la fin du septennat. Il a tendance, maintenant, à écourter le mandat du chef du gouvernement. « Vous pourriez durer jusqu'aux élections législatives de 1978 », dit-il à Chirac. Puis, mystérieux : « Après, on verra... »

C'est là que le bât blesse. Le Premier ministre est convaincu que la crise économique va encore s'aggraver ; que Giscard est déjà victime, dans le pays, d'un phénomène de rejet ; que la majorité, telle qu'elle est composée et dirigée, court à la catastrophe pour les élections législatives de 1978. Et il ne se sent pas une vocation de bouc émissaire. D'autant qu'il se demande s'il n'a pas un destin national. Il n'est pas le seul. A la fin de l'année précédente, en visite à Dijon, le chef de l'État est resté interloqué devant des pancartes où étaient inscrits en lettres grasses deux mots qui, mis ensemble, devenaient explosifs : « Chirac président ! » « Qui sont ces gens ? » a-t-il exhalé avec un air de dégoût.

Que peut faire Chirac ? D'après Jacques Friedmann, tout a basculé dans les premiers jours de mars 1976 lors d'une réunion dans l'appartement de Pierre Juillet, rue Vaneau, à quelques pas du bureau du Premier ministre. Depuis plusieurs mois, le chef du gouvernement quitte ses dossiers et son téléphone entre 17 et 19 heures pour se rendre chez son « père Joseph ». Là, autour de la cheminée du salon, il retrouve Marie-France Garaud et Jacques Friedmann. Jérôme Monod et Charles Pasqua se joignent parfois au petit groupe qui, entre deux whiskies, est en train d'échafauder, pour l'avenir, des plans, des hypothèses, des machinations.

Le jour dit, Pierre Juillet, un verre à la main, définit ainsi devant son protégé la stratégie de rupture qui sera suivie les mois suivants : « Le poste de Premier ministre, ce n'est pas rien. On ne le quitte pas sur un coup de tête. Si vous voulez partir, il vous faut une grande cause. Je propose que vous demandiez au président des élections législatives anticipées. Il est évident que Giscard vous les refusera. Quand un président et un chef de gouvernement ont une divergence de cet ordre, le pays peut comprendre que le second s'en aille. »

Et si jamais Giscard acceptait les élections anticipées, Chirac aurait tout à y gagner. La confiance du Premier ministre et des siens repose sur trois postulats. D'abord, la gauche, prise de court par les élections anticipées, sera battue. Ensuite, dans la nouvelle configuration parlementaire, l'UDR se taillera la part du lion. Enfin, le Premier ministre, ainsi renforcé, pourra vraiment gouverner sous Giscard.

C'est lors des élections cantonales des 7 et 14 mars 1976 que tout se précipite. Giscard et Chirac savaient qu'elles seraient mauvaises. Elles sont exécrables : la gauche est désormais largement majoritaire dans le pays. Depuis l'aube de la Ve République, elle n'a cessé de se redresser : elle obtenait ainsi 35,8 % des suffrages en 1958 ; 41,2 % en 1968 ; 46,5 % en 1973 ; 49,2 % en 1974. Mais, cette fois, tous records battus, elle totalise 53 %.

Prête, comme toujours, à se jeter à l'eau avant que la barque n'ait chaviré, la majorité est sonnée, paniquarde, aux cent coups. Elle se met brusquement à douter de ce président qui, apparemment, s'est fait élire pour faire la politique des autres. Il ne sent plus la France. Elle ne le sent plus. A force de se hisser dans son ciel, il a fini par perdre pied. «En politique, commente Bertrand Motte, un vieux cacique centriste, le travesti n'est jamais payant. »

Dans *le Point*[1], Claude Imbert résume bien l'état d'esprit de nombre de commentateurs. Si le pouvoir a perdu, dit-il, c'est parce qu'il a servi à sa majorité «une pseudo-politique de gauche (laxiste en fait d'ordre et de fierté nationale), agrémentée d'un brouillard de réformes superficielles». La faute à qui? A la haute technocratie giscardienne : « Si l'on excepte Jacques Chirac, politique par tempérament, et deux ou trois ministres de sa trempe, tout le Conseil des ministres ressemble désormais à un comité de coordination du Plan. » Les nouveaux maîtres, conclut Claude Imbert, assassin, « ignorent l'art politique, celui du choix, du savoir-faire et du faire-savoir. Ils ne sont pas (encore) inscrits à gauche, ils sont bureaucrates. Mitterrand les gardera. Il en fera peut-être de bons socialistes ».

C'est sur ce thème, celui de Pierre Juillet et de Marie-France Garaud, que Chirac brodera désormais. Il a enfin trouvé sa différence. Le soir du deuxième tour des élections cantonales, Françoise Giroud, secrétaire d'État à la Condition féminine, l'entendra commenter les résultats, porté par un mélange d'amertume et d'allégresse : «Nous venons de recevoir un coup de pied dans le cul et nous ne l'avons pas volé [...]. Aucune concession ne doit être faite aux adversaires, à la générosité de leurs intentions et tout le baratin habituel. Est-ce qu'ils en font, eux, des concessions? Est-ce qu'ils vont dire que nous sommes cons et généreux? Ceux qui s'imaginent ou qui ont imaginé qu'on peut se conduire ainsi se trompent Dans le dérapage politique que nous avons connu, il y a ce petit jeu, cette danse du ventre, ce langage de faiblesse. Et, en politique, la faiblesse ne paie pas, jamais[2]. »

Pour Chirac, c'est l'occasion et il est le larron. Le pouvoir, le vrai, l'unique, est peut-être enfin à sa portée. Pour l'arracher, il va donc mettre au point, avec le tandem Juillet-Garaud, une sorte de putsch à froid.

Une pierre ne tombe jamais seule. Un malheur non plus.

1. 15 mars 1976.
2. Françoise Giroud, *La Comédie du pouvoir*, Fayard, 1977

Politiquement, le président est ébranlé. Économiquement, il ne l'est pas moins. Au soir du second tour des élections cantonales, V.G.E. a été forcé de dévaluer le franc en toute hâte après un « vendredi noir » où la Banque de France a perdu plus de 1 milliard de francs de réserves. Après avoir quitté le « serpent » européen, la monnaie nationale « flotte ».

Le président aussi. Et il consulte, frappé par l'abattement qui, soudain, pétrifie les dignitaires de sa majorité. Il remarque aussi que la vague de récriminations monte directement vers l'Élysée. Son Premier ministre est pratiquement épargné par les critiques.

Il faut faire quelque chose. Jacques Chirac, justement, a des propositions à faire. Il les expose au chef de l'État, au lendemain du deuxième tour.

« La situation est très grave, dit le Premier ministre. Si nous continuons à laisser les choses aller comme ça, nous serons balayés par la crise et par la gauche. Il faut faire des élections législatives anticipées. Nous les gagnerons. Mais à deux conditions : d'abord, que nous prenions des mesures de relance ; ensuite, que vous me laissiez coordonner l'action des partis de la majorité. »

V.G.E. hoche alors la tête avec ce mélange de componction et de goguenardise qui indispose tant Chirac.

« Il faut que vous sachiez que je ne suis pas le roi fainéant », fait-il. Puis, impérial, il laisse tomber son jugement. Il est contre la relance : « Attaquez-vous plutôt à l'inflation. » Il s'oppose à des élections législatives anticipées : « Pourquoi prendre ce risque ? » Mais, sur le reste, il est tout prêt à transiger : « Vous pouvez coordonner l'action des partis si vous trouvez qu'ils s'agitent trop. »

Quelques jours plus tard, c'est Pierre Juillet qui monte à l'assaut. Il tient à peu près le même langage au chef de l'État. Le personnage fascine V.G.E. D'abord, parce que, contrairement à lui, Juillet a un sens aigu du tragique de l'Histoire. Ensuite, parce que ce visionnaire inspiré détonne avec les technocrates compassés qui tiennent alors les leviers de commande de l'État-Giscard.

« La gauche a virtuellement gagné, dit en substance Pierre Juillet. Tout est donc compromis mais rien n'est définitivement perdu. Il faut simplement que vous sachiez ce que vous voulez. Ou bien vous vous résignez à la victoire des socialistes et des communistes et vous continuez à leur donner des gages. Ou bien vous décidez de défendre la société libérale, ses valeurs, ses acquis, et vous donnez au Premier ministre les moyens de le faire. Vous avez en Jacques Chirac un homme sur lequel vous pouvez vous appuyer. Alors, donnez-lui les pleins pouvoirs, dites-le au pays et jetez les bases d'un grand dessein pour la France. C'est ce que tout le monde attend de vous, aujourd'hui. »

Grave, macabre et pathétique, Pierre Juillet en appelle à la postérité. Il sonne le glas. Il exige la contrition. Il compose déjà l'épitaphe de V.G.E. Démoralisé, le président se laisse convaincre. Après coup, il reconnaîtra : « Je me suis toujours méfié des dramatisations abusives mais, à ce moment-là, le climat était si dégradé que j'ai pris l'avertissement au sérieux. »

Valéry Giscard d'Estaing sera-t-il détrôné ou va-t-il abdiquer ? C'est le dilemme où le laisse, d'une certaine façon, le scénario de Chirac, Juillet et Garaud. Va pour l'abdication...

Le 24 mars, à 20 heures, la France attend l'allocution du président à la télévision. Paraît Giscard. Costume sombre, l'air roide et funèbre, il n'a plus rien à voir avec l'homme que le pays a élu deux ans plus tôt. Le quadragénaire réjoui et sûr de lui a laissé la place à un quinquagénaire sévère et bafouilleur. Il a suivi point par point les conseils de Pierre Juillet et, apparemment, il ne s'en porte pas très bien. Il bute sur ses mots. Il ne sait pas quoi faire de ses mains. Il est mal à l'aise devant les caméras. En un mot, il est « chiraquisé ».

A Matignon, le Premier ministre pavoise : chaque mot qui tombe de l'auguste bouche présidentielle le comble d'aise. Pour regarder l'allocution du chef de l'État, Jacques Chirac a convié à ses côtés le ban et l'arrière-ban de la majorité – les gaullistes André Bord et René Tomasini, les giscardiens Michel Poniatowski et Jean-Pierre Fourcade.

Il connaît déjà les grandes lignes du discours de V.G.E. Il en a parlé avec lui, l'avant-veille, lors d'un entretien décisif de deux heures. Et il sait que Giscard a lâché sur l'essentiel.

Les antichiraquiens ont l'air comme assommés quand ils entendent la phrase clé de l'homélie présidentielle : « Je confie à Jacques Chirac le soin de coordonner et d'animer l'action des partis politiques de la majorité. »

C'est un sacre. A deux réserves près. Le Premier ministre devra quand même tenir compte de la « personnalité propre » desdits partis et rendre compte au président des « décisions qui seront prises ». A tout hasard, le chef de l'État a également rappelé que la lutte contre l'inflation restait la priorité.

Le discours terminé, Jacques Chirac, rayonnant, distribue à ses invités une note qui donne, sur un feuillet, le canevas des commen-

taires que les chefs de partis devront faire à la presse : « Les ...
entendent s'associer avec enthousiasme et sans réserve à l'action
ainsi définie par le président de la République. »

Les antigaullistes de la majorité se demandent s'ils doivent en rire
ou pleurer. Pour eux, c'est un coup d'État. Et ils repartent de
Matignon avec le sentiment que Giscard les a trompés.

Mais V.G.E., au même moment, se demande s'il ne s'est pas
trompé. Il regrette déjà d'avoir rehaussé son Premier ministre :
« C'était une erreur, dira-t-il plus tard. Je n'aurais jamais dû
dramatiser à ce point et donner tant de pouvoir au chef du
gouvernement. »

Trop tard. Jacques Chirac a pris au sérieux les propos présidentiels. Ses pouvoirs sont désormais plus étendus que ceux qui avaient
échu naguère à Pompidou sous de Gaulle ou à Chaban sous
Pompidou. Il va maintenant pouvoir labourer « sa » France, mener le
combat idéologique contre la gauche et adapter le projet du pouvoir
à sa majorité réelle.

Pour entamer sa reconquête, il veut un coup de théâtre. Il appelle
donc son vieil ennemi, Jacques Chaban-Delmas. Il lui propose une
rencontre. L'autre refuse de se rendre à Matignon. Qu'à cela ne
tienne, les deux hommes se rencontreront en terrain neutre.

Étranges retrouvailles. Chirac est empressé, avenant, maladroit.
Chaban est grave, tendu, fermé.

« Nos analyses n'ont pas toujours correspondu, hasarde Chirac en
guise d'entrée en matière.

– C'est vrai. Mais on n'est pas là, j'imagine, pour parler du passé.
Que me voulez-vous ?

– Voilà. Le président m'a dit qu'il comptait sur moi pour sauver la
majorité. Et j'ai besoin de vous. Je vous propose de venir à mes
côtés, au premier rang, comme ministre d'État, pour sortir la France
de l'ornière. Je suis sûr que nous ferons, ensemble, une grande
politique. »

Alors, Chaban, dans une de ces colères blanches et subites dont il a
le secret :

« Retournez à Matignon, je vous en prie. Nous n'avons plus rien à
nous dire. »

Le 28 mars 1976, quatre jours après sa semi-abdication, le
président se rend en voyage officiel en Alsace. Il est en pleine
déprime. La presse l'a pris en grippe. Apparemment, le pays aussi.
Un sondage de la SOFRES pour *le Figaro* montre que le nouveau

Giscard, ce président de plomb qui a dégommé le président en peluche, n'a pas convaincu les Français. Il leur a même fait plus mauvaise impression (46 %) que bonne (43 %).

Le pays lui aurait-il échappé pour de bon ? Une surprise l'attend en Alsace. C'est le bon peuple de France qui, partout, l'acclame. De Colmar à Sélestat en passant par Strasbourg, la foule alsacienne se presse autour de lui, le salue d'applaudissements, agite, tout au long de son circuit, mouchoirs et petits drapeaux tricolores.

Les bains de foule, ce sont les remontants des hommes d'État. V.G.E. se croyait au plus bas. L'Alsace l'a regonflé. Il culmine à nouveau dans son ciel. Et, devant les ministres qui l'accompagnent, il siffle entre ses dents : « On m'a trompé. Moi aussi, je peux avoir le peuple avec moi. »

C'est ce jour-là, à cet instant-là, que Jacques Chirac a perdu la délégation de pouvoir qu'il avait fini par arracher au président. En quelques jours, pourtant, il a commencé à déployer, à cheval et au galop, sa stratégie de redressement. D'abord, en mettant en avant les trois idées forces du projet gouvernemental : la défense des libertés, la croissance économique et la politique sociale. Ensuite, en demandant à ses ministres de « soigner » les électeurs de la majorité (« Oui, dit-il en petit comité, on va faire de l'électoralisme. C'est peut-être pas brillant mais il faut empêcher la majorité de foutre le camp »). Enfin, en rompant avec la politique de « décrispation », chère à V.G.E., et en attaquant bille en tête la gauche et son « programme commun ». A Saint-Jean-de-Luz, aux journées parlementaires de l'UDR, il clame ainsi bien haut son refus de dialoguer avec l'opposition, les « fondements du régime » étant contestés, comme « ce fut le cas, en 1940, lorsque, face au renoncement et à la dictature vichyste, s'est levée la France libre ».

L'enflure n'ayant jamais tué personne, le chef du gouvernement ajoute : « Le PS est devenu, au même titre que son partenaire communiste, un parti révolutionnaire. » « Giscard démission ! Chirac président ! » s'écrient, ce jour-là, quelques militants gaullistes malavisés que le secrétaire général d'honneur de l'UDR fait taire avec agacement.

Le président enregistre. Il fait toujours mine d'avoir baissé les bras mais, en coulisses, il cherche déjà à reprendre ce qu'il a donné officiellement à son Premier ministre. Claude Pierre-Brossolette, secrétaire général de l'Élysée, donne le *la* en minimisant auprès des journalistes la mission de Jacques Chirac : « C'est un cadeau empoisonné. » Et V.G.E. observe sans déplaisir les centristes qui attaquent à pleines dents le chef du gouvernement.

Adrien Zeller, député du Bas-Rhin, annonce qu'il abandonne la majorité à l'Assemblée nationale pour rejoindre les bancs des non-inscrits. Il considère la promotion de Jacques Chirac comme un «retour en arrière». Ce qui ne l'empêchera pas, dix ans plus tard, de participer au gouvernement de cohabitation du même Chirac. Quant à Jean-Jacques Servan-Schreiber, il cite, pour commenter la nouvelle stratégie du pouvoir, une formule de Victor Hugo : «L'agonie a ses modes. En langue politique, cela s'appelle la réaction.»

V.G.E. n'est pas loin de partager l'exaspération des centristes. Quelques jours après son voyage en Alsace, il reçoit à l'Élysée Jacques Chaban-Delmas, son adversaire de 1974, qu'il a entrepris, comme le Premier ministre, de circonvenir. Il est d'une courtoisie ostentatoire et affligée. Une gêne sourde rôde dans le bureau présidentiel. Les deux hommes hésitent à se regarder dans les yeux. «Ne vous excusez pas d'être président, finit par dire Jacques Chaban-Delmas, pour mettre l'autre à l'aise. Ce n'est pas à vous que j'en veux.» La conversation roule rapidement sur Jacques Chirac. Alors, V.G.E. laisse tomber, d'une voix glacée : «Vous avez été victime de cet homme. Moi, j'ai failli l'être.»

«On ne force pas impunément la main du roi», s'en va déjà répétant Michel Poniatowski.

Le putsch a échoué. Il ne reste plus qu'à le faire savoir au Premier ministre...

Le nœud de vipères

Un seul buisson ne peut nourrir deux voleurs.
Aristophane.

Jacques Chirac sent bien que ses jours sont comptés. Lors de leur tête-à-tête hebdomadaire du lundi, le président est à la fois distant, caustique, absent et irritable. Il prend facilement la mouche : « Si vous voulez ma place, monsieur le Premier ministre, dites-le franchement. » Et il fuit le contact. Un jour qu'il demande à V.G.E. de bien vouloir dîner avec lui pour « faire le point », l'autre, ombrageux, appelle son fils Henri au bout d'un quart d'heure : « Cela ne vous ennuie pas qu'il vienne souper avec nous ? »

Le 22 avril 1976, lors de la conférence de presse du président, le Premier ministre comprend que sa mission est terminée. Complet gris clair, chemise à rayures bleues, Giscard est redevenu Giscard : magistral et impérial, superbe mécanique intellectuelle qui rappelle un peu Raymond Aron. En deux heures, il n'a pas un mot pour son Premier ministre. Et il prend le contre-pied de la stratégie chiraquienne en dénonçant tous ceux qui, pour défendre leurs « privilèges », s'opposent à l'une des réformes qu'il a mises en branle : la taxation des plus-values.

Tel est en effet le nouveau projet de V.G.E. Ce jour-là, il annonce qu'il mettra tout son poids dans la bataille des plus-values : le septennat sera réformateur ou ne sera pas. Jacques Chirac est consterné. Il est convaincu que la taxation des plus-values sera considérée comme une provocation par la France des possédants – celle devant laquelle il dut battre en retraite, il n'y a pas si longtemps, lors de l'affaire des droits de succession. Il ne lui chante pas, au surplus, de s'attaquer, une fois encore, à l'électorat gaullo-giscardien, premier visé par la mesure. Le chef de l'État n'a-t-il pas compris la leçon des cantonales ?

Fuir, là-bas, fuir... Chirac ne songe plus qu'à partir. Quelques jours après la conférence présidentielle, il retrouve, rue Vaneau, ses principaux conseillers politiques, à commencer par Pierre Juillet,

Marie-France Garaud et Jérôme Monod. Il leur pose sans ambages la question qui, depuis peu, le taraude : « Si on reste encore un peu, on va finir en charpie. Je crois qu'il fauť partir maintenant. Qu'en pensez-vous ? » Tout le monde opine d'une même voix.

Le plus rapide est évidemment Jérôme Monod, l'homme qui décide plus vite que son ombre : pour lui, la survie politique de Chirac passe par son départ immédiat.

Le plus éloquent est, comme toujours, Pierre Juillet qui est, depuis peu, conseiller officiel du Premier ministre avec un bureau à Matignon : « Il ne faut pas vous laisser chasser. Vous devez donc partir vite et créer un grand mouvement populaire. »

La plus drôle est, cela va de soi, Marie-France Garaud. Elle reprend une nouvelle version de la fable qu'elle sert dans tous les dîners parisiens celle de l'escargot et du setter irlandais : « Giscard est un escargot Il suit toujours le même chemin. Quand il y a une brindille, il faiť un détour puis il reprend tranquillement sa route. Jusqu'à présent, vous avez été, vous, comme un setter irlandais, infatigable et gambadant en tous sens. Chaque fois que vous reveniez voir l'escargot, vous disiez : "Tiens, il n'a pas bougé !" Mais il a drôlement avancé, vous savez. Et il est en train de giscardiser le gaullisme. Vous n'avez plus rien à faire avec lui. »

Il n'y a qu'un problème. S'il part maintenant, le pays comprendra qu'il a démissionné à cause de la réforme des plus-values. Il tombera à droite, au champ d'honneur des « privilégiés ». De cela, il ne veut à aucun prix. Il ne lui reste plus qu'à attendre. Mais il est décidé...

Le 17 mai, le chef de l'État s'envole pour les États-Unis où il doit assister au bicentenaire de l'indépendance américaine. Le Premier ministre est allé, selon le rituel instauré par de Gaulle, accompagner V.G.E. à l'aéroport de Roissy. Au retour, il monte dans la voiture de Simone Veil, ministre de la Santé, et il lui confie : « Je ne vais pas passer l'été à Matignon. Ma décision est prise. A l'automne, je me consacrerai à la relance de l'UDR. »

S'il avait encore des hésitations, elles seront levées le 23 mai. Ce jour-là, à Rennes, la démocratie-chrétienne fait la noce – religieusement, cela va de soi. Le Centre démocrate de Jean Lecanuet et le CDP (Centre Démocratie et Progrès) de Jacques Duhamel ont décidé de s'unir pour la vie. Et ils ont donné naissance à un nouveau parti : le CDS (Centre des démocrates sociaux). Mais un mariage peut en cacher un autre : ce qui frappera le plus, dans cette cérémonie nuptiale, c'est l'appel final de Jean Lecanuet, ministre d'État, garde des Sceaux, qui déclarera, entre autres hérésies : « A

un président réformateur doit correspondre une majorité réformatrice. C'est dans cette perspective que je serai conduit à proposer à
mes amis réformateurs et aux républicains indépendants de s'organiser et de renforcer leur coopération pour faire face aux échéances. »

C'est un complot et Michel Poniatowski a trempé dedans. La
preuve ? Quelques minutes seulement après la déclaration de Jean
Lecanuet, le ministre de l'Intérieur, patron des républicains indépendants, a fait savoir qu'il approuvait l'initiative de son collègue et ami.
D'après lui, elle « correspond à une évolution qui était depuis
longtemps souhaitable » ; elle « est aujourd'hui nécessité ». L'UDF
est conçue. Il ne reste plus qu'à l'accoucher...

Ce jour-là, bien que l'heure semble au mariage, le divorce entre
Chirac et Giscard est devenu définitif. Le Premier ministre téléphone, furibond, à Michel Poniatowski et à Jean Lecanuet : « Vous
déconnez ou quoi ? C'est un *casus belli* ! » Ils prennent l'autre de haut
et lui expliquent, goguenards, qu'ils avaient informé le président de
leur volonté de s'associer. « Il a même applaudi », rigole Lecanuet.
Quand le chef du gouvernement interroge V.G.E., pour en avoir le
cœur net, l'autre plaide l'innocence sur le mode effarouché. Il n'était
au courant de rien et c'est lui faire injure de croire qu'il ait pu se
mêler à la « cuisine » des partis. Qui croire ? Le Premier ministre est
convaincu que le chef de l'État lui a menti.

C'est pour régler ce malentendu et quelques autres que le couple
présidentiel invite Jacques et Bernadette Chirac à passer, « en
famille », le week-end de la Pentecôte sur les bords de la Méditerranée, au fort de Brégançon, l'une des résidences affectées au
président de la République. Le 6 juin, donc, les Chirac arrivent. Le
Premier ministre a son sourire crispé des mauvais jours, un costume
triste, une cravate qui ne l'est pas moins. Pensant qu'il venait régler
ses différends avec le président tandis que leurs femmes se doreraient
au soleil, il n'a même pas apporté de maillot de bain.

C'est un nouveau quiproquo. L'un entend parler de sa démission.
L'autre, du beau temps. Comme d'habitude, Giscard répond par une
moue aux questions précises de Chirac, glisse avec aisance au-dessus
des reproches, change de sujet de conversation s'il est lourd de
conflits et arrose l'autre de bonnes paroles. C'est un chat. On ne le
caresse pas. Il se caresse aux autres.

V.G.E. mesure mal l'état de lassitude du Premier ministre. « Je ne
prenais pas très au sérieux ces menaces de démission, dira-t-il plus
tard. Je les attribuais à la fatigue et j'étais sûr qu'il reviendrait, après
un peu de repos, à de meilleurs sentiments. » Lénitif, le président

dédramatise toujours. Il est convaincu que Chirac finira par rasseoir ses esprits. Quand on gouverne, on ne lâche pas prise...

Si Giscard entend « râper » un peu son Premier ministre, il est apparemment décidé à le garder longtemps encore. C'est si vrai que, recevant à déjeuner, le 29 mai, Amir Hoveyda, le Premier ministre du shah d'Iran, il lui avait dit, devant Chirac, stupéfait : « Vous pouvez dire au shah que Jacques Chirac sera mon Premier ministre jusqu'en mai 1981. »

De son week-end à Brégançon, Chirac reviendra froissé, accablé, mortifié : non content d'esquiver la question qui tenait le plus au cœur du Premier ministre, celle de son éventuelle démission, le chef de l'État l'aurait traité avec désinvolture. En un mot, le chef du gouvernement n'a pas aimé le protocole très collet monté de V.G.E.

Résumons. Le samedi soir, Valéry Giscard d'Estaing a invité à dîner son moniteur de ski, Gaby Fejoz, et sa femme. Ils sont en tenue de sport alors que les autres sont en tenue de ville. Gênés, ils ne soufflent mot. Autour de la table présidentielle où tremblent quelques flammes de bougies, l'ambiance est à couper au couteau, sur fond d'étiquette à l'ancienne. Le couple présidentiel a droit à deux fauteuils, les autres à de modestes chaises ; V.G.E. est également servi le premier.

Retour de Brégançon, Jacques Chirac résume ainsi, devant ses proches, le fond de son problème : « Giscard devient de plus en plus monarchique. » Et il est vrai qu'il n'est pas le seul à le dire.

Paraît, quelques semaines plus tard, un article de Geneviève Galey dans *le Point*[1]. Il raconte en détail l'étiquette qui prévalait lors du week-end de Brégançon : l'affaire des fauteuils et le reste. Il assure aussi que le chef de l'État s'identifierait de plus en plus au Roi Bien-Aimé : après avoir inauguré l'exposition Louis XV, organisée à Paris, n'a-t-il pas fait accrocher au-rez-de-chaussée du palais présidentiel un portrait de son roi favori ? Valéry Giscard d'Estaing, note Geneviève Galey, « renoue avec la tradition historique en donnant à la fonction présidentielle quelques-unes des marques extérieures de la fonction monarchique ». Giscard se prendrait-il pour un roi ? Il n'en faut pas plus pour que la rumeur s'ébroue dans le pays...

Le jour de la parution de l'article, V.G.E. et Chirac ont une explication orageuse, raconte Jean Bothorel[2]. Le président a pris la

1. 9 août 1976.
2. *Le Pharaon, op. cit.*

mouche. Il accuse implicitement son Premier ministre d'avoir organisé la « fuite » :

« D'où est sortie cette affaire insensée du *Point* ? En dehors de ma famille et de mes amis, il n'y a que vous et Bernadette qui étiez à Brégançon. Qu'est-ce que cela veut dire ?

– Je sais, répond Chirac sans se démonter. C'est votre fils Henri. »

V.G.E. a toujours nié qu'il y ait des fauteuils particuliers pour le couple présidentiel au fort de Brégançon. Et cet article restera longtemps entre Chirac et lui.

Ce n'est là qu'un malentendu de plus. En quelques semaines, les occasions de discorde se multiplient entre les deux hommes. Les Conseils des ministres sont de plus en plus tendus. La presse bruisse de rumeurs de remaniement que le Premier ministre dément avec des formules aussi désinvoltes qu'ambiguës. Et les chroniqueurs notent que son sourire est plus jaune que d'ordinaire.

Le Premier ministre se meurt. Il est presque déjà mort...

D'abord, lors de la discussion du projet de loi sur la taxation des plus-values à l'Assemblée nationale, l'UDR entre carrément en rébellion. Claude Labbé, le président du groupe parlementaire, déclare froidement : « Rien ne peut se faire sans nous ; nous avons entre les mains une arme de dissuasion qui vient de notre groupe parlementaire et nous pouvons à chaque instant, si nous le voulons, presser le bouton. »

Claude Labbé est peu suspect d'antichiraquisme comme, d'ailleurs, la plupart des meneurs de la bataille contre la taxation des plus-values. Quel jeu joue donc le Premier ministre ? Il observe d'un œil tranquille ses propres troupes se révolter contre le chef de l'État. Il les laisse sans protester plumer et dépecer le projet de loi. Bref, il s'amuse. « Au train où nous allons, raille déjà François Mitterrand dans *l'Unité*, l'hebdomadaire du PS, vous verrez que ce nouvel impôt finira par vider les caisses de l'État. »

Il n'est chose au monde que les hommes d'État aiment moins que le ridicule. V.G.E., qui ne trouve pas ça drôle, finit par mettre le holà. Le 22 juin, l'œil noir et la voix sifflante, il dit à Chirac que rien ne le fera reculer. Surtout pas la perspective d'un affrontement avec l'UDR. Il exige donc que le texte soit rétabli dans ses dispositions principales et, dans la foulée, voté promptement. Le Premier ministre s'exécute aussitôt. Pour lui, on l'a vu, il n'est pas question de partir sur le mauvais dossier des plus-values.

Le même jour, il s'en va donc adjurer les groupes parlementaires de la majorité de voter la taxation des plus-values : «Je ne vous demande pas cela dans mon intérêt personnel mais dans l'intérêt de l'ensemble de la majorité.» Puis, énigmatique : «Vous vous en rendrez compte bientôt.» Propos qu'il prend soin de démentir le soir même mais qui ont l'avantage de permettre toutes les interprétations. Jacques Chirac multiplie ensuite les coups de téléphone, les billets personnels et les tapes dans le dos pour retourner les plus récalcitrants. Le lendemain, il a emporté le morceau.

Il est pourtant toujours démissionnaire. Et c'est par un de ces mécanismes freudiens de compensation, très courants dans la classe politique, qu'il dit exactement le contraire, avec l'énergie du désespoir, le 23 juin, à la télévision : «Un homme politique ne démissionne pas [...]. Dans notre Constitution, le départ ou le maintien du Premier ministre dépendent du président.»

Quelques jours plus tard, le 4 juillet exactement, Jacques Chirac écrit à V.G.E. sa première lettre de démission et, au Conseil des ministres suivant, Michel Poniatowski semble lui apporter la réponse présidentielle. C'est un projet de loi stipulant que tout candidat aux législatives ayant obtenu moins de 15 % au premier tour ne pourra se présenter au second.

De quoi s'agit-il ? Tout simplement d'obliger les centristes et les radicaux de s'allier systématiquement aux giscardiens – contre l'UDR, cela va de soi –, sous peine d'être éliminés. C'est, en somme, un nouvel acte d'agression de «Ponia» contre les gaullistes. Le Premier ministre est mis devant le fait accompli : le ministre de l'Intérieur a oublié de l'informer avant le Conseil des ministres. *In extremis,* Michel Poniatowski acceptera tout de même de transiger à 12,5 % : ce sera son dernier prix («Pourquoi pas 11,69 % ?» plaisantera le député UDR André Fanton, toujours farceur).

Alors, tout se précipite. Le 13 juillet, ayant convié à déjeuner les ministres et secrétaires d'État de l'UDR, comme Yvon Bourges, Robert Galley ou Olivier Stirn, il leur dit :

«Si j'avais à choisir entre le gaullisme et le président de la République, je choisirais sans hésiter le gaullisme. Je me demande si l'heure du choix n'est pas venue.» Pour ceux qui n'auraient pas compris, Chirac insiste : «Je ne sais pas où on va avec toutes ces réformes bidons ou mal ficelées. C'est le règne du laxisme et du n'importe quoi. Si on continue, on est foutus.

– Tu exagères, proteste Olivier Stirn, le secrétaire d'État au DOM-TOM.

– Tenez, répond méchamment Chirac, j'ai si peu d'autorité qu'on m'a imposé des ministres gaullistes, totalement incapables, qui ne songent qu'à faire plaisir au président, au lieu de lui dire la vérité.» Un silence. Puis : «Je suis sûr que l'Élysée aura un compte rendu détaillé de tout ce qui vient de se dire dans moins d'une heure.»

Il ne croit pas si bien dire. Lors du changement de gouvernement, Jean de Lipkowski, ministre de la Coopération, sera remercié pour s'être écrié avec ferveur, à la fin de la philippique de Chirac : «Si tu pars, je m'en vais.»

Après ce déjeuner, le Premier ministre est convaincu qu'il sera bientôt remercié. Le même jour, il dit, apaisé et avantageux, à Yves Guéna, le nouveau secrétaire général de l'UDR : «Maintenant, on va pouvoir faire un grand rassemblement et puis... reprendre le pouvoir.»

Le 15 juillet, au Conseil des ministres, Valéry Giscard d'Estaing fait un tour de table sur la question de l'élection du Parlement européen au suffrage universel. Le Premier ministre – c'est, décidément, une habitude – n'a pas été prévenu. Chaque membre du gouvernement donne son avis. Quand arrive le tour de Jacques Chirac, il jette d'une voix de stentor qui glacera tout le monde, à commencer par le chef de l'État : «Vous me permettrez, monsieur le président, de m'étonner de cette procédure insolite et inhabituelle.»

A la sortie du conseil, Chirac lâchera à plusieurs ministres, qui l'interrogent : «J'en ai assez. Je pars.»

Au cours d'un nouveau tête-à-tête, le 26 juillet, V.G.E. paraît avoir accepté la démission de son Premier ministre. Le chef de l'État souhaite quand même que Jacques Chirac se rende en voyage officiel à Tokyo et qu'il réfléchisse encore un peu. Les deux hommes feront le point après les vacances. En attendant, il ne faut pas que la nouvelle s'ébruite.

Le même jour, le Premier ministre envoie une nouvelle lettre de démission à Valéry Giscard d'Estaing :

«Au cours de ces derniers mois, je me suis permis à plusieurs reprises de vous exposer les raisons politiques et économiques qui commandaient, selon moi, une reprise en main énergique du gouvernement, afin de donner à son action [...] une impulsion vigoureuse et coordonnée. Cela suppose évidemment un renforcement sans équivoque de l'autorité du Premier ministre. J'ai cru comprendre que ce n'était ni votre sentiment ni votre intention.

«Dans ces conditions, je ne puis continuer à accomplir la tâche que vous m'avez confiée et j'ai l'honneur de vous remettre aujourd'hui ma démission. »

Un texte ambigu, sans grandeur ni vision. On imagine tout le parti qu'un de Gaulle aurait tiré de pareille situation. A lire la lettre de démission de Jacques Chirac, il est malaisé de comprendre les motifs réels de sa séparation de corps avec Valéry Giscard d'Estaing. Il aurait voulu, en somme, « un renforcement sans équivoque de l'autorité du Premier ministre ». Maigre...

Mais il est vrai que le fossé qui s'est creusé entre Chirac et Giscard n'est pas, à proprement parler, politique. Il est culturel, psychologique, épidermique. Sur le fond, c'est-à-dire l'économie, la défense ou la stratégie, les deux hommes sont sur la même longueur d'ondes. Ce qui les sépare, c'est que le président entend diriger le gouvernement. Et le Premier ministre, la France. Quand il y a sept timoniers sur huit marins, disent les Chinois, le navire sombre. Une équipe ministérielle qui a deux patrons, apprendront bientôt les Français, tombe.

Tout le reste est littérature politicienne. Ironie de l'Histoire : alors même que la procédure de divorce arrive à son terme, François Heilbronner, l'homme de confiance de Jacques Chirac en matière économique, pond, dans le secret de Matignon, des notes comminatoires à l'adresse du Premier ministre. Elles ont toutes le même objet : « l'urgence d'une action économique ». Et elles jettent les bases d'un plan d'austérité. « Il est urgent, écrit ainsi François Heilbronner dans une note datée du 11 juin, que le gouvernement réfléchisse sur sa politique économique et prenne les décisions nécessaires [...]. Je te signale la possibilité qui existe d'une action contre l'inflation – soit par blocage des prix et des salaires, plus engagement d'une procédure de politique des revenus, soit par l'engagement d'une campagne de stabilisation contractuelle des prix. » Le 28 juin, il propose, sur huit feuillets, tous les éléments d'un plan de rigueur. Du Barre sans Barre.

S'il était resté à Matignon, en somme, il est probable que, devant le redémarrage de l'inflation, Jacques Chirac, après avoir soutenu la relance, aurait proposé à Valéry Giscard d'Estaing un solide plan de rigueur. La chose politique a de ces retours...

Pour une fois, c'est la raison officielle qui est la bonne : la querelle entre les deux hommes concernait avant tout la répartition de leurs pouvoirs. Pour expliquer sa rupture avec V.G.E., Chirac donnera une clé précieuse dans *les Mille Sources*[1] : Valéry

---

1. *Op. cit.*

Giscard d'Estaing, écrit-il, « est doté d'une tentation naturelle à diriger, lui-même, chaque chose qu'il tient pour importante. Son tempérament, pétri de sérieux et d'engagement affectif, l'entraîne à détenir la décision le plus loin possible, fût-ce sur le terrain et au dernier moment. Cette tendance se trouve fortement aggravée par son entourage ».

Quelques années plus tard, dans un entretien avec l'auteur, il chargera surtout ledit entourage :

« Sur le plan politique, Giscard a commis l'erreur de s'entourer de gens très intelligents, très cultivés, mais très sectaires aussi. Des gens comme "Ponia", un homme fin, qui semblait alors n'avoir comme seule ambition dans la vie que de marginaliser les gaullistes qu'il considérait tous comme des connards.

« Sur le reste, Giscard a commis une deuxième erreur en ne prenant, dans son cabinet, que des gens de première qualité : le quotient intellectuel moyen de l'Élysée était, à cette époque, largement supérieur à celui du gouvernement, ce qui n'est pas forcément une bonne chose. Ses conseillers, qui savaient imposer leur point de vue, ont ainsi réussi à édifier une espèce de mur entre le président et la réalité nationale. Je lui ai écrit à plusieurs reprises : "Ils cherchent à vous plaire et non pas à vous servir." Ils ont, en fait, exacerbé ses mauvaises tendances. »

Le 25 août 1976, il fait une chaleur torride à Paris. Les membres du gouvernement, retour de vacances, prennent le chemin de l'Élysée pour le premier Conseil des ministres de la rentrée. Ils sont d'humeur badine. Hâlés, imprégnés d'une bonne odeur de mer ou de montagne, ils ont l'air heureux de reprendre la routine ministérielle.

A 10 heures, le chef du gouvernement entre dans la salle du Conseil. Le président ne l'accompagne pas, contrairement à la coutume. Le Premier ministre a une tête de mauvais élève et un air plus emprunté que d'ordinaire. A cet instant, les ministres comprennent qu'il va se passer quelque chose. Jacques Chirac s'installe puis, d'une voix solennelle, annonce sa démission : « Pendant vingt-quatre mois, j'ai soutenu loyalement et fidèlement Valéry Giscard d'Estaing. Ces derniers temps, j'ai demandé à plusieurs reprises les moyens nécessaires pour affronter une situation que je jugeais difficile. Je persiste à penser que, dans notre Constitution, le Premier ministre doit disposer de l'autorité sur les ministres du gouvernement et d'une certaine autonomie. Devant le dynamisme de l'opposition, nous devons engager résolument le combat. Je n'ai pas obtenu les moyens et la liberté que je demandais. » Puis, tourné en direction de Michel Poniatowski et de Jean Lecanuet : « Certains d'entre vous ont compliqué ma tâche. En affaiblissant la cohésion gouvernementale, ils ont affaibli la majorité. »

Paraît Valéry Giscard d'Estaing. Il s'assoit tranquillement, ouvre la petite chemise placée devant lui et, ménageant ses effets, passe à l'ordre du jour du Conseil des ministres. On parle de tout, de la solde des élèves de l'École polytechnique comme des risques d'éruption du volcan de la Soufrière, à la Guadeloupe.

Une fois l'ordre du jour épuisé, V.G.E. fait encore durer le plaisir en faisant, avec un humour teinté de sadisme, un interminable éloge d'Omar Bongo, le président du Gabon qu'il vient de rencontrer. Les ministres commencent à s'impatienter quand, enfin, le président daigne s'adresser à Jacques Chirac : « Je crois, monsieur le Premier ministre, que vous avez quelque chose à nous dire ? »

Jacques Chirac annonce, une nouvelle fois, qu'il présente la démission de son gouvernement. Dans le salon « Murat » qui, pourtant, en a vu d'autres, la tension est à son paroxysme. Alors, V.G.E., toujours soucieux de prolonger le suspense, laisse passer un moment avant de répondre, du haut de sa cravate, sur un ton flegmatique, à son ancien Premier ministre : « J'ai accepté cette démission parce que, lorsque quelqu'un veut partir, il faut le laisser s'en aller. Ensuite, parce qu'une phase nouvelle de l'action gouvernementale va s'engager. Enfin, parce qu'il est vrai que le poids des partis politiques s'est trop fait sentir, ces derniers temps. Cela n'est plus possible. »

Propos perfides s'adressant à un homme dont la nature politique, voire politicienne, est notoire. V.G.E. fera tout, désormais, pour l'enfermer dans son personnage de chef de parti. La guerre est déclarée.

Et la séance est levée. Les deux hommes se retrouvent quelques minutes, pour un ultime tête-à-tête, dans le bureau du président. Giscard est grave. Chirac, tendu. Il se tient debout, près de la cheminée, et paraît penser à autre chose. Un malaise court dans la pièce, comme un rat. « Sachez, finit par laisser tomber l'ancien Premier ministre, que je ne ferai rien, dans l'avenir, qui puisse gêner votre action. » Puis : « D'ailleurs, je crois que vous n'entendrez plus parler de moi en politique. »

Croit-il ce qu'il dit ? Possible. Mais sait-il ce qu'il dit ? C'est peu probable. Chirac est complètement stressé. Visiblement, il a « décroché ».

Quelques minutes plus tard, le Premier ministre démissionnaire entre dans le petit salon chinois de l'hôtel Matignon pour lire une déclaration devant les caméras de télévision. Le texte qu'il a préparé, est, à dessein, d'une grande platitude : « Je ne dispose pas des moyens que j'estime nécessaires pour assumer efficacement les fonctions de Premier ministre et, dans ces conditions, j'ai décidé d'y mettre fin. »

Quelque chose dérape, pourtant, dans le scénario bien huilé qu'il a mis au point avec Pierre Juillet et Marie-France Garaud. Devant les caméras, il a brusquement dans les yeux les éclats d'une colère irrépressible, sa voix, suffocante, hésite puis devient cassante, fulminante. Ce devait être un avis de démission. Cela devient un acte d'accusation.

Il n'est pas recommandé de se présenter à la présidence de la République avec les mains qui tremblent. Mais est-il bien raisonnable de démissionner de Matignon avec les dents qui grincent ?

V.G.E. n'est pas surpris par le contenu de la déclaration. La veille, Chirac lui a lu le texte qu'il avait rédigé à la main, sur le dos d'une enveloppe. Avant le Conseil des ministres, il le lui a relu.

Le président, pourtant, est choqué. Le surlendemain, ayant convoqué à déjeuner plusieurs journalistes comme Jean Ferniot et Xavier Marchetti, V.G.E. s'indigne : « Ce ton ! Avez-vous remarqué ce ton ? » Puis, avec un brin de dédain : « Mais, après tout, quand on quitte une fonction comme celle-là, il est normal que l'on fasse preuve de quelque nervosité. »

Machiavel a dit : « On fait la guerre quand on veut, on la termine quand on peut. » A dater du jour de leur rupture officielle, le président et son ancien Premier ministre entrent dans un processus qu'ils ne contrôlent plus. « Au fond, ce n'est pas la moindre cruauté de la situation, note fort justement André Chambraud. Chirac ne peut désormais gagner son pari que si Giscard, un jour, perd le sien[1]. » Entre eux, en somme, c'est maintenant une question de vie ou de mort.

Alors, pendant des années, quand les deux hommes se retrouvent, au hasard de rencontres protocolaires ou de réceptions officielles, ils ne se disent rien, même s'ils parlent ensemble. « Tout le monde était gêné, se souviendra Giscard. Il y avait tant d'électricité entre nous. Tant de petites choses aussi... »

1. *Le Point,* 30 août 1976.

Il est vrai qu'ils ne s'épargnent rien, ni bassesse ni vilenie. Le sang appelant le sang, l'un alimente la campagne sur le style «monarchique» du président et l'autre se gausse du tempérament «agité» de son ancien Premier ministre. Il n'empêche qu'ils croisent le fer avec trop de passion, trop de fièvre aussi, pour se détester vraiment. Giscard ne peut abominer tout à fait ce hussard qu'il fascine. Chirac ne peut abhorrer complètement ce gentilhomme qu'il bluffe. Dans leur cas, exécrer l'autre sans réserve, ce serait se haïr un peu soi-même

S'étonnant l'un l'autre, ils donnent ainsi le sentiment de suivre le précepte de Sophocle : «Il faut haïr son ennemi comme s'il pouvait un jour devenir un ami. »

On ne se réconcilie facilement qu'avec une mort ou une défaite, c'est selon. En l'occurrence, ce sera celle de la droite à l'élection présidentielle puis aux législatives de 1981. Lors de leur premier tête-à-tête de raccommodement, chez V.G.E., l'ex-président cherche à mettre à l'aise son ancien Premier ministre :

«Ne parlons pas du passé. Vous avez des torts importants. »

Alors, Chirac :

«Je suis tout à fait d'accord pour qu'on ne parle pas du passé mais je considère que les torts sont pour le moins partagés. »

Tel est le ton de leurs conversations, aujourd'hui. Ils ne se ménagent pas. Mais après tant d'années de malentendus, de chicanes puis de corps à corps, ils commencent à se comprendre. «On se dit toujours tout», convient Giscard. Et Chirac confirme : «Avec Giscard, on peut avoir une vraie discussion. On peut même le faire changer d'avis. Avec Barre, le contact est toujours plus difficile. Au début de la conversation, tout se passe toujours très bien comme si nous étions les meilleurs amis du monde et puis il cite les critiques de tel ou tel élu de mon mouvement, comme si j'étais derrière. Je lui réponds : "De votre côté aussi, il y en a qui ne me ménagent pas. Les entourages, vous savez, ont une vocation naturelle à dresser les gens les uns contre les autres. Cela n'a rien de grave. " Mais il n'a jamais l'air convaincu. Il est, en fait, très sensible à la critique. »

Entre Chirac et Barre, son successeur à Matignon, il est vrai qu'il s'est installé, d'entrée de jeu, quelque chose de lourd, d'incompressible, qui pèsera longtemps.

La raison du malaise originel est toute simple : dès son arrivée à Matignon, Barre a commencé à mettre en question, à coups de sous-entendus évocateurs, l'héritage laissé par son prédécesseur. De sa voix de violoncelle, il a insinué, devant les Français, qu'il n'avait rien trouvé ou presque dans les caisses de l'État. Très vite, Chirac a donc voué le nouveau Premier ministre aux gémonies («Peu après le remaniement, se souvient Claude Labbé, j'avais expliqué à Chirac qu'il fallait utiliser Barre contre Giscard et, donc, le faire adhérer au RPR. Qu'est-ce que je n'avais pas dit ? Cette idée l'avait rendu fou»).

Mais quel est donc ce bilan que Barre présentait alors comme si catastrophique ? Arrivé au pouvoir quelques mois seulement après le quadruplement du prix du pétrole, Chirac a-t-il échoué sur toute la ligne ? «En deux ans, note Christine Mital dans un portrait paru dans *l'Expansion*[1], l'inflation est tombée de 15 à 10 %. La production, après s'être effondrée de 6 points de septembre 1974 à avril 1975, s'est redressée d'autant en 1976 ; cependant, dans le même temps, le nombre des chômeurs passait de 435 000 à 962 000 et le déficit commercial se creusait. Voilà qui ne mérite peut-être pas louanges, mais sûrement pas non plus le blâme infamant.»

Un bilan qui, apparemment, vaut bien celui de Barre à Matignon (1976-1981)...

1. Le 4 avril 1986.

L'aiglon

Je ne suis jamais moins seul que dans la solitude.
Scipion l'Africain.

Jacques Chirac a de la conviction. Mais il manque de convictions. A la longue, le pouvoir les use. Et, après les quatorze ans qu'il vient de passer sous les lambris des palais d'État, il est clair que l'ancien Premier ministre de Valéry Giscard d'Estaing ne sait plus très bien où il en est.

Où va-t-il ? Pour l'heure, sur un prie-Dieu. Après son départ de Matignon, il tentera en effet de se retrouver lui-même à l'abbaye de Solesmes, dans le silence et la prière. La France, cela va de soi, n'en saura rien. Si vous voulez garder un secret, il vaut mieux le garder vous-même. Chirac le garde donc jalousement pour lui : ce mystique qui croit à la colère des dieux n'aime pas étaler ses entrailles. Paillard, il est. Mais pas païen...

Il n'est cependant pas du genre à s'éterniser dans les exercices de piété. Le 29 août 1976, quatre jours après sa démission, l'ancien Premier ministre se retrouve chez Pierre Juillet, dans sa propriété de la Creuse, à Puy-Judeau, avec Marie-France Garaud, Jérôme Monod et Jacques Friedmann. Le ciel est bleu, les oiseaux chantent et la maîtresse de maison a fait une moisson miraculeuse de trèfles à quatre feuilles. Tous les invités en auront un.

C'est donc sous les meilleurs auspices que les cinq compères mettent au point ce qu'on appellera la stratégie de Puy-Judeau. Elle repose sur trois points forts. D'abord, Jacques Chirac prononcera dans les tréfonds de la France profonde – en Corrèze naturellement – un appel à la résistance, au redressement, à la confiance : en un mot, un discours gaullien. Ensuite, il se fera réélire député du plateau de Millevaches. Enfin, il lancera un grand mouvement politique à la fin de l'année pour repartir à la conquête du pouvoir. Et le peuple, naturellement, applaudira à tout rompre.

C'est Pierre Juillet qui a mis sur pied le plan de bataille. Il est homme à jouir dans les tempêtes. Et il en attend une, précisément.

Convaincu que les giscardo-centristes seront pulvérisés aux élections législatives de 1978, il croit que V.G.E. ne finira pas son mandat. «L'État-Giscard», à ses yeux, c'est la IVe République. Il se délite, sur fond de soleil couchant. Il ne reste plus qu'à attendre 1958. De Gaulle est de toutes les époques : ces temps-ci, il s'appelle Chirac...

Mais l'Histoire repasse-t-elle les plats ? «Pierre Juillet voulait refaire l'aventure du général de Gaulle, dit Jérôme Monod. C'était la stratégie de la grotte. On y réunit d'abord, en peaux de mouton de préférence, les disciples les plus fidèles. On lance un appel au sursaut et puis on passe à l'attaque. »

Au départ, le scénario marche comme prévu ; Jacques Chirac prononce son discours d'Égletons, se fait réélire en Corrèze avant de rénover de fond en comble le mouvement gaulliste. «Chirac ou la fureur d'agir », comme l'écrit Xavier Marchetti dans le Figaro...

Il réussit tout et tout lui réussit. La naissance, le 5 décembre 1976. du Rassemblement pour la République (RPR) est célébrée par cinquante mille militants à la porte de Versailles à Paris. Le spectacle est grandiose et la France est médusée.

Dans Pinarque[1], un pamphlet délicieusement voltairien, Jean Manan – pseudonyme de Jean Clémentin, l'un des piliers du Canard enchaîné – ironise sur la folie des grandeurs et la symbolique primaire du nouveau président du RPR : «A midi trente, le redresseur du haut de son estrade fit un signal. La toile qui enveloppait l'échafaudage glissa jusqu'à terre, le chef d'œuvre émergea : le Monument de la Redresse. C'est un pylône sculpté d'un seul tenant dans un bloc de béton extrait des abattoirs de la Villette. D'une délicate teinte rose tirant sur le violet, d'environ cent mètres de haut, il a pour sommet une demi-sphère qui représente, stylisés, les traits du Redresseur. Il plonge dans le sol entre deux monticules en forme d'œuf. Selon la symbolique statuaire, le mât représente l'autorité, la force, l'action, en un mot le Redresseur ; le monticule de droite représente le Rassemblement ; celui de gauche le Peuple dans ses Profondeurs. »

Tel est le Chirac d'alors : pompeux, ostentatoire et péremptoire. La boursouflure est un rôle de composition : ça se travaille. Le président du RPR s'applique donc, comme s'il était convaincu qu'il allait faire son siècle.

On ne va jamais aussi loin que lorsqu'on ne sait pas où l'on va. Chez Jacques Chirac, la profondeur de la réflexion ne répond pas, alors, à l'énergie déployée ni à l'intuition électorale ni à l'esprit

---

1. Lattès, 1977.

d'organisation. Il est plus occupé à sonner la charge qu'à se fabriquer un corps de doctrine. Idéologiquement, en somme, il tire à hue et à dia : le combat politique l'enchaîne ; il a les yeux rivés sur les élections.

Il se garde donc de trancher, parmi ses directeurs de conscience, entre les réformistes et les conservateurs. Il donne raison à tous ceux qui se disputent son esprit, son jugement, son cerveau. Il se laisse ballotter et baratter avec une espèce d'allégresse inconsciente. Il est normal qu'un homme politique, divisant pour régner, s'appuie sur deux ailes. Mais les siennes sont trop contradictoires. Résultat : social et réactionnaire, travailliste et bonapartiste, le RPR repose, d'entrée de jeu, sur une ambiguïté fondamentale.

Le tandem Juillet-Garaud n'est plus le seul, en effet, à tracer la ligne. Un homme s'est avancé, à rebours du conservatisme de terroir des anciens conseillers politiques de Georges Pompidou. Protestant, énarque, délégué à l'Aménagement du territoire pendant neuf ans, directeur de cabinet de Jacques Chirac à Matignon pendant un an, il s'appelle Jérôme Monod. Jacques Chirac en a fait le secrétaire général du RPR, c'est-à-dire le numéro deux du mouvement.

En quelques mois, Jérôme Monod a su se rendre indispensable à Jacques Chirac qui apprécie en lui sa virtuosité d'énarque, éplucheuse de dossiers et consommatrice d'idées, son alacrité de pessimiste actif, son anticonformisme aussi. Les deux hommes ont beaucoup de points communs, le moindre n'étant pas la même impatience convulsive. Ils en ont les stigmates sur le visage : cet œil étincelant, cette expression farouche et pressée.

La voix haletante, courant si vite qu'elle s'essouffle souvent, la démarche vive, adolescente, Jérôme Monod a toujours l'air poursuivi par quelque obscure démangeaison, par des dossiers en retard ou par le temps qui passe. Il fait partie, avec Jacques Chirac, du petit club des tapeurs du pied : du matin au soir, ses jambes sont prises d'un mouvement saccadé, comme si elles voulaient se débarrasser d'une armée de fourmis rouges. Il laisse rarement ses interlocuteurs terminer leurs phrases : au premier mot, il a déjà compris. Et il exaspère les journalistes. Quand il répond aux interviews, il est toujours en avance d'une question. « Avec Jacques Chirac, dit-il, on se comprend sans se parler. En me voyant entrer dans son bureau, il lui est souvent arrivé de rigoler comme un fou. Il savait exactement ce que j'allais dire. Je me marrais aussi. Je savais exactement ce qu'il allait me répondre. Vérifications faites, on ne s'était trompé ni l'un ni l'autre. »

Monod, c'est l'anti-Juillet. Le secrétaire général du RPR ne prend pas au sérieux le conseiller politique de Jacques Chirac, frotté d'Histoire, artiste de la politique, toujours à la recherche d'un « Prince » et d'une nouvelle aventure. Il dénonce volontiers, en petit comité, sa « pauvreté intellectuelle », son « mépris des hommes » ou encore son « extrême susceptibilité ». Parlant aujourd'hui de Juillet, Monod dit : « C'était un homme très intelligent mais, politiquement, il était complètement paumé. Il nous ramenait sans arrêt des types incroyables, réactionnaires comme il n'est pas permis. Et il fallait écouter ces connards nous parler de la défense de l'école libre, de la lutte contre l'avortement, des valeurs européennes ou encore de la morale française. Il n'avait pas de pensée forte, encore moins de doctrine. Il estimait qu'il fallait garder les mains libres pour suivre les courants d'opinion. Quand on disait : "On devrait faire un programme", il se foutait de nous. C'était un ultra-conservateur, en fait. Et il était en contradiction avec ce qu'on essayait de faire : un parti en mouvement. »

Alain Juppé, alors délégué aux études du RPR – c'est un ancien conseiller de Matignon que Monod a amené auprès de lui –, n'est pas moins braqué contre le tandem Juillet-Garaud. Et il est tout aussi cruel : « Le seul mot de réforme les rendait fous. Dès qu'on essayait de faire avancer une idée nouvelle, ils parlaient, avec mépris, de "salmigondis technocratiques". Sur l'actionnariat, sur l'intéressement, sur tous les thèmes sociaux, on se faisait rabrouer. Et ils ne m'ont jamais pardonné d'avoir dit que les droits de succession étaient plus faibles en France que dans beaucoup de pays étrangers. »

On voit le climat. C'est pourtant vers le techno-réformisme de Jérôme Monod que Jacques Chirac semble pencher, dans un premier temps. Le 3 octobre 1976, dans le gymnase tout neuf d'Égletons, la ville de Charles Spinasse, ex-ministre de Blum, l'ancien Premier ministre réclame, entre deux couplets contre les « collectivistes », un impôt sur la fortune.

Écoutons-le :

« Je crois profondément aux réformes et je continuerai pour ma part, et à ma place, dans cette voie. Il y a des domaines où l'on peut et où l'on doit apporter des améliorations progressives : la famille qu'il faut aider et protéger davantage ; la commune qui doit bénéficier d'une plus grande autonomie ; l'organisation de ce qui touche le cadre de vie ; l'emploi des deniers publics pour éliminer peu à peu le gaspillage ; enfin, la concertation indispensable avec les organisations syndicales et professionnelles. Un État sûr de son autorité ne craint pas en effet la concertation véritable. L'autoritarisme est le masque de la faiblesse.

« Il y a des domaines où il faut procéder à une refonte complète du système : c'est le cas de notre système fiscal, trop complexe, insuffisant et injuste. La fiscalité de demain devra être assise non seulement sur les dépenses et le revenu mais aussi sur le capital. »

Il est clair que ce programme pourrait avoir été conçu par Pierre Mendès France et quelque club de la gauche moderne. Tout y est : la politique de concertation comme la réforme fiscale. Mais Chirac ne se tient pas pour satisfait. Et c'est la péroraison finale de l'appel d'Égletons qui retiendra le plus l'attention : « Le grand rassemblement auquel je vous convie [...] devra allier la défense des valeurs essentielles du gaullisme aux aspirations d'un véritable travaillisme à la française. »

Travaillisme ? En découvrant la formule, l'état-major de Jacques Chirac a un haut-le-corps. Le mot ne figurait pas dans le discours écrit par Alain Juppé puis lu et relu par Jérôme Monod et Marie-France Garaud.

Chirac-le-travailliste... Racontant aujourd'hui comment il a lâché le mot fatal, il fait la part belle à l'étourderie : « Avant la réunion qui avait lieu à 21 h 30, je suis allé, avec Charles Pasqua, dîner chez Charles Spinasse, le maire de la ville. Il est nerveux et inquiet. Il me dit : " Est-ce que je peux lire votre discours ? " Je le lui montre. Il fait trois ou quatre remarques, toutes astucieuses et de pure forme : c'était un type très cultivé, libraire de formation. Puis il me fait : " Vous devriez mettre encore un peu plus de sensibilité de gauche là-dedans. Pourquoi ne parleriez-vous pas, par exemple, d'un travaillisme à la française ? " Je lui réponds, dans un premier mouvement, que ça me paraît tout à fait bien. Pour moi, spontanément, ce mot veut dire : concertation et cogestion avec des organisations syndicales responsables. On termine le dessert en vitesse, il faut partir, on est pressé. Je n'y réfléchis pas davantage. Je ne remarque même pas qu'il a ajouté la formule dans mon discours. A la tribune, je l'ai lue tranquillement, sans y attacher plus d'importance : après mon plaidoyer pour la politique contractuelle, ça me paraissait aller de soi. »

Recentré ou repris en main, Jacques Chirac prononcera, le 5 décembre suivant, pour le lancement du RPR, un discours moins mendésiste et plus gaullien. Ce jour-là, il reprend les vieilles recettes du général de Gaulle du temps du RPF, sous la IVe République – le même pathos épique, la même éloquence de croisade, le même catastrophisme sonore. Il désigne aussi clairement les deux ennemis de son nouveau parti : le « collectivisme » et le déclin de la France. La foule frissonne...

Autant dire que ce texte qui ne manque pas de ton porte la griffe de Pierre Juillet. Mais Jacques Chirac n'est pas stabilisé pour autant. Il se livrera, ensuite, à d'autres contorsions qui feront de lui, pendant plusieurs mois, le plus insaisissable et le plus imprévisible des hommes politiques français.

Est-il conservateur ou novateur ? Démagogue ou libéral ? Fascisant ou progressiste ? Il se prend pour le vent. Il n'est que la girouette. Alain Juppé, cet inspecteur des Finances si pénétrant qu'il couve déjà du regard, porte alors sur le député de la Corrèze un jugement sans pitié : « A cette époque, Jacques Chirac marchait un peu à côté de ses pompes. Il se laissait tellement materner qu'il n'avait plus guère de prise sur ses idées. Et, chaque fois qu'il prenait une initiative, on lui faisait comprendre qu'il n'y connaissait rien et ne disait que des conneries. »

Cravacheur et prophétique, plein de contradictions, le député de la Corrèze éblouit ou inquiète, c'est selon. Il trouble aussi, comme s'il était inachevé. Et il est vrai qu'il tarde à sortir de sa chrysalide. Dans une *Lettre ouverte à Jacques Chirac*[1], chaleureuse mais honnête, François Nourissier pose le problème de fond, celui que le député de la Corrèze cherche à masquer, à coups de gueule et d'étrier : « Ou votre RPR tentera d'être ce grand centre travailliste et généreux qu'ont espéré successivement Mendès France, Chaban-Delmas et qu'un temps le Général a donné l'impression de réussir à former ; ou bien il sera une conjuration des blocages et des pétoches, une coalition de toutes les petites droites : celle des poujadistes, celle des nostalgiques de l'OAS, celle des paysans en colère, celle des rentiers sans rentes et des bagnoleurs sans essence, celle de la messe de saint Pie V et des pucelles sans pilule. »

Voilà résumé, abruptement, le débat Juillet-Monod. En conclusion de sa *Lettre ouverte à Jacques Chirac*, François Nourissier exhorte, paternel, le député de la Corrèze à prendre de « l'épaisseur » : « Il faudrait maintenant vous installer à votre table et y chercher un peu vos mots [...]. Les Français aiment qu'on les flatte d'un peu de musique, de poésie, de grandeur. Du général de Rivoli à celui de Colombey, notre goût n'a pas changé. Pensez-y. »

Le député de la Corrèze y pense. Il prépare justement, pour les

---

1. Albin Michel, 1977

éditions de la Table ronde, un livre de souvenirs. Le soir, avec Denis Baudouin, Marcel Jullian et Roland Laudenbach, il se raconte devant un magnétophone. Il en sortira un manuscrit de cent cinquante-quatre feuillets, touffu, étourdissant comme une rafale de flashes. Il s'intitulera *les Mille Sources* [1] en référence au plateau de Millevaches dont c'est le nom d'origine. Et il mettra au jour un nouveau Chirac, humble devant les hommes et les idées, respectueux des grands acquis du Front populaire, admirateur d'André Malraux, attentif à la jeunesse contestataire. Quelques heures avant son impression, pourtant, Pierre Juillet et Marie-France Garaud décide-ront de le bloquer : « Ce n'est pas un livre digne d'un candidat à la présidence de la République. »

Il est vrai que *les Mille Sources* ne sont pas *le Fil de l'épée*. Chirac n'est pas non plus de Gaulle. Dans ce livre inédit, il se contente de raconter quelques-uns des grands moments de sa vie qu'il entrelarde de réflexions. Malhabile à manier les concepts, il se définit ainsi, par petites touches pointillistes.

Provincial : « La culture nationale constitue la synthèse de cultures locales ou régionales. Cela ne signifie pas qu'elle doit les étouffer. La langue, elle-même, doit être maintenue partout où elle est encore vivace. Le parler du vieux pays va piocher très profondément dans les racines. Il fait accéder à la lumière des vérités, des fantasmes, des désespoirs, des espérances qui, enfouis, risquent de devenir graines d'ortie. Personnellement, j'ai encouragé un certain nombre de poètes limousins qui s'exprimaient en langue d'oc [...]. Le terreau de la culture, ce sont les régions que l'on a désentravées et d'où montent les libertés créatrices. La France, vue d'en haut, ne donne d'elle qu'une image systématique, fausse, et finalement provocatrice de désordre et de tyrannie. »

Délégateur « L'une des difficultés à exercer un commandement, c'est la répugnance naturelle que l'on éprouve à déléguer. Pour certains, déléguer est synonyme de délaisser. J'ai la chance d'être porté, *a priori*, à faire confiance, et mon raisonnement me conduit plutôt à négliger les détails pour me consacrer à l'essentiel. On le remarque très vite : si on a pris soin de bien s'entourer, le collaborateur responsable prend quatre-vingt-dix-neuf fois sur cent la décision que vous auriez souhaitée, voire, de temps à autre, une décision meilleure. Pour la centième décision, admettons qu'il se trompe et adopte une position diamétralement opposée à la vôtre. Il

---

1. *Op. cit.*

n'en demeure pas moins vrai que mieux vaut courir le risque de voir un collaborateur commettre une erreur sur cent, que d'assurer, soi-même, quatre-vingt-dix-neuf décisions de plus, dont la surabondance vous conduirait – par fatigue, surmenage ou la simple application de la loi des grands nombres – à commettre trois ou quatre erreurs supplémentaires. Le général de Gaulle y excellait. A un haut fonctionnaire venu lui exposer les tourments que lui infligeait la nécessité de trancher dans une affaire difficile, il s'est borné à répondre : "Vous êtes précisément là pour ça", sans y ajouter l'ombre d'un conseil ou d'un encouragement. »

Carré : « Au matin, je ne suis pas quelqu'un qui pense à la mort. Je suis conscient que j'ai été conçu et créé pour un temps plus ou moins long dont le terme est pourtant inéluctable. Métaphysique mise à part, je n'y peux rien. Il ne me reste donc qu'à vivre sans tenir compte de la brièveté certaine de l'aventure. On m'affirme que c'est là une preuve de bonne santé morale ou mentale. J'entends bien ce qu'il y a de malice à me définir comme sain et sensé. Cela sous-entend que je pense court et que j'ignore la déraison. L'irrationnel fait pourtant partie de mon héritage et je le sais nécessaire à l'action – tout étant affaire de dosage et de bon emploi. »

Dur : « La prise d'otage doit être combattue sans faiblesse [...]. Au moment de cette sinistre affaire de Hollande où j'ai passé quatre jours et quatre nuits sans dormir, le ministre de l'Intérieur nous a fait savoir que certains groupes terroristes, et notamment la Fraction armée rouge à Genève, préparaient l'enlèvement de membres de la famille de ministres français. J'ai fait connaître à tous les ministres ou secrétaires d'État que si, d'aventure, l'un d'entre eux ou l'un de leurs proches était pris en otage, nous n'accepterions aucun marché et ne procéderions pas à un échange. Tout serait entrepris pour la délivrance de la victime du rapt et la sauvegarde de son existence, mais pas au prix d'une démission du gouvernement de la France. J'ai ajouté que je prenais des mesures pour renforcer leur protection et celle des leurs, mais que la conjoncture pouvait conduire au sacrifice de la vie d'êtres qui leur étaient chers et à la leur. Je le leur ai dit, au Conseil des ministres, de la façon la plus formelle, et individuelle-ment. J'ai précisé qu'en ce qui me concernait mes dispositions étaient prises. »

Pompidolien : « Richelieu avait cru devoir rappeler cela à Louis XIII : "Nous ne serions pas les rois si nous avions les sentiments des particuliers." A un moment donné, pour être des hommes d'État, les hommes politiques doivent tuer quelque chose en eux, se mutiler, s'amputer. Délibérément. Il le faut puisque vous vous engagez, d'avance, à assumer, sans rien ni personne au-dessus de vous, et si le destin vous y conduit, une responsabilité capitale. Nul doute que les événements de Mai 68, par exemple, ont trouvé un Georges Pompidou préparé à faire face. »

Stoïque : « Lorsque le suffrage universel vous a confié les fonctions dominantes, et que vous n'avez plus rien au-dessus de vous, on ne peut plus avoir d'ami. C'est une des rançons du pouvoir véritable : il faut laisser le cœur au vestiaire. "Je vous étonnerai par mon ingratitude", avait répondu Georges Pompidou à Charles de Gaulle qui s'inquiétait de ce que, le cas échéant, la magistrature suprême ferait de lui. »

Cliquetant de ses faits d'armes en Algérie, résonnant du fracas de Mai 1968, imprégnées d'une candeur confondante, *les Mille Sources* ne sont pas le livre d'un philosophe, encore moins d'un stratège. C'est celui d'un soldat. Mais qu'est-il d'autre, alors ?

Vol au-dessus d'un nid de coucous

Dans un pari, il y a un sot et un voleur
Proverbe belge.

La scène se passe à l'Élysée, le 2 novembre 1976. Le chef de l'État a convié à déjeuner les barons de l'État-Giscard : Michel Poniatowski, Jean-Pierre Fourcade, Michel d'Ornano, Christian Bonnet, Roger Chinaud et Jean Serisé. La conversation roule tout de suite sur les élections municipales. Le statut de Paris ayant été modifié, V.G.E. veut que le premier maire de la capitale soit l'un des siens. Il en fait une question de principe. Il en a d'ailleurs parlé, au cours de l'été, avec le ministre de l'Intérieur. Il lui a même demandé d'être candidat

Michel Poniatowski a alors un haut-le-corps :

« Tu as l'air d'oublier qu'on a déjà un candidat. Depuis un an, j'ai monté toute une opération avec Pierre-Christian Taittinger. On en a fait un secrétaire d'État aux Collectivités locales, c'est lui qui a géré le dossier de la réforme du statut, il est soutenu par Chirac et il est giscardien. On ne trouvera jamais mieux.

– Il n'est pas assez giscardien », objecte V.G.E.

Alors, « Ponia » :

« Si on soutient quelqu'un d'autre, l'UDR va considérer ça comme une provocation. Et il vaut toujours mieux une demi-victoire qu'une lourde défaite. »

En ce jour de novembre, le président, l'air facétieux, annonce, d'entrée de jeu, aux quatre ministres réunis à sa table :

« Messieurs, l'année prochaine, l'un de vous sera maire de Paris. »

« Ponia » feint la surprise :

« Et Taittinger ? Tu ne crois pas que c'est un bon candidat ?

– Je n'en veux pas, tranche Valéry Giscard d'Estaing. C'est un faible et c'est une blague.

– Il est pour nous et il a le soutien de l'UDR, insiste " Ponia " C'est quand même un sacré atout.

– Justement. Sa victoire n apparaîtra pas vraiment comme celle du giscardisme. Or cette ville est giscardienne, comme elle l'a montré lors de l'élection présidentielle. Elle doit donc avoir un maire giscardien. » Le regard présidentiel balaye alors les quatre ministres. Puis : « Étant donné l'enjeu, notre candidat à la mairie ne peut être que l'un de vous quatre. Bien entendu, je récuse Christian Bonnet qui doit rester à Carnac et Jean-Pierre Fourcade qui ne peut quitter Saint-Cloud. Pour moi, ça se joue donc entre Michel Poniatowski et Michel d'Ornano. »

Rougissant, le nez dans son assiette, Michel Poniatowski se fait tout petit. Jean-Pierre Fourcade vient à sa rescousse avec son inimitable franc-parler :

« Vous ne pouvez pas vous donner le ridicule de faire voter une loi normalisant le statut de Paris et d'avoir comme candidat le ministre de l'Intérieur. C'est se foutre du monde ! »

Les yeux se tournent alors, tout naturellement, vers Michel d'Ornano. Le ministre de l'Industrie bafouille. Il n'est pas candidat mais, s'il le faut vraiment, il est prêt à se dévouer. Cet aristocrate a tout du féal serviteur et cet homme fin manque de flair. C'est la victime idéale. Il laissera sa mairie de Deauville à sa femme.

Le volontaire est ainsi désigné. Affaire jugée.

Le 12 novembre 1976, pour que le pays sache bien qui le lui a demandé, Michel d'Ornano annonce, sur le perron de l'Élysée, qu'il se porte candidat à la mairie de Paris. Il s'avance avec la mine de quelqu'un qui a déjà gagné la bataille. Il s'est fié à ce que le président lui a dit : que les listes sont prêtes ; que le programme n'attend plus que le bon à tirer ; que les gaullistes parisiens, déjà « couchés », se laisseront facilement plumer. Le préfet de Paris, Jean Paolini, plutôt proche des gaullistes, n'a-t-il pas dit à V.G.E. que l'élection du ministre de l'Industrie ne ferait pas un pli ?

La nature, en ce morne automne, semble avoir ôté à Valéry Giscard d'Estaing et aux siens toute capacité de raisonner. Ils croient avoir la France sous leur pied mais ils perdent pied…

Pour le mouvement gaulliste, la candidature de Michel d'Ornano n'est rien de moins qu'une agression. Jacques Chirac était d'accord pour laisser le champ libre à Pierre-Christian Taittinger qui fut sénateur de la Seine avant de devenir secrétaire d'État aux Collectivités locales : c'est un grand bourgeois giscardien, un brin dilettante, qui a toujours entretenu les meilleures relations avec les gaullistes. Avec lui, l'UDR, alors majoritaire, était sûre d'avoir la moitié des sièges au conseil municipal. C'est tout ce qu'elle demandait, c'est-à-dire pas grand-chose.

Jacques Chirac se souvient avoir dit à V.G.E., au début de l'année, que la mairie de Paris devait revenir à un giscardien – en l'occurrence, Pierre-Christian Taittinger. Et il a le sentiment d'avoir conclu, ce jour-là, un pacte avec le chef de l'État. Fin octobre, retrouvant le président à l'occasion d'une réception donnée par un ambassadeur arabe, il a eu un aparté avec lui : le « contrat » parisien y a été reconfirmé. Si Giscard l'a rompu, ce ne peut donc être un malentendu : c'est un parjure, tout simplement. Le député de la Corrèze écume contre ce président « sans parole » pour qui les serments sont des mots et les mots du vent. Il laisse entendre qu'il consentirait à soutenir une candidature de compromis – celle de Simone Veil, par exemple – mais que jamais il ne laissera Michel d'Ornano et les hommes du président mettre la main sur la capitale. Il rumine sa colère et il cherche sa riposte.

Xavier Marchetti l'a trouvée. Dînant au restaurant le Tong Yen avec Marie-France Garaud et son mari, l'ancien conseiller de presse de Pompidou, devenu éditorialiste au *Figaro,* tire ainsi la conclusion de la candidature de Michel d'Ornano : « Vous verrez. Vous serez obligé de présenter Jacques Chirac contre lui. »

Chirac, maire de Paris ? Cet homme est à inventer chaque jour. Et la capitale est peut-être un meilleur tremplin pour l'Élysée que la troisième circonscription de la Corrèze. Le lendemain, Marie-France Garaud teste l'idée sur une partie de l'état-major du mouvement gaulliste. Elle fait un four. Tout le monde hausse les épaules ou secoue la tête, c'est selon : l'échec étant interdit, cette candidature serait un risque considérable. L'ancien Premier ministre ne saurait jouer son avenir à pile ou face.

Consulté dans sa retraite de la Creuse, Pierre Juillet laisse tomber sa sentence : « S'il veut un destin, Jacques ne doit pas se territorialiser à Paris. Il aurait trop de mal, en ce cas, à séduire la France. » Quant au député de la Corrèze, il feint de ne pas prendre l'idée au sérieux. Mais, en petit comité, il joue avec et commence à dire, à la ronde et en rigolant, qu'il se présenterait bien.

Il y a de quoi. Électoralement, le mouvement gaulliste a clairement le vent en poupe. Aux élections partielles du 14 novembre 1976, deux jours après l'annonce de la candidature de Michel d'Ornano, quatre anciens membres du gouvernement retournent devant les urnes pour retrouver leur siège de député. Les deux candidats UDR, Jacques Chirac et Jean Tibéri, ex-secrétaire d'État aux Industries alimentaires, sont facilement réélus dès le premier tour. Les deux candidats giscardiens, Gérard Ducray et Bernard Destremau, sont, eux, sérieusement très malmenés.

Le lendemain après-midi, gonflé à bloc, Pierre Bas, député gaulliste de Paris, éructe dans le bureau de Michel d'Ornano :

« Nous n'accepterons jamais votre désignation. Retirez-vous tout de suite. Sinon, nous vous briserons. »

Le ministre de l'Industrie rigole :

« Calmez-vous. »

Rien ni personne ne lui fera perdre son sang-froid. « Michel d'Ornano, dira plus tard Alexandre Sanguinetti, se trouve dans la position bien connue dans l'armée qui est celle du "têtard", c'est-à-dire celle du soldat qui n'est pas au courant des conséquences des choses et qui se fait piéger par ses supérieurs pour les corvées. »

Passent les semaines. Face à Michel d'Ornano, les gaullistes ont lancé Christian de La Malène, rapporteur général de la Ville de Paris depuis des années. C'est l'une des figures les plus connues de ce qu'on appelle alors le « gaullisme immobilier », variété parisienne plus proche des barons que de Jacques Chirac. « Là où il passe, dit-on, l'herbe ne repousse pas. » Triste et austère, il est plus à l'aise dans les dossiers municipaux que sur les plateaux télévisés. Médiatiquement, c'est un désastre. Et il est clair que le ministre de l'Industrie n'en fera qu'une bouchée.

A la mi-décembre, Michel d'Ornano est sûr qu'il sera élu maire de Paris au mois de mars suivant. Tous les sondages le lui disent. Le moral des gaullistes est, de toute évidence, à la baisse. Au point que Robert Hersant, le patron du *Figaro*, annonce un jour au ministre de l'Industrie que le RPR est prêt à pactiser : « Marie-France trouve que tout ça a assez duré. Chirac est disposé à vous soutenir si vous donnez à La Malène le poste de premier adjoint, chargé des Finances, et si vous laissez leurs sièges aux gaullistes sortants. » Le ministre de l'Industrie, bon prince, répond qu'il accepte les deux conditions. Hersant ajoute que la conseillère de Chirac est prête à le rencontrer quand il le voudra et où il le voudra pour mettre au point les termes de l'accord.

Michel d'Ornano n'aura plus, ensuite, de nouvelles de Marie-France Garaud. Quand, étonné, il cherche à reprendre contact avec elle, le 8 janvier 1977, l'égérie de Jacques Chirac lui fait dire : « Je ne suis prête à vous rencontrer que pour discuter des conditions de votre retrait. »

Le ministre de l'Industrie a tendance à trouver ça farce. Toutes les enquêtes d'opinion sont pour lui. Il n'aura peut-être pas les gaullistes mais il aura, il n'en doute pas, les Parisiens. Il ne sait pas que la capitale, déjà, ne lui appartient plus.

Tout s'est joué quelques jours plus tôt, au trente-deuxième étage de la tour Montparnasse, le nouveau siège du RPR. L'état-major chiraquien se réunit pour la première fois de l'année. Tout le monde a la même obsession : Paris. Avec son faux air de Candide, Charles Pasqua, le poisson pilote du tandem Juillet-Garaud, casse le morceau sans précaution :

« Bah, Jacques, si on veut éviter le désastre, y a pas trente-six solutions. Il va falloir que tu y ailles. »

Hochement de tête général. Jacques Chirac, le nez dans ses dossiers, ne dit rien. Mais il savoure avec délices cette unanimité. Pierre Juillet prend alors la parole :

« J'étais contre cette idée mais je reconnais qu'il n'y a pas d'autre solution si on ne veut pas laisser la capitale aux giscardiens. » Murmures approbateurs autour de la table. « Mais il ne faut pas que cette candidature apparaisse trop comme un acte d'agression contre le président, ajoute Juillet. Jacques ne doit pas se mettre dans son tort. Je suggère donc qu'on ne fasse rien avant la conférence de presse du chef d'État. »

Le 11 janvier, Jacques Chirac prévient quand même Christian de La Malène et Pierre Bas, les deux chefs de file des gaullistes parisiens. Il est prudent : « Je réfléchis à mon éventuelle candidature. » Et il trouve les deux hommes étonnamment consentants.

Reste à trouver l'occasion d'annoncer la nouvelle. Le 17 janvier, tout l'état-major du RPR regarde, en direct, à la télévision, la conférence de presse du président. Serein et souverain, Giscard-le-décrispé calme le jeu. Il dédramatise tout, à commencer par les divisions de la majorité. « Il faut sortir, dit-il, de la conception d'une uniformité qui se déchire pour passer à une autre conception qui est celle d'un pluralisme qui s'organise. »

« Voilà la justification qu'il nous fallait ! s'écrie joyeusement Pierre Juillet, devant le téléviseur. Deux candidats à la mairie de Paris, c'est ça, le pluralisme. Personne ne pourra dire le contraire. » Rire de l'état-major chiraquien. Alors, Pierre Juillet dit au député de la Corrèze : « Vous pouvez dès maintenant demander un rendez-vous au Premier ministre et lui dire que vous vous présentez au nom du pluralisme ! »

C'est ce qui sera fait. Deux jours plus tard, après une entrevue d'un quart d'heure avec Raymond Barre qu'il laisse accablé et groggy, Jacques Chirac annonce sa candidature à la mairie de Paris.

L'heure, dit-il, « n'est plus aux négociations de couloirs ni aux compromis de parti ». Il faut faire en sorte, ajoute-t-il, que « la capitale de la France ne coure pas le risque de tomber entre les mains des socialo-communistes ».

A 20 heures, il déclare devant les caméras de télévision, avec ce mélange d'enflure et d'alacrité qu'il cultivera tout au long de la campagne : « Je viens dans la capitale de la France parce que, dans notre histoire, depuis la Révolution de 1789, chaque fois que Paris est tombé, la France a été vaincue. »

Tel est le ton. Stigmatisant les « attitudes médiocres » et les « combinaisons florentines », l'ancien Premier ministre est parti en guerre. Contre les « collectivistes » de la gauche. Contre le chef de l'État aussi. Et il est clair qu'il ne s'arrêtera pas en route s'il conquiert Paris. Il a la véhémence et l'insolence du duc de Guise. V.G.E. sera-t-il Henri III ?

Raymond Barre lui demande de se retirer. Jacques Chirac, non sans humour, fait le rodomont : « Je ne changerai pas d'avis sauf raisons graves et impérieuses, écrit-il au Premier ministre. Comme moi-même, vous savez que le président de la République peut avoir ces raisons. Étant donné un passé récent où, comme il a bien voulu le reconnaître, je l'ai servi avec loyauté, serait-ce trop demander qu'il me dise, lui-même, les raisons d'État qui amènent le gouvernement à vouloir s'opposer à ma candidature ? »

Le pari est osé et la mise, considérable. Si le député de la Corrèze perd, il perd tout. C'est probablement ce qui fascine et déroute le plus, dans cette campagne de Paris : qu'un homme politique, arrivé au faîte, éprouve ainsi le besoin de tout remettre en question et de rejouer son destin à quitte ou double.

D'entrée de jeu, le député de la Corrèze a tout contre lui – les sondages, les bonnes manières et les médias d'État. Il n'en a cure. Si la montagne ne vient pas à lui, Chirac, comme Mahomet, va à la montagne. Il parle avec feu. Il serre des milliers de mains. Il est dans tous les arrondissements à la fois. Pontifiante et truculente, sa campagne sera l'une des plus étonnantes de ces dernières années.

Pour renverser le courant, il ne mégote pas. Parlant de la candidature de Michel d'Ornano, il déclare, par exemple : « Par le caractère un peu aristocratique de ses listes et de la famille qu'il représente, elle n'était pas de nature à rassembler les suffrages populaires. » Et la foule applaudit.

Dans *la Lettre de la Nation*, l'organe du RPR, Pierre Charpy écrit :

« Jacques Chirac, à Paris comme partout en France, se bat pour l'essentiel. Tant pis si cela heurte des sensibilités trop personnalisées. Quand on ne veut faire de peine à personne, on choisit Vichy. » Et la foule frémit.

Tous les coups sont bons. Les chiraquiens n'hésiteront même pas à nourrir une méchante calomnie contre Françoise Giroud, secrétaire d'État à la Culture et candidate de la « majorité présidentielle » dans le XVe arrondissement de Paris[1]. C'est une campagne sans pitié où chacun est venu avec son venin, son roquet, sa ciguë. Les politiciens ne le font pas exprès.

Tout tendu vers son objectif, inusable et indestructible, Jacques Chirac s'affirmera, pendant cette campagne, comme l'un des grands professionnels de la politique avec François Mitterrand. Rien ne l'ébranle. Ni *l'Express,* qui se demande « dans quel état se retrouvera, au lendemain des élections, celui qui se veut le nouveau "chef gaulliste" ». Ni Michel Poniatowski, qui déclare, l'air informé, qu'il a « bien peu de chance d'être élu ». Ni les instituts de sondage qui tous sauf un le donnent battu. Une anecdote, contée par Jérôme Monod, résume tout Chirac : « Un jour où plusieurs sondages le donnaient perdant, j'entre dans le bureau de Jacques, et le trouve effondré dans son fauteuil, les pieds sur la table, la tête dans les mains. Je m'inquiète, je redoute une crise d'abattement et m'enquiers timidement : "Jacques, cela ne va pas ?" et Chirac de me répondre : "Ça ne va pas du tout, je n'arrive pas à digérer les deux douzaines d'escargots que j'ai mangées à midi[2]". »

Michel d'Ornano, le chouchou des sondages, flotte, lui, dans les nuages. Quelque chose s'est installé entre le peuple de Paris et lui, qui l'empêche de convaincre. Dans *le Nouvel Observateur,* François Caviglioli rapporte l'avoir vu entrer dans une boulangerie, la main tendue et clamant joyeusement :

« Je suis Michel d'Ornano. »

Alors, la patronne :

« Et alors ? Vous voulez une baguette ? »

Il aura une mauvaise surprise. Le soir du premier tour, le 13 mars 1977, Jacques Chirac peut dire, à bon droit, qu'il a gagné son pari. D'abord, il a dominé les giscardiens. Ensuite, il a empêché la gauche

---

1. Françoise Giroud avait dit, dans sa littérature électorale, qu'elle était « médaillée de la Résistance ». Si elle lui avait bien été décernée, cette décoration n'avait pas été enregistrée au *Journal officiel.* D'où la calomnie...
2. Catherine Nay, *la Double Méprise, op. cit.*

de progresser alors qu'elle a enregistré une forte poussée dans toutes les grandes villes de France.

Le 20 mars, à l'heure des comptes du deuxième tour, les listes de Jacques Chirac obtiennent 54 sièges ; celles de Michel d'Ornano, 15 ; celles de la gauche, enfin, 44. Cinq jours plus tard, le député de la Corrèze est élu maire de Paris par 67 voix contre 40. On voulait « dégaulliser » la capitale ? Il a « chiraquisé » Paris.

L'État-Giscard, déjà, règle ses comptes comme il peut. Le matin où Jacques Chirac s'installe dans son bureau de maire, le plus vaste et le plus beau de la République, les services téléphoniques du ministère de l'Intérieur viennent retirer les fils de l'interministériel qui permet d'appeler directement, avec un numéro à trois chiffres, les ministres et quelques très hauts fonctionnaires. C'était le privilège du président du conseil de Paris. Ce ne sera pas celui du premier maire de Paris depuis des décennies...

V.G.E. est humilié. Raymond Barre, ridiculisé. Les choses, pourtant, auraient pu se passer différemment. Dans *le Figaro*, comme il le rappelle dans ses *Mémoires*[1], Raymond Aron avait déconseillé au président de livrer bataille contre son ancien Premier ministre :

« L'effort du RPR de conserver sa position à Paris, pourquoi ne pas le comprendre ? Pourquoi le taxer de crime de lèse-majesté ?

« Si la candidature de J. Chirac s'en prend à l'autorité du président, pourquoi celui-ci ne réplique-t-il pas par une esquive ? »

Raymond Aron n'est pas le seul de cet avis. Quelques semaines après les élections municipales, V.G.E. reçoit Pierre Juillet.

« J'ai eu de vos nouvelles, dit le président.

— Il y a pourtant longtemps que nous ne nous sommes vus...

— Je voulais parler de la campagne. J'ai reconnu votre main. » Le président sourit, content de son effet. « Il faut reconnaître, ajoute Giscard, que cette candidature était imparable.

— Vous vous trompez. Elle n'était pas imparable.

— Quelle était la parade, alors ?

— De Gaulle n'aurait pas fait comme vous, monsieur le président. Il aurait convoqué Chirac et il lui aurait dit : "Vous voulez la mairie de Paris, mon vieux ? Qu'à cela ne tienne, vous êtes mon candidat. " »

Valéry Giscard d'Estaing a, en somme, perdu sur tous les

1. Julliard, *op. cit.*

tableaux. Il a laissé, sur le macadam parisien, un peu de sa réputation, de son autorité, de son crédit.

En attendant, Jacques Chirac est devenu un personnage considérable. A la mairie de Paris, il dirige une armée de trente-six mille fonctionnaires et il dispose d'un budget de 7,2 milliards de francs. Il reçoit les chefs d'État étrangers en visite officielle. Protocolairement, il passe avant les ministres. Il ne se gêne d'ailleurs pas pour les convoquer dans son bureau. A René Haby, ministre de l'Éducation nationale, qui lui demande s'il doit se déplacer, Chirac répond : « Vous n'imaginez pas, René, que le maire de Paris ira faire la queue dans les ministères... »

Autour de lui, il a mis en place un vrai gouvernement avec deux ministres des Affaires étrangères (Maurice Couve de Murville et Pierre-Christian Taittinger), un ministre de la Culture (Marcel Landowski), un « médiateur » (Michel Junot) et un porte-parole (Denis Baudouin). Il a même un dessein : « Je ne vois aucune différence entre Paris et Ussel, voyez-vous. Il s'agit dans les deux cas d'une collection de villages. Paris est une ville latine – une ville de cafés, de places, de squares. Au lieu de les démolir, il faut les développer, comme il faut développer les activités industrielles et la vie culturelle de la capitale. »

Est-il apaisé pour autant ? S'il ne veut pas reculer, il lui faut maintenant repartir pour de nouvelles conquêtes. Derrière lui, la voix du temps s'écrie déjà, comme dans une page de Bossuet « Marche ! Marche ! »

Croisade contre le libéralisme

La liberté, c'est comme la santé : dès que vous y
pensez, vous n'en profitez plus.

Dicton américain.

Où va-t-il ? En campagne, comme toujours. Il sillonne la France en
Mystère 20. Il traverse, extatique, des foules qui s'écrient sur son
passage : « Chirac à l'Élysée ! » Il met en garde contre les « socialo-
communistes », les « Tartarins de la lutte sociale », les « pharisiens de
la politique ». L'index pointé en direction de François Mitterrand, il
s'époumone contre les « politiciens écartés de longues années du
pouvoir par leurs erreurs » et « prêts à toutes les contorsions pour y
revenir ». Il réunit cent mille personnes à la porte de Pantin. Pour
garder la voix, il a réduit à sept cigarettes sa consommation
quotidienne de Winston et il suce sans arrêt des pastilles contre la
toux. Il signe des autographes sur des billets de 100 francs. Il chante
la Marseillaise sur tous les tons. Et il ravit la vedette à Raymond
Barre que V.G.E. a sacré, dans un entretien à *l'Express*[1], « leader de
la campagne majoritaire ».

Pour affronter les élections législatives des 12 et 19 mars 1978,
la gauche, n'ayant pu « réactualiser » le Programme commun, est
désunie. Mais la majorité ne l'est pas moins. Les giscardiens, les
centristes et les radicaux ont fini par échafauder leur front anti-RPR.
C'est l'UDF, aboutissement du projet politique de V.G.E. Elle
n'inspire que sarcasmes à Jacques Chirac qui se gausse des « partisans
de la tiédeur et des fervents du compromis ». Ou encore de « ceux qui
parlent du changement comme les vieillards parlent des petites
filles ».

Face à la menace giscardienne, il est condamné à se chercher une
cohérence politique. Il la trouve sans avoir eu à battre la campagne.
C'est celle du gaullisme nationaliste et social. Il se prononce ainsi
pour « une Europe fondée sur le fait national en politique exté-

1. 9 mai 1977.

rieure», célèbre «le progrès social» qui, «au lieu d'être conçu comme une charge de l'économie, peut accompagner tout naturellement le progrès de celle-ci», part en guerre contre «le libéralisme classique qui aurait tendance à attendre le retour spontané de l'économie à sa prospérité ancienne[1]».

Son discours commence à ressembler à quelque chose. Certes, le message passe mal sous l'enflure autoritaire et l'élocution militaire d'un homme qui, pour paraphraser Clemenceau parlant du général Boulanger, semble avoir décidé de vivre en sous-lieutenant. Mais, entendu de près, le fond de ses proclamations est beaucoup moins conservateur qu'il n'en a l'air. En ce temps-là, Jacques Chirac n'hésite même pas à ranger les gaullistes à gauche.

Écoutons-le : «Il y a la tradition d'une gauche nationale [...]. Elle est chez nous; et chez nous seuls. Il y a dans notre histoire la tradition d'une gauche qui revendiquait avec fermeté l'autorité de l'État républicain contre toutes les formes d'anarchie, de désordre, d'incivisme, de délinquance]...]. Elle est chez nous. Je serais encore tenté de dire, sans excès de prétention : chez nous seuls. Il y avait une gauche qui tenait jalousement à rester l'interprète fidèle du sentiment populaire, qui refusait de laisser la politique dirigée par une douteuse aristocratie de petits comités et d'intellectuels phraseurs [...]. C'est nous qui représentons le sentiment populaire contre les préjugés idéologiques[2]. »

C'est l'époque où le président du RPR parle de «plumer la volaille socialiste». Il faut donc faire la part, dans cette déclaration, de la tactique politicienne. Il reste que, par petites touches, l'ancien exalté du piton est en train de se fabriquer un socle idéologique. Un livre le montre avec éclat, qui sera publié en décembre 1978 : *la Lueur de l'espérance, réflexion du soir pour le matin*[3]. Un essai de bonne facture, frémissant et pétillant, où l'on retrouve la trivialité sardonique de Chirac, son goût de la métaphore scabreuse, son humour aussi.

Chose étrange, *la Lueur de l'espérance* ne fait guère de bruit à sa sortie. Le livre révèle pourtant une nouvelle dimension du personnage, capable de penser et d'écrire. On comprend beaucoup mieux, en revanche, que Jacques Chirac n'ait jamais été tenté, depuis, de l'exhumer : c'est un pamphlet antilibéral.

Les temps changent et, bien sûr, Jacques Chirac change avec eux.

1. Entretien au *Monde*, 4 mars 1978.
2. *Ibid.*
3. *Op. cit.*

Ils le «libéraliseront». C'est pourquoi ce livre n'est pas à mettre entre toutes les mains.

Stupéfiant essai. Bien entendu, Jacques Chirac s'en prend, sur un ton de prédicateur, au PS qui «a trouvé un bon prétexte à la paresse intellectuelle dans l'inspiration marxiste, qui lui permet des couplets purement sentimentaux, sur le ton misérabiliste du XIXᵉ siècle, assortis de solutions verbales ou puériles pour se débarrasser des problèmes véritables». Mais ses flèches ne sont pas moins acérées contre le «libéralisme conservateur» et le «laisser-faire» du tandem Giscard-Barre. Quelqu'un de furibond s'exprime dans ces pages, qui sait se faire lire : «La politique du chien crevé fournit, depuis la IIIᵉ République, une comparaison qui a beaucoup servi. Toutefois, le malheureux chien auquel on se réfère, outre l'excuse d'être mort, ne tenait pas de discours avantageux pour faire ressortir qu'il avançait indiscutablement. Il ne se flattait pas d'une attitude propre à faire surgir beaucoup de changement dans le paysage. Il ne prônait point la décrispation dont il fournissait le modèle et n'éprouvait pas davantage la tentation d'agiter inutilement les pattes, à droite et à gauche, pour faire croire qu'il engendrait le cours du fleuve.»

Non content de stigmatiser la démarche politique de V.G.E. et de son Premier ministre, il s'attaque à leur philosophie économique : «Le libéralisme économique rend aux dirigeants l'immense service de prendre en charge les responsabilités générales de l'évolution. Une fois admis que ses lois sont celles du progrès, tout ce qui arrive par le seul jeu des initiatives privées et de la concurrence devient un phénomène respectable et sain par nature. Si ce phénomène présente des aspects déplaisants, comme une récession ou le chômage, on lui attribuera des vertus lointaines pour préparer un avenir meilleur [...]. Il est donc clair que ce libéralisme économique correspond merveilleusement aux dispositions d'esprit des dirigeants conservateurs, puisqu'ils resteront dirigeants sans avoir trop à diriger : mieux, avec mission expresse de très peu diriger, afin de laisser faire les mécanismes naturels.»

Tout au long de *la Lueur de l'espérance*, Chirac tourne autour de l'idée libérale qu'il malmène à plaisir, avec des formules du genre : «S'abandonner au seul jeu de la liberté économique et de la concurrence internationale, c'est renoncer à contrôler l'avenir, c'est s'abandonner à l'imprévisible. Raymond Barre aime citer Frédéric Bastiat, comme s'en sont aperçus un soir les téléspectateurs. Je lui en ai été reconnaissant, sur le moment. Cet auteur est trop oublié. Il avait un vif talent, de clarté incisive, ce qui est rare parmi les économistes. Il a dit des choses fort justes. Mais il écrivait dans la première moitié du XIXᵉ siècle et il accordait une confiance religieuse aux harmonies providentielles de la nature. Depuis lors, on est devenu beaucoup plus méfiant sur les conséquences du laisser-faire et du laisser-passer, qui ne sont pas toutes nécessairement favorables. »

L'auteur de *la Lueur de l'espérance* est obsédé par le déclin de la France : « La patrie est en danger, aussi sûrement qu'en présence d'un envahisseur [...]. Je tiendrai comme un frère quiconque éprouverait comme moi [...] le besoin profond d'au moins casser une potiche. Mais sur la tête de qui ? » Pour en finir avec le marasme moral, économique, culturel et démographique de l'Hexagone, il réclame un renforcement de l'État. Ce qui n'a rien à voir, cela va de soi, avec « l'ultra-dirigisme sans direction » ou la « politique libéraliste » du tandem Giscard-Barre. Chirac écrit ainsi :

« L'État peut être paralysant, à coup sûr, il en a fourni d'innombrables preuves. Néanmoins, il n'est pas forcément synonyme de bureaucratie aveugle. Son rôle peut être d'impulsion, autant ou plus que de prohibition, et correspondre à la tâche du premier exécutant au service de la volonté collective [...].

« Aucune nation ne doit plus à l'État que la France. Aucune, par conséquent, n'est plus vulnérable aux défaillances de l'État. »

Trois mois après la parution de son livre, Jacques Chirac ira même jusqu'à faire l'éloge de la planification : « Ce qui manque, je ne cesse de le répéter, c'est une planification des efforts demandés aux Français, qui seule peut s'appuyer sur une volonté nationale. Sans cette volonté, la restructuration nécessaire de notre industrie se fera par à-coups et avec les contrecoups sociaux qui font payer cher les erreurs du libéralisme [...]. Je persiste à penser que le Plan peut être un outil de politique industrielle [1]. »

Chirac ou la planification démocratique... Cela ne s'invente pas. Depuis son entrée en politique, il n'a guère été qu'un zombie faisant oublier par l'éclat du geste sa vacance idéologique et sa disponibilité intellectuelle. Il est en train de se découvrir : cocardier, étatiste et populiste. Et il s'aime. Avec ses effets de maxillaires et sa fougueuse éloquence, il est en phase avec l'ancien sous-lieutenant en Algérie.

Faut-il le prendre au sérieux ? Le personnage est encore trop neuf. Comme il n'est pas, on l'a vu, à un avatar près, on ne peut être sûr qu'il soit définitif.

---

1. Entretien au *Nouvel Économiste*, 19 mars 1979

Ce Chirac en construction laisse en tout cas sceptique. Raymond Aron, qui l'aime bien, le châtie tout autant. Dans ses *Mémoires*[1], l'auteur de *l'Opium des intellectuels* traduit un sentiment assez général quand il définit ainsi le personnage d'alors : « Quelque peu radical-socialiste par la manière dont il avait flatté les paysans, démagogue des grandes villes par son style battant et sa capacité presque infinie de serrer les mains, toujours en quête d'un slogan électoral qu'il abandonne quelques jours après l'avoir inventé. »

Dans un éditorial de *l'Express*[2], Raymond Aron, encore lui, pourtant peu suspect de sympathies pour Valéry Giscard d'Estaing, va plus loin : « La volonté, l'élan, l'enthousiasme, un plan national : une telle phraséologie vide de sens plaît à une catégorie de Français qui dénoncent l'abdication de l'État chaque fois que les pouvoirs publics ne se substituent pas aux entreprises et aux Français. Desserrer le carcan bureaucratique, libérer l'économie, planification démocratique : tout ce discours témoigne des mêmes vertus incantatoires et de la même nullité intellectuelle que les discours dominicaux de sous-préfecture. » Après avoir rappelé que l'homme Chirac ne lui inspire aucune antipathie, « au contraire », il note cruellement : « Sous le règne de Jacques Chirac, le RPR se rapproche du populisme, hostile tout à la fois au socialisme et au " mercantilisme ". Populisme qui ne se confond ni avec le fascisme ni avec le poujadisme, mais que l'on n'hésite pas à baptiser gaullisme. Cocardier (" La France est la plus grande de toutes les nations "), il flatte des préjugés, des ressentiments, des nostalgies, que la crise éveille ou avive. Mais il n'ouvre la voie ni à la conquête du pouvoir ni à l'exercice du pouvoir. »

Chirac pose, c'est vrai, à l'homme fort. Et il ne fait pas dans le raffinement. « Je sais que j'ai une gueule de droite, dit-il, mais on ne peut pas se refaire. » Le chiraquisme s'affirme dans la virilité. Le fantôme du général de Gaulle rôde. Celui du général Boulanger aussi. A propos de sa thématique, faite pour conquérir les classes moyennes, François Mitterrand parle de « poujadisme supérieur » : Alexandre Sanguinetti, de « national-poujadisme ».

En attendant, Chirac fait des voix...

Aux élections législatives de mars 1978, la majorité résiste bien, contre toute attente, à la vague socialiste. Et, à la surprise générale,

1. *Op. cit.*
2. 10 mars 1979.

le RPR de Jacques Chirac caracole devant l'UDF de Valéry Giscard d'Estaing : 22,7 % contre 20,2 %. Le président a perdu son pari · le mouvement gaulliste reste le premier parti de sa coalition parlementaire.

En résumé, le RPR a survécu à l'assaut du giscardisme (« Le seul vainqueur de ces élections, dira avec emphase Jacques Chirac, c'est le général de Gaulle ») et la majorité à celui du PS.

Le 19 mars, la majorité obtient 290 sièges. La gauche, 201. Il faut toujours se méfier des morts annoncées.

Mais, comme Annibal, Chirac aura vaincu pour ne pas profiter de sa victoire. En cinq mois, pour porter la bonne parole, il a parcouru 80 départements, visité 453 villes, prononcé 413 discours, tenu 69 meetings, etc. Il considère que cette victoire surprise de la majorité est, en grande partie, la sienne. Et qu'il peut, à bon droit, revendiquer sa part de butin – et de pouvoir.

Erreur. Valéry Giscard d'Estaing n'a pas su se vaincre dans la victoire. Sitôt la campagne terminée et les élections gagnées, il a repris sa vendetta antichiraquienne. Il n'a pas ouvert son gouvernement aux proches du maire de Paris. Et s'il a fait des gestes, ce fut en direction de la gauche. « Je suis convaincu, déclare ainsi le président le 16 avril 1978, que l'effort pour organiser une cohabitation raisonnable [...] améliorera en profondeur notre vie démocratique. »

Chirac s'étrangle. « Il avait le sentiment d'avoir sauvé la majorité, se souvient Jacques Toubon qui est alors son conseiller politique. Il aurait aimé que Giscard en tirât les conséquences. Il a été traumatisé par la façon dont le président l'a traité. »

Et c'est ainsi que la guerre entre les deux hommes a repris de plus belle. Quand le combat cessera, ce sera faute de combattants...

Qui a cassé le vase de Soissons ?

Aurais-tu soixante conseillers, consulte-toi toi-même.
Adage hébreu.

Au siège du RPR, l'air devient de plus en plus pestilentiel. Entre l'équipe de Jérôme Monod, secrétaire général du mouvement, et le tandem Juillet-Garaud, il n'est pas de jour sans chipotage ni accrochage. Mais si les portes claquent, ce n'est pas par pur plaisir de se chamailler. Politiquement, le fossé ne cesse de se creuser.

Pierre Juillet et Marie-France Garaud sont en position de force. Ils connaissent tous les élus. Ils n'ignorent rien des filières de financement. Et ils ont, comme dit Jérôme Monod, Charles Pasqua «dans la main». Ce boucanier du gaullisme se languit, loin des palais du pouvoir, et il est prêt à presque tout pour retrouver un rôle, un titre, une situation. Il sait où sont les clefs des souterrains du mouvement, ce qui n'est pas si fréquent, et c'est un étonnant boute-en-train, ce qui ne gâche rien.

Face à ces professionnels de la politique, Jérôme Monod n'est pas très armé, avec ses têtes d'œuf et ses hommes de dossiers. Le secrétaire général est peu à peu marginalisé et le programme du RPR, sa grande affaire, est même réduit en cendres. «On nous a fait bosser pendant des mois, rapporte Alain Juppé, l'inspecteur des Finances favori de Monod. Et puis un beau jour, patatras, on nous a dit qu'il fallait tout arrêter, que ça ne servait à rien, qu'on s'emmêlait les pieds en proposant une réforme fiscale, que les programmes, c'était rien que des bêtises. »

Au RPR, c'est le tandem Juillet-Garaud qui fait la loi. Apparemment, il a pris le contrôle de Chirac – de son emploi du temps, de son discours, de son cerveau.

Certes, le député de la Corrèze, conscient qu'on ne règne bien qu'en divisant, avait pris soin, pour conforter Jérôme Monod, de lui adjoindre Anne-Marie Dupuy[1], ex-ambulancière militaire, ancienne

---

1. Secrétaire général adjoint, elle est chargée de l'administration générale.

directrice de cabinet de Georges Pompidou, forte tête et vieille ennemie de Marie-France Garaud. Mais, apparemment, Chirac n'arrive pas à résister à l'ascendant du tandem le plus inspiré et le plus inventif de la Ve République. Ils l'ont envahi ; ils l'ont investi ; ils ont fini par le posséder. Là-dessus, tout le monde est d'accord. Y compris les chiraquiens les plus orthodoxes.

Xavier Marchetti, éditorialiste au *Figaro*, ami de Chirac comme du tandem : « Ils le traitaient comme un gosse. »

Yves Guéna, à l'époque délégué politique du président du RPR : « Quand Jacques venait chez moi, en Dordogne, l'une de ses premières phrases, c'était : "Où est le téléphone ?" Et il appelait Marie-France. »

Denise Esnous, alors chef du secrétariat particulier du maire de Paris : « Marie-France s'asseyait dans le fauteuil de Jacques Chirac, à l'Hôtel de Ville. Alors, il se mettait en face, comme un visiteur. Très souvent, elle s'imposait à déjeuner. Il ne disait rien. Mais il n'en pensait pas moins. »

Jacques Friedmann : « C'était l'histoire de Pygmalion. Pierre et Marie-France n'arrivaient pas à comprendre que Jacques n'était plus le jeune homme qu'ils avaient formé. Il supportait mal d'être claquemuré. Il détestait que Marie-France dise devant tout le monde : "Voyons, Jacques, ce que vous dites est complètement idiot." »

Chirac est malheureux, en somme. Mais Monod ne l'est pas moins. Il n'est que l'ombre d'un secrétaire général (« Juillet et Garaud, se souvient Juppé, faisaient toujours en sorte qu'il ne soit pas associé aux grandes décisions »).

Contre les courts-circuitages et les torpillages, Monod se cabre. Cet homme n'est pas fait pour les seconds rôles. Il se moque, à voix haute, du « ringardisme » chauvin et populiste de Pierre Juillet. Il se gausse des méthodes de Marie-France Garaud qui ne s'entoure que de « gens vaniteux, pas intelligents et faciles à manœuvrer ». « Quand on entre dans son bureau, ironise-t-il, il vaut mieux être armé. Sinon, quand on en sort, on n'a plus de respect pour quiconque, et a fortiori pour soi-même. »

Ne souffrant pas l'empire de Juillet, Garaud et Pasqua sur le RPR, Monod dit à Chirac qu'il ne restera pas au secrétariat général si les décisions continuent à être prises « à l'extérieur ». Il veut, lui aussi, « les moyens de sa politique ». L'autre hoche la tête mais ne fait rien.

Mais Monod est du genre à dire ce qu'il fait et à faire ce qu'il dit. Le 20 mars, lendemain du deuxième tour des élections législatives, il annonce au comité central du RPR qu'il démissionne – avec Anne-Marie Dupuy – du secrétariat général. Il part avec élégance et dans l'amitié. «Je suis assuré, dit-il, que sous la conduite de Jacques Chirac notre mouvement restera digne de ses plus hautes ambitions.» Puis : «Je resterai, nous resterons militants, comme tant d'autres.» «La décision de M. Monod, notera André Passeron dans *le Monde*, a été accueillie dans le silence et avec une grande émotion.»

C'est ce jour-là que s'est insinuée la première fissure entre Jacques Chirac et le tandem Juillet-Garaud. Le député de la Corrèze ne pardonnera jamais à ses deux conseillers d'avoir fait partir Jérôme Monod, cet *alter ego,* ce miroir fidèle, ce franc camarade. Ils ont perdu d'avoir gagné...

Après les élections, le RPR est le premier parti de France. Il est celui qui a réuni sur son nom le plus grand nombre de suffrages exprimés. Il est aussi celui qui, à l'Assemblée nationale, compte le plus d'élus : 153 députés contre 135 à l'UDF et 103 au PS. Pour Jacques Chirac, c'est un formidable capital politique. En quelques jours, avec l'affaire du «perchoir», il va tout dilapider.

Résumons. Le 20 mars au soir, les chefs de file du chiraquo-gaullisme se retrouvent au siège du RPR, pour le conseil politique du mouvement. Edgar Faure soulève la question du «perchoir», c'est-à-dire la présidence de l'Assemblée nationale :

«Je me verrais bien reprendre un bail à l'hôtel de Lassay», zozote-t-il.

Alors, Jacques Chaban-Delmas hasarde, avec l'air de penser à autre chose :

«Moi aussi, ça pourrait bien m'intéresser.»

Quand le maire de Bordeaux sort de la réunion, Jacques Chirac le rattrape.

«Présentez-vous, lui dit-il. Tout le groupe sera derrière vous.»

Le lendemain matin, Jacques Chaban-Delmas part à Montbéliard, pour assister aux obsèques d'André Boulloche, le maire socialiste de la ville, décédé dans un accident d'avion. De retour à Paris, pour le comité central du RPR, il apprend que Jacques Chirac a décidé de soutenir Edgar Faure. Les deux hommes ont une explication dans un petit salon de l'hôtel Intercontinental où se tiennent les instances du mouvement. Elle est orageuse. «Je devais avoir le regard menaçant, raconte Chaban, parce que je me souviens que Chirac eut, d'entrée de jeu, un mouvement de recul.»

Chaban : « Alors, Chirac, hier soir, vous me demandez de proposer ma candidature à la présidence de l'Assemblée nationale et, aujourd'hui, à midi, vous annoncez que vous soutenez Edgar Faure. »

Chirac : « Je croyais vous l'avoir dit. »

Chaban : « Vous savez bien que vous ne me l'avez pas dit. Vous mentez, Chirac. Si vous voulez la guerre, vous l'aurez. Et vous la perdrez, mon vieux. »

Drôle de guerre, à fronts renversés. Edgar Faure est soutenu par les chiraquiens et les gaullistes ; Jacques Chaban-Delmas, par les giscardiens et les centristes. Le plus pathétique des deux est, sans doute aucun, le maire de Bordeaux : tout habité par l'instinct de vie, par le ressentiment aussi, il a entrepris, après le fiasco de la campagne présidentielle de 1974, de ressusciter.

Jacques Chirac mène ce nouveau combat contre Chaban sans ardeur ni conviction. Ce n'est pas le sien. C'est celui de Pierre Juillet et de Marie-France Garaud. Le maire de Paris, qui a fini par se persuader que le tandem diabolique a raison contre lui, se contente d'exécuter platement ses consignes. « Je ne sens pas ce truc », dit-il, tout en s'échinant à retourner les députés.

C'est Jacques Chaban-Delmas qui sera élu à la présidence de l'Assemblée nationale, avec l'appoint d'une quarantaine de députés gaullistes. D'un coup d'un seul, la victoire du RPR aux élections législatives aura ainsi été effacée. Chirac est furieux. Contre ses conseillers, contre lui-même : « En ne soutenant pas Chaban qui avait été, de 1958 à 1969, un très bon président de l'Assemblée nationale, dit aujourd'hui Jacques Chirac, il est clair que j'ai fait une énorme connerie. Mais j'avais une excuse, sentimentale. J'étais très lié avec Lucie Faure [1]. C'était quelqu'un avec qui j'avais beaucoup d'affinités intellectuelles. Or, quelques jours avant de mourir d'un cancer, elle m'avait dit, dans leur maison de Ponthierry, en Seine-et-Marne, sur les bords de la Seine : "Jacques, promettez-moi de ne jamais laisser tomber Edgar. De faire en sorte qu'il soit de nouveau président de l'Assemblée nationale." J'avais promis, ma main dans la sienne. Ce n'était pas, je le reconnais, une attitude d'homme d'État. Mais il fallait bien, après cela, que je tienne parole. Quand mes conseillers m'ont engagé dans le soutien à Edgar Faure, je ne me suis pas dégagé en raison de l'engagement que j'avais pris avec Lucie Faure. »

1. Romancière, directrice de la revue *la Nef*, Lucie Faure fut la femme d'Edgar Faure, son mentor et son complice.

Après le départ de Monod, c'est un deuxième différend entre Chirac et le tandem Juillet-Garaud : rien n'est encore rompu mais tout est déjà décousu. Si la brouille n'a pas eu lieu, c'est que les deux conseillers, sitôt après avoir fait chou blanc, s'en sont retournés dare-dare sur leurs terres – limousine ou poitevine. Ils attendront là-bas que Chirac les rappelle.

« Quand Jacques est vaincu ou contrarié, dit Claude Labbé, alors président du groupe RPR à l'Assemblée nationale, il lui faut toujours une victime expiatoire. » Après l'élection de Chaban au « perchoir », l'humiliation est si sévère qu'il lui en faut plusieurs : ce seront les dix ministres et secrétaires d'État membres du mouvement gaulliste. Ils seront écartés des instances dirigeantes. « J'ai reçu un coup de pied au cul, dira le maire de Paris à ses militants. Si je n'avais pas réagi, tout le monde aurait dit que je n'existais plus. » Puis, à l'adresse de Valéry Giscard d'Estaing : « Le rééquilibrage souhaité de la majorité n'ayant pu être effectué par la voie des urnes, il sera recherché, croyez-moi, par d'autres moyens moins avouables... »

L'absence de Pierre Juillet et de Marie-France Garaud n'aura duré qu'un été. A la rentrée, les deux conseillers, requinqués, s'affairent à nouveau autour de Jacques Chirac. Ils ont décidé de faire de l'élection du Parlement européen au suffrage universel, prévue pour l'année suivante, une machine de guerre contre V.G.E. Cela tombe bien : la construction européenne, le maire de Paris y va à reculons, avec méfiance. « Ceux, dit-il, qui laissent croire que, par une sorte d'abracadabra européen, tous nos problèmes seront résolus se trompent et trompent les Français[1]. »

Mais Pierre Juillet et Marie-France Garaud vont en rajouter. Pour eux, V.G.E. est en train de faire glisser la France au fond du gouffre. L'heure est si grave qu'il ne saurait être question de finasser. « Le style, c'est l'exagération », a dit Daudet. Le maire de Paris aura du style...

Malgré les apparences, pourtant, il n'est pas toujours à l'aise dans l'exagération. En dépassant le but, il a le sentiment de le manquer. Et il n'aime pas le reflet qu'il donne de lui-même. Jacques Chirac et « Marie-la-France » ont souvent le même dialogue, sous des formes variées. « Vous me faites bien plus dur que je ne le suis, dit-il. Il faut que je me donne une image plus humaine, qui me ressemble davantage. » Garaud répond alors par une parabole du genre : « Il

---

1. Entretien à *Paris-Match,* 13 octobre 1978

était une fois un monsieur qui fabriquait un dentifrice à la menthe. Il fit un sondage et découvrit que 30 % des personnes interrogées n'aimaient pas qu'il y ait beaucoup de menthe dans le dentifrice. Il décida donc d'en mettre moins dans son dentifrice. Que croyez-vous qu'il arrivât? Les gens qui aimaient bien la menthe cessaient d'acheter son dentifrice parce qu'il n'y en avait pas assez. Les gens qui n'aimaient pas la menthe, ne l'achetaient toujours pas, parce qu'il y en avait trop. Et c'est ainsi que le monsieur fit faillite.»

Si Jacques Chirac tend une oreille complaisante aux conseils du tandem Juillet-Garaud, c'est parce qu'il est toujours démembré, comme inachevé, malgré ses titres ou ses mandats, et qu'il cherche, comme d'habitude, à se recentrer dans le défi. C'est aussi parce qu'il se remet mal d'un accident de la route dont il a réchappé par miracle. Et quand la chair est faible...

Le 26 novembre 1978, la voiture de Jacques Chirac dérape sur une route verglacée de Corrèze et s'écrase contre un arbre. Il s'en sort avec plusieurs fractures du fémur et, surtout, une fracture de la colonne vertébrale – il est passé tout près de la paraplégie («Je ne savais pas qu'on pouvait souffrir autant», dira-t-il, après son opération, à sa femme et à Jean-Pierre Bechter, député RPR de la Corrèze).

Il est d'abord transporté à l'hôpital d'Ussel où Bernadette Chirac et Claude Pompidou, en visite en Corrèze, sont à ses petits soins. A l'heure du déjeuner, elles s'absentent un moment.

Arrive Juillet. Quand il entre dans la chambre, Chirac se tord, seul, sur son lit de douleur. Le soir même, Juillet, de retour à Paris, dira à l'état-major du RPR : «Quand je l'ai trouvé, il était abandonné. Sa femme n'est jamais là quand il a besoin d'elle.»

La légende raconte que le sévère jugement de Juillet est venu aux oreilles de Bernadette Chirac qui, désormais, n'aura de cesse d'obtenir la rupture entre son mari et ses deux conseillers. C'est une façon de minimiser, voire de ridiculiser, ses motivations profondes. Naturellement, elle dément avoir jamais eu vent des propos du «père Joseph» de son mari. Possible. Mais, quand bien même elle en aurait été informée, ils n'auraient probablement pas joué un rôle déterminant.

Tant il est vrai que l'inimitié qui l'oppose aux deux conseillers est avant tout politique : elle pense qu'ils sont en train de creuser la tombe de son mari. Très liée avec Mmes Poniatowski et Giscard d'Estaing, ce qui n'est quand même pas banal, elle est indisposée par

l'antigiscardisme « primaire » qui habite Juillet et Garaud. Fondamentalement légitimiste, elle est choquée par leur systématisme
contre la politique du gouvernement. Elle n'admet pas, enfin,
l'ascendant qu'ils exercent sur le président du RPR (« N'est-il pas
assez grand pour prendre ses décisions tout seul ? »). Comme Junon,
elle a longtemps dissimulé sa colère. Mais elle va profiter de
l'accident pour reprendre sa place auprès de Jacques Chirac et laisser
libre cours à son courroux.

Pendant des semaines, au chevet de son convalescent, Mme Chirac
instruira le procès du tandem. Un procès argumenté, passionné. « La
faute de Marie-France, dit Denis Baudouin qui est alors patron du
service de presse du maire de Paris, c'est d'avoir cru qu'elle
récupérerait toujours Bernadette et qu'il lui suffirait d'un petit geste
pour la retourner. Elle la sous-estimait. »

Sans doute sous-estimait-elle aussi la nature des relations entre les
Chirac. Ils sortent rarement ensemble, pour le plaisir. Même quand
ils sont dans la même pièce, ils ont toujours l'air loin de l'autre. Mais
ils se téléphonent sans arrêt dans la journée, pour des riens. Et un
drame les unit. C'est la maladie de leur fille aînée, Laurence, docteur
en médecine, qui souffre d'anorexie. Quand il était le Premier
ministre de V.G.E., il lui arrivait de filer à l'anglaise pour la
retrouver, à l'heure du déjeuner. Sa fille malade l'obsède. Un fiasco
politique le laisse froid. Il peut même en rire. Une visite à l'hôpital,
après une rechute de Laurence, le déstabilise totalement.

Il y a encore autre chose entre Bernadette et Jacques Chirac. De
toutes les femmes d'hommes publics, Bernadette Chirac est à coup
sûr l'une des plus subtiles et des plus politiques. Ce n'est pas une
propagandiste, encore moins une inconditionnelle, mais plutôt une
associée qui accorde à son mari une sorte de soutien critique tout en
s'impliquant totalement dans son combat.

Elle ne ménage pas sa peine. Quand la femme de Michel Jobert a
des ennuis de santé, elle va la voir trois fois par semaine, parfois
davantage. A Mme Jobert qui se demande si Mme Chirac ne vient pas
en service commandé, son mari répondra : « Qu'importe, si le geste
est beau ! »

Elle ne va pas seulement porter la bonne parole dans les
appartements du XVIe arrondissement. Conseillère générale du
canton de Meymac, elle la porte aussi dans les cours de ferme de
haute Corrèze. A Noël, elle distribue trois mille colis et visite dix-
sept maisons de retraite en quatre jours. Qu'il neige ou qu'il vente,
elle sillonne son fief, fait les foires, serre les mains. Et c'est ainsi

qu'avec 65 % des voix au premier tour elle est mieux élue que son mari.

Politiquement, elle cultive le réalisme précautionneux des élus cantonaux. En un mot, Bernadette Chirac n'est pas un boutefeu. De ce point de vue, c'est même le portrait inversé de son mari.

Ses convictions sont celles d'une droite tranquille, modérée, instinctivement orléaniste et viscéralement antibonapartiste. Mais, auprès de son mari, elle a rarement gain de cause. En 1981, elle fera tout pour dissuader le maire de Paris de se présenter contre Valéry Giscard d'Estaing à l'élection présidentielle : «Vous ne réussirez qu'à le faire battre.» En 1986, elle l'exhortera à ne pas jouer le jeu de la cohabitation en allant à Matignon : «Vous ne pouvez pas avoir confiance en Mitterrand, il vous mettra des bâtons dans les roues et, quand il vous aura fait tomber, tout le monde vous tirera dessus.» Il n'est pire sourd que celui qui n'est pas d'accord...

Bernadette Chirac ne se prive jamais de donner son avis – sur les hommes autant que sur la stratégie politique –, «même quand c'est désagréable à entendre», précise-t-elle. Et elle ajoute : «Mais mon mari, hélas, n'est pas très influençable.»

Il suffit de bien s'y prendre. Pour en finir avec le tandem Juillet-Garaud, Bernadette Chirac saura, dès la fin d'année 1978, s'appuyer sur les trois meilleurs amis de son mari, ceux qu'il aime recevoir à la table dominicale : Jacques Friedmann, Jérôme Monod et Michel François-Poncet. Trois cosmopolites polyglottes. Ils sont révoltés par le chauvinisme thyroïdal qui est devenu, en politique étrangère, la ligne du RPR. Relayés par Mme Chirac, ils implorent tous le maire de Paris de se «débarrasser», d'urgence, de ses conseillers de malheur.

Mme Chirac saura aussi saisir l'occasion pour partir ouvertement en guerre contre le tandem infernal : ce sera «l'appel de Cochin», le 6 décembre 1978.

La veille de l'accident de voiture, Pierre Juillet et Jacques Chirac ont travaillé ensemble sur un texte qui doit donner le coup d'envoi de la campagne chiraquienne pour les élections européennes. Quelques jours plus tard, à l'hôpital Cochin, à Paris, où le président du RPR a été transféré pour être opéré, son conseiller lui fait lire la dernière mouture.

Mais Jacques Chirac l'a-t-il bien lu ? Pierre Juillet n'a-t-il pas cherché à profiter de son état pour lui arracher un accord qu'il n'aurait pas donné s'il avait été, alors, en possession de toutes ses facultés ? Là-dessus, tout le monde n'est pas d'accord.

Jacques Chirac : « Bien sûr, je l'ai lu. Et je le resignerais aujourd'hui. En enlevant simplement une phrase que j'ai bêtement laissé passer. »

Bernadette Chirac : « Quand Pierre Juillet est venu voir Jacques, j'étais dans sa chambre. Je me suis aussitôt retirée, ayant toujours considéré qu'il n'était pas dans mon rôle de me mêler de ce genre d'affaires. Mais ce que je sais, c'est que Jacques n'était pas capable, alors, de bien comprendre ce qu'on lui a donné à lire. Il venait d'être opéré. Il était encore tout fiévreux. On lui a forcé la main. »

Denise Esnous : « Il avait plus de trente-neuf de fièvre. Mais je crois qu'il savait quand même ce qu'il faisait car, quand Pierre Juillet est parti, il m'a dit : " Ils vont encore me faire faire un coup. Je ne sais pas si c'est bien. " »

Comme tout ce qui porte la griffe de Pierre Juillet, l'appel de Cochin ne manque ni de souffle ni d'allure. Qu'on en juge :

« Il est des heures graves dans l'histoire d'un peuple où sa sauvegarde tient toute dans sa capacité de discerner les menaces qu'on lui cache. L'Europe que nous attendions et désirions, dans laquelle pourrait s'épanouir une France digne et forte, cette Europe, nous savons depuis hier qu'on ne veut pas la faire. Tout nous conduit à penser que, derrière le masque des mots et le jargon des technocrates, on prépare l'inféodation de la France, on consent à l'idée de son abaissement. En ce qui nous concerne, nous devons dire non [...].

« Favorables à l'organisation européenne, oui, nous le sommes pleinement. Nous voulons autant que d'autres que se fasse l'Europe. Mais une Europe européenne où la France conduise son destin de grande nation. Nous disons non à une France vassale dans un empire de marchands, non à une France qui démissionne aujourd'hui pour s'effacer demain. Puisqu'il s'agit de la France, de son indépendance et de son avenir, puisqu'il s'agit de l'Europe, de sa cohésion et de sa volonté, nous ne transigerons pas. Nous lutterons de toutes nos forces pour qu'après tant de sacrifices, tant d'épreuves et tant d'exemples notre génération ne signe pas, dans l'ignorance, le déclin de la patrie.

« Comme toujours, quand il s'agit de l'abaissement de la France, le parti de l'étranger est à l'œuvre avec sa voix paisible et rassurante. Français, ne l'écoutez pas. C'est l'engourdissement qui précède la paix de la mort. Mais, comme toujours quand il s'agit de l'honneur de la France, partout des hommes vont se lever pour combattre les partisans du renoncement et les auxiliaires de la décadence. Avec gravité et résolution, je vous appelle, dans un grand rassemblement de l'espérance, à un nouveau combat, celui pour la France de toujours dans l'Europe de demain. »

On affaiblit toujours ce qu'on exagère. Il arrive aussi qu'on le ridiculise. Qu'est-il donc arrivé à Jacques Chirac? Il plaide coupable sans même revendiquer les circonstances atténuantes : «Naturellement, j'aurais dû faire comprendre qu'en parlant du parti de l'étranger je ne visais pas le gouvernement mais une vieille tendance historique qui, dans ce pays, fait passer les relations extérieures avant l'identité nationale. J'en ai pris plein la gueule parce qu'une fois encore j'avais été trop léger. »

Avec l'appel de Cochin, le ton de la campagne chiraquienne pour les élections européennes est en tout cas donné : boursouflé, cocardier et déclamatoire. Il rappelle irrésistiblement l'enflure gaullienne du temps du RPF. Mais, dans les années quarante, alors que la France était assaillie par mille périls, pareil discours pouvait être compris. A la fin des années soixante-dix, dans un Hexagone ouvert aux grands vents du monde, il ne passe plus.

Les effets de l'appel de Cochin sont si désastreux que Jacques Chirac est conduit à corriger le tir, le 19 décembre, en envoyant à Raymond Barre, Premier ministre, une «lettre ouverte» qu'il rend publique Avant de renouveler ses «appréhensions extrêmement vives» à l'égard de la politique européenne du chef de l'État, il précise que son mouvement «ne prendra pas l'initiative de mettre en cause l'existence du gouvernement».

Telle est en effet la nouvelle ligne du RPR. Sur le plan intérieur, il fait la paix avec le gouvernement. Mais, sur le plan extérieur, c'est la guerre...

Chirac ressemble désormais au pompier pyromane qui éteint les feux qu'il a allumés avant d'en provoquer d'autres. Jamais, comme le note André Chambraud dans *le Point*[1], le paradoxe du RPR n'aura été aussi éclatant : «Bien qu'il soit le parti le plus nombreux de la majorité, il se trouve écarté des affaires ; bien qu'il n'approuve pas la politique économique de Raymond Barre, il ne le renverse pas ; bien qu'il s'apprête à combattre violemment les partisans du président de la République dans la campagne pour les élections européennes, il continue à professer son loyalisme à l'égard du chef de l'État. »

Étrange campagne. Chef de file de la liste RPR aux élections

1. 15 janvier 1979.

européennes, Jacques Chirac est flottant comme jamais. «Je ne sais pas où on va, répète-t-il en petit comité, mais on y va.» Disloqué et pirandellien, il semble ne plus croire du tout à son personnage qui tient, sur tous les tréteaux de France, le même discours fiévreusement antieuropéen que Michel Debré – un discours de névropathe archaïque. Son procès contre Valéry Giscard d'Estaing relève d'ailleurs plus, à l'évidence, de la crispation spasmodique que de l'analyse politique. Parlant des membres du gouvernement, le maire de Paris ira jusqu'à dire, en privé, à son amie Simone Veil : «Vous devriez tous passer en Haute Cour.» Il se prend pour de Gaulle devant Pétain.

Mais l'Histoire ne repasse jamais les plats et Giscard n'est pas Pétain. Chirac le sait bien, au fond, qui n'est pas porté par la logomachie patriotarde qu'on lui a fournie. D'où ses inconséquences. D'où ses faux pas.

Il s'enfonce et il s'enfonce. D'après un sondage de l'Institut Louis-Harris pour *l'Express*[1], les Français le tiennent pour ambitieux (62 %) et autoritaire (49 %). Mais ils ne le trouvent ni compétent (15 %) et encore moins démocrate (4 %). Pire, 51 % pensent qu'il ne ferait pas un bon président de la République. Devant les mauvaises nouvelles qui l'assaillent, il hausse les épaules : «Les Français ont envie de dormir et ne supportent que les berceuses. Alors, ceux qui lancent des coups de clairon...»

Il y a, dans cette campagne, quelque chose de dérisoire et de pathétique. Chirac a perdu huit kilos après cinquante jours de lit puis de rééducation. Il avance sur des cannes anglaises. Il a dans les yeux la gravité de celui qui vient de découvrir, pour la première fois de sa vie, la souffrance physique – les infirmières devaient lui augmenter les doses de calmant. A peine remis de son accident, les traits tirés et le regard las, il sillonne la France pour mettre en garde toutes les corporations contre la construction européenne – les agriculteurs, les architectes, les médecins, etc. Tous, annonce-t-il d'une voix de Cassandre, seront concurrencés par leurs collègues européens. Et il connaît déjà la fin de l'histoire. «La France, dit-il, est trop faible aujourd'hui pour tout accepter de l'Europe. Quand on va chasser dans les grands fonds, on n'y va pas en maillot de bain.»

Telle est la thématique chiraquienne : frileuse et corporatiste. «On était parti d'un grand dessein de politique étrangère, dit Marie-

---

1. 26 mai 1979.

France Garaud. On a fini par le prix des haricots. Ce n'était pas une campagne ; c'était une glissade. »

Ce cocardo-corporatisme, Chirac l'incarne mal. Il en est bien conscient. Quand il fait part de ses doutes à Marie-France Garaud, elle lui répond par une certitude électorale : « Ne vous inquiétez pas. On fera 24 %. » Ou bien par une métaphore paysanne : « Vous êtes seul, c'est vrai. Mais, en cas d'orage, vous savez bien qu'il faut toujours être seul. Dans le pré, les bêtes qui se regroupent sous le même arbre reçoivent la foudre. »

Parce qu'il n'a pas de stratégie de rechange, parce que, après des semaines d'hôpital, il n'a toujours pas pris la peine de se demander qui il était, Chirac se soumet, bon gré mal gré, aux exhortations de Juillet et de Garaud. Jamais il n'aura plus dépendu d'eux. Jamais aussi il n'aura été plus éloigné d'eux. Ils sont déjà en disgrâce mais ils font encore la loi...

En butte aux doutes de Jacques Chirac, ainsi qu'à l'animosité de son épouse et de ses amis, Juillet et Garaud ont, curieusement, la haute main sur la campagne. Personne ne le conteste.

Jacques Toubon : « La campagne européenne s'est faite dans les bureaux de Juillet et de Garaud, quai Anatole-France, tout près de l'Assemblée nationale. Avec Pasqua, j'étais tout le temps fourré là-bas. Les autres, c'est-à-dire les gens du RPR ou de l'Hôtel de Ville, n'étaient jamais associés aux grandes décisions. »

Jean de Lipkowski : « Juillet et Garaud ont réussi, en imposant leur ligne, à détruire notre victoire aux élections législatives de 1978. On était le plus grand parti de France. On est devenu le plus petit. »

Jacques Chirac : « Ils m'ont planté. »

Ce n'est pas un hasard si Juillet annonce aux instances du RPR, dès la veille du scrutin, qu'il va quitter le service de Jacques Chirac. Il a compris, dans les derniers jours de la campagne, que le fiasco était programmé, même s'il est toujours sûr d'avoir raison (« Combien de voix aurait eues de Gaulle en 1940 ? Et les anti-Munichois au temps de Munich ? »). Le soir des élections, le « père Joseph » n'ira même pas au siège du RPR, redoutant le courroux de ce fils spirituel qu'il sent, depuis plusieurs mois, lointain et boudeur.

Le 10 juin au soir, quand Marie-France Garaud lui montre les premières estimations, Jacques Chirac n'en croit pas ses yeux.

« Ce n'est pas possible, dit-il d'une voix blanche et cassée.

– Vous avez bien vu », répond l'autre, froidement.

C'est un désastre. La liste UDF, conduite par Simone Veil, obtient 27,55 % des suffrages ; celle du PS, menée par François Mitterrand,

23,57 % ; celle du PC, avec Georges Marchais, 20,57 % ; celle du RPR, enfin, 16,25 %. Chirac fait à peine mieux que Chaban à l'élection présidentielle de 1974. Apparemment, l'Histoire l'a, lui aussi, laissé sur le bord de la route.

Il tire tout de suite les conclusions de la déroute. Cette fois, les conseilleurs seront les payeurs. A minuit, alors que les caciques chiraquiens gémissent, autour de lui, sur les résultats complets du scrutin, Jacques Chirac dit d'une voix glacée à Marie-France Garaud : «Venez me voir demain à 9 heures dans mon bureau. Il faut que nous parlions.» Tout le monde a compris, à cet instant, que la rupture était consommée. Tout le monde, à commencer par «Marie-la-France».

Le lendemain matin, c'est donc elle qui prend les devants. «Je ne reviendrai plus, Jacques, dit Marie-France Garaud. On n'a pas la même appréciation de la ligne à suivre. Je pense qu'il faut maintenant que vous sachiez porter seul les décisions difficiles. C'est peut-être le dernier service que nous puissions vous rendre.» Elle a sa voix des mauvais jours, un feulement dans un masque de fer. Et elle dit ses quatre vérités au président du RPR. Elle lui susurre, notamment, qu'elle le voit mal en président de la République («Vous déclareriez la guerre sans vous en rendre compte»). Cette rupture a quelque chose de shakespearien. Ils se disent des choses cruelles et définitives mais, avant de se séparer pour la vie, ils s'embrassent.

Si Marie-France Garaud sort à peu près intacte de cette rupture, Pierre Juillet, lui, en a le cœur brisé. La première n'était qu'une demi-sœur pour Jacques Chirac ; le second, un père. Le maire de Paris l'a tué.

Sur le coup, Juillet dit méchamment de Chirac : «On lui avait fait des vêtements trop grands pour lui.» Mais, le temps aidant, le jugement devient plus nuancé : «Je comprends finalement assez peu ce garçon, expliquera-t-il à Arthur Conte [1]. Il a des défaillances. Il ne saurait sans doute pas penser seul. Cependant, il peut être très fort. Avec les ans, il peut gagner le silex qui lui manque. Il peut nous surprendre.»

Même s'il est brouillé avec Jacques Chirac, il faut qu'il prenne soin de lui. Après sa démission du poste de conseiller du président du RPR, décision rendue officielle le 11 juin, Pierre Juillet convoque Claude Labbé, président du groupe gaulliste au palais Bourbon, à

---

1. Arthur Conte, *Les Premiers ministres de la Ve République,* Le Pré aux Clercs, 1986.

son domicile de la rue Vaneau. Et il lui tient à peu près ce langage :
«Je ne pouvais plus supporter Jacques. C'est un mauvais cheval. Il
est très difficile de lui faire faire ce que l'on veut. Il a même une
fâcheuse tendance à faire le contraire de ce qu'on lui demande. Mais
je compte sur vous pour me remplacer à ses côtés. Il a besoin de
quelqu'un comme vous. Prenez un bureau près de lui et ne le quittez
plus d'une semelle. »

Si Juillet a proposé sa succession à Labbé, c'est que le député des
Hauts-de-Seine, gorge profonde de la France profonde, est un
moine-soldat du gaullisme qui n'a jamais connu le doute – bref, tout
ce qu'il faut à Chirac. Il n'a pas l'imagination tactique de l'ancien
conseiller politique de Pompidou, ni sa culture livresque. Il a au
moins ses convictions.

Labbé sera intronisé conseiller politique du président du RPR,
comme l'avait demandé Juillet, mais il ne parviendra pas à s'imposer.
Le député de la Corrèze a compris qu'il fallait multiplier les
conseillers et les jouer les uns contre les autres. Il installe des cloisons
étanches entre ses entourages du mouvement gaulliste et de l'Hôtel
de Ville qui eux-mêmes ne communiquent pas avec ses conseillers
personnels, ceux qu'on appelle les amis de Bernadette : Jacques
Friedmann, Jérôme Monod et Michel François-Poncet. Il ne laissera
plus personne contrôler son agenda et son encéphale.

Et si Juillet revenait ? Il n'en est pas à son premier faux départ. En
la matière, c'est même un expert. Pour provoquer l'irréparable entre
le maire de Paris et le «couple infernal», pour empêcher, d'avance,
toute réconciliation, Bernadette Chirac accorde à Christine Clerc
pour l'hebdomadaire *Elle* un entretien d'une rare violence. On
parlera, à ce sujet, de gaffe. La femme du président du RPR en est
bien incapable. Chaque mot a été calculé.

Le soir des élections européennes, tout comme Friedmann et
Monod, elle a supplié à nouveau son mari de limoger ses deux
conseillers. Cette fois, elle a même poussé le bouchon très loin :
«C'est eux ou moi. » Elle ne savait pas qu'il avait déjà pris sa
décision. Mais, si elle a finalement gagné la partie, elle redoute qu'ils
ne resurgissent bientôt de leur exil, comme d'habitude. Elle voudrait
qu'ils aient été expédiés pour toujours à Sainte-Hélène ; elle se
demande s'ils ne sont pas seulement partis à l'île d'Elbe. Alors, à tout
hasard, juste pour le plaisir d'envenimer les choses, Bernadette
Chirac vide son sac à Christine Clerc en disant de Marie-France
Garaud, entre autres gracieusetés : « C'est une femme intelligente et
pleine de charme mais elle a beaucoup de mépris pour les gens. Elle

les utilise puis elle les jette. Moi, elle me prenait pour une parfaite imbécile [1]. »

L'entretien fait scandale. « Qu'est-ce que j'ai pu me faire attraper », se souvient Bernadette Chirac en rigolant. Mais elle ne regrette rien. Il fallait que son mari rompe avec « Marie-la-France » qui, comme la mante religieuse, était en train de le dévorer. Il fallait que son mari se retrouve. « Quand vous allez au bureau, lui répète-t-elle alors, allez-y tout seul. N'y allez plus à trois. »

Jacques Chirac a quand même la nostalgie des temps anciens. Il n'est pas le seul. Quelques mois après leur rupture officielle, Marie-France Garaud et lui feront une tentative de rapprochement. Elle tournera court. Son ancienne conseillère reproche au président du RPR de laisser accréditer l'idée, par le style de ses attaques, que son opposition à V.G.E. est avant tout personnelle.

« Vous avez raison, convient Chirac, il faut rappeler que le fondement du RPR, c'est le rassemblement.

– Non, dit l'autre avec un brin d'agressivité, on n'est pas dans une cour de cavalerie où l'on sonne le rassemblement pour le principe. L'acte premier du RPR, c'est la définition d'un certain nombre d'objectifs sur lesquels on se rassemble ensuite. Ce n'est pas le rassemblement, d'abord, pour rechercher, après, des objectifs.

– Intéressant, dit Chirac, l'air distrait. Vous ne pourriez pas me rédiger quelques lignes là-dessus ? »

Alors, Garaud :

« Vous avez bien des gens pour ça. »

Ils n'arriveront jamais à recoudre. Il y a entre Jacques Chirac et le « couple infernal » trop de passions, trop d'impatiences, trop d'ambitions partagées. Ils avaient vécu ensemble dans l'emphase et la grandiloquence comme dans une tragédie de Corneille. Ils finiront séparés dans l'exécration et dans la mortification comme dans une tragédie de Racine, disant les uns des autres la même chose que l'Hermione d'*Andromaque* : « Ah ! Je l'ai trop aimé pour ne le point haïr ! »

Le tandem Juillet-Garaud a laissé Chirac pour mort – politiquement, s'entend. A la tête de son petit parti, passé de mode, assiégé, le maire de Paris n'effraye plus personne. Vaincu pour la première fois de sa vie, il apprend l'ingratitude et la solitude. Mais apprend-il à devenir lui-même ?

1. *Elle*, 17 septembre 1979.

En un an, Chirac a réussi à faire du premier parti de France le dernier de ce qu'on appelle alors « la bande des quatre », c'est-à-dire le PS, l'UDF, le PC et le RPR. La France ne le considère déjà plus que comme un pantin déphasé qui a perdu son destin alors même que Giscard a retrouvé le sien. Au sein de son mouvement, quelques contestataires, émoustillés par Alain Peyrefitte, le garde des Sceaux, commencent même à crier au feu. Cette année-là, c'est l'homme sur lequel chacun y va de son bon mot, le meilleur étant, une fois encore, celui d'Alexandre Sanguinetti : « Quand on est dans une impasse, il y a trois attitudes possibles : on recule, on enfonce le mur, on s'élève. Or que fait Chirac ? Il tourne en rond dans l'impasse. »

Sur ce Chirac-qui-tourne-en-rond, les quolibets pleuvent. D'après Jacques Douffiagues, député UDF du Loiret, Chirac est « sujet aux convulsions des possédés ». A en croire Robert Poujade, député RPR de la Côte-d'Or, il est à la fois « impossible et indispensable ». Quant à Valéry Giscard d'Estaing, il le traite un jour, à la télévision, d'« agité » – un mot qui lui collera longtemps à la peau.

Le 20 juin 1979, au comité central du RPR, Jacques Chirac est contraint de mettre les choses au point, devant la contestation qui monte : « Je ne partirai pas. » Comme François Mitterrand, éprouvé par deux échecs successifs, aux législatives puis aux européennes, le député de la Corrèze s'accroche à son parti, attendant que les orages passent. Il a compris, lui aussi, que la politique était une longue patience...

Un dîner faustien

Le chat et le rat font la paix sur une carcasse.
Proverbe hébreu.

En janvier 1981, Jacques Chirac et Valéry Giscard d'Estaing se retrouvent pour faire le point. Comme chaque fois que les deux hommes se rencontrent à cette époque, la conversation est tendue et l'ambiance électrique. V.G.E. a son œil de fusil à lunette, glaçant et perçant. Le maire de Paris a, lui, le regard fuyant ou furibond, c'est selon.

A en croire les sondages, Giscard est alors au sommet de la gloire. Et il prend d'un peu haut, comme toujours, son ancien Premier ministre. Il se moque volontiers, en privé, de sa prétention à vouloir être traité comme le deuxième personnage de l'État. Ne badinant pas avec l'étiquette, il le remet toujours à sa place, c'est-à-dire à la mairie de Paris — ce qui, pour lui, n'est pas grand-chose. Ce jour-là, V.G.E. cueille Chirac à froid, avec un mélange d'humour et de détachement :

« Alors, il paraît que vous vous présentez ?

— Moi ? Non. Je n'ai pas encore pris ma décision.

— Ne me racontez pas d'histoires. Vous avez déjà commandé vos affiches et réservé vos espaces.

— Pour le cas où. Je vous le répète, je n'ai pas encore pris ma décision. » Un silence et Chirac ajoute : « Cela dit, je suis sûr que vous serez battu.

— Si vous vous présentez, je le serai certainement.

— Cela ne changerait rien, monsieur le président.

— Vous serez obligé de dire que j'ai été un mauvais président. Vous finirez même peut-être par le croire. C'est le jeu. Mais vous aurez laissé du venin. Il me sera plus difficile, ensuite, de rassembler pour le second tour. »

V.G.E. a lu, quelques semaines auparavant, un article du *Point* où Chirac disait que, si la majorité perdait l'élection présidentielle, elle prendrait sa revanche aux élections législatives. Il met le sujet sur le tapis.

« C'est un raisonnement très scabreux, reprend Giscard. Si la gauche gagne l'élection présidentielle, elle gagnera les élections législatives.

– Je n'en suis pas aussi sûr que vous.

– Il y a un fort courant en France pour que ce pays soit gouverné à gauche. Je suis le bouchon. S'il saute, la vague déferlera. »

Quand il explique à Valéry Giscard d'Estaing qu'il hésite, Jacques Chirac ment-il ? Pas sûr. Il pèse alors avec anxiété tous les risques d'une candidature. D'autant que tous ceux en qui il a confiance l'adjurent de ne pas se présenter. Denis Baudouin, son conseiller de presse, qui est aussi un fin politique, explique ainsi au maire de Paris qu'en ne se présentant pas il est sûr de gagner : si V.G.E. est élu, ce sera grâce à lui ; s'il est battu, ce sera malgré lui. Bernadette Chirac, Jacques Friedmann et Alain Juppé tiennent le même raisonnement.

L'homme qui monte dans l'estime et dans l'équipe de Chirac ne dit pas autre chose. C'est un personnage étrange, impassible et pète-sec. Il s'appelle Édouard Balladur. Apparemment, il n'a pas d'os. Son menton est si affaissé, sa lèvre inférieure si protubérante, son visage si épanoui, comme poudré, son allure générale si flottante et empesée qu'on se dit d'abord qu'il n'y a, dans cet homme, que du mou. Mais il faut regarder son œil aigu, son sourire canaille de courtisan du Grand Siècle, l'aiguisé de ses doigts, l'onction florentine du moindre de ses gestes et, alors, tout s'éclaire : ce faux doux est un vrai tueur.

Ce fut un chassé-croisé. Il fallut que l'étoile de Pierre Juillet pâlisse pour qu'Édouard Balladur se fraye un chemin dans l'entourage du maire de Paris. Il y avait trop de mauvais souvenirs entre les deux hommes, trop de vieilles rancunes qui avaient ranci sous les toits de l'Élysée, pendant les années Pompidou.

Après la mort de Georges Pompidou, l'Histoire avait perdu de vue Édouard Balladur. Ou plus exactement elle l'avait laissé moisir à la tête de la Société d'exploitation du Mont-Blanc où Jacques Chirac, alors Premier ministre, l'avait promptement casé.

Survint le destin. Il avait, en l'espèce, le visage de Mme Pompidou. Elle prit en main les intérêts de ces « pauvres Balladur », comme elle disait. Elle les invitait en vacances à Cajarc. Et elle plaidait sans arrêt auprès de Jacques Chirac la cause de l'ancien secrétaire général de l'Élysée (« Faites quelque chose pour lui, je vous en prie ! »).

Ce n'est sans doute pas un hasard si Balladur s'approcha de Chirac alors même qu'il savait, par Mme Pompidou, que le maire de Paris commençait à nourrir de sérieux doutes sur la perspicacité du tandem Juillet-Garaud. L'ancien secrétaire général de l'Élysée avait été, naguère, l'un des pires ennemis du «couple infernal». Il l'était resté. Ses retrouvailles avec Chirac ont très exactement coïncidé avec les désaccordailles du président du RPR et de ses conseillers...

Les retrouvailles ont lieu en décembre 1978 : Balladur rend une visite de courtoisie à Chirac qui se remet alors, dans un centre de rééducation, de son accident de voiture – et de l'appel de Cochin.

«Vous avez vu, hasarde le maire de Paris, que j'ai fait une déclaration qui a fait quelque bruit.»

Alors, Balladur :

«Vous savez bien que je ne peux en penser aucun bien.»

Les mois suivants, les deux hommes se revoient de plus en plus souvent. Aux yeux de Chirac, Balladur a un immense avantage sur Juillet : ce n'est pas un idéologue, pas même un pragmatique, mais un sceptique. Bref, un homme qui, comme lui, est du genre à penser que rien n'est plus dangereux qu'une idée, surtout quand elle a gagné : elle fait vite couler le sang. Alors, avant qu'elle ne perce, Balladur la tue toujours d'un sourire ou d'un bon mot.

Autant Juillet, tout enflé d'idéologie, était son contraire, autant Balladur ressemble, sur ce point, à Chirac. L'ancien secrétaire général de l'Élysée apporte son invincible sérénité au maire de Paris. Mais il flatte aussi son penchant à tout relativiser, à douter de la moindre idée, à se corseter contre les utopies. Comme Sextus Empiricus, ils sont tous deux convaincus qu'on ne peut affirmer une vérité sans en nier une autre et inversement.

Quand Juillet était son mentor, Chirac avait une ligne, une seule, celle que l'autre lui imposait : à l'évidence hasardeuse, elle avait au moins le mérite d'exister. Quand Balladur devient son confident, Chirac jette ses lignes dans toutes les directions : c'est la pêche au coup. Il se ressemble davantage. Il est devenu plus modéré mais aussi moins cohérent.

Chirac se sent tellement en phase avec Balladur qu'il lui demande, à la fin de 1980, de «penser» avec lui sa campagne présidentielle. L'autre fait la fine bouche, comme il le raconte aujourd'hui : «Quand il m'a demandé si je voulais l'aider, rapporte Édouard Balladur, je lui ai dit : "Il faudrait savoir si vous devez être candidat. Moi, je ne le crois pas. Je suis convaincu que Giscard sera battu à cause du phénomène de rejet qui, depuis des mois, se développe dans le pays. Vous n'avez aucune chance d'être élu à sa place. Et, si vous vous présentez, je pense qu'on vous fera porter la responsabilité de la défaite. " Il m'a expliqué que, s'il ne se présentait pas, Debré serait le candidat du RPR et qu'il ferait entre 8 et 12 %, ce qui, après la piètre performance des élections européennes, serait un véritable désastre. Alors, j'ai répondu : " Cela n'a aucune importance. C'est un raisonnement de parti. Ce n'est pas un raisonnement présidentiel. " »

Si chacun l'en dissuade, tout, pourtant, pousse Chirac à se présenter, et d'abord l'acrimonie qu'il nourrit à l'encontre de Giscard, qui le lui rend bien. A cette époque, la chronique de leurs relations est ainsi truffée de menus outrages et d'obscures offenses qui, comme dans les cours du temps jadis, prennent des proportions cataclysmiques.

Écoutons Chirac :

« Un jour, je suis invité à Orly pour accueillir je ne sais plus quel chef d'État. J'apprends que le protocole a décidé de me faire passer après tout le monde. Alors, je décide de ne pas y aller et de ne même pas me faire représenter. Quelque temps plus tard, l'Élysée a fait faire une circulaire disant que le maire de la capitale ne serait plus invité, désormais, aux cérémonies d'accueil des personnalités étrangères, l'aéroport d'Orly ne se trouvant pas sur la commune de Paris. C'était le genre de vexations qu'on m'infligeait sans arrêt. A force de prendre des coups de pied, en douce, dans les tibias, je finissais par pousser une gueulante. On disait alors : " Ce pauvre Chirac s'agite encore, c'est décidément un garçon irresponsable, il n'arrive pas à jouer le jeu de la majorité. "

« Cent fois, quand je le rencontrais, j'ai sorti à Giscard des formules du genre : " Il ne faut pas blesser une bête. On la tue ou on la caresse. " J'utilisais aussi un vieux proverbe arabe : " Ne poussez jamais le chat dans les recoins. " Ces métaphores le faisaient sourire mais, moi, j'étais blessé et poussé dans les recoins. Alors, fatalement, j'étais condamné à réagir. »

Et c'est un réquisitoire flamboyant qu'il dresse, dans chacune de ses interventions publiques, contre la politique de l'équipe Giscard-Barre. Pierre Juillet l'a quitté mais Jacques Chirac a gardé sa colère. Qu'on en juge : « La préoccupation dominante des pouvoirs ordinaires, dit-il, le 9 décembre 1979, est de plaire au peuple, c'est-à-dire de se conformer à son opinion, car elle leur permet de durer plutôt qu'elle les fait vivre. A preuve, la prudence qui les fait gouverner au centre où l'Histoire est en berne. »

Les semaines aidant, le ton monte. Le 24 février 1980, il éructe contre la «politique de complet laisser-aller» du pouvoir : «Il y a une espèce d'avachissement, d'affaiblissement général de notre économie. »

Ce n'est pas encore assez. Le 4 mars suivant, il annonce aux Français que l'état de leur pays est «triste» («Et ça ne peut qu'aller de plus en plus mal») avant de s'en prendre à V.G.E. : «Si je faisais un bilan du septennat [...], je dirais que ce ne sera pas l'une des époques qui marquera notre histoire par une situation brillante pour notre pays. »

Son courroux devient paroxystique, le 14 mai : «La quête obstinée du juste milieu, le projet timide d'une croissance douce, le rappel morose de l'insignifiance numérique de la France et des Français dans le monde qui se construit sont autant de manières de démobiliser la conscience nationale, d'énerver l'esprit public, d'affaiblir la volonté de notre peuple [...]. Et pourtant ce peuple ne veut pas mourir et je sais qu'il est encore capable d'étonner l'univers. »

Il fulmine. Mais que propose-t-il? Le 15 avril, dans un entretien qu'il accorde à Gilbert Mathieu pour *le Monde*, Jacques Chirac dresse les grandes lignes d'un «plan de redressement». Contre les peine-à-jouir de la rigueur et de la stagnation, il se fait le chantre de la «nouvelle croissance». Et face à la relance par la «consommation populaire» échafaudée par les socialistes, il défend le principe d'une relance par l'investissement qui, seule, peut résorber le «cancer» du chômage. Sur le fond, il est convaincant. Dans le détail, il est moins éloquent.

Pour financer sa relance, il lui faut 30 milliards de francs. Il compte les trouver en limitant de moitié l'embauche des fonctionnaires, en réduisant de 10 % les subventions budgétaires d'intervention, en luttant sérieusement contre les fraudes sur la TVA et, enfin, en instaurant un impôt «exceptionnel» sur les grandes fortunes. On a beau remuer les chiffres dans tous les sens, on ne voit pas très bien comment Chirac dégagera les fonds nécessaires pour les investissements supplémentaires. Mais qu'importe la relative inconsistance de son programme économique s'il donne le sentiment de proposer une «autre politique»...

La boucle est bouclée quand il déclare, le 22 octobre, que «si l'on veut changer de politique, ou il faut changer de président, ou il faut que le président fasse l'effort de changer lui-même». Et il prend soin de préciser, au passage, qu'il ne croit pas, naturellement, à la dernière hypothèse.

Politiquement, en somme, Chirac s'est condamné à provoquer Giscard. Pour lui, c'est une question d'honneur. Mais pour son parti, c'est probablement une affaire de vie ou de mort. C'est du moins ce que pensent les trois hommes clés du RPR : Bernard Pons, le secrétaire général, Claude Labbé, le président du groupe à l'Assemblée nationale, Charles Pasqua, l'homme de l'organisation. Ils expliquent à Chirac que l'avenir de son mouvement repose sur sa candidature à l'élection présidentielle. D'abord, tous les grands chefs de parti seront dans la course : Giscard, Mitterrand et Marchais ; celui qui préside le mouvement gaulliste ne peut se contenter de compter les points. Ensuite le RPR risque de s'atomiser entre les candidatures de V.G.E., Michel Debré ou Marie-France Garaud ; il lui faut un rassembleur. Enfin, l'Histoire a montré que l'élection présidentielle est un jeu où l'*outsider* gagne à tous les coups : Jean Lecanuet y a inventé son avenir en 1965 et Michel Rocard y a construit son destin en 1969. Et si Jacques Chirac y trouvait, enfin, sa personnalité ?

En attendant, il se contente surtout de chercher des alliés, objectifs ou pas. Il s'affaire. Il s'informe. Il prend langue.

Est-il allé jusqu'à dîner avec Mitterrand pour réfléchir, avec lui, sur son plan de campagne ? C'est l'un des grands mystères politiques des années quatre-vingt.

Les gazettes ont laissé entendre que les deux hommes se seraient rencontrés chez Jean de Lipkowski. Ou bien chez sa mère, Irène. Enquête faite, Valéry Giscard d'Estaing est convaincu que la rencontre a eu lieu : pour lui, c'est bien la preuve qu'il y a eu un complot, échafaudé par Chirac et Mitterrand, pour empêcher sa réélection.

Naturellement, les intéressés nient avec la dernière énergie s'être jamais rencontrés, en privé, pour parler politique. S'ils avaient eu des contacts, ç'aurait été au vu et au su de tout le monde, croix de bois, croix de fer. Jacques Chirac et François Mitterrand ne se souviennent que d'un seul et unique tête-à-tête, à l'Hôtel de Ville de Paris, le 22 novembre 1979 : le premier secrétaire du PS, qui rendait visite au groupe socialiste du conseil municipal, en avait profité pour saluer le maire de la capitale. La rencontre, fort brève, avait fait les gros titres des journaux.

Jean de Lipkowski s'inscrit également en faux contre les rumeurs de dîner. Il n'hésite pas à parler d'« affabulations grotesques ». Mais il reconnaît quand même qu'il souhaitait, à cette époque, que les deux hommes fassent connaissance...

Apparemment, les démenteurs ont convaincu tout le monde. A tort. La vérité, la voici : contrairement à ce qu'ils disent, Jacques Chirac et François Mitterrand ont dîné ensemble avant l'élection présidentielle. Et, malgré ses démentis, Jean de Lipkowski est bien placé pour le savoir. C'est lui qui, avec Édith Cresson, a organisé le face-à-face.

Pour cela, « Lip », comme on l'appelle, était l'homme idéal. Héros de la Résistance, le député-maire RPR de Royan est aussi un diplomate de formation. Il a le sens des nuances – et des convenances. Il a, de surcroît, beaucoup d'amis à gauche. Gaulliste historique et convaincu, il fut, sous la IVᵉ République, député apparenté UDSR, ce petit groupe charnière de centre gauche que présidait alors François Mitterrand. Cela crée des liens. Ils n'ont jamais été rompus. (En mars 1986, Mitterrand proposera même à Chirac de nommer « Lip » au Quai d'Orsay : « Il vous est tout dévoué. Et j'ai confiance en lui. »)

Ce n'est pas tout. Jean de Lipkowski a également été fiancé naguère à Édith Cresson. Il y a eu des mois de vraie passion entre eux. Il en est resté quelque chose : un mélange de fidélité, de ferveur et de complicité.

En 1979, Jean de Lipkowski est élu au Parlement européen sur la liste RPR. Édith Cresson, sur la liste socialiste. Les ex-fiancés se retrouvent à Strasbourg. Ils n'arrivent pas à se faire la guerre, fût-elle civile et froide. Ils font donc de la cohabitation avant la lettre en mettant au point un grand projet : l'organisation d'une rencontre informelle entre Chirac et Mitterrand.

Tandis qu'Édith Cresson apprivoise Jacques Chirac, Jean de Lipkowski entreprend François Mitterrand. Au Palais-Bourbon, à l'automne 1980, « Lip » propose au premier secrétaire du PS de rencontrer le président du RPR. « Il ne s'agit pas de faire des combinaisons, dit-il en substance. Mais vous n'avez jamais eu de conversation de fond ensemble et c'est complètement idiot. Il faut que vous ayez des relations civilisées comme en ont, aux États-Unis ou en Grande-Bretagne, les principaux responsables politiques. » Des propos quasiment révolutionnaires pour l'époque...

François Mitterrand ne connaît pas Jacques Chirac. A l'évidence, le personnage l'intéresse – bien plus que Barre ou Giscard. Mais le premier secrétaire du PS se méfie. Il sait que les camarades du parti n'apprécieraient pas qu'il se « commette », en privé, avec l'un des chefs de file de la droite.

Et si c'était un piège ? Les deux ou trois proches qu'il consulte lui conseillent à peu près tous d'accepter la proposition de « Lip ». Mais après l'affaire des « Fuites », sous la IVe République, et celle de l'Observatoire, en 1959, François Mitterrand a la hantise du traquenard. Comme il redoute que le lieu de la rencontre soit truffé de micros, il le fixera lui-même : ce sera chez son amie Édith Cresson, 5, rue Clément-Marot, tout près des Champs-Élysées.

Jacques Chirac lui-même est réticent. Georges Pompidou lui a toujours dit que François Mitterrand était un « aventurier ». Il redoute un « coup tordu ». Mais la force de conviction de Lipkowski et de Cresson aura raison de ses préventions.

Les deux hommes se retrouvent donc à 20 h 15 précises, un des derniers jours d'octobre 1980, en compagnie d'Édith Cresson et de Jean de Lipkowski. Grâce aux – rares – confidences des uns et des autres, on peut à peu près reconstituer ce dîner faustien où chacun, apparemment, est arrivé muni d'une longue cuillère.

Chez les Cresson, il n'y a pas de personnel de maison, ce soir-là. Pour plus de sécurité, Édith Cresson fait elle-même le service. Et elle a demandé à son mari, un cadre important du groupe Peugeot SA, de rester dans sa chambre.

Apparemment, M. Cresson n'apprécie pas.

Ces précautions ne suffisent pourtant pas à rassurer Chirac et Mitterrand. En s'installant à table, ils ont l'air à peu près aussi coincés l'un que l'autre. Ils ont les yeux fuyants. Mauvais signe. Histoire de dire quelque chose, Édith Cresson lance :

« Je n'ai pas besoin de faire les présentations. Vous vous connaissez, je pense.

– Non, fait l'un.

– Oui, mais de nom », corrige l'autre.

Des constellations d'anges passent. Chirac et Mitterrand piquent leur nez dans leur assiette d'œufs aux épinards. Cresson s'inquiète. Lipkowski fait une tentative pour détendre l'atmosphère. N'hésitant pas à en rajouter, « Lip » donne pompeusement du « président » à Mitterrand, qui ne préside guère, alors, que le conseil général de la Nièvre et, accessoirement, la table de famille, mais qui a toujours aimé qu'on l'appelle ainsi :

« Vous m'avez beaucoup appris, président, susurre "Lip". Je dois même dire que vous avez écrit une très belle page de l'histoire de l'Afrique. » Puis, s'adressant à Chirac : « Sais-tu, Jacques, que le président est l'homme qui a poussé Félix Houphouët-Boigny à larguer le communisme ?

– Non, je ne savais pas, dit Chirac, laconique.

– Quand je recevais Houphouët pour le convaincre de rompre avec le communisme, fait Mitterrand, pincé, il faut voir comme j'étais attaqué par la droite et par *le Figaro*. »

La conversation retombe. Chirac et Mitterrand ne quittent plus leur assiette des yeux. Cresson et Lipkowski font des efforts désespérés pour trouver un sujet qui inspire les deux hommes.

Le dîner va-t-il tourner au désastre ? Non. Le climat se détendra soudain quand sera mise sur la table, en même temps que la viande en sauce, la question de l'Asie éternelle.

« Fascinant continent, murmure Mitterrand.

– Certainement », fait Chirac qui en profite pour étaler sa science Mitterrand découvre, ébahi, un Chirac esthète et cultivé.

« La Chine n'est pas expansionniste, dit Chirac, avec son expertise de sinophile. A part l'affaire du Tibet, elle n'a jamais cherché à sortir de ses frontières, vous savez. Les cavaliers chinois, sous les ordres de Pan Tchao, ne sont jamais allés plus loin que les oasis du bassin de Tamir. »

Quand arrive la tarte aux pommes, les deux hommes commencent à parler politique.

« Nous incarnons des causes qui nous dépassent, hasarde Mitterrand.

– C'est vrai, embraye Chirac. Vous incarnez le socialisme. Moi, le gaullisme.

– Si je ne suis pas élu, cette fois, à la présidence de la République, ça sera un peu ennuyeux pour moi mais, finalement, pas trop grave. J'aurais été l'homme qui a amené le socialisme à 49 %. Ma place, dans l'Histoire, elle est faite. J'ai déjà laissé ma trace. Tandis que vous, si Giscard repasse, vous aurez du mal. Je n'aimerais pas être à votre place. Il ne vous fera pas de cadeaux, hein ? »

Édith Cresson demande alors à Chirac et Mitterrand s'ils veulent rester seuls. Ils hochent la tête. Avec Lipkowski, elle attendra, dans l'entrée de l'appartement, jusqu'à 1 h 30 du matin, qu'ils aient fini leur tête-à-tête.

Qu'est-il sorti du « sommet » de la rue Clément-Marot ? Il ne faut pas exagérer l'importance stratégique de ce dîner symbolique. A l'époque, ni Chirac ni Mitterrand ne savaient s'ils seraient vraiment candidats. Ils se sont beaucoup parlé mais ils ne se sont rien dit. Ils se sont simplement jaugés.

François Mitterrand s'est contenté de dire qu'il aimerait bien être président mais qu'il pouvait « vivre sans ça ». Il a aussi distillé quelques sournoiseries contre Giscard et laissé entendre, sans trop de subtilité, que la victoire de V.G.E. serait catastrophique pour le RPR.

Jacques Chirac, pas dupe, a marmonné quelques banalités avec son sourire sinistre et officiel. Il s'est même payé le luxe de défendre Giscard : « Sur le plan économique, vous savez, il n'y a pas vraiment de marge de manœuvre. »

Ce n'était pas assez pour faire une conspiration. Mais c'était déjà l'ébauche de la cohabitation...

Le 3 février 1981, sans même avoir pris la peine d'en informer le président auparavant, Jacques Chirac annonce sa candidature sur le ton de lyrisme prophétique qu'il cultive depuis sa rupture avec V.G.E., en 1976 : la France « s'affaiblit. Son économie vacille, ses positions dans le monde s'effritent. La lassitude et le doute s'insinuent au cœur des Françaises et des Français. Il faut arrêter ce processus de dégradation. Aucune fatalité ne condamne notre pays au repliement ».

Chirac est lancé. Il frappe fort en dénonçant, le 24 février, à Marseille, « le collectivisme sournois qui s'est développé depuis sept ans ». « Si c'était cela qu'on voulait, ajoute-t-il, il fallait le dire : on aurait voté Mitterrand et ça n'aurait pas été pire. » Comme la France a atteint la cote d'alerte en matière de prélèvements obligatoires, le maire de Paris prend le contre-pied du giscardo-barrisme en proposant un grand programme de défiscalisation : la suppression de tout impôt sur le revenu pour tous ceux qui gagnent moins de 5 000 francs par mois et une baisse de 5 % pour tous les autres.

Il n'y a pas si longtemps, il prônait le volontarisme et la planification. Aujourd'hui, il plaide pour l'initiative privée et le « moins d'État ». L'étatiste est devenu libéral.

Que s'est-il passé pour qu'il mette ainsi au rancart le Chirac des années soixante-dix ? Comme Zorro, Ronald Reagan est arrivé. Et, avec son verbe, il a tout changé. Le maire de Paris a tiré les conclusions du raz de marée électoral qui, l'année précédente, a déferlé sur les États-Unis. Il a compris que les solutions planificatrices étaient passées de mode ; il s'est donc empressé de célébrer les recettes libérales. Il a troqué les manuels de Keynes pour ceux de Frédéric Bastiat. Sa constitution supporte toutes les contorsions ; son estomac, tous les mélanges.

Son libéralisme est un rôle de composition mais il le tient comme s'il n'en avait jamais eu d'autres. Chassez le naturel, il se perd à jamais.

Le candidat du RPR cavale, il fume, il s'égosille, il mange, il ratisse. Bref, il revit. Et il plaît. On ne l'a pas aperçu qu'il a déjà disparu pour se plonger dans d'autres mains tendues. Il est partout. Aux quatre coins de la France qu'il arpente au pas de course. A quinze jours du premier tour de l'élection présidentielle, Robert Schneider, peu suspect de chiraquisme, note dans *l'Express* [1] : « C'est Chirac qui apparaît comme le vainqueur de la première étape [...]. Au début de sa campagne, lorsqu'il disait : " Je pars pour gagner ", on souriait. Et les journalistes ne se bousculaient pas pour l'accompagner dans ses épuisantes tournées. Aujourd'hui, ils se battent pour monter dans son avion. »

Que peut-il espérer ? Depuis le premier jour de la campagne, Chirac caresse un rêve qui, il en est sûr, peut se réaliser. « Je serai présent au second tour, dit-il le 9 mars. J'en suis persuadé. » Le 22 avril, il lance un « appel solennel » aux Français pour « éliminer » François Mitterrand dès le premier tour. Et ses militants sont convaincus que rien n'est impossible : après ses meetings, ils fredonnent le même refrain, *De profundis Giscardibus...*

Comme Bernard Pons, Claude Labbé et Charles Pasqua, Jacques Toubon, alors secrétaire général adjoint du RPR, court derrière cette formidable chimère. Il résume ainsi l'état d'esprit de l'époque : « On était convaincu que Chirac pouvait arriver en deuxième position derrière Giscard au premier tour. C'était notre objectif. Mais je dois à la vérité de dire que l'on doutait tous un peu qu'il puisse sortir vainqueur d'un duel avec V.G.E. au deuxième tour. Giscard aurait alors recueilli, forcément, les voix du centre gauche. »

Aveuglement ? Pas sûr. Jusqu'au premier tour, le chef du plus petit parti de France ne cesse de grimper dans les sondages. « Huit jours, il m'aurait fallu huit jours de plus », dit-il, la veille du scrutin, à Josette Alia du *Nouvel Observateur* [2]. De même qu'il gagne à être connu, comme disent les journalistes, il gagne aussi à faire campagne. Plus présent que ses rivaux sur le terrain, l'homme politique le moins médiatique des années soixante-dix fait, à la surprise générale, un tabac à la télévision. A en croire un sondage IFOP-*le Point* [3], Chirac fait, sur les étranges lucarnes, mieux que V.G.E., Mitterrand et Marchais : 33 % des Français l'ont trouvé plus sympathique qu'avant ; 38 %, plus sérieux ; 25 %, plus sincère ; 41 %, plus apte qu'ils ne le pensaient à être président de la République.

1. 11 avril 1981.
2. 28 avril 1981.
3. 27 avril 1981.

La France, qui vivait d'habitudes, écoute avec attention cet homme apparemment neuf qui entonne un air qu'elle ne connaît pas encore. Une fois encore, Jacques Chirac est en train de prouver qu'il excelle dans l'art de la conquête du pouvoir – pour l'exercice, c'est une autre affaire, on le verra. Ne pouvant supporter l'inaction, il est toujours en mouvement, changeant souvent de disque pour ne pas lasser, attaquant ses adversaires là où ils ne l'attendent pas, prévenant les coups qu'il rend au centuple, tout à la fois pressé et pétulant, haletant et hâtif.

Chirac est, à l'évidence, un bon candidat. Mais serait-ce un bon président ? Les qualités qu'il déploie tout au long de la campagne ne sont pas forcément celles d'un homme de gouvernement. C'est peut-être pourquoi les Français ne l'ont pas laissé gagner son pari.

Apparemment, c'était un pari stupide. Le 26 avril 1981, Jacques Chirac obtient 17,99 % des voix derrière Valéry Giscard d'Estaing et François Mitterrand qui tous deux font moins qu'ils ne l'espéraient : respectivement 28,31 et 25,84 %. Les candidatures para- ou ultra-gaullistes de Marie-France Garaud et de Michel Debré obtiennent 1,33 et 1,65 %.

Ce n'est pas un échec pour autant. Quand elles commentent les résultats du premier tour, les éminences du chiraquisme sont convaincues que leur champion est passé tout près du but. Elles font à peu près toutes la même analyse, que Jacques Toubon rapporte ainsi : «S'il n'avait pas eu en face de lui Garaud et Debré qui, encouragés par l'Élysée, lui ont pris 3 %, Chirac n'aurait plus été qu'à cinq points de Mitterrand. Si les moyens d'information officiels ne l'avaient pas systématiquement désavantagé, il aurait peut-être rattrapé son retard. Mais Giscard, par vindicte personnelle, a tout fait pour détruire la candidature de Chirac. Dans les quinze derniers jours, il a même carrément fait campagne pour Mitterrand en le valorisant autant qu'il le pouvait. Il voulait absolument se retrouver en face du candidat socialiste au deuxième tour. Ce fut toute son erreur. »

Et sa perte ..

Le baiser de la mort

Quand même la mort du Christ eût été inévitable,
Judas n'en serait pas moins traître.

Proverbe éthiopien.

Que peut faire Jacques Chirac, maintenant? Le soir du premier tour, Édouard Balladur fait le point avec le maire de Paris. L'ancien secrétaire général de l'Élysée ne souffre pas la compagnie des patrons du RPR. Avec eux, il a toujours le sentiment de s'encanailler ou de perdre son temps, c'est selon. Avec son suzerain, ce vassal n'accepte que le tête-à-tête.

Chirac a donc écarté les intrus et fermé sa porte. Il s'entend alors dire le contraire de tout ce que l'état-major du RPR serine, depuis plusieurs heures, à ses oreilles. «Dès demain matin, dit Balladur, il faut que vous fassiez un appel à voter Giscard.» Le maire de Paris paraît en convenir. L'autre ne perçoit pas la moindre réticence dans ses propos ou sur les traits de son visage pour une fois apaisé.

On se quitte vite, Balladur aimant se coucher tôt. Dès le lendemain matin, après avoir dénoncé «les conséquences que comporterait pour la France la participation communiste», Chirac déclare benoîtement : «Il n'y a pas lieu à désistement. Le 10 mai, chacun devra voter selon sa conscience.» «A titre personnel, ajoutera-t-il toutefois du bout des lèvres, je ne puis que voter pour M. Giscard d'Estaing.»

C'est la grande faute d'une carrière qui compte tant de coups de tête et si peu de faux pas. Elle repose sur une incroyable erreur de calcul : persuadé que la droite prendra sa revanche aux élections législatives qui suivront l'accession au pouvoir de Mitterrand, Chirac s'accommode volontiers, dès le lendemain du premier tour, de la défaite de V.G.E. Il n'a pas le sentiment d'avoir à le «tuer». Il pense qu'il est déjà mort.

L'état-major du RPR est sur la même longueur d'ondes. Au comité central du parti, réuni le 29 avril, Philippe Dechartre, ancien ministre de Pompidou, préconise le «vote à gauche» sans provoquer le moindre frisson. Bernard Pons, le secrétaire général du mouvement, se contente, lui, de faire le procès de V.G.E. : « On ne voit pas par quel miracle l'homme qui a réalisé une politique désastreuse serait touché par la grâce et ferait demain une bonne politique. » Quant à Alain Juppé, il n'hésite pas à minimiser l'enjeu du deuxième tour : entre Mitterrand et Giscard, il ne s'agit pas, selon lui, d'un « choix de société » mais d'un « choix de politique ».

Tout l'appareil chiraquien table, en fait, sur la défaite de Giscard. Il l'attend comme le Messie. Il la prépare avec impatience. Autour de Chirac, Balladur est l'un des rares à dire que le RPR a tout intérêt à soutenir clairement V.G.E. La plupart des caciques du mouvement, à commencer par Pasqua, disent le contraire. « Je n'ai pas beaucoup de considération pour le sens politique de gens comme Pasqua, dira plus tard Édouard Balladur [1]. Il me semble même nul. Ils se sont imaginés qu'ils auraient la peau de Giscard et que les Français seraient tellement terrifiés d'avoir porté au pouvoir Mitterrand qu'ils se jetteraient ensuite, aux législatives, dans les bras de la droite. Ils n'avaient rien compris à nos institutions. »

A Balladur qui lui demande d'en faire plus pour Giscard, Chirac répond, non sans raison, que les militants ne l'accepteraient pas. Quand il fait sa déclaration « à titre personnel », le 27 avril, dans le QG de sa campagne, rue de Tilsitt, c'est tout juste si les militants ne le sifflent pas...

Mais les militants ne sont-ils pas faits pour être violés ? « Il y avait une césure entre ses partisans et lui, rapporte Balladur, sur un ton de regret. Chirac n'a donc pas cru pouvoir aller plus loin. Ce fut une grave erreur. »

Une erreur, cela va de soi. Mais une trahison ? Chirac est convaincu, alors, que personne ne l'accusera d'avoir trahi. Pour deux raisons.

D'abord, on ne trahit pas quand on gagne : Chirac a pu le constater lors de l'élection présidentielle de 1974 après avoir déstabilisé Chaban, le candidat de son propre parti. S'il remporte, comme il le croit, les élections législatives, il est sûr que personne ne lui reprochera d'avoir fait perdre V.G.E.

Ensuite, on ne trahit pas ce qui n'existe plus : à ses yeux, l'échec de Giscard est programmé. La veille du premier tour, Chirac disait aux journalistes : « Je vais faire 18 %. Là-dessus, 12 % iront à Giscard au second tour, 3 % s'évanouiront dans la nature et 3 % iront à

---

1. Entretien avec l'auteur, 8 décembre 1984.

Mitterrand.» Puis il concluait, avec une sorte de jubilation : «Et Mitterrand sera élu.» Convaincu que tout est déjà joué, il n'est donc guère enclin à s'agiter. D'autant qu'il se souvient, comme d'une blessure, de l'ingratitude giscardienne après les élections législatives. Le président du RPR avait tout fait, alors, pour assurer la victoire de la majorité. Giscard ne le laissa pas en partager les fruits. Il le traita, au contraire, comme un mauvais laquais. Alors, à quoi bon forcer le destin ?

Après avoir retourné dans tous les sens les chiffres du premier tour, V.G.E. se sent vaincu. Arithmétiquement, en effet, il n'a plus aucune chance. Il ne désarme pas pour autant. Calomnié comme peu d'hommes d'État l'auront été, accusé un jour d'avoir «touché» des diamants de Bokassa, l'«empereur» de Centrafrique, une autre fois d'avoir laissé faire l'attentat contre une synagogue de la rue Copernic, traité tour à tour de monarque, d'affairiste ou d'agent d'influence soviétique, Giscard a le mépris de sa réputation, comme tous les impudents. Certes, les princes doivent supporter la haine. Mais il va plus loin. Il l'ignore. De même qu'il fait mine de n'être pas au courant de son mauvais sort...

Giscard croit même qu'un miracle est encore possible. La «divine surprise» pourrait se produire lors de son face-à-face télévisé avec Mitterrand ou bien, *in extremis,* dans la solitude des isoloirs.

En attendant, V.G.E. a décidé de raccommoder les fils avec Chirac. Le 28 avril, c'est-à-dire au lendemain de la déclaration «à titre personnel» du candidat gaulliste, le président téléphone à son ancien Premier ministre :

«C'était bien, votre déclaration d'hier, dit Giscard, d'entrée de jeu, mais vous reconnaîtrez que ça n'est pas suffisant.

– Rassurez-vous. Je compte lancer un appel.

– Bien. Mais il faut que vous veniez au meeting que je vais organiser à Pantin. C'est très important pour moi.

– Je ne crois pas que mes militants comprendraient. Il faut que je réfléchisse.» V.G.E. insiste. «Laissez-moi faire», finit par dire Chirac, apparemment consentant.

Il est convenu que Jacques Wahl, secrétaire général de l'Élysée, maintiendra le contact entre les deux hommes.

Le surlendemain, Wahl téléphone à Chirac pour avoir une réponse. Le président du RPR participera-t-il ou non au meeting de Pantin ? Le secrétaire général de l'Élysée n'obtient que des bonnes paroles. Pour l'Histoire, V.G.E. décide donc d'écrire au maire de Paris la lettre que voici[1] :

Paris, le 1er mai 1981

Monsieur le maire,
J'organise le dimanche 3 mai à Paris la plus importante réunion de la campagne du second tour, qui m'oppose à M. François Mitterrand.
Je tiens à vous inviter, en raison de votre fonction de maire, mais aussi de la déclaration que vous avez faite, lundi dernier, sur le sens de votre vote.
Je serais heureux de vous y accueillir.
Veuillez agréer, mon cher maire, l'expression de ma cordiale considération.

Valéry Giscard d'Estaing

C'est le secrétaire général de l'Élysée qui ira porter en main propre la lettre présidentielle au maire de Paris.

« Pourquoi m'écrit-il ? » demande Chirac, étonné.

Alors, Wahl :

« Pour que ça reste... »

L'Élysée s'était gardé, jusqu'alors, de recevoir les caciques du chiraquisme. Quelques-uns, comme Bernard Pons, n'avaient même jamais rencontré V.G.E. En quelques jours, les giscardiens se rattrapent : ce n'est plus de l'amour, c'est de la rage.

A chacun son chiraquien. Jacques Wahl se coltine Claude Labbé. Jean Serisé, le conseiller politique de V.G.E., s'occupe de Bernard Pons. Et Jean-François Deniau, l'étoile montante du giscardisme, fait des ronds de jambe à Charles Pasqua. Mais rien n'y fait : les hommes du RPR ne voient que des poignards dans les sourires des giscardiens.

Pour que leur candidat gagne, il faudrait, selon les stratèges de l'Élysée, que Giscard obtienne le ralliement d'au moins 88 % des 5 225 000 voix recueillies par Chirac. C'est pourquoi V.G.E. reprend quelques-uns des thèmes de la campagne du maire de Paris et le félicite, par exemple, d'avoir su dénoncer la « bureaucratie ». Mais le président a une trop haute idée de lui-même pour s'abaisser à célébrer les vertus de son ancien Premier ministre ou même pour lui proposer de faire la paix. Les promesses sont des dettes. Et il a décidé de ne rien devoir au président du RPR.

Chirac, lui, se sent trop fragile, malgré ses 17,99 %, pour se mettre

1. Stéphane Denis, *La Chute de la maison Giscard,* Lattès, 1981.

à la merci d'un homme qui, à l'en croire, l'a déjà trompé une fois. «Jamais je ne pardonnerai au président de m'avoir fait cocu en 1978», dit-il, un jour, à Wahl après lui avoir montré le texte de l'appel qu'il lancera, le 6 mai, contre Mitterrand plutôt que pour Giscard.

Giscard-Chirac... Que serait l'histoire de l'après-gaullisme sans leurs querelles et leurs quiproquos ? Un manuel de droit constitutionnel, suintant l'ennui et la mélancolie : chaque chapitre en serait prévisible. Grâce à eux, c'est devenu tout le contraire : un guignol déroutant, bouffon et shakespearien.

Entre Chirac et Giscard, tout est compliqué, inattendu, frivole et psychologique. La gauche les menace. Mais ils n'ont pas décidé pour autant de mettre une croix sur cinq ans de vendetta politicienne pour corriger le destin qui, désormais, a le visage de Mitterrand.

Le maire de Paris laisse ainsi le RPR à ses démons antigiscardiens. Dans une missive adressée à une partie des militants du mouvement, Philippe Dechartre, l'un de ses responsables, appelle à voter Mitterrand. Il se fera sermonner par Chirac. Mais, à l'évidence, il est un cas isolé. Un jour, Jean-Philippe Lecat, l'un des hommes clés du dispositif giscardien, fait une expérience. Il appelle le QG du candidat du RPR, rue de Tilsitt :

« On est un groupe de militants de Carpentras, dit-il. Pour qui doit-on voter ? »

Alors, le permanencier :

« Ben voyons, y a pas de problèmes, il faut voter Mitterrand. »

Jacques Toubon résume ainsi l'attitude du maire de Paris : « Il n'a jamais songé lui-même qu'il valait mieux que Giscard perde les élections pour que la gauche au pouvoir " vaccine " le pays pour longtemps. Mais il a probablement laissé, autour de lui, des gens comme Charles Pasqua le penser. »

Est-ce grâce à Jacques Chirac que François Mitterrand a été élu, le 10 mai 1981, président de la République ? L'écart entre Valéry Giscard d'Estaing et le candidat socialiste est trop grand (1 066 811 voix) pour que la responsabilité de la défaite de V.G.E. puisse clairement être imputée au maire de Paris. Mais il n'a, à l'évidence, rien fait pour l'empêcher.

Quelques jours après sa défaite historique, Valéry Giscard d'Estaing réunit à dîner quelques-uns de ses barons à son domicile de la rue de Bénouville, dans le XVIe arrondissement de Paris. Il y a là Michel Poniatowski, avec son air de vieux grognard désabusé, qui a tant donné à son ex-meilleur ami – et si peu reçu ; Michel d'Ornano, ce Cassandre au visage épanoui, qui annonçait depuis des mois sa défaite à Giscard ; Jean Serisé, le stratège giscardien qui, lui, n'a rien vu venir ; Victor Chapot, le Grtand Argentier. Ce souper n'est pas moins sinistre qu'une veillée funèbre. La défaite a enlevé toute trace d'humour aux convives ; elle leur a même coupé l'appétit.

Giscard prend la parole aux hors-d'œuvre. Il ne la perdra pas jusqu'au dessert. D'une voix lasse, il fait devant ses convives le procès de Chirac. « C'est lui qui m'a battu, dit le président sortant. Il s'est accroché à une thèse aussi ridicule qu'absurde : "Giscard va perdre l'élection présidentielle mais nous, au RPR, on va gagner les élections législatives." Il n'a rien compris. Il est évident que la dynamique de l'élection présidentielle va jouer pour les élections législatives. La gauche va l'emporter facilement, vous verrez. »

La vendetta va-t-elle continuer ? Ce soir-là, pourtant, les convives n'en ont pas l'impression. « On ne survivra que si on est rassemblé, dit Giscard. Il va falloir recoller les morceaux maintenant. C'est ce qui sera le plus dur. »

Au lendemain de l'élection de François Mitterrand, à 8 h 30 du matin, le maire de Paris appelle au téléphone Jean Lecanuet, le président de l'UDF. Il veut parler avec lui de la préparation des élections législatives que le nouveau président s'est engagé à provoquer. Le nom de Giscard vient dans la conversation. Alors, Chirac tranche sur un ton qui ne souffre aucune réplique : « Giscard, c'est fini, voyons. Il est mort. »

Mort, Giscard ? De l'Élysée, le président sortant fait tout pour que Chirac ne prenne pas la direction de l'opération « revanche ». Il a un plan qu'il laisse percer dans une déclaration que son porte-parole transmet, le même 11 mai, aux agences de presse. D'abord, il entend dénoncer sans relâche ceux qui ont commis des « trahisons préméditées », comme il dit. Ensuite, il prétend mettre sur pied un « rassemblement démocratique au centre de la politique française » pour contrecarrer la stratégie « rétrograde » de Chirac, celle d'un affrontement droite-gauche. Enfin, il veut faire de l'UDF un vrai parti libéral qui présente des candidats dans toutes les circonscriptions et qui, au premier tour, tienne tête au RPR.

Il n'y a qu'un problème. Les députés UDF refusent de mettre en joue l'ennemi que Giscard leur a désigné. Malgré les ordres qui pleuvent de l'Élysée, ils restent même fièrement crosses en l'air. Ils veulent faire la paix avec le RPR. Jean Lecanuet la leur donne. Le

14 mai, il signe un protocole d'accord avec Chirac. Les deux hommes s'engagent à mettre au point un pacte électoral pour les législatives.

Exit V.G.E. Chirac fait figure, désormais, de chef de la droite. Il a atteint son objectif. Mais pour quelle stratégie ? Comme toujours, Chirac joue sur tous les tableaux. D'un côté, il se fait prophète de l'Apocalypse : la victoire de la gauche, dit-il, le 31 mai, « ce ne sera pas le changement mais le début d'un processus révolutionnaire. Nous serons alors plus près de la Pologne que de la France actuelle ». De l'autre, il se veut pré-cohabitationniste : « Si l'ex-majorité se retrouvait majoritaire, déclare-t-il au *Figaro Magazine*[1], il serait tout à fait possible de gouverner avec le président de la République. Contrairement à une idée très répandue mais néanmoins erronée, la Constitution organise l'équilibre des pouvoirs [...]. Le président a ses pouvoirs, le gouvernement et le Parlement les leurs. »

Le 21 juin 1981, les Français ont donné à François Mitterrand la majorité qu'il voulait à l'Assemblée nationale : 269 députés socialistes. Le RPR est tombé de 153 élus à 83 et l'UDF de 116 à 61. La droite est à refaire : avant de songer à la restauration, il lui faut d'abord préparer la reconstruction...

La faute à qui ? C'est toujours le même nom qui bourdonne dans la tête de Valéry Giscard d'Estaing. Encore blessé au vif deux mois après son échec, mortifié par les lâchages des siens, souffrant le martyre des boucs émissaires, V.G.E. met tout sur le dos de Chirac. Le 16 juillet 1981, il reçoit dans son salon, rue de Bénouville, Stéphane Denis, rédacteur en chef au *Quotidien de Paris,* qui prépare un livre sur cette période, *la Chute de la maison Giscard*[2]. Il reprend toujours le même chef d'accusation contre le maire de Paris : « Chirac a tout fait pour me faire battre. Il m'a manqué 800 000 voix du RPR. C'était mathématique. Je ne pouvais pas m'en sortir. »

Apparemment, il ne trouve pas à Chirac les qualités requises pour qu'il ait, après lui, un « destin national » : « Ce n'est pas un homme d'État mais un chef de parti. Quand il était Premier ministre et qu'il venait me voir pour une question urgente, ce n'était jamais pour parler des grandes affaires du monde. Jamais. Il m'ennuyait sans arrêt avec des histoires de nominations. C'est sa conception de la politique. Chirac, il faut que vous compreniez bien, c'est Tomasini.

---

1. 5 juin 1981.
2. *Op. cit.*

J'ai compris, le 2 mai, qu'il voulait mon échec quand j'ai vu un tract que Pasqua avait fait faire, dans une de ses officines. D'ailleurs, je vais vous donner les preuves de ce que j'avance... »

Alors, Giscard se lève, va dans sa chambre toute proche et ouvre le tiroir de sa table de chevet, d'où il sort un tract et une brochure.

Il tend la brochure à Stéphane Denis. Intitulée *Giscard, candidat du Kremlin,* elle conclut : « Mettre fin à la "finlandisation" honteuse où se laisse conduire la France suppose [...] que le candidat du Kremlin soit dessaisi des responsabilités qu'il occupe depuis sept ans. » L'ancien président montre ensuite à son interlocuteur un texte sur papier à en-tête du RPR dont voici un extrait : « En ce qui concerne le deuxième tour, Charles Pasqua nous a rappelé que Jacques Chirac s'est prononcé dès le lundi matin et que sa position reprise par le comité central est très claire : "Chacun doit voter selon sa conscience et ses convictions." Les positions prises par Jacques Chirac, Bernard Pons et nos parlementaires sont des positions personnelles qui n'engagent qu'eux, et en aucun cas notre mouvement. Charles Pasqua a rappelé qu'aucun des deux candidats ne peut nous satisfaire : François Mitterrand, pour des raisons évidentes, Valéry Giscard d'Estaing, car il ne changera ni de politique ni d'attitude vis-à-vis du RPR. »

Giscard, indigné, commente : « Cela, c'est Pasqua. Tout ce genre de littérature a été fait par des hommes du RPR, dans des imprimeries du RPR, avec de l'argent du RPR. Qu'on ne me dise pas que Chirac n'était pas au courant. »

La blessure mettra longtemps à guérir. Et la cicatrice restera...

La chevauchée du désert

> Le destin frappe parfois à la porte, mais la plupart du temps, c'est juste un représentant de commerce.
> *Adage américain.*

Il a quarante-huit ans. Giscard n'est plus sur son chemin. Chirac a tout pour devenir, enfin, le vrai patron de la droite. Il n'aura jamais été porteur de tant d'espoirs – de tant de rancunes aussi. Va-t-il mettre à profit sa traversée du désert pour prendre de l'épaisseur et de la densité ? Non. Pendant les cinq ans de législature socialiste, il s'ingénie, au contraire, à changer de personnage. Il cherche, en fait, à se ressembler davantage et il court, pathétique, derrière l'idée qu'il se fait de lui-même : celle d'un politicien « raisonnable ».

La métamorphose est saisissante dès le soir du deuxième tour des élections législatives, quand Chirac déclare, sur le ton du parler vrai, pour commenter la déroute de la droite : « Reconnaissons-le, la majorité des Français s'est détournée des idées qui ont inspiré durant vingt ans notre action pour la France [...]. Une autre période commence mais, dans cette situation nouvelle, nous saurons surmonter l'épreuve en demeurant soucieux, avant tout, du bien de notre pays [...]. Nous devrons aussi tirer les leçons de l'événement, nous en chercherons les causes en nous-mêmes et pas ailleurs, comme certains pourraient être tentés de le faire. Nous n'avons pas su convaincre les Français que nous étions en mesure d'assurer le changement qu'ils espèrent. Tout nous incite donc à la réflexion et aussi à un profond renouvellement. »

Autocritique ? Chirac est toujours chiraquien, cela va de soi. Mais, pour rassurer, il a cessé de galoper. Et il ne s'en prend qu'avec mesure au nouveau pouvoir socialiste.

Lors de sa conférence de presse de rentrée, le 5 octobre 1981, il déçoit, par sa retenue, une partie non négligeable de la droite. Certes, il trouve la politique du gouvernement Mauroy «démodée, inadaptée et imprégnée d'esprit doctrinaire». Il manque de souffle, pourtant. Ou de conviction Il cherche ses mots. Il parle lentement, d'une voix douce et onctueuse. « Mais où est passé Facho-Chirac ? » demande, avec nostalgie, Dominique Jamet dans *le Quotidien de Paris*[1].

Étrange Chirac. Au lieu de partir sabre au clair à l'assaut du nouveau pouvoir socialiste, il se contente de jeter, de loin, quelques anathèmes moins sonores qu'à l'ordinaire. Pour affronter la gauche, le cavalier est descendu de cheval. Il n'a plus l'œil noir, ni le poil hérissé ni le credo chagrin. Convaincu que l'expérience socialiste échouera, il pense qu'elle ira quand même jusqu'à son terme – la fin de la législature, en 1986.

Il haïssait Giscard. Il combat Mitterrand. Ce n'est pas tout à fait la même chose.

A deux reprises, lors de tête-à-tête officiels le 25 mai puis le 14 juillet, Jacques Chirac dit à François Mitterrand que son programme économique ne peut rien donner de bon : « Vous ne tiendrez pas les prix, et le pouvoir d'achat des Français diminuera. Dans deux ans, les communistes vous lâcheront. »

Mais il ne dramatise pas excessivement les choses. Giscard et Barre, eux, sont convaincus que l'échec aura les couleurs de l'Apocalypse. Dans son petit bureau de l'Assemblée nationale où il reçoit ses visiteurs, le député de Lyon tient toujours le même discours catastrophiste : « L'an prochain, le déficit du commerce extérieur s'élèvera à 100 milliards de francs. Je crains que tout cela ne finisse très mal. Ce pays est mûr pour une radicalisation politique. Dans le cas contraire, il lui faudra des années et des années pour s'en remettre[2]. »

Au même moment, non loin de là, Jacques Chirac développe la thèse inverse : « Pour foutre en l'air l'économie d'un pays comme la France, il faudrait se donner du mal et y travailler d'arrache-pied pendant des années. Les socialistes ne font que des bêtises de débutants. Mais Mitterrand, on le connaît. C'est un socialiste en peau de lapin. Un vrai aventurier, en fait. Pour l'instant, il plane et il rêve. Aux premières difficultés, il retombera sur ses pattes. Et il durera sept ans, vous verrez[3]. »

Contrairement à Barre, Chirac pense – en privé – que rien, sur le plan économique, n'est irréversible : « Naturellement, je ne suis pas d'accord avec les nationalisations mais elles permettront de changer

1. 6 octobre 1981.
2. Conversation avec l'auteur, 10 novembre 1981.
3. Conversation avec l'auteur, 12 novembre 1981.

les équipes en place qui s'essoufflaient un peu. En fait, il y a surtout une chose, dans la politique socialiste, qui me paraît très grave : le gouvernement a décidé de faire payer ses réformes sociales par l'étranger. D'où l'augmentation de l'endettement extérieur. C'est un boulet qu'il faudra traîner longtemps encore. »

Décrispé, décrispateur, Chirac se refuse à parler désormais comme un politicien de guerre civile froide. En public, il n'hésite pas à approuver l'action gouvernementale en matière de recherche, de culture et surtout de défense. Il fait même preuve de compréhension envers la politique étrangère de Mitterrand – sur l'Est-Ouest comme sur le Proche-Orient. Et il joue les médiateurs.

Le 15 novembre 1981, au « Club de la presse » d'Europe 1, devant le déchaînement des passions politiques, Chirac plaide ainsi l'apaisement, sur le mode giscardien : « Le climat actuel est dangereux [...]. Dans une large mesure, je considère que les torts sont partagés. » Puis il ajoute, à l'intention de la droite comme de la gauche : « J'appelle tous les participants à la vie politique de notre pays à se reprendre un peu, à se souvenir qu'il n'y a pas de démocratie sans un minimum de tolérance et qu'il est indispensable, dans ce domaine, de faire un effort pour revenir à des pratiques plus normales. »

Chirac, en somme, est déjà dans une logique précohabitationniste. Contrairement à ses troupes, il est convaincu que les socialistes sont fréquentables. Il lui arrive même de les fréquenter...

Il rencontre de temps en temps à dîner André Rousselet, par exemple. C'est l'un des hommes clés du système Mitterrand. Alors directeur de cabinet du président de la République, ce mitterrandiste « historique » deviendra président d'Havas puis de Canal Plus. Il tient à peu près toujours le même discours au maire de Paris : « Il faut ménager l'avenir. Ne commettez pas l'irréparable. Vous le regretteriez. » Il est convaincu que Mitterrand et Chirac pourraient s'entendre, un jour. Il voit beaucoup de convergences entre eux. Et il rêve, à voix haute, d'un gouvernement d'union nationale.

André Rousselet décrit ainsi le Chirac de l'époque : « C'était tout le contraire d'un manichéen. Il était tout à la fois emporté, chaleureux et ironique. On s'engueulait sur le ton de la plaisanterie. Il disait : "Vous n'avez pratiquement que des incompétents à votre botte aux postes clés. On les virera." Alors, je rigolais : "Le temps que vous arriviez au pouvoir, ils seront tous à la retraite." Il souriait. C'est l'un des rares hommes politiques qui ne laisse pas ses convictions avoir toujours raison de son sens de l'humour et de la courtoisie. »

Avec les socialistes, Chirac est, d'entrée de jeu, très sociable. Il est de toutes les réceptions officielles à l'Élysée. Un jour, à la demande de Jean de Lipkowski, député RPR de Charente-Maritime, il va même jusqu'à dîner avec Édith Cresson, alors ministre socialiste de l'Agriculture, pour lui donner ses conseils d'expert. Le maire de Paris la connaît depuis longtemps. Et il l'aime bien. C'est, dit-il, « une femme intelligente, sympathique, dynamique ».

Jean de Lipkowski, vieil ami, on l'a vu, d'Édith Cresson, a remarqué qu'elle a réussi, en quelques semaines, à dresser contre elle tout le monde paysan. Il se fait du mauvais sang pour elle. Il a donc demandé à Chirac, qui fut le ministre de l'Agriculture le plus populaire depuis la Libération, d'expliquer à Édith Cresson comment il faut s'y prendre avec les syndicats.

Chirac fait de son mieux. Après son traditionnel plaidoyer pour l'agriculture, il se livre à un vibrant éloge de la FNSEA. Cresson le coupe, agacée :

« Sa direction est contre nous. Mais j'aurai sa peau. »

Alors, Chirac :

« C'est une grande ambition, mais si l'un doit avoir la peau de l'autre, je ne miserai pas un kopeck sur vous. Les dirigeants des syndicats agricoles sont beaucoup plus forts que vous ne l'imaginez. Vous feriez mieux d'engager rapidement une conversation avec eux. »

Édith Cresson ne l'écoutera pas. Face au monde paysan, elle continuera à se cambrer, non sans un certain cran, dans une ardente intransigeance. Et c'est ainsi qu'elle devra un jour céder la place à Michel Rocard au ministère de l'Agriculture.

A la fin du dîner, Chirac, qui ne perd jamais le nord, fait, en sortant un petit bout de papier :

« Vous savez que, selon l'usage, un ministre en exercice ne refuse jamais rien à un de ses prédécesseurs.

– Je n'avais pas entendu parler de cet usage », dit Cresson.

Sans se démonter, Chirac lit sa note. C'est une série de demandes de subventions émanant de plusieurs villages de Corrèze.

Alors, Cresson :

« Désolée. Je n'ai plus un rond au titre de l'aménagement rural.

– Ce n'est pas la tradition », maugrée Chirac.

Et il prend congé.

Mais Édith Cresson n'est pas la seule personnalité socialiste à bénéficier, pendant cette période, des conseils de Jacques Chirac.

François Mitterrand aussi y a droit. A chacune de ses visites, il lui glisse un avertissement ou une suggestion, c'est selon. Un jour, il lui recommande ainsi de ne pas couper les ponts avec l'URSS.

Faisant campagne contre Valéry Giscard d'Estaing dont la *Pravda* avait célébré le «bilan globalement positif», François Mitterrand avait déclaré qu'il ne normaliserait pas les relations de la France avec l'Union soviétique tant que l'armée rouge continuerait à occuper le territoire afghan. Jacques Chirac, qui approuve la fermeté mitterrandienne contre l'impérialisme soviétique, le presse quand même d'oublier sa promesse électorale. «Même si je passe pour un anticommuniste primaire, dit-il au chef de l'État, je crois à au moins une chose, en politique étrangère : il n'y a pas de bonne alliance avec Washington qui ne passe par Moscou.» Le président ne secoue pas la tête. De leurs ennemis, les sages apprennent bien des choses...

Chirac-le-conseilleur n'a pourtant perdu ni ses dent ni ses griffes. On l'entend, par exemple, déclarer, sibyllin, que «l'opposition risque d'être rappelée plus rapidement qu'on ne le pense à reprendre la responsabilité des affaires [1]». Ou encore décréter que la France est devenue «l'homme malade de l'Europe» par la seule faute de «l'idéologie socialo-communiste [2]». Mais le maire de Paris prend toujours soin de se démarquer de ceux qui, comme Claude Labbé, président du groupe RPR à l'Assemblée nationale, mettent en question la légitimité du chef de l'État. «Dans un pays démocratique, leur répond-il, le 10 mai 1982, une autorité légalement désignée est légitime, et aucune légitimité ne peut se réclamer d'une autre origine que du choix de la majorité du peuple.» Puis : «Il n'en résulte pas que l'autorité légale ne puisse être critiquée ni son action mise en cause.»

C'est alors l'opposant préféré des Français. D'après un sondage SOFRES-*Figaro* [3], 53 % d'entre eux considèrent que Chirac serait le meilleur candidat de l'opposition dans une éventuelle élection présidentielle – Giscard n'obtient que 21 % d'opinions favorables et Barre 7 %.

C'est alors aussi l'opposant préféré de François Mitterrand, qui souligne volontiers sa vitalité, sa vivacité, sa véracité aussi. «Un homme d'État», concède-t-il.

Mais la paix entre les ennemis ne dure jamais longtemps Deux

1. 15 mars 1982.
2. 15 juin 1982.
3. 15 juin 1982.

événements vont tout gâcher. Deux initiatives présidentielles que le maire de Paris considérera comme des agressions personnelles : la réforme du statut de Paris puis celle du mode de scrutin. La première découdra d'un coup tous les fils qu'ils avaient tissés entre eux. La deuxième consommera la rupture. Les deux fois, Chirac a estimé que le président s'attaquait directement à lui. D'abord, en réduisant les compétences du maire de la capitale. Ensuite, en cherchant à détruire, avec la représentation proportionnelle, le capital politique qu'il avait amassé au fil des ans.

Récapitulons. Le 30 juin 1982, Gaston Defferre, ministre de l'Intérieur, fait adopter en Conseil des ministres une réforme du statut de la capitale qui, au nom de la décentralisation, prévoit l'éclatement de Paris en «vingt communes de plein exercice». Il s'agit ni plus ni moins de «déshabiller» Jacques Chirac qui devra désormais partager le pouvoir municipal avec les maires d'arrondissement. La gauche devrait ainsi s'assurer, en principe, le contrôle de quelques «morceaux» de la première ville de France.

C'est la guerre. Jacques Chirac est à table quand Robert Pandraud, alors directeur adjoint de son cabinet, lui tend une dépêche de l'AFP annonçant la nouvelle. En quelques secondes, il passe de l'étonnement à la colère. Pourquoi ne l'avoir pas prévenu ? Le 11 février, lors d'une de ses nombreuses visites à l'Élysée, Chirac avait mis en garde Mitterrand contre ce qu'il appelait une «opération de charcutage» de la capitale. Le président n'avait rien dit. Le maire de Paris en avait tiré la conclusion que le chef de l'État ne se prêterait pas à la manœuvre. Erreur. Entre les deux hommes, soudain, les paroles s'envolent, mais les coups restent...

Chirac est blessé. Il commente ainsi la réforme devant Jean Cau : «J'accepte qu'on me combatte, je n'accepte pas qu'on me mente, qu'on me trompe et qu'on triche ! [...]. Des vingt communes, quelle sera celle qui pourra s'appeler Paris [1] ? »

Contre le projet, Chirac joue sur tous les registres.

L'ironie : «Va-t-on élire vingt présidents de la République sous prétexte que le titulaire actuel concentre trop de pouvoirs entre ses mains ? »

L'indignation : «Ce projet viole les engagements officiellement pris à l'Assemblée nationale par le ministre de l'Intérieur [2]. »

1. *Paris-Match,* 16 juillet 1982.
2. Le 28 juillet 1981, Gaston Defferre déclarait à l'Assemblée nationale : « En matière d'arrondissement [...], je puis vous assurer que la capitale sera soumise au droit commun. »

L'enflure : « Le Paris de Villon, et celui de Hugo, le Paris conquérant du 14 juillet et le Paris martyrisé de l'Occupation [en un mot, Paris] ne veut pas mourir. »

Au départ, la manœuvre mitterrandienne paraît réussir. C'est encore un cas où les conséquences de la colère sont plus graves que les causes : piqué au vif, Chirac redevient, par bouffées, l'« agité » qu'il fut sous Giscard. Boudant désormais ostensiblement les réceptions officielles à l'Élysée, il sombre volontiers dans l'antisocialisme primaire. Et, quelques semaines après l'annonce de la réforme, sa langue fourche, lors d'une tournée en Nouvelle-Calédonie : « L'expérience socialiste ne durera pas deux ans. »

Deux ans ? Le maire de Paris veut-il dire que la législature n'ira pas jusqu'à son terme – dans quatre ans ? Si oui, envisage-t-il d'organiser un coup d'État ? Ironiques ou non, les questions tombent comme à Gravelotte. Les socialistes se demandent, non sans ravissement, si « Facho-Chirac » n'est pas revenu. Édouard Balladur, le nouveau mentor du maire de Paris, s'arrache les cheveux. Il s'était mis en tête de faire de Chirac un « rassembleur ». C'est manqué. « On m'a mis un frelon dans la culotte », rigole, avec raffinement, Jacques Chirac. Pendant des mois, il devra s'expliquer sur sa sottise néo-calédonienne. Il ne réussira pas à l'effacer.

Pour les socialistes, l'exaspération de Chirac est à peu près le seul effet positif de leur réforme du statut de Paris. Car, pour le reste, c'est un désastre. Aux élections municipales de mars 1983, Chirac ramasse la mise. En raflant la majorité dans tous les arrondissements, il obtient, comme disent les gazettes, « vingt sur vingt » : tous les maires seront de droite. La gauche, qui comptait 40 sièges sur 109 dans le conseil de Paris sortant, n'en a plus que 22 sur 163. La capitale, qui était, depuis 1981, l'un des hauts lieux de la résistance de la droite, est désormais le symbole de la reconquête.

C'est le sacre de Chirac : d'après un sondage SOFRES-*le Nouvel Observateur*[1], il s'est imposé, dans la foulée des municipales, comme l'homme fort de la droite. Pour 49 % des sympathisants de l'opposition, ce serait le meilleur candidat de la droite face à la gauche. Barre et Giscard arrivent loin derrière, avec 25 et 20 %. Plus dure sera la chute...

En deux ans, Chirac va tout gâcher et prouver, une fois de plus, qu'il n'est bon que dans l'adversité. La faveur ne le rend pas heureux. D'une certaine façon, le bonheur l'affole. Au faîte de la gloire,

---

1. 24 juin 1983.

quand tous les yeux sont braqués sur lui, il multiplie les poses et les contorsions. Il s'épuise dans la polémique. Il monte sur ses grands chevaux. Il galope en tous sens. Il n'aime pas qu'on le regarde. Mais il est vrai qu'on le regarde de moins en moins...

Deux personnages, en effet, ont fait leur entrée sur scène, avec la claire intention de lui faire de l'ombre. Ils ont la même corpulence, le même menton napoléonien, la même obsession stratégique : rafler le fonds de commerce de Chirac. L'un est lent, pataud et cosmopolite : c'est Raymond Barre qui, tout doucement, est en train de percer dans les sondages. L'autre est hâbleur, éructant et vantard : c'est Jean-Marie Le Pen qui a commencé à fédérer l'extrême droite. Avant les élections européennes de juin 1984, la radio-télévision d'État lui a largement ouvert ses antennes : alors même qu'il ne représentait rien, il a été l'invité de la plupart des grandes émissions politiques. Le Front national, son parti, obtiendra, contre toute attente, 10,95 % des suffrages exprimés.

Chirac, en somme, est attaqué des deux côtés : sur sa gauche et sur sa droite. Il se débat. Et, de coups de sang en faux pas, il amorce sa dégringolade dans les sondages...

Le 3 avril 1985, Pierre Joxe, ministre de l'Intérieur, fait adopter une réforme du mode de scrutin : après vingt-huit ans de système majoritaire à deux tours, la France reviendra, pour les élections législatives, à la représentation proportionnelle. C'était la proposition numéro quarante-sept du candidat Mitterrand en 1981.

Le soir même, Michel Rocard, ministre de l'Agriculture, démissionne du gouvernement. Il a toujours été contre la représentation proportionnelle. Mais, à l'heure de la montée du Front national, il trouve cette réforme carrément « anormale ».

Jacques Chirac aussi. D'après lui, François Mitterrand poursuit depuis plusieurs mois « un effort gigantesque pour favoriser l'extrême droite avec objectif de gêner l'opposition ». Le 26 février, prévoyant la décision présidentielle, il s'en était pris à « ceux qui n'ont pas hésité à se prostituer et à gouverner avec les communistes et qui font tout ce qu'il faut, avec la représentation proportionnelle, pour institutionnaliser l'extrême droite [1] ».

François Mitterrand peut avoir de bonnes raisons pour instaurer la représentation proportionnelle. Elle répartit équitablement le nombre de sièges en fonction du nombre de voix. Ne favorisant pas,

---

1. « Grand Jury RTL-*le Monde* ».

comme le scrutin majoritaire, les grands courants d'opinion, elle ne peut qu'émousser la bipolarisation qui, depuis 1958, a transformé la France politique en champ de bataille idéologique. Avec ce système, comme l'écrit Jérôme Jaffré[1], « aucun parti ne peut espérer dominer à lui seul le jeu politique ». Aucun ne peut non plus craindre de disparaître. Les petites formations gardent même le droit à la vie : le nouveau mode de scrutin devrait ainsi faire entrer au Palais-Bourbon un commando de députés du Front national.

On voit tout de suite les effets pervers de la proportionnelle : *combinazione,* morcellement de la vie politique, parlementarisme à la mode de la IVe République, prime aux apparatchiks des partis, qui, en se plaçant en tête des listes, sont sûrs d'être élus.

Mais si François Mitterrand a décidé de changer le mode de scrutin, ce n'est ni pour ces bonnes ni pour ces mauvaises raisons. Il entend simplement calmer le jeu aux élections législatives de 1986 : la proportionnelle devrait éviter la déroute aux socialistes et interdire à la droite de l'emporter largement. Le chef de l'État compte même sur sa réforme électorale pour empêcher la victoire du RPR et de l'UDF, comme le note Olivier Duhamel[2], professeur de droit public : « Pour dire les choses crûment, la stratégie mitterrandiste ne permet aucune victoire de la gauche et repose sur la non-victoire du RPR et de l'UDF seuls, c'est-à-dire sur le nombre d'élus du Front national. " Pour Mitterrand, votez Le Pen ", en quelque sorte. Voilà qui pousse le paradoxe aux confins du cynisme. »

L'affaire de la réforme du mode de scrutin achèvera d'envenimer les rapports entre Jacques Chirac et François Mitterrand. Le maire de Paris devient désormais un opposant hargneux, voire haineux.

Il estime que le chef de l'État l'a trahi. En 1981, entre les deux tours de l'élection présidentielle, François de Grossouvre, le meilleur ami de Mitterrand, lui avait rendu une visite qui n'était pas seulement de courtoisie. Chirac avait tout de suite sympathisé avec ce marquis barbichu et distingué qui, entre deux missions secrètes, exploite un domaine dans l'Allier. Dûment mandaté, Grossouvre avait dit au maire de Paris que Mitterrand, s'il était élu, s'engageait à ne pas instaurer la représentation proportionnelle. Certes, entre renards, on renarde. Certes, « les promesses n'engagent que ceux qui les reçoivent ». Mais il en restera toujours un malaise entre Chirac et Mitterrand – quelque chose de lourd et d'indéfinissable...

1. *L'Express,* 9 août 1985.
2. *Le Monde,* 28 janvier 1986.

Ce n'est pas le plus grave. Chirac estime aussi que Mitterrand l'a «cherché», comme il dit : à ses yeux, la proportionnelle n'a été instituée que pour réduire le RPR tout en favorisant le Front national.

Le 22 juin 1985, encore scandalisé par la réforme électorale de Mitterrand, Chirac dit à l'auteur :

«Je croyais que Mitterrand était devenu un homme d'État. Mais c'est un politicien type IVe République qui n'a aucune idée générale et qui ne cherche qu'à sauver ses copains au prix de n'importe quelle combine. Un personnage irresponsable, en fait. Il est prêt à tout pour conserver le pouvoir. C'est tout le sens de sa réforme électorale. La France, il s'en fout. Pour mettre le bordel dans l'opposition, comme s'il n'y en avait déjà pas, il a décidé, avec la représentation proportionnelle, de donner une impulsion à l'extrême droite. Qu'un homme investi des fonctions suprêmes se laisse aller à ce genre de choses, ce n'est pas convenable. C'est même indigne et méprisable. En politique, il y a des trucs qu'on ne fait pas. Mais les socialistes sont cuits et la bête traquée montre son vrai visage : avec l'aide des naïfs de la presse de gauche, qui le valorisent autant qu'ils peuvent, Mitterrand est en train de gonfler froidement Le Pen.

«Pour le moment, tout ça n'est pas bien grave. Il y a un type, Le Pen, que je ne connais pas et qui n'est probablement pas si méchant qu'on le dit. Il répète certaines choses que nous pensons un peu plus fort et mieux que nous, en termes plus populaires. Autour de lui, il y a des tas de braves gens mais aussi une masse d'individus dangereux, fascistes et racistes. Le jour où il y aura en France un vrai parti d'extrême droite avec des députés, des moyens techniques et financiers, ce ne seront plus les aimables notables comme M. Olivier d'Ormesson qui tiendront les commandes ; ce seront les purs et les durs, tous ceux qui attendent leur revanche depuis 1945. Je sais qu'il n'y a pas de comparaison possible mais Hitler a commencé comme ça. Faut pas jouer au con. On est en pleine crise économique avec un taux de chômage effrayant et plusieurs millions d'immigrés. Un cocktail dangereux. C'est l'un des moments historiques où la petite graine de racisme qui existe dans le cœur des hommes peut prendre. Il ne faut pas l'arroser. Et il faut la couper dès qu'elle commence à germer. Au lieu de ça, on fait sans arrêt donner le Front national à la télévision.

«Il y a une chose qui me ferait prendre les armes et descendre dans la rue : c'est le racisme. Mitterrand a décidé de faire sa promotion, par pur calcul politique. Je n'ai plus rien à dire à cet homme. Je ne discuterai avec lui qu'en position de force.»

Même si l'extrême droite prolifère, ces années-là, est-ce tout à fait la faute de Mitterrand ? D'abord, en recentrant son discours, Chirac a laissé un espace politique ouvert sur sa droite. Ensuite, en mettant sur pied une liste unique RPR-UDF pour les élections européennes de juin 1984, il a permis au Front national de prendre son envol. Enfin, il n'a pas su marquer, d'entrée de jeu, sa différence avec le parti de Jean-Marie Le Pen.

C'est à l'automne 1983 que le phénomène est apparu pour la première fois, électoralement : au premier tour des élections municipales partielles de Dreux, en Eure-et-Loir, le Front national fait une percée. Pour gagner, la droite doit passer un accord avec lui. Compréhensif, le président du RPR laisse donc son candidat local conclure, pour le second tour, une alliance avec le parti de Jean-Marie Le Pen. Et c'est ainsi, en entrant dans un conseil municipal, que l'extrême droite va pénétrer dans la vie politique française. Peu après, pour expliquer sa faute, Chirac plaidera la distraction : « J'ai fermé les yeux, parce que je n'avais pas mesuré l'importance historique de la chose. Ce fut une erreur historique. »

Quand Chirac réagit, il est trop tard : le mal est fait. Quelques semaines après son « erreur historique », il jette sur une petite feuille de papier, comme il le fait souvent avant de se coucher, quelques lignes qui résument sa nouvelle stratégie face à Le Pen : « Il faut attaquer Le Pen de front. Souligner nos différences : " Nous ne voulons pas, nous, instaurer un climat de haine. " Extrême droite, extrême gauche, même combat : c'est la même haine. »

Tel sera désormais le ton de Chirac contre le Front national. A l'approche des élections cantonales de mars 1985, il part en guerre : « Voter pour l'extrême droite, c'est renforcer la main de M. Mitterrand. » Il jure aussi, croix de bois, croix de fer, qu'il exclut toute alliance nationale avec le parti de Le Pen. « Et même toute alliance locale. »

Il n'y a qu'un problème. Dans le même temps, le RPR s'en remet officiellement aux instances départementales pour régler, cas par cas, la lancinante question des désistements entre les deux tours des cantonales.

Chirac est comme l'horloge qui indique une heure et en sonne une autre. Pris dans la tenaille Barre-Le Pen, toujours entre le zist et le zest, aussi équivoque qu'indécis, il s'effondre dans les sondages : en mars 1985, alors que son parti vient de rafler 180 sièges de conseillers généraux, le chef de file de l'opposition obtient, au baromètre mensuel IFOP-*le Journal du dimanche,* 30 % de bonnes opinions et 46 % de mauvaises.

Mais il est vrai que Chirac n'est pas homme à prêter trop d'attention aux sondages. Tandis que sa cote de popularité fait la culbute et que ses ouailles commencent à douter de lui, le président du RPR prépare fiévreusement le rendez-vous des élections législatives de 1986. Ce sera la revanche des vaincus de 1981. Il faut que ce soit aussi la sienne..

Le cohabitateur

> Un compromis fait un bon parapluie, mais un pauvre toit.
>
> *J.R. Lowell.*

Le 16 septembre 1983, paraît à la Une du *Monde* un article apparemment anodin. Il amorce pourtant le formidable tournant qui, après les élections législatives, changera la politique française. Intitulé «Les deux tentations», il est ainsi présenté : «Selon Édouard Balladur, qui fut secrétaire général de l'Élysée au temps de Georges Pompidou, un président de gauche peut cohabiter avec une majorité de droite sans changer ni la Constitution ni la loi électorale. »

Dans cet article que Chirac a relu et corrigé avant sa publication, Édouard Balladur plaide pour une nouvelle lecture de la Constitution de 1958 : «Nos institutions n'ont jamais connu leur minute de vérité, celle où devraient cohabiter un président d'une tendance et une assemblée d'une autre. Si cela se produit un jour, il serait évident que le pouvoir présidentiel dispose d'une autorité variable selon qu'elle repose ou pas sur une majorité parlementaire. »

Pour Balladur, la cohabitation démontrerait les facultés d'adaptation des institutions de la Ve République : «Quasi présidentielle, et même davantage, quand le président dispose d'une majorité, plus parlementaire quand ce n'est pas le cas. » Et l'ancien secrétaire général de l'Élysée ajoute : «Qu'un tel équilibre entre les deux fonctions et les deux hommes soit délicat, que des conflits soient possibles, que le régime perde en efficacité, c'est évident. Mais ce serait le résultat de décisions populaires successives dont il faudrait bien tenir compte. »

Texte capital. Chaque adjectif est calculé. Chaque virgule, pesée. C'est avec la publication de cet article qu'Édouard Balladur entre vraiment dans le destin de Jacques Chirac.

Chirac était-il, d'entrée de jeu, favorable à la cohabitation? Probablement. Elle correspond à son pragmatisme naturel. Mais ce n'est pas lui qui a inventé l'idée. C'est Balladur. Et, avant de s'engager, le maire de Paris, avisé, l'a laissé la tester.

Balladur, au contraire de Juillet, n'est pas du genre visionnaire. Mais il est convaincu que la cohabitation est une idée d'avenir. Il pense même que Chirac doit l'incarner. «Depuis deux siècles, répète-t-il alors au maire de Paris, notre pays a trop souffert de ses déchirures. Il faut montrer que, comme toute société civilisée, nous sommes capables de faire face à des situations nouvelles sans remettre en question les institutions.»

Le maire de Paris l'écoute. Il l'écoute même de plus en plus. Il a pris pour habitude de faire le point avec Balladur une fois par semaine, pendant deux heures et en tête à tête, cela va de soi. L'ancien secrétaire général de l'Élysée est très exclusif et il n'a que mépris pour les apparatchiks du RPR qu'il fuit comme la peste («On ne peut pas parler sérieusement des dossiers qui comptent avec ces gens-là»).

Le plus étrange n'est pas que Chirac, avide de défi épique, soit si fasciné par Balladur, lourd de prudence et de prudhommerie. Il s'agit là de l'attirance des contraires. Ce qui étonne, en fait, c'est que le maire de Paris puisse rester des heures à deviser avec un homme qui est toute retenue et introspection. Originaire d'une des vieilles familles provençales établies au Moyen-Orient, cet énarque éminent et délicat n'a rien de méditerranéen. Et il fait irrésistiblement penser à ces *Caractères* de La Bruyère, qui «ne hasardent pas le moindre mot, quand ils devraient faire le plus bel effet du monde; rien d'heureux ne leur échappe, rien ne coule de source et avec liberté : ils parlent proprement et ennuyeusement». Balladur ou l'art de ne jamais dire des bêtises...

Chirac a décidé, dès ce mois de septembre 1983, d'en faire son connétable. Après avoir lu l'article de Balladur pour *le Monde*, le maire de Paris lui dit :

«Il faut que ce soit vous qui alliez à Matignon, Édouard. Vous n'êtes pas un homme de parti. Pour Mitterrand, ça sera plus commode. Pour moi aussi...

— Vous savez bien que je n'ai rien de ce qu'il faut pour devenir Premier ministre. De toute façon, vous serez condamné à accepter Matignon.

— J'ai déjà donné, vous savez.

— Si celui que vous aurez mis à votre place à Matignon réussit, c'est lui qui aura réussi et pas vous. Si c'est lui qui échoue, en revanche, c'est vous qui aurez échoué avec lui.»

Le 17 mars 1986, après la victoire du RPR et de l'UDF aux élections législatives, Chirac renouvellera sa proposition à Balladur qui, une fois encore, la repoussera du doigt : «C'est une idée absurde. Je n'ai pas les qualités pour ça.» Puis : «Ou vous réussirez et vous serez, ensuite, élu président. Ou vous échouerez et vous ne le serez pas. Mais, dans la vie, on n'a jamais rien sans rien.»

Et c'est ainsi que Chirac deviendra Premier ministre de Mitterrand. Mais Balladur n'a pas eu, il est vrai, à insister beaucoup. Le maire de Paris est aussi légitimiste que lui. Il partage son goût du compromis, son empirisme fataliste, son scepticisme fondamental sur les idées. Il est fait pour cohabiter.

Balladur, lui, est viscéralement, pathologiquement cohabitateur. Il est convaincu, comme Goethe, qu'on ne vit bien qu'en laissant vivre.

En plaidant pour la cohabitation, Balladur a, en fait, théorisé un comportement. Cet homme ne supporte pas l'affrontement. C'est physique : tout haussement de voix lui soulève le cœur, la moindre colère le blesse au vif. Il ne peut demander lui-même à une locataire de quitter le logement qu'il possède à Aix-en-Provence. Il fait faire la chose. Il ne peut davantage exprimer un grave désaccord devant un groupe de plusieurs personnes. Il ne le fera qu'en tête à tête, et encore...

Lâcheté ? Pas sûr. A en croire Quinte-Curce, le chien, de nature couarde, aboie plutôt que de mordre. Balladur, lui, est du genre à mordre plutôt que d'aboyer. Et il lui arrive, s'il le faut, de tuer. Même s'ils sont toujours soignés, il a du sang aux ongles. Mais il s'applique à le dissimuler.

Pour Balladur, les conflits et les éclats de voix ne font que révéler la nature animale de l'homme. Si ce dernier veut être civilisé, il doit savoir dominer les situations. Donc, garder son sang-froid en toutes circonstances.

Balladur-le-refoulé et Chirac-l'extraverti sont donc tout à fait complémentaires. Psychologiquement du moins : l'un est toute componction ; l'autre tout énergie ; l'un est maladivement méfiant, l'autre spontanément confiant. Sur la chose politique, en revanche, il n'y a pas l'ombre d'une différence entre les deux hommes. C'est la force de cet assemblage ; c'est peut-être aussi sa fragilité...

Raymond Barre a compris les dangers que recèle, pour lui, la cohabitation. Sans parti, il ne pourra pas peser sur la formation du gouvernement si le RPR et l'UDF remportent les élections législatives. Il part donc en guerre, d'entrée de jeu, contre une éventuelle coexistence entre François Mitterrand et un Premier ministre de droite. Le 26 juin 1983, avant même qu'Édouard Balladur n'écrive son plaidoyer cohabitationniste pour *le Monde,* le député de Lyon a déclaré, lors d'une «Fête de la liberté», à Bourg-en-Bresse : «Si la cohabitation est acceptée, c'est, quels que soient les arguments et les prétextes utilisés, le retour aux jeux, aux délices et aux poisons de la IVe République. Et la nouvelle majorité sera [...] rapidement impuissante et rapidement discréditée.»

Répondant, le 27 septembre suivant, à l'article d'Édouard Balladur, Raymond Barre ira plus loin en déclarant que l'opposition «doit exclure à l'avance l'éventualité de se prêter à un quelconque "accord" avec le président de la République. Elle y perdrait à la fois son crédit, son efficacité et son âme». Un jour, il finira même par annoncer aux Français qu'il ne votera pas la confiance à un gouvernement de cohabitation.

A l'aune des sondages, l'anticohabitationnisme semble réussir à Raymond Barre. Il n'a en tout cas pas freiné son envol : en quelques mois, le député de Lyon est devenu l'homme politique le plus populaire de l'opposition.

Pourquoi Jacques Chirac s'est-il fait subitement distancer? D'abord, parce que la gauche, en adoptant deux plans de rigueur, en 1982 puis en 1983, a donné rétrospectivement raison à Raymond Barre : elle semblait, soudain, appliquer sa politique et entériner ses vieux sermons sur «le rétablissement des grands équilibres». Ensuite, parce que le maire de Paris, en se convertissant au libéralisme économique qu'il pourfendait quelques années plus tôt, s'est mis à parler comme Barre : il n'y a pas si longtemps, Chirac raillait ceux qui se référaient à Frédéric Bastiat ; désormais, il célèbre cet économiste libéral du XIXe, auteur des *Harmonies économiques.*

A la gauche comme à Chirac, le député de Lyon pourrait, à juste titre, réclamer des droits d'auteur. Il se laisse plagier de bon gré mais il rappelle, à chaque occasion, que les autres ne sont que des pâles copies. Comme toujours, c'est l'original qui profite de la comparaison : contrairement au proverbe, Barre n'a pas eu tort d'avoir raison.

Il y a trouvé d'autant mieux son compte que Chirac, toujours en état de «déshabitation», ne cesse de multiplier les contorsions et les démentis. Le maire de Paris a plus que jamais l'air d'un pantin baudelairien, rongé par le doute. Sur ce qu'il fera lui-même en cas de cohabitation, par exemple, il n'est même pas capable d'être net. Le 5 mai 1985, au «Grand Jury RTL-*le Monde*», il déclare : «Je n'ai aucune intention – cela doit être clair – d'assumer les fonctions de

Premier ministre de M. Mitterrand et je n'ai aucune vocation à le faire.» Le 21 juillet suivant, changement de disque : le maire de Paris fait du chef du gouvernement de l'alternance un portrait-robot – «courageux, désintéressé, dynamique» – qui pourrait bien être un autoportrait...

Si Chirac hésite à jouer la carte de Matignon, c'est parce qu'il redoute le face-à-face avec Mitterrand («Quand cet homme dit blanc, c'est noir, et il a prouvé qu'il n'avait pas plus de principes que de scrupules»). C'est aussi parce qu'il est convaincu qu'une droite victorieuse a toutes les chances, après les élections, de s'enliser dans la cohabitation : «Pour que ça marche, il faudrait que nous soyons unis. Or il y a un problème. C'est Barre. Il a décidé de faire l'impasse sur les élections législatives de 1986 et de jouer toute sa stratégie sur l'élection présidentielle de 1988. Si nous gagnons les législatives, il va se mettre dans un coin et ricaner contre les cohabitateurs. Il a tort. Je le lui ai dit : "Vous faites une erreur majeure. Vous voulez être un recours mais vous ne le serez jamais si vous ne vous intégrez pas à la majorité de demain. Si on se plante dans les grandes largeurs, ce n'est pas dans notre famille mais à gauche que la France ira chercher le recours [1]."»

En attendant, le recours se porte bien. Dans les enquêtes d'opinion, il bat même Chirac sur tous les tableaux. A trois mois des élections législatives, sa cote de sympathie est meilleure que celle du maire de Paris : 49 % contre 35 % selon l'IFOP pour *le Journal du dimanche*. D'après le même institut, pour *le Point* cette fois, il est aussi plus présidentiable : 23 % contre 20 %.

Que faire? Chirac ne se laisse jamais impressionner par les sondages. Contre Barre, il sait qu'il dispose d'un allié en la personne de Giscard. En 1984, déjeunant avec l'état-major de *la Montagne,* le grand quotidien régional de Clermont-Ferrand, l'ancien président a laissé échapper une formule qui a aussitôt été rapportée au député de la Corrèze : «Chirac m'a trahi pour défendre son fonds de commerce. Barre, lui, m'a trahi pour me piquer mon fonds de commerce.»

Alors que Barre est au zénith, Giscard reste convaincu qu'il se retrouvera face à Chirac au premier tour de l'élection présidentielle de 1988. «Barre est un pleutre, dit un jour l'ancien président au maire de Paris. Vous et moi, nous avons fait la guerre. Nous sommes toujours prêts à tout risquer, y compris notre peau. Je ne crois pas

---

1. Entretien avec l'auteur, 22 février 1985.

que ce soit son cas. Il n'est même pas sûr qu'il ose se présenter contre nous. »

Le maire de Paris est convaincu que V.G.E. est, de tous les hommes de l'opposition, le plus intelligent, le plus machiavélique, le plus stratège. Il regrette aussi, en son for intérieur, de n'avoir pas tout fait, en 1981, pour empêcher qu'il soit battu par Mitterrand. Devant lui, en somme, il n'a pas seulement un complexe mais aussi un remords. C'est sans doute pourquoi il lui a tendu la main alors que l'autre était à terre, dans son sang.

Quand on a tué un rival, ce n'est pas pour le ressusciter. Chirac, pourtant, n'a pu s'empêcher, dès qu'il l'eut terrassé, de s'afficher régulièrement avec V.G.E. D'une certaine façon, Giscard s'est remis à exister, parce qu'il l'avait rencontré.

Giscard n'a qu'un problème. C'est la France. Elle n'a pas, à cette époque, envie de lui donner une nouvelle chance. Et, à la fin de 1985, Chirac commence à se demander, non sans inquiétude, si Barre n'est pas « incontournable », comme on dit à l'époque. Devant la percée du député de Lyon dans l'opinion, il se sent de plus en plus condamné à jouer Matignon après les législatives. Et il utilise tous les moyens pour s'imposer comme le patron de l'opposition. Quitte à prendre le risque d'accepter un face-à-face télévisé avec le Premier ministre Laurent Fabius, le 27 octobre.

Pari dangereux. Chirac est, comme il le reconnaît volontiers, « catastrophique à la télévision ». « Plus j'y passe, dit-il en privé, plus je deviens impopulaire. » Et il ne blague pas. Fabius, lui, a su s'imposer comme l'un des animaux audiovisuels les plus talentueux de la classe politique.

Sur le petit écran, Chirac a l'air cassant, primaire et péremptoire. Fabius, ouvert, modeste et courtois.

Quand Chirac arrive à TF1, le 27 octobre 1985, pour y affronter Fabius, il est tout de suite introduit dans une petite pièce où il devra attendre qu'on le conduise sur le plateau. Il s'étonne. Il trouverait normal de saluer le Premier ministre avant l'émission. Mais Hervé Bourges, le patron de la première chaîne, lui explique avec une certaine gêne : « Il y a un petit problème. Le Premier ministre ne souhaite pas vous voir avant le débat. Il préfère que vous arriviez sur le plateau chacun de votre côté, que vous vous installiez tout de suite à vos places, que vous ne vous serriez pas la main, que vous ne vous disiez pas bonjour. »

Quelques minutes plus tard, quand il se retrouve sur le plateau, Chirac cherche fébrilement le regard de Fabius avant que l'émission ne commence : « Je veux au moins lui faire un signe de tête et un sourire. Mais je n'arrive pas attraper son regard. Il est clair qu'il a décidé de ne pas me dire bonjour. Alors, je commence à m'inquiéter. Je me dis qu'il doit bien y avoir une raison, qu'il me prépare peut-être quelque chose, qu'il pourrait bien me sortir une affaire, qu'il va me déstabiliser. Là-dessus, c'est lui qui commence et, tac, il attaque très fort. Comme j'étais arrivé là-bas avec l'idée qu'il allait être doucereux et qu'il essayerait de m'engluer, j'étais complètement désarçonné. »

Pour Fabius, Chirac est un « agité ». Il a décidé de le faire craquer. Par des petits gestes que la caméra ne montre pas : le Premier ministre tape ainsi sans arrêt des doigts. Et par des interruptions incessantes du genre : « Vous dites vraiment n'importe quoi. » Ou bien : « Calmez-vous... Ne vous énervez pas. » Ou bien encore : « J'ai rencontré beaucoup de menteurs dans ma vie, mais alors là... »

La tactique du Premier ministre est d'abord payante. Le maire de Paris a un air traqué et un chat dans la gorge. Mais, au bout d'une vingtaine de minutes, le débat bascule quand, soudain, Chirac casse le morceau. L'échange restera célèbre :

Chirac : « La tactique qui consiste à vouloir en permanence, parce que cela vous gêne, interrompre pour essayer de déstabiliser l'adversaire, elle ne sert à rien, car ce n'est certainement pas vous, monsieur Fabius, qui allez me déstabiliser, vous l'imaginez bien ! »

Fabius : « Ne vous énervez pas, ne vous énervez pas ! »

Chirac : « J'ai de ce point de vue au moins autant d'expérience que vous et, par conséquent... »

Fabius : « Ça, je reconnais que vous avez plus d'expérience politique que moi. »

Chirac : « Soyez gentil de me laisser parler et de cesser d'intervenir incessamment – un peu comme un roquet... »

Fabius : « Écoutez, je vous en prie, vous parlez au Premier ministre de la France ! »

Le mot fera fortune. C'est à cet instant-là que « le-Premier-ministre-de-la-France » a perdu son débat. Mais il a peut-être perdu davantage encore. Tant il est vrai qu'il est resté, depuis lors, comme un malaise entre Fabius et les Français.

D'abord, Fabius avait sous-estimé l'adversaire. Ensuite, il est apparu, ce jour-là, comme un mauvais camarade (« Ce type est peut-être doué, dira Chirac en sortant du plateau de télévision, mais, quand il était petit, il devait arracher les ailes des mouches ! »). Le bon peuple se met à penser comme le vieux dicton : « Par eux-mêmes les méchants sont trahis.» Enfin, «le-Premier-ministre-de-la-France» a réussi, comme le note alors cruellement Serge July dans *Libération*[1], «à fusionner le mépris technocratique de Giscard et celui, mandarinal, de Barre». «La gauche, ajoute July, vient d'achever sa décomposition morale et idéologique. L'implosion a eu lieu en direct.»

Résultat : Chirac a gagné par KO. Serge July, que personne n'accusera de chiraquisme, lui a trouvé du «coffre». Alain Duhamel, aussi peu suspect de complaisance, parle de «force tranquillisée[2]».

Tranquillisée ? Pas tranquille pour autant...

Chirac, soudain, est remis en selle. Barre, lui, commence à s'enfoncer : en quelques mois, il perd cinq points au baromètre SOFRES-*Figaro Magazine*. Telle est la politique : variable et changeante. C'est quand vous croyez tenir la rampe qu'elle vous échappe. Le maire de Paris le sait. Il cherche donc à pousser l'avantage.

Où va-t-il ? A Matignon, cela va de soi, désormais. Mais il s'y rend à petits pas. Avec des pauses plus ou moins longues. Et, apparemment, pas mal de réticences.

Toute sa tactique consiste à s'imposer comme chef de l'opposition pour, ensuite, avoir la direction des opérations si la droite l'emporte. Pour ce faire, il ne laisse rien au hasard.

Il passe son temps à rassurer l'UDF. Quand le loup lèche l'agneau, c'est rarement un bon présage. Mais, en l'espèce, l'agneau frémit d'aise. Et il en redemande.

Quelques mois plus tôt, pourtant, Chirac ne passait pas, auprès de l'UDF, pour un homme sociable, prévenant et délicat. Lors de la campagne des élections européennes, en 1984, François Léotard, secrétaire général du Parti républicain, s'est entendu dire : «Je veux une liste unique de l'opposition. Ce sera comme ça et pas autrement. Tous ceux qui se mettront sur mon chemin seront balayés.»

«A cette époque, rapporte Léotard, on avait toujours l'impression que Chirac avait deux Colt sur son bureau quand il nous parlait. Il disait d'ailleurs des choses du genre : "Si tu déconnes, je te flingue."» «Il n'avait pas beaucoup d'égards pour nous, se souvient Simone Veil, membre du bureau politique de l'UDF et tête de liste de la droite aux élections européennes. Un jour, parce qu'il n'était

1. 29 octobre 1985.
2. *Le Nouvel Observateur,* 1er novembre 1985.

pas d'accord avec la façon dont je menais ma campagne, il s'est même mis à me traiter de tous les noms. »

Mais Chirac a fini par se persuader de l'importance de l'UDF. C'est elle qui détient les clés de Matignon. Il la courtise donc sans vergogne en jouant sur tous les registres.

La complaisance. Alors que le RPR n'aurait fait qu'une bouchée de l'UDF si des primaires avaient été organisées partout entre les deux composantes de l'opposition, Chirac, « unitaire pour deux », accepte que la moitié des départements soit dotée de listes d'union. Il veut que son parti domine la droite, il refuse qu'elle l'écrase.

Le copinage. A la fin de l'année 1985, le patron de presse Alain Lefebvre, qui fut directeur de l'éphémère *Magazine-Hebdo,* organise un dîner entre Jacques Chirac et ce qu'on appellera bientôt la « bande à Léo » – autrement dit, François Léotard, Alain Madelin et Gérard Longuet. Madelin met tout de suite de l'ambiance en mettant cartes sur table : « Nous, en tout état de cause, on ne souhaite pas voir Giscard à Matignon. » « Chirac eut l'air complètement soufflé, rappelle Léotard. Jusqu'alors, il pensait qu'on était complètement sous la coupe de V.G.E. » Après cela, évidemment, la soirée s'est très bien passée. Chirac et Léotard se découvrent toutes sortes d'affinités. Ils prendront désormais l'habitude de se voir régulièrement.

L'alignement. Le président du RPR fait grand cas des avis de l'UDF quand il s'agit d'élaborer la plate-forme commune qui sera signée, le 16 janvier 1986, par les deux grands partis de droite. En avalisant ce texte, Chirac a mis beaucoup d'eau dans son whisky libéral. Certes, en matière de politique économique, le CNPF a obtenu à peu près tout ce qu'il réclamait. Mais, sur les acquis sociaux, le CDS a reçu toutes les assurances qu'il demandait. Pas question de restauration. Résultat : le programme commun de la droite est un catalogue sans relief dont la presse célèbre la prudence. « L'opposition rogne les angles », titre *Libération*[1], qui donne le ton.

Si elle cultive le flou, la plate-forme RPR-UDF avance quand même quelques projets précis, comme la dénationalisation des banques ou des grands groupes industriels, la suppression de l'impôt sur les grandes fortunes ou encore le désengagement de l'État de « deux grandes chaînes de télévision ». Elle prévoit la liberté des prix, des changes, du crédit et de la concurrence.

---

1. 17 janvier 1986.

Il ne faut jamais ouvrir une porte que l'on ne pourra refermer. C'est pourquoi la plate-forme reste incertaine en matière de modalités ou de délais. Il s'agit d'une sorte de programme minimum, en somme.

Mais, après les déconvenues des socialistes avec les cent dix propositions de 1981, n'est-ce pas encore trop? Sur le coup, Chirac ne mesure pas vraiment la portée de ses engagements. «Les promesses, dit-il volontiers, n'engagent que ceux qui les reçoivent.» «Ces histoires de programme, explique-t-il un jour à François Léotard, je n'en ai rien à foutre. Il y a toujours des événements inattendus qui font qu'on ne les applique pas. Ce qu'il faut à l'homme d'État, en fait, ce n'est pas une plate-forme de gouvernement mais une ou deux idées simples. Moi, par exemple, je crois qu'on perdra si on n'est pas foutus de baisser le taux des prélèvements obligatoires dans ce pays.»

Si Chirac s'est tant battu pour cette plate-forme, s'il a tout lâché à ses partenaires dans la négociation, c'est parce qu'elle permet de verrouiller «la majorité de gouvernement de demain» autour du RPR et de l'UDF. Le jour de la signature du programme commun de la droite, il prend en effet une sérieuse option pour Matignon.

Mais il entend bien pousser l'avantage. Après avoir arrimé l'UDF, il commence à envoyer des signaux à Mitterrand. Le 16 février 1986, au «Grand Jury RTL-*le Monde*», Édouard Balladur déclare benoîtement: «Si M. Mitterrand demandait à Jacques Chirac de devenir Premier ministre, je lui dirais de répondre oui.» Et la foule frémit. Le 10 mars, au «Club de la presse» d'Europe 1, le maire de Paris déclare suavement qu'il n'a pas du tout «l'intention de faire manger son chapeau» à Mitterrand, le chapeau étant de toute façon, comme il l'ajoute finement, «une denrée non comestible». Et la foule applaudit.

La France, soudain, a retrouvé le Chirac qu'elle aime: le hussard noir, boulimique et convivial, qui bat la campagne. Il fait des blagues: «Comme disait ma grand-mère, ironise-t-il à propos des sondages, il faut mépriser les hauts et repriser les bas.» Il embrasse les bébés, les fillettes, les centenaires. Il félicite, sur un ton important, les charcutiers, les épicières, les droguistes: «Continuez. Ce que vous faites est capital.» Il exsude la jouissance et la puissance de celui qui sait qu'il est en train de vaincre.

Naturellement, Jacques Chirac remonte dans les sondages alors que, selon le vieux principe des vases communicants, Raymond Barre coule.

Le pays n'écoute plus les sermons du député du Rhône. Gonflé d'air, il n'enfante plus que le vent.

Sur sa route vers Matignon, Jacques Chirac n'a plus qu'un obstacle, en fait. C'est Jacques Chaban-Delmas. Vieil ami du chef de l'État, le maire de Bordeaux a siégé à ses côtés dans les gouvernements Mendès France et Mollet, sous la IVe République. Figure historique du mouvement gaulliste, il peut prétendre à bon droit devenir lui aussi Premier ministre de la cohabitation.

C'est, en fait, le rêve que caresse François Mitterrand : avec cet homme de compromis, l'entente serait parfaite. Mais le président sait bien que cette solution ne fait pas l'unanimité à droite, il s'en faut. Le 12 octobre 1984, lors d'une visite du président à Bordeaux, les deux hommes avaient eu cet échange, en tête à tête :

Mitterrand : « Je ne pourrai pas prendre le risque de choisir un Premier ministre qui n'aurait pas l'investiture de l'Assemblée nationale. »

Chaban : « Moi, je ne pourrai pas prendre le risque de diriger un gouvernement qui tombe au bout de huit jours. »

Le 13 mars 1986, soit trois jours avant les élections législatives, le maire de Bordeaux reçoit Chirac.

« Je ne vous cache pas que mon entourage me pousse à y aller, dit le président du RPR. Giscard lui-même m'a encouragé : "Allez-y ! Il n'y a que vous !" Mais s'il m'a poussé, c'est sûrement pour que je me casse la gueule.

— Vos relations n'ont probablement pas tant changé, fait Chaban, mi-figue, mi-raisin.

— Pour Matignon, en tout cas, ce sera vous ou moi. Et personne d'autre. Si vous êtes désigné comme Premier ministre, le RPR vous soutiendra. Si c'est moi qui le suis, j'espère que vous me soutiendrez.

— Bien entendu. »

Et Chirac passe le marché :

« De toute façon, c'est Mitterrand qui choisira le Premier ministre. On peut simplement décider entre nous que celui qu'il n'aura pas désigné prendra la présidence de l'Assemblée nationale. Évidemment, il y a une difficulté. C'est Giscard. Mais il m'a dit que le "perchoir" ne l'intéressait pas. Alors... »

Chaban hoche la tête. L'accord est conclu. Telle est la politique selon Chirac : triviale et rustique. C'est la poursuite des marchandages de foirail avec d'autres moyens. Dans ses rapports avec ses congénères, il ne s'embarrasse jamais de nuances. Il va toujours droit au fait. Les autres en restent souvent bouche bée...

Mitterrand, qui a vent de l'accord de Bordeaux, estime désormais qu'il est condamné à nommer Chirac à Matignon. La preuve en est que le 15 mars, la veille du scrutin, Jean-Louis Bianco, secrétaire général de l'Élysée, appelle Édouard Balladur dans son appartement proche du Trocadéro. A l'heure du déjeuner, il transmet au conseiller de Chirac ce message du chef de l'État : «Le président souhaiterait qu'il n'y ait aucune déclaration qui le mette devant le fait accompli. Pour Matignon, sa décision n'est pas encore prise mais il faut que vous sachiez qu'il entend avoir un droit de regard sur les titulaires des ministères de la Défense et des Affaires étrangères. »

Le lendemain, Chirac suit scrupuleusement la recommandation du président. Mais il est vrai qu'il ne se sent pas en position de force. Les résultats des élections législatives l'ont déçu : la victoire de la droite est trop courte.

Étrange nuit d'élections. La France vient de culbuter à droite toute et pourtant ce sont les socialistes qui, ce soir-là, ont des sourires dans la voix. C'est que Mitterrand a presque gagné son pari.

Certes, la gauche, avec 44 % des suffrages exprimés, retrouve son étiage le plus bas depuis les élections de la peur de juin 1968. Mais le développement de l'excroissance lepéniste a empêché la droite de s'assurer une nette majorité absolue. C'est pourquoi les vainqueurs ont l'air si tristes, le dimanche soir, en commentant les résultats. Ils ressemblent si fort à des vaincus qu'on finit par les prendre pour tels. On attendait la nuit des longs couteaux. C'est la nuit des longues figures.

La représentation proportionnelle a ouvert toutes grandes les portes du Palais-Bourbon au parti de Jean-Marie Le Pen : avec 10 % des voix, le Front national s'assure 33 sièges. Le RPR, l'UDF et les divers droite qui les soutiennent n'obtiennent que 291 députés – soit 3 sièges de plus que la majorité absolue.

Pour dîner avec le diable, il faut se munir d'une longue cuillère. Pour cohabiter, il vaut mieux s'armer d'un bon rapport de forces. Or, au vu des résultats, le Premier ministre ne disposera que d'une courte majorité à l'Assemblée nationale. Matignon vaut-il toujours bien la peine ?

La voie royale

> Être roi est idiot ; ce qui compte est de faire un royaume.
>
> *André Malraux.*

Jacques Chirac hésite. On ne lui ôtera pas de l'idée que l'affaire est périlleuse. Les chefs de gouvernement de la Ve République doivent, par définition, braver l'impopularité. Mais au moins ont-ils eu, jusqu'à présent, la majorité de leur politique. Le futur Premier ministre sera, lui, coincé entre un président trop différent pour être honnête et une majorité trop fragile pour être loyale.

Le lendemain du scrutin, Jacques Chirac propose carrément à Édouard Balladur, on l'a vu, d'aller à sa place à Matignon. Se rendant, le matin, au domicile de Pierre Schiele, sénateur centriste, chez qui se tient une réunion au sommet du RPR et de l'UDF, il lâche à Charles Pasqua :

« Ils vont voir ce qu'ils vont voir. Je vais mettre la barre très haut. »

Inquiet, Pasqua le met en garde :

« Fais gaffe. Ils refuseront de te suivre.

– Eh bien, qu'ils refusent ! Comme ça, au moins, on ne parlera plus de cette histoire. »

Pourquoi, alors, Chirac a-t-il fini par se retrouver Premier ministre ? D'abord, cet homme a trop faim d'action pour ne pas payer de sa personne. Chez lui, la jambe pense, la tête suit. « Il ne peut pas voir passer une balle sans courir derrière », dit Marie-France Garaud. Ensuite, il se refuse à laisser à Matignon un ennemi invétéré, comme Chaban, une forte tête, comme Simone Veil, ou un concurrent potentiel pour l'Élysée, comme V.G.E. Enfin, à sa grande surprise, il est plébiscité par ses alliés de l'UDF. L'alliance stratégique avec Léotard fonctionne à merveille. La couardise existentielle des centristes fait le reste.

De la réunion chez Pierre Schiele se dégage une étonnante unanimité : les chefs de file de la droite sont convaincus que leur étroite majorité les condamne à une union serrée. Pas la moindre fausse note entre la direction du RPR · Chirac, Toubon, Labbé, Pasqua, Balladur – et l'état-major de l'UDF – Lecanuet, Gaudin, Léotard, Rossinot, Méhaignerie, Donnez. Divine surprise : tout le monde pense que Chirac, fort des 23 sièges d'avance du RPR sur l'UDF, doit devenir Premier ministre. Tout le monde, même les plus barristes des centristes.

Mais il est vrai que rien n'est moins sûr qu'un centriste. Il ne prend jamais le temps d'être heureux. Il se fait toujours du mauvais sang. Et un rien l'affole : une élection perdue comme un mauvais sondage. C'est ainsi que, le 17 mars, Barre s'est retrouvé si seul...

Épouvantés par le désastre électoral de Barre dans son fief du Rhône, les centristes se sont aussitôt donnés à Chirac sous l'œil sarcastique de Lecanuet, qui fut, naguère, leur saint patron. Avant les élections législatives, ils s'étaient prononcés, avec force, contre la cohabitation. Le 14 janvier 1986, Pierre Méhaignerie, président du CDS, avait même écrit dans *le Monde* que son parti ne participerait pas, croix de bois, croix de fer, à un gouvernement de cohabitation.

Qui a dit que les écrits restent ? Quand Chirac dit qu'il n'acceptera le poste de Premier ministre qu'à condition que tous les chefs de parti, à commencer par Méhaignerie, entrent au gouvernement, le président du CDS n'hésite pas un instant. Naturellement, il participera à la prochaine équipe ministérielle. André Rossinot, secrétaire général du Parti radical, n'est pas en reste.

C'était la question de confiance. Chirac ayant obtenu la réponse qu'il souhaitait, il ne lui reste plus qu'à faire adopter un communiqué commun qui barre la route à tout autre «premier-ministrable» que lui : «Toute personnalité appartenant à la nouvelle majorité qui serait sollicitée par le président de la République, pour assurer la fonction de Premier ministre, s'assurera, avant d'accepter, que la mise en œuvre de la politique nouvelle voulue par le pays bénéficiera du soutien nécessaire de l'ensemble des forces politiques composant la majorité.»

Pour qui n'aurait pas compris, le communiqué ferme la porte à Simone Veil en excluant par avance «toute personnalité qui n'aurait pas été élue dimanche dernier». Il proscrit également Chaban et Giscard en se prononçant contre «ceux qui n'ont pas participé à l'élaboration de la plate-forme UDF-RPR».

Mitterrand, en somme, n'a plus qu'une carte en main : c'est Chirac. L'UDF et le RPR ont interdit par avance au président de choisir un autre Premier ministre.

Le président, pourtant, ne veut pas le savoir. Il ne désespère pas de nommer à Matignon son vieil ami Chaban. Le 17 mars, alors même que l'UDF et le RPR mettent au point leur contre-feu, Jean-Louis Bianco, secrétaire général de l'Élysée, reçoit en secret le maire de Bordeaux pour lui expliquer que le chef de l'État souhaite le désigner mais qu'il ne veut pas prendre le risque que son choix soit récusé par l'Assemblée nationale. « Consultez, dit Bianco. Explorez. »

Chaban explore. Mais il ne trouve rien. Il ne rencontre que des ombres fuyantes ou des mines compassées. « Méfie-toi, lui dit Alain Poher, président du Sénat. Je crois que tout est déjà réglé. »

A tout hasard, Jean-Louis Bianco téléphone, le même jour, à Édouard Balladur. Il lui dit sur un ton dégagé : « Le président n'a pas pris sa décision mais il voudrait savoir si M. Chirac a bien réfléchi sur le droit de regard demandé sur le choix des ministres de la Défense nationale et des Relations extérieures. » Balladur laisse tomber un silence, pour ménager ses effets, puis répond à son interlocuteur que Jacques Chirac est ouvert sur la question.

Tout est-il joué ? Pas encore. Le lendemain matin, dès potron-minet, Mitterrand, qui ne se résout toujours pas à Chirac, fait encore dire à Chaban qu'il veut le désigner. Le maire de Bordeaux convoque alors ses derniers fidèles comme Robert-André Vivien, député du Val-de-Marne. Il échafaude sa stratégie. Il tire des plans sur la comète. Il s'y voit déjà.

A 9 h 15, ce 18 mars, Chaban accourt chez Chirac. Quand il arrive à l'Hôtel de Ville, il est à la fois théâtral et pathétique parce qu'il sait bien qu'à son âge il tente là sa dernière chance.

« Mon cher Jacques, dit-il d'entrée de jeu à Chirac, Matignon est à ma portée. Avant d'accepter, je veux savoir si mes amis me soutiendront.

– Sans problème, fait Chirac. Vous aurez tout le RPR derrière vous, mais je crains qu'il ne vous manque un paquet de voix du côté de l'UDF.

– Je m'en doutais. C'est donc vous qui serez désigné.

– Si c'est vous que Mitterrand désigne, je vous répète qu'il ne vous manquera aucune voix du RPR. »

Chaban l'arrête d'un geste. Puis, d'une voix grave :

« Je dirai au président que je n'accepte pas. C'est vous qu'il doit désigner. »

Chirac fait alors allusion au contrat de Bordeaux – si l'un décroche Matignon, la présidence de l'Assemblée nationale reviendra automatiquement à l'autre. Il dit à Chaban d'un air entendu :

« En ce cas, je tiendrai parole. »

Le maire de Bordeaux n'en est pas sûr. Il dit volontiers, en petit comité, que l'autre n'a pas de parole : lors de la campagne présidentielle de 1974, par exemple, Chirac n'avait pas respecté sa promesse de le soutenir contre Giscard.

Il est en tout cas sûr d'une chose, le maire de Bordeaux : grâce au renfort de François Léotard et des « sabras » du giscardisme, Jacques Chirac contrôle la situation. Et il a pris la décision d'aller à Matignon. Il est frappé par la confidence que lui fait l'autre, en guise de conclusion, et qui montre bien qu'il a décidé de jouer son va-tout :

« En acceptant de devenir Premier ministre, je prendrai sans doute plus de risques que je n'y trouverai d'avantages. »

A peine sorti de l'Hôtel de Ville, Chaban rend compte à l'Élysée. Jean-Louis Bianco téléphone alors, pour la troisième fois depuis le 15 mars, à Édouard Balladur : « La décision du président n'est pas encore prise mais il aimerait que M. Chirac passe le voir. »

A 17 h 30, donc, Chirac se rend à l'Élysée. Avant de partir, il a eu avec Édouard Balladur cet échange que Jean-Marie Colombani et Jean-Yves Lhomeau rapportent dans *le Mariage blanc*[1] :

« Je vais voir le président, dit Chirac. Si je ne peux pas me mettre d'accord avec lui, je lui conseillerai de vous appeler.

– En somme, sourit l'autre, vous m'enverriez accepter ce que vous n'acceptez pas vous-même. »

Quand il gravit les marches de l'Élysée, ce jour-là, Chirac n'est plus tout à fait Chirac. Tous les connaisseurs de la chose politique le remarquent : sa démarche est lente ; son pas, lourd. Prémonition ?

Le face-à-face dure deux heures et quinze minutes. Il est ponctué par des silences mais aussi par des plaisanteries. C'est ce jour-là que Chirac et Mitterrand entrent dans la vie l'un de l'autre.

Chirac a souvent dit de Mitterrand : « Ce type cherche toujours à m'impressionner, avec ses grands airs. Mais il n'y arrivera jamais. » En pénétrant dans le bureau présidentiel, le maire de Paris est pourtant intimidé. Probablement parce qu'il se demande, pour la première fois, s'il n'est pas en train d'entrer dans l'Histoire.

En attendant, Mitterrand entre dans le vif du sujet :

« Après les élections, le RPR est devenu le premier groupe à l'Assemblée nationale. La tradition républicaine et, je dois vous le dire, mon sentiment m'obligent à vous demander de devenir Premier ministre. »

1. Grasset, 1986

L'autre répond alors, dans un grand sourire solennel et coincé :

« Monsieur le président, je suis tout à fait prêt à accepter dans la mesure où vous êtes d'accord avec moi pour penser qu'il faut respecter la Constitution au pied de la lettre.

– Je le suis tout à fait. Le gouvernement gouvernera, comme le stipule l'article 20 de la Constitution. »

L'accord est scellé. Mais il reste encore des nuages dans leur ciel. Les deux hommes passent alors tous les problèmes en revue. Mitterrand pose trois conditions : que le nouveau gouvernement ne cherche pas à humilier le président ; qu'il ne prenne pas l'initiative de rétablir la peine de mort ; qu'il laisse au chef de l'État un droit de regard sur la Défense nationale et les Relations extérieures.

Aucune de ces conditions ne paraît inacceptable à Chirac qui a lui aussi les siennes. Il entend ainsi que le président s'engage à signer toutes les lois qui seront votées par l'Assemblée nationale : s'il s'y refusait, elles ne pourraient être promulguées. Le chef de l'État lui donne l'assurance qu'il les paraphera toutes.

« Y compris les ordonnances ? demande Chirac.

– Y compris les ordonnances », répond Mitterrand qui ajoute, sibyllin : « A condition toutefois qu'elles soient conformes à la légalité républicaine. »

Sur la formation du gouvernement, Chirac demande également des engagements :

« Naturellement, j'entends nommer moi-même tous mes ministres et je ne considère pas que vous soyez fondé à me faire la moindre observation sur la composition du gouvernement.

– Il faudra tout de même que les ministres de la Défense nationale et des Relations extérieures soient des gens avec lesquels je puisse parler en confiance.

– Bien entendu. J'y veillerai. »

Sur ce point, Chirac est – et il le lui dit – d'accord avec Mitterrand : selon la Constitution, le président est chef des armées (article 15) ; il négocie et ratifie les traités (article 52). Le maire de Paris ne conteste même pas vraiment la théorie du domaine réservé. Dès le début de la Vᵉ République, le général de Gaulle, alors chef de l'État, s'attribua la politique étrangère et la défense nationale. La pratique est restée. Chirac entend seulement cogérer ces deux secteurs avec Mitterrand.

Le président cherche alors à pousser son avantage :

« Tenez, vous me demanderiez de nommer Lecanuet aux Affaires étrangères et Léotard à la Défense nationale, comme je l'ai lu dans la presse de ce matin, je ferais les plus expresses réserves. »

Chirac rit – un peu jaune :

« Figurez-vous que je n'ai pas l'intention de nommer M. Lecanuet au Quai et M. Léotard à la Défense. J'ai d'autres idées et pour l'un et pour l'autre.

– Lecanuet, insiste Mitterrand, c'est une conception de la politique étrangère qui n'est pas du tout la mienne. Cela pourrait poser problème.

– Pour un gaulliste, cela pourrait aussi poser problème, malgré la grande estime que j'ai pour monsieur Lecanuet.

– Quant à Léotard, c'est un jeune homme qui n'a aucune expérience. Il serait capable de déclarer la guerre quelque part sans que l'on s'en aperçoive.

– Ne vous inquiétez pas. Je crois, comme vous, que le ministre de la Défense nationale doit avoir une certaine expérience. »

Pour l'Intérieur, Jacques Chirac envisage de nommer Charles Pasqua, son homme de main. Quand il l'apprend à François Mitterrand, l'autre se contente de rigoler :

« Je n'ai rien contre. Mais il va vous écouter et m'écouter vingt-quatre heures sur vingt-quatre. Moi, franchement, cela ne me dérangera pas beaucoup. Il y a trente ans que je ne dis plus rien au téléphone. Mais vous ? »

Quand les deux hommes se séparent, rien n'est encore tout à fait joué. Après le départ de Jacques Chirac, Jean-Louis Bianco apparaît sur le perron de l'Élysée pour lire un communiqué aussi laconique qu'ambigu : « Le président de la République a appelé M. Jacques Chirac pour procéder à un tour d'horizon au sujet de la formation du gouvernement. M. Jacques Chirac apportera sa réponse dans les meilleurs délais. »

De retour à l'Hôtel de Ville, Chirac retrouve tout de suite Balladur dans son bureau. Et il lui explique que ses doutes ont fondu : « Je ne peux pas refuser. Mitterrand m'a indiqué que j'aurais tous les moyens de gouverner. Tous. »

Commence l'échafaudage de la combinaison gouvernementale. L'opération tient de la guignolade autant que du marchandage de bestiaux. Après avoir rendu compte de son entretien aux caciques du RPR et de l'UDF, le maire de Paris cherche à mettre au point son équipe ministérielle. Mais la soirée n'y suffira pas...

Arrive Jean-Marie Daillet, l'aimable député (centriste) de la Manche. Il a l'air pressé et important. Il croit avoir un rendez-vous avec Jacques Chirac. Mais il est simplement la victime d'une mauvaise blague. Paraît Étienne Dailly, le vice-président du Sénat, qui, à ses heures, est aussi homme d'affaires. Cet homme a du bien, de l'entregent et des prétentions. Il veut la Justice. De quel droit ? Un jour de bonté, Jacques Chirac lui a promis le portefeuille. « Mitterrand a dit non », gémit, ficelle, le maire de Paris.

C'est la nuit des longs couteaux puis la journée des longs soupirs et, enfin, la soirée des longs sanglots. La négociation durera quarante et une heures.

A François Léotard, le maire de Paris tient à peu près ce langage : « Je sais que tu veux la Défense. Mais il y a un gros problème, figure-toi. C'est Mitterrand. Si tu insistes, y a pas de problème, je t'imposerai. On passera outre. Cela dit, si tu prends ce ministère, il faudra que tu fasses gaffe. Et tu finiras par avoir un pépin. Si un Jaguar pète, tu pourras compter sur lui pour te faire porter le chapeau. »

François Léotard n'insiste pas. Il sait qu'il y a une petite phrase entre le président et lui. Interrogé un jour sur le point de savoir s'il respectait Mitterrand, « Léo » répondit, avec un brin d'insolence : « Je respecte la fonction. » Comme on lui reposait la question, il répondit la même chose. Le chef de l'État n'a pas supporté l'affront. Le député-maire de Fréjus comprend qu'il lui faudra trouver un ministère qui ne soit pas en prise directe avec l'Élysée ¡

Chirac demande alors à « Léo », avec une distinction de maqui-gnon : « Qu'est-ce que tu veux ? » Léotard demande à réfléchir.

Jacques Chirac a cru comprendre que le chef de l'État ne tient pas trop à ce que Valéry Giscard d'Estaing récupère le Quai d'Orsay (« Méfiez-vous, a dit Mitterrand au maire de Paris. Vous vous retrouverez coincé entre deux présidents »).

Il n'empêche. A V.G.E., Chirac propose tout, à commencer par les Affaires étrangères. Tout, sauf, à dire vrai, le seul ministère que l'ancien président juge à sa mesure : l'Économie et les Finances.

Après les refus répétés de Valéry Giscard d'Estaing, Jacques Chirac cherche à faire entrer Michel d'Ornano au gouvernement. Il propose au député du Calvados la Justice que V.G.E. vient de refuser. L'autre le prend de très haut : « Je ne veux pas servir d'alibi pour Giscard, dit Michel d'Ornano. Tu as tort de le laisser sur le bord de la route. »

Chirac a-t-il eu tort ? En politique, il vaut toujours mieux avoir ses ennemis chez soi, à sa portée, sous son contrôle. Barre ayant refusé par avance de jouer le jeu de la cohabitation, Chirac se devait d'y associer Giscard. S'il ne l'a pas fait, c'est sans doute parce qu'il redoutait d'avoir à supporter, en Conseil des ministres, le regard de

V.G.E., ce regard de cobra qui le paralyse. Il savait aussi que Giscard se serait comporté en chef de gouvernement, donc en rival. Mais il l'a probablement exclu d'instinct et non après réflexion. «Entre ces deux hommes, dit Michel d'Ornano, il n'y a jamais de calcul. Il n'y a que de la passion.»

Bref, Chirac a refait à V.G.E. le coup que l'autre lui avait fait après les élections législatives de 1978 : à l'instant de monter sur son trône, il a oublié celui qui l'avait fait roi. C'est bien la preuve qu'il ne se tient pas en petite estime : comme chacun sait, l'ingratitude est la fille de l'orgueil...

Le gouvernement de Jacques Chirac est d'inspiration très chira-quienne. Très mitterrandienne aussi. Très politicienne, en fait. Comme le chef de l'État, le maire de Paris ne fait confiance qu'aux professionnels de la politique, surtout quand ils lui sont tout dévoués. Et c'est ainsi qu'on ne trouvera, dans son cabinet, ni surprise ni «personnalité qualifiée», comme on dit.

Édouard Balladur devient ministre de l'Économie et des Finances, comme prévu depuis plusieurs mois. C'est le grand chambellan.

Alain Juppé est placé, comme son curriculum l'y condamnait, au Budget. Avec Jacques Toubon, il fait figure d'héritier présomptif. Mais ce ministère n'est pas tout à fait à la hauteur de ses ambitions («Je veux vous râper», dira, un jour, Chirac à Juppé). C'est le crève-cœur.

Philippe Séguin arrive au ministère des Affaires sociales et de l'Emploi avec ses colères légendaires et son air triste. Fatigué mais inlassable, c'est Droopy fait homme. Mais il plaît à Chirac qui admire sa ténacité et son flair politique. C'est le dauphin secret.

Charles Pasqua débarque à l'Intérieur, flanqué de Robert Pandraud. Depuis que Chirac l'a expédié au Sénat où il présidait le groupe RPR, la rumeur disait que sa carrière était derrière lui. Mais sa résurrection avait été programmée. «Quand tout le monde m'aura lâché, dit souvent le maire de Paris, Pasqua sera toujours à mes côtés.» C'est le garde du corps.

Albin Chalandon atterrit à la Justice dont personne n'a voulu – ni Giscard ni d'Ornano ni Léotard ni Méhaignerie. Il ne connaît rien aux questions juridiques. «Et alors? s'indignera Chirac. Il n'est pas obligatoire que le ministre de la Marine sache nager.» Cet homme a toujours la tête pleine de projets, de doutes, de réformes. C'est le prince de l'avatar.

René Monory déboule au ministère de l'Éducation nationale au nom du même principe d'incompétence. S'il n'a pas l'expérience requise en matière d'enseignement, l'ex-garagiste de Loudun est néanmoins pourvu d'un gros bon sens. C'est le raton laveur.

François Léotard s'arroge la Culture et la Communication. « Cela ne m'arrange pas, lui dira Chirac. J'avais promis ce poste à Toubon. » Il se contentera de survoler son ministère en préparant l'avenir. Il se construira un destin. C'est l'albatros.

Pierre Méhaignerie, après avoir refusé tous les grands ministères, de la Défense aux Affaires étrangères, jette son dévolu sur l'Équipement et les Transports, plus pépère et moins risqué. C'est la marmotte.

Alain Madelin décide, lui, de prendre l'Industrie, qu'il a promis, dans d'abondants articles, de démanteler. C'est probablement le seul membre du gouvernement qui soit vraiment et sincèrement libéral. C'est le vilain canard.

Pour les deux ministères non pourvus, ceux de la cohabitation, Chirac se rabat in extremis sur deux hommes dont Balladur se porte garant : André Giraud, ancien ministre de l'Industrie de Barre, reçoit la Défense nationale et Jean-Bernard Raimond, ex-conseiller diplomatique de Pompidou, les Affaires étrangères.

A 17 h 40, Jean-Louis Bianco, secrétaire général de l'Élysée, annonce sur le perron de l'Élysée que Jacques Chirac est nommé Premier ministre. Peu après, à l'Hôtel de Ville, le nouveau Premier ministre lit une brève déclaration où il définit ainsi les règles de la coexistence entre l'Élysée et Matignon : « Les prérogatives et les compétences du président de la République, telles qu'elles sont définies par la Constitution, sont intangibles. Le gouvernement, dirigé par le Premier ministre, détermine et conduit la politique de la nation en vertu de l'article 20 de la Constitution. »

C'est la fin d'une époque, celle de la guerre civile froide, des affrontements classe contre classe, des projets de société, des programmes de rupture. La cohabitation est née. Chirac et Mitterrand l'ont inventée...

A peine arrivé à Matignon, Jacques Chirac voit déjà les nuages s'amasser dans son ciel. Les confidences qu'il fait à Michèle Cotta, alors présidente de la Haute Autorité de l'audiovisuel, permettent de bien comprendre son état d'esprit. La recevant quelques jours après avoir pris ses fonctions, il lui dit :

« J'ai vraiment tout à perdre. Mitterrand va sans arrêt me

canarder, maintenant. Mais il fallait que j'y aille. L'Histoire ne repasse jamais deux fois les plats.

– Mitterrand aussi prend un risque, objecte Cotta. C'est de perdre son électorat sans gagner le vôtre.

– Détrompez-vous, dit Chirac. Comme il ne fera rien, il ne perdra pas un électeur. C'est moi qui aurai à braver l'impopularité. »

Mitterrand

Si tu es enclume, supporte ; si tu es marteau, cogne.
Proverbe arabe.

Va-t-il enfin entrer dans l'Histoire ? Jusqu'à présent, il s'est contenté de gigoter autour. Mais, en acceptant d'être le Premier ministre de la cohabitation, Jacques Chirac est devenu, avec François Mitterrand, le maître d'œuvre d'une formidable mutation politique qui est en train de transformer la France en démocratie d'alternance. Et il s'est imposé dans le même temps comme le chef incontesté de la droite avant l'élection présidentielle de 1988 – ou d'avant.

Mitterrand-Chirac... Les voici face à face. Chaque semaine, désormais, lors de leur tête-à-tête qui précède le Conseil des ministres, ils vont se dévisager, se soupeser, s'estimer.

S'estiment-ils ? Chirac a toujours suspecté Mitterrand de duplicité : «Dire ce qu'il pense – une fois n'est pas coutume – serait contraire à sa nature», a-t-il déclaré un jour. De Chirac, Mitterrand, qui n'était pas en reste, a écrit en janvier 1976 dans un bloc-notes de *l'Unité*, l'hebdomadaire du PS : «Ce professionnel du mot nu, qu'une image écorcherait, ce rhéteur du complément direct, qui n'a jamais poussé ses études jusqu'au conditionnel, n'est à l'aise que dans la simplicité des fausses évidences.» Six mois plus tard, toutefois, Mitterrand corrigeait son trait : «Jacques Chirac qui pense, et le dit, que je nourris pour lui de l'aversion ou que je le mésestime (il se trompe) est au sein de la majorité le seul homme de sa génération à posséder un style. Non par le verbe, qu'il a court (c'est une école, je le sais, de parler comme on tape à la machine), mais dans l'action, qu'il maîtrise avec une sûreté trop rare pour que je lui refuse les qualités de fond, seules capables de l'expliquer.»

Face à face, ils font penser aux deux crocodiles du proverbe africain. Et, apparemment, ils ne sauraient vivre dans le même marigot.

Regardons-les.

L'un est spontané et pressé. Dormant peu et travaillant beaucoup, il mène sa vie à pleins gaz. Il ne prend même pas la peine d'être heureux.

L'autre est introverti et calculateur. Donnant du temps au temps, il semble savourer avec délectation chaque goutte de vie.

L'un exècre la solitude (« Mettez Chirac tout seul dans une pièce et il mourra », dit drôlement Denis Baudouin, son porte-parole et ami).

L'autre n'aime guère la compagnie : pour lui, l'enfer, c'est les autres. Les réunions le rendent hypocondriaque, voire acariâtre.

L'un est grand, vorace, gesticulant et tabagique. Il brûle tous ses vaisseaux en même temps. Il croit à la fragilité et à la vanité des choses. Il entend donc en profiter pendant qu'il est encore temps. Et il est convaincu, comme Céline, qu'« invoquer la postérité, c'est faire un discours aux asticots ».

L'autre est petit, mesuré, tranquille, économe de ses gestes comme de ses propos. Il ne boit pas. Il ne fume pas. Il se ménage. Il veut durer. Il entend même se sculpter un profil pour l'Histoire. Il marche pour elle. Il parle pour elle. Il écrit pour elle. Pour mieux la séduire encore, il n'a pas hésité à s'entourer d'une noria d'archivistes, de chroniqueurs, d'historiographes officiels, comme Georgette Elgey.

Malgré les apparences, pourtant, les deux hommes sont faits pour se comprendre. Sinon pour s'entendre. L'un et l'autre sont des professionnels de la politique qui ont brûlé les étapes : François Mitterrand est devenu ministre des Anciens Combattants de Paul Ramadier à trente ans ; Jacques Chirac, Premier ministre de Valéry Giscard d'Estaing à quarante et un ans.

Ces deux politiciens précoces sont pourtant à rebours de la nouvelle vague d'hommes publics, fringants, décontractés, médiatisés. Ils sont du genre à préférer les tréteaux de campagne aux plateaux de télévision. Il est vrai que le président a mis des années avant d'être vraiment lui-même devant les caméras et que le maire de Paris, lui, n'y est toujours pas parvenu...

L'un et l'autre sont soucieux de sauvegarder l'image d'un métier tant décrié. Ils n'aiment pas étaler les scandales sur la place publique. Et ils ferment volontiers les yeux sur les activités des « ripoux » qui grenouillent autour d'eux. Ils ne goûtent guère non plus la polémique. Quand Jacques Toubon, secrétaire général du RPR, traite un jour de « guignols » les socialistes qui se chamaillent, le maire de Paris lui tape aussitôt sur les doigts : « A droite comme à gauche, les querelles de personnes discréditent la classe politique. » Mitterrand a les mêmes réflexes.

L'un et l'autre croient aux appareils verticaux, c'est-à-dire aux partis. La politique, pour eux, c'est d'abord le rapport de forces. Et il se construit avec des militants, des affiches, des caisses noires. Sans doute sont-ils conscients, comme Stendhal, que « dans tous les partis plus un homme a d'esprit, moins il est de son parti ». Mais ils n'ont que mépris pour ceux qui, comme Raymond Barre ou Michel Rocard, cherchent à transgresser les règles du jeu en court-circuitant les appareils et en jouant la société civile contre la société politique.

L'un et l'autre, enfin, sont des convertis tardifs. Mitterrand a commencé à droite. Chirac, à gauche. Puis ils ont navigué, à vue, dans le social-étatisme qui fut l'idéologie dominante de la IVᵉ comme de la Vᵉ République. La légende dit que Mitterrand fut saisi par la foi socialiste en 1965, à Toulouse, alors qu'il faisait un discours devant une foule de vingt-cinq mille personnes en délire. Quant à Jacques Chirac, il aurait eu son illumination libérale en faisant campagne en 1981. Mais, malgré leur rhétorique, ces deux terriens connaissent trop les cuisines de la politique pour croire sur parole aux idéologies. Et ce n'est pas un hasard si l'on trouve le même homme à l'origine de leur carrière : le bon père Queuille qui fut président du Conseil (radical) sous la IVᵉ République.

De Queuille, ils parlent tous deux avec la même affection, la même reconnaissance. C'est Henri Queuille qui, en 1946, conseilla à François Mitterrand de se présenter dans la Nièvre. C'est lui encore qui, en 1965, donna son onction à Jacques Chirac, candidat, deux ans plus tard, aux élections législatives dans son fief d'Ussel, en Corrèze.

Queuille-Mitterrand-Chirac... La filiation est évidente. C'est celle du radicalisme, cette école du doute méthodique et du jugement suspensif. Alain, le père de la pensée radicale, écrivait : « Une idée que j'ai, il faut que je la nie : c'est ma manière de l'essayer. » C'est ce que font sans arrêt Mitterrand et Chirac, même si, contrairement à Queuille, ils ont revêtu leurs convictions des habits des idéologies socialiste ou libérale.

Mitterrand est moins idéologue qu'il le dit et Chirac plus pragmatique qu'il veut bien l'admettre. En privé, le chef de l'État contredit toujours l'idée qu'il vient d'émettre avant de faire la synthèse. Le maire de Paris observe, lui aussi, la même démarche en trois temps – mais en public. Moins sûr encore de ses convictions, il a, par un phénomène classique de compensation, le verbe le plus tranchant. Mais à peine s'est-il entendu qu'il doit, lui aussi, se réfuter. Et c'est ainsi qu'il est devenu, pour les Français, le prince du démenti, avançant, reculant, toujours en train de rectifier ses propos de la veille et de corriger son destin.

Sont-ils faits pour s'entendre, alors, ces deux artistes de l'équivoque ? L'un comme l'autre se sont laissé enfermer dans des programmes : Mitterrand dans les cent dix propositions de Créteil, tirées du projet socialiste, et Chirac dans la plate-forme RPR-UDF. Mais le premier est, d'instinct, libéral. Il ne croit pas que l'État apporte la solution à tous les problèmes. L'autre est, lui, pathologiquement étatiste. Il est convaincu que le marché n'a pas réponse à tout. Bref, à force de mettre en question les Saintes Écritures de leur parti respectif, les deux hommes ne se retrouvent pas très loin l'un de l'autre.

Culturellement aussi, Mitterrand et Chirac peuvent se comprendre. Le président a une prédilection pour les romans, français de préférence. Il en emporte partout. Il pignoche quelques pages dans l'avion ou dans sa voiture, entre deux inaugurations. Le Premier ministre, lui, n'aime pas les romans. Il n'en a pas ouvert un depuis fort longtemps. Il se délecte surtout de livres d'art. Mais les deux hommes partagent la même passion pour la poésie. Qui a dit qu'elle est, avec la politique, une façon d'utiliser au mieux la folie ?

Ce sont ainsi les deux politiciens les plus frottés de poésie qui, avec la cohabitation, se retrouvent ensemble. Ils vénèrent tous deux Saint-John Perse qu'ils placent plus haut que tout et dont il leur arrive de se réciter intérieurement quelques vers, entre deux discours. Parce qu'ils ont tous deux un monde enfermé en eux, ils écrivent aussi des poèmes qu'ils gardent secrets. Ces rimailleurs sont convaincus que le monde est fait pour s'exprimer en de beaux vers. Ils les font. Imagine-t-on Rocard et Barre, rationalistes de la politique, courtisant les Muses ?

Les deux hommes ne parlent jamais poésie, pourtant. Il est vrai, comme dit Chirac, qu'ils ne discutent guère des choses importantes, c'est-à-dire de littérature, d'économie, de politique étrangère ou de défense nationale. Ils se contentent généralement d'ergoter sur des questions de nomination.

Leur tête-à-tête hebdomadaire est toujours placé sous le signe de l'urbanité.

« Bonjour, monsieur le président.

– Bonjour, monsieur le Premier ministre. »

Si Chirac tousse, Mitterrand s'enquiert de sa santé :

« La grippe, monsieur le Premier ministre ?

— Non, rassurez-vous. Un simple petit rhume. J'ai dû attraper froid en Corrèze.

— Peut-être aussi fumez-vous trop. »

Le président fait souvent allusion à la tabagie de son Premier ministre. Il y a, en plus du reste, beaucoup de nicotine entre eux. Chirac, qui ne fait jamais rien à moitié, fume à pleins poumons. Il n'exhale pas des volutes mais des nuages. Il n'aspire pas les bouffées de cigarette, il les dévore. Et Mitterrand est indisposé par les fumées de tabac. Naguère, quand il présidait les réunions du bureau exécutif du PS, il avait même interdit à ses camarades de fumer, mettant ainsi fin à une longue tradition de tabagie socialiste, de Léon Blum à Guy Mollet.

Malgré son nez si irritable, le chef de l'État n'a pas empêché son Premier ministre de fumer lors de leur tête-à-tête hebdomadaire. Le savoir-vivre vaut bien ce qu'il coûte...

La première fois, Chirac, après avoir demandé l'autorisation de fumer, est allé chercher un cendrier à pied. Depuis, avant chaque entretien du mercredi, ledit cendrier est délicatement posé à côté du fauteuil du Premier ministre. Mitterrand, qui a en horreur les mégots, le fait retirer dès que son hôte est parti.

Chirac arrive toujours sans fiches ni dossiers. La conversation se déroule généralement sur un ton badin. Sur les nominations qui nourrissent l'essentiel de la discussion, le président joue, selon l'humeur, sur plusieurs registres.

Peiné : « Cet homme est pourtant très bien. Il faudra lui trouver rapidement quelque chose. »

Furieux : « Je ne crois pas qu'il était utile de limoger cet excellent fonctionnaire. »

Ironique : « Pour ce poste, j'ai été très sollicité mais j'imagine que vous l'avez été davantage encore. »

Il arrive souvent à Mitterrand de faire de l'humour. A propos de la suppression de l'autorisation administrative de licenciement – loi que Chirac avait fait adopter sous Giscard –, le président s'amuse : « Voyez-vous, monsieur le Premier ministre, je me sens plus proche du Chirac de 1975 que du Chirac de 1986. »

Entre eux, il n'y a jamais un mot plus haut que l'autre. Chirac, qui peut être si querelleur, ne s'emporte jamais. Il cultive sa déférence. « Quand il sort du bureau présidentiel, remarque Jean-Louis Bianco, secrétaire général de l'Élysée, il a souvent l'air usé nerveusement, comme s'il venait d'accomplir un effort considérable. »

La cohabitation aidant, ces deux ennemis se font parfois complices. Après tout, ils rament sur le même bateau, celui de la décrispation idéologique. Ils se rendent des services. Ils se donnent des conseils. Le Premier ministre confirme et conforte André Rousselet, l'ami du président, à la tête de Canal Plus, la quatrième chaîne de télévision. Quand José Frêches, le conseiller en communication de Matignon, cherche à l'en déloger, il se fait – gentiment – rabrouer. De même, Chirac reconduit à la présidence de la Banque nationale de Paris (BNP) René Thomas, qui, depuis des années, est dans les petits papiers de l'Élysée.

Mitterrand, de son côté, se comporte parfois en père adoptif avec Chirac. Il ne lui marchande pas les avis, les recommandations, les avertissements. Lors de la formation du gouvernement, il lui dit : « Ne prenez pas trop de chefs de parti dans votre cabinet. Vous n'aurez que des ennuis avec eux. » A propos de la nomination de Jacques Maisonrouge à la tête d'une mission d'études sur l'industrie française, le président fait ainsi la leçon à son Premier ministre : « C'est un honnête homme, Maisonrouge. Mais on ne manquera pas de lui faire un procès d'intention. Comme il a été vice-président d'IBM aux États-Unis, on va parler de mainmise de l'étranger, vous allez voir. »

Tel est le climat, pendant les premières semaines : frivole, grave et caustique. Le président a la sensation, délicieuse, d'en imposer. Il aime qu'on lui montre des égards et l'autre n'en est pas avare. Le Premier ministre a, lui, le sentiment d'être respecté. « J'ai trop tendance à faire confiance, dit alors Chirac à l'auteur. Là, je suis méfiant sans avoir vraiment des raisons de l'être. »

Chirac est convaincu que le président joue le jeu. Il est vrai que, contrairement à ses proches, le président a tout de suite reconnu la défaite de la gauche, au lendemain du 16 mars. « C'est une absurdité de contester que la droite ait la majorité, soupire avec agacement le chef de l'État dans les jours qui suivent son échec électoral. J'ai tout de suite demandé aux dirigeants socialistes, à commencer par Jospin, d'arrêter de dire ces bêtises. »

Il ne s'habitue pas facilement, pourtant, à son statut de président vaincu. Lors du premier Conseil des ministres, Mitterrand fait triste figure devant les caméras de télévision. Après ses premiers tête-à-tête avec le Premier ministre, il téléphone à ses amis pour qu'ils l'accompagnent, de toute urgence, dans les longues promenades qu'il fait, alors, pour se détendre.

Désespéré, Mitterrand ? Pas vraiment. A l'époque, le président cite volontiers une formule qu'il attribue à Karen Blixen, l'auteur de *Out of Africa* (*la Ferme africaine*) : «Les lauriers des vainqueurs fanent plus vite que les roses...»

Balladur

Il est très malaisé de parler beaucoup sans dire quelque chose de trop.

Louis XIV.

Pourquoi Jacques Chirac a-t-il fait d'Édouard Balladur son grand chambellan ? Parce que cet homme, s'il ne l'éblouit pas, le rassure. Rien n'ébranle jamais le ministre de l'Économie, des Finances et de la Privatisation. Il trône sur la planète des impavides, à côté du duc de Wellington, le vainqueur de Waterloo, que n'avait même pas troublé l'homme qui, un jour, lui annonça qu'il voulait le tuer : « Attendez un peu. Je suis occupé pour le moment. » Une histoire tout à fait balladurienne.

Le ministre de l'Économie est entré en 1981 dans la vie de Jacques Chirac. Auparavant, Édouard Balladur s'était contenté de le fréquenter, avec des gants, en éprouvant pour lui une cordialité amusée, fascinée et critique. Les deux hommes partagent beaucoup de souvenirs. Ils ont le même mépris pour la classe politique, appris en Mai 68, quand ils l'ont vue en débandade. Ils ont la même adoration pour Georges Pompidou – et pour sa veuve. Ils sont enfin tous deux des adeptes du social-colbertisme, même si, pour les besoins de la cause, ils cherchent à se faire passer pour des libéraux convaincus.

On ne peut manquer de s'étonner, pourtant, que des caractères aussi désaccordés aient fini par faire route ensemble. Mais ils sont, en fait, plus compères qu'amis.

Les deux hommes ont en commun de ne pas ressembler à leurs apparences. Chirac, au verbe si tranchant, est un esprit souple. Balladur, au parler si onctueux, est une tête de mule, cassante et despotique. Ranci de rancunes anciennes, le ministre de l'Économie se comporte volontiers en potentat. En juin 1986, alors qu'ils discutaient d'une nomination, le Premier ministre avait fini par lui dire .

« Vous êtes trop autoritaire. »

Alors, l'autre :

« Vous êtes trop conciliant. »

C'est, d'une certaine façon, l'anti-Chirac. Le teint rosé, l'air épanoui, la paupière nonchalante, toujours avare de ses gestes, Édouard Balladur reflète le contentement de soi. Il respire le raffinement. Il sent le parfum. Il semble toujours en repos, même quand les mauvaises nouvelles tombent sur lui. Et il parle lentement un langage très étudié, voire précieux, dont il sait corriger l'emphase par un sourire ou un clin d'œil brûlant d'ironie. Avec ses façons de noblesse de robe, ce tueur à la main cardinalice a l'air de sortir tout droit du *Prince* de Machiavel.

Balladur est un homme de cour, en fait. Comme le chambellan de Giraudoux, il sait tenir sous son contrôle les deux traîtres dont il ne peut se défaire : sa parole et son visage. Il se méfie de tout le monde. Y compris de Chirac. Y compris de lui-même.

Chirac-Balladur... Les deux associés sont différents mais ils sont égaux. C'est sans doute pourquoi ils ne se quittent plus. Mais prennent-ils bien le même chemin ?

Pour Chirac, Balladur n'est pas un mentor, comme Juillet, ni un exécuteur, comme Garaud, ni un frère, comme Friedmann, ni même un cousin, comme Monod. C'est un partenaire. Le 8 décembre 1984, pour expliquer ses relations avec le maire de Paris, Balladur disait ainsi à l'auteur : « Chirac est un homme de ma génération. Nous avons eu, à un certain moment, le même genre de carrière. Et je n'ai plus vingt ans. La vie a passé. Chaque âge a ses mérites. Je n'ai plus celui des aveuglements. »

Et c'est ainsi que Balladur porte sur Chirac un jugement plein d'une froide lucidité : « L'image de ce garçon souffre du tranchant de son expression, d'une certaine pauvreté de vocabulaire, de ses stéréotypes de langage. Mais il est très intelligent. Même s'il n'a pas l'air brillant, il assimile vite les dossiers. Sur le plan politique, il est très finaud. Je sais bien qu'il a la réputation d'être toujours de l'avis du dernier qui a parlé. Mais c'est quelqu'un qui sait compartimenter sa vie. Pour les choses importantes, il prend tous les risques. Pour les autres, il peut changer d'opinion, il considère que ça n'a pas d'importance. Son problème, c'est aussi de vouloir décider trop vite. Il ne se retient pas. Il se laisse emporter dans le maelström. Et puis il fait trop de choses. Il se disperse. Il se détend rarement. Il est toujours survolté. Et pourtant, quand il est devant une échéance difficile ou qu'il a fait une grosse erreur et qu'il en subit les conséquences, je suis frappé par l'épaisseur de son épiderme.

Pompidou était beaucoup plus sensible, notamment pour les affaires personnelles. Chirac, lui, prend les choses avec philosophie. Je crois qu'il est tout à fait capable de faire un bon président s'il se débarrasse de la tunique de Nessus du parti qu'il dirige. »

Il parle toujours ainsi de Chirac : avec un mélange d'émerveillement, de distance et de suffisance. Plus tard, toutefois, Balladur concédera à l'auteur : « Chirac au pouvoir, c'est un spectacle qui m'impressionne beaucoup. En une demi-heure, il peut traiter quatre problèmes différents puis donner des directives claires et précises [1]. »

Entre-temps, il est vrai, Chirac a fait de Balladur le numéro deux du gouvernement. Et, pendant les premiers mois de la cohabitation, il y a comme de l'amour fou entre les deux hommes. Ils se consultent sur tout. Ils devisent des heures ensemble. Lors des conseils interministériels, les ministres les surprennent en train d'échanger des petits papiers, des pouffements complices ou des clins d'œil de collégiens.

A la même époque, pourtant, Chirac ne nourrit aucune illusion sur son ministre de l'Économie. « Si je décide de sauter par la fenêtre, dit-il alors, je n'en vois que deux qui seront prêts à sauter tout de suite avec moi : Pasqua et Toubon. »

Pas Balladur ? Apparemment, Chirac est convaincu que la fidélité de Balladur est transitoire. Il ne le considère pas comme un homme de main. S'il en a fait son bras droit, c'est pour son expertise plutôt que pour sa loyauté. Il est convaincu que cet esprit froid, mignard et cabochard est à la hauteur des tâches qui l'attendent.

Chirac n'a pas lésiné sur les moyens. Il a investi Balladur des pleins pouvoirs. Seul ministre d'État du nouveau gouvernement, l'ancien secrétaire général de l'Élysée est pourvu de quatre ministres délégués : Alain Juppé au Budget, Michel Noir au Commerce extérieur, Camille Cabana à la Privatisation et Georges Chavanes au Commerce et à l'Artisanat. Mais, dans les faits, il ne leur déléguera rien ou presque...

Balladur est arrivé au ministère de l'Économie avec un projet cohérent. D'abord, il entend libéraliser l'économie en entamant un processus de dénationalisation et en supprimant, entre autres, les contrôles des prix et des changes. Ensuite, il veut renforcer la compétitivité des entreprises en allégeant les charges fiscales, sociales et financières qui pèsent sur elles. Enfin, il est décidé à

1 Entretien avec l'auteur, le 19 juillet 1986.

détruire le déficit budgétaire qui a quintuplé de 1980 à 1985, faisant passer l'endettement intérieur de l'État de 418 milliards à 1 200 milliards de francs. Un programme de bon sens, en somme. Il est, à peu de chose près, dans la continuité de la politique de rigueur que la gauche a mise en œuvre dès 1982 après un an de frasques budgétaires.

Et le souffle là-dedans ? A la faveur des dénationalisations, Balladur entend mettre en place un nouveau capitalisme populaire : les actions des entreprises privatisées seront réparties entre le plus de petits porteurs possible. C'est un vieux rêve pompidolien qu'il partage avec Chirac. Une utopie motrice, comme disent les marxistes. Elle donne un peu de force à un projet aussi banal que consensuel.

Pour Chirac, il suffit, avec ce programme, de demander à la confiance de venir. Et elle déboulera, entraînant la croissance, l'abondance et le reste. Mais elle se fait prier...

Que s'est-il passé ? Au lieu de donner des gages aux nouvelles couches de cadres dirigeants, comme Reagan, le ministre d'État a, comme Pinay, comblé les vœux des rentiers et prévenu les désirs des spéculateurs. Il s'est trompé de classes sociales.

Les premières décisions de Balladur mettent au jour une conception du monde qui date, au mieux, des années soixante. Apparemment, le ministre d'État sort tout juste du congélateur et il a décidé de faire remonter le temps à la France. Il décrète ainsi la suppression de l'impôt sur les grandes fortunes, le retour à l'anonymat sur l'or, l'amnistie fiscale et douanière pour les capitaux exportés illégalement et le rétablissement de l'abattement de 25 % sur les donations-partages. Comme dit la Bible, en ce printemps béni, la richesse a des ailes et elle s'envole vers les cieux.

Il flotte alors un air de restauration sur l'Hexagone. Et, un an plus tard, d'après un sondage de la SOFRES[1], 51 % des Français sont convaincus que l'action du gouvernement profite aux catégories privilégiées alors que 5 %-disent qu'elle bénéficie aux catégories défavorisées.

Ce gouvernement est-il pour autant, comme le dit Pierre Mauroy, « le gouvernement le plus réactionnaire depuis Vichy » ? Pas sûr. Certes, dans sa première loi de finances, il s'est empressé de réduire, pour les plus hauts revenus, le taux maximal d'imposition qui est passé de 65 à 58 %. Mais il a également exonéré deux millions de petits contribuables de l'impôt sur le revenu et fait bénéficier deux

1. *Le Nouvel Observateur*, 6 mars 1987.

autres millions d'entre eux d'un abattement de 30 %. Pour l'État, c'est une perte sèche de 4 milliards de francs. La suppression de l'impôt sur les grandes fortunes n'a pas coûté davantage...

Les classes moyennes n'ont pas été en reste. Elles ont eu droit à une réduction de 3 à 4 % de toutes les tranches de l'impôt sur le revenu. Ce qui a fait perdre à l'État 5 milliards de francs de recettes.

Bref, toutes les classes sociales ont profité de la baisse des impôts. Toutes, sans exception. Mais la France ne l'a pas su...

C'est, à coup sûr, l'une des plus grandes erreurs de communication de l'après-guerre. Chirac, en l'espèce, se reposait sur Balladur. Il était convaincu que ce virtuose de la litote malicieuse serait son meilleur propagandiste. Erreur. Le ministre de l'Économie n'a pas pris conscience de la révolution médiatique qui, depuis les années soixante, a changé les règles du jeu. Il n'accorde les entretiens à la presse qu'au compte-gouttes et du bout des lèvres. Il se gausse des ministres qui «se précipitent au-devant des caméras pour faire voir leur tête». Il croit au savoir-faire plutôt qu'au faire-savoir. Et il est convaincu que sa politique sera seulement jugée sur pièces.

Incapable de communiquer, le ministre de l'Économie ne sait pas non plus déléguer. Pendant les premiers mois de la cohabitation, il s'obstine, non sans petitesse, à faire taire les autres ministres qui ont été placés sous sa férule – Juppé, Cabana, Noir et Chavanes –, laissant ainsi le champ libre à l'opposition qui est souvent la seule à s'exprimer sur les grandes décisions gouvernementales.

Le 6 avril 1986, par exemple, la dévaluation n'est pratiquement commentée que par les dirigeants socialistes. Généralement, l'orgueil est plein de silence. Le silence de Balladur est plein d'orgueil.

Il ne souffre pas que ses subordonnés se montrent. En avril, toujours, il demande à Juppé de retirer le long entretien qu'il a accordé à *l'Expansion* et qui est déjà sous presse. «On ne parle que de vous», dit-il, pour toute explication, à son ministre délégué au Budget.

Camille Cabana, ancien bras droit de Jacques Chirac à la mairie de Paris, ne supporte pas ce régime. Il finira pas obtenir du chef du gouvernement qu'il le mute au ministère des Réformes administratives. Non content de l'avoir brisé, le ministre de l'Économie rêve déjà à sa prochaine victime. Au moment de se séparer de Cabana, Balladur lui dira : «Je ferai à Juppé ce que je vous ai fait. Je le réduirai au silence.»

Mais Juppé a du panache, le sang chaud et une haute idée de sa personne. Un jour, après avoir essuyé une nouvelle mesquinerie, il menacera carrément de démissionner du gouvernement. Chirac s'en inquiétera et demandera à son ministre de l'Économie de tenir la bride moins courte à son ministre délégué au Budget. Balladur ne relâchera pas pour autant sa surveillance.

La morale de ces histoires – dans l'histoire –, c'est que Balladur n'entend rien au commandement des hommes. Dans l'Antiquité, les sages disaient que l'aigle ne chasse pas les mouches. Il est vrai qu'il a généralement mieux à faire. Le ministre d'État, lui, entend trancher de tout et sur tout. Y compris les vétilles.

Contrairement à l'usage, par exemple, les ministres délégués ou les secrétaires d'État qui lui sont rattachés doivent demander à Balladur une autorisation préalable pour utiliser les salles à manger du ministère des Finances. L'autre n'accepte que si les invités lui conviennent. Juppé, furieux, ira déjeuner au restaurant.

Lors de sa première rencontre avec les patrons du service public, Balladur-le-colbertiste dit : « Dans une entreprise, c'est l'actionnaire qui commande. Jusqu'à ce que vos sociétés soient privatisées, c'est donc moi qui commanderai. » Il ne blague pas. Avec son souci tatillon de tout contrôler, il n'hésite pas à visionner tous les messages publicitaires mis au point par Saint-Gobain pour sa campagne de privatisation. Et il récuse un clip qui ne lui convient pas. Tant il est vrai que sa compétence est universelle et son interventionnisme illimité.

C'est un vrai faux libéral, en fait. Sans doute a-t-il le sens de l'État. Mais il a aussi le sens de la famille – au propre et au figuré. Lors du renouvellement des patrons des entreprises du service public, il nomme à la tête de la Société générale André Viénot, qui s'empresse de nommer Jean-Pierre Delacour à la direction générale. C'est le beau-frère du ministre d'État.

Et, lorsque Édouard Balladur donne à Simon Nora le mandat de conseil pour la privatisation de TF1, il lui glisse : « C'est pour vous remercier de votre attitude quand vous étiez à Matignon et que j'étais à l'Élysée. »

Mais son plus proche parent, c'est encore lui-même. Il s'aime. Et il se soigne...

Il trône. Il pontifie. Il habite au-dessus de lui-même. Apparemment, Édouard Balladur n'en revient pas d'être sous les lambris du pouvoir après douze ans d'exil. Il n'a pas vraiment perdu son humour. Mais il a acquis un goût démesuré pour l'étiquette, le protocole et l'apparat.

Plus on élève certains hommes, moins ils voient loin. Apparemment, c'est ce qui est arrivé à Édouard Balladur. On dit, dans le Tout-État, qu'il n'a plus besoin de ponts pour traverser les rivières. Et qu'il ne passe les portes qu'avec difficulté.

Pendant les premières semaines de son règne sur les Finances, il refuse de signer les documents, décrets ou arrêtés, qui, dans l'intitulé de signature, ne reprennent pas la totalité de ses titres : « Ministre d'État, ministre de l'Économie, des Finances et de la Privatisation. » Il fait refaire le papier à en-tête. Il insiste pour que ses collègues, quand ils lui écrivent, n'oublient aucun de ses attributs

Le ministre d'État aime aussi se faire précéder d'huissiers. Cette lubie a fait rire le Tout-État quand après une conférence de Jacques Chirac, le 29 janvier 1987, il a attendu que trois huissiers à chaîne s'approchent de lui pour se lever et s'en aller, encadré par ses pages.

Aux Finances, les hauts fonctionnaires, qui en ont vu d'autres, se contentent de plaisanter des caprices de Balladur. Quand le ministre des Finances reçoit le prix Rueff, il demande aux membres de son cabinet ce qu'il pourrait bien faire du montant du prix. Aussitôt, la rumeur court, dans les couloirs du ministère, qu'il va en profiter pour élargir l'entrée de son auguste bureau.

Sa suffisance est telle que, venant déjeuner, un dimanche de mars 1987, chez les Chirac, à l'Hôtel de Ville, il ne peut s'empêcher de faire des remontrances à ses hôtes sur la qualité de la cuisine. Il va même jusqu'à leur recommander de changer de cuisinier. « J'en connais d'excellents », dit-il, sous l'œil furibond de Bernadette Chirac. Le ministre d'État entend apprendre les bonnes manières au chef du gouvernement. Tout comme la mouche sur le timon gourmande la mule...

Il y a un monde, en fait, entre Chirac et Balladur. Mais le Premier ministre, qui est trop inquiet pour être fat, s'accommode fort bien de la vanité de son chambellan : en tout cas, elle ne blesse pas la sienne.

Avec Balladur, il est vrai, Chirac semble s'accommoder de tout. Y compris de ce qui a tout l'air d'une rupture de contrat.

Lors de la formation du gouvernement, les deux hommes étaient convenus de se répartir les rôles. Le Premier ministre allait prendre de la hauteur avant d'entamer la campagne présidentielle. Le ministre d'État allait, lui, prendre les coups, c'est-à-dire assurer les arbitrages, la gestion et l'impopularité.

Balladur n'en a rien fait ou presque. En décembre 1986, quand les lycéens et les étudiants manifestent contre le projet de loi d'Alain Devaquet de réforme de l'enseignement supérieur, le ministre d'État prend soin de ne pas se mettre en avant. En janvier 1987, alors qu'un mouvement de grève frappe le secteur public – à la SNCF, à EDF et à la RATP –, il refuse d'aller défendre la politique du gouvernement à la télévision. « C'est au Premier ministre de le faire », tranche-t-il.

Et c'est ainsi que les rôles ont fini par s'inverser. L'un est au charbon, l'autre au septième ciel. Chirac monte partout au créneau, comme tout Premier ministre qui se respecte, ébréchant son image et sa popularité. Balladur reste dans sa tour d'ivoire, comme un candidat à la présidence de la République, sculptant son profil et cultivant sa légende.

Pourquoi Chirac a-t-il continué, malgré tout, à s'appuyer sur Balladur ? D'abord, parce que, à ses yeux, le ministre d'État est « un homme qui creuse toujours le même sillon sans se laisser détourner par les vents ». Cet homme n'aime pas les zigzags et, de ce point de vue, il apporte un utile contrepoint au chef du gouvernement. Ensuite, parce que Balladur « a une grande hauteur de vue ». Il est vrai que, s'il s'abaisse souvent à traiter de détails minuscules, le ministre d'État voit loin, comme en témoignent les entretiens, jamais légers, qu'il daigne accorder de temps en temps aux médias. La superficialité n'est pas son fort.

Enfin, parce qu'il n'est pas un « magouilleur », comme dit Chirac. A l'évidence, ce ministre a le sens de l'État. C'est même, ce qui n'est pas si fréquent en politique, un homme droit. Une sorte de « bourgeois gentilhomme », fondamentalement honnête, bourrelé de scrupules et capable de dire : « Dans cette affaire, je me suis vraiment mal conduit. »

Malgré tous ses défauts, en somme, c'est un homme d'État comme la France en compte peu. Il a simplement le tort de s'imaginer parfois, après d'autres, que l'État, c'est lui...

En misant sur le secteur privé, Chirac et Balladur ont décidé de mettre la France à l'heure des grands pays industrialisés. Mais ils n'entendent pas pour autant rompre totalement avec le social-étatisme d'antan. « J'ai détruit le contrôle des prix, des changes et du crédit, dit, non sans fierté, le ministre d'État. En dénationalisant et en libéralisant l'économie, je suis à coup sûr l'un des hommes politiques qui se sera le plus privé de pouvoirs. Mais je ne suis pas partisan de la destruction de l'État, au contraire. »

Même s'ils ont réinventé le discours libéral, les deux hommes n'ont, en leur for intérieur, que le réalisme pour doctrine. Pendant les premiers mois de la cohabitation, ils ont ainsi balancé sans arrêt entre deux logiques, celle de leur programme et celle de leurs convictions. C'est pourquoi la France n'a pas compris le message.

Curieux libéraux. Ils n'ouvrent les portes que s'ils sont sûrs de pouvoir les refermer. Ils multiplient les gadgets idéologiques, comme la privatisation de TF1. Et ils se gardent bien de prendre les mesures, forcément conflictuelles, qu'on était en droit d'attendre d'un gouvernement dit libéral.

Prenons l'exemple du SMIC. Le salaire minimum est, à l'évidence, un grand acquis social. Mais c'est aussi une machine à fabriquer du chômage chez les jeunes. Tous les experts le disent : pour permettre aux nouvelles générations de s'introduire sur le marché du travail, il faut le casser en mettant au point de nouvelles règles du jeu pour les moins de vingt-cinq ans. Chirac et Balladur n'ont pas osé, sur ce point, attaquer de front les syndicats.

Au lieu de cela, pour donner des gages à leurs ultras, ils ont supprimé l'autorisation administrative pour les licenciements de moins de dix salariés : en rassurant les entreprises sur leur possibilité de réduire leurs effectifs en cas de besoin, cette mesure devait, selon le CNPF, créer des dizaines de milliers d'emplois. On a vu le résultat.

Autre exemple : l'affaire de la Sécurité sociale. En 1986, l'écart de croissance entre les cotisations reçues (+ 4,7 %) et les prestations versées (+ 5,9 %) commande une médecine de choc. Le gouvernement aurait pu prendre les Français à témoin, leur annoncer que leurs régimes de retraite étaient en faillite, qu'il fallait faire des économies.

Au lieu de cela, Chirac et Balladur décident d'établir un prélèvement de 0,4 % sur les revenus au début de 1987 et de 1988. Ce qui annule d'un coup les effets économiques – et politiques – des baisses d'impôt.

Entre le réalisme et le libéralisme, il fallait choisir. N'ayant su trancher, Chirac et Balladur n'ont pu provoquer le grand élan qui devait pousser les entreprises à investir, à produire et à embaucher. Les deux hommes rêvaient de refaire le coup du plan Rueff-Armand, qui, en 1959, avait réveillé l'appareil industriel. Leurs illusions se sont fracassées sur le mur des pesanteurs.

Chirac et Balladur ont pu tirer profit des acquis de la gauche, le moindre n'étant pas la sagesse nouvelle des Français en matière de hausses de salaires – ce qui a stabilisé les coûts de production et ouvert la perspective d'une amélioration de la compétitivité des entreprises. Mais ils ont eu aussi à gérer les déficits de l'héritage socialiste.

Il faut se méfier des bons indices. Si, par exemple, les paiements extérieurs de la France ont été bénéficiaires, en 1986, c'est à cause de la baisse des prix de l'énergie qui a permis au pays d'économiser 90 milliards de francs. Mais l'Hexagone n'a cessé, dans le même temps, de perdre des parts de marché. En matière de produits manufacturés, le solde (positif) de ses échanges a ainsi baissé de 56 milliards de francs en un an. C'est dire l'état de l'appareil productif français...

La plate-forme de gouvernement du RPR et l'UDF annonçait que la crise mondiale était « finie » et que le pays attendait de « renouer avec la croissance pour retrouver l'emploi et le progrès social ». Un an plus tard, le pays attendait toujours...

Scènes de ménage

Le couple, c'est autrui à bout portant.
Jacques Chardonne.

Va-t-il, enfin, choisir l'un des personnages de son répertoire et chercher à l'imposer ? Pas vraiment. Il a vaincu la gauche mais il ne s'est pas vaincu lui-même. Il ne s'est même pas trouvé, en fait. Et, pendant les premiers mois de la cohabitation, il va jouer, avec une conviction jamais entamée, plusieurs rôles à la suite. « Cet homme est un cavalier, commentera, en expert, François Mitterrand, médusé par autant de métamorphoses. Il colle au terrain. Il en épouse tous les plis. Mais il ne voit pas à plus de cinq cents mètres. »

En un an, les Français auront ainsi droit à trois avatars du Premier ministre : l'*Homo cohabitus*, l'*Homo liberalus*, l'*Homo radicalus*.

Récapitulons.

Sitôt arrivé à Matignon, Chirac commence piano en jouant la version radicale et consensuelle du chiraquisme. C'est l'*Homo cohabitus*. Libéral mais social, il n'hésite pas à annoncer à la télévision, le 23 avril 1986, une politique de réduction des inégalités. Il se porte garant, dans la foulée, du maintien de la protection sociale. Et il explique à qui de droit qu'il ne prendra jamais l'initiative d'une rupture de la cohabitation. « Le premier qui tirera sera mort », commente Balladur, d'une formule qui fera mouche.

Les « foldingues du libéralisme », comme dit Chirac, n'apprécient pas. Le 12 mai, dans *le Figaro*, Alain Peyrefitte, homme pourtant modéré, sonne la charge : « On s'englue. » Le député RPR de Seine-et-Marne reproche au nouveau pouvoir de s'être enferré dans les sables du *statu quo*. Louis Pauwels, dans *le Figaro Magazine*, embraye aussitôt : à quand la révolution conservatrice ?

Ces diatribes seraient sans importance si elles ne trouvaient partout des relais. A l'intérieur du gouvernement, avec François Léotard. A l'extérieur, avec Valéry Giscard d'Estaing. L'ancien président joue les dévots. Il entend que le gouvernement applique, à la virgule près, tout le programme libéral. Sinon, il déclenchera ses foudres. Il le dit et il le répète. Chirac saisit tout de suite le danger. L'étroitesse de sa majorité parlementaire le condamne à se conformer à la lettre de la plate-forme UDF-RPR : c'est le prix qu'il doit payer s'il veut rester à Matignon.

Surgit, alors, un nouveau Chirac. Il change de partition et accélère la cadence. C'est l'*Homo liberalus*. Utilisant l'article 49 alinéa 3 de la Constitution, il fait déferler, en quelques jours, une avalanche de réformes sur la France : la dénationalisation de soixante-cinq entreprises ; la suppression de l'autorisation administrative de licenciement ; la privatisation de TF1 ; le retour au scrutin majoritaire ; une loi-programme pour la Nouvelle-Calédonie, etc.

S'il n'est de meilleure politique que celle de son propre camp, Chirac devrait avoir partie gagnée. Son horizon, pourtant, ne s'arrête pas à sa majorité. Il n'hésite pas à taquiner l'électeur du Front national. Pour l'appâter, il compte surtout sur Charles Pasqua, ministre de l'Intérieur, chargé, entre autres, de la réduction de l'immigration, de la délinquance et du lepénisme. Cet homme à poigne a déclaré, d'entrée de jeu, qu'il couvrait les bavures policières qui, désormais, font partie du service. Après avoir rétabli les contrôles d'identité, il a décrété que les frontières seront davantage surveillées ; que les cartes de résident ne seront plus attribuées qu'avec parcimonie ; que les procédures d'expulsion seront allégées.

Autant de mesures qui permettent aux barristes de se recentrer à bon compte. Edmond Alphandéry, député UDF du Maine-et-Loire, se gausse des «ringards». Charles Millon, député UDF de l'Ain, des «réactionnaires». Édouard Balladur lui-même n'est pas bien à l'aise. Avec son art inimitable de la litote, il déclare, le 21 juin, que «le sérieux doit tempérer le libéralisme». Façon papelarde de reconnaître que le nouveau credo de la majorité est sujet à caution.

De quoi a-t-elle accouché, la montagne des réformes libérales ou sécuritaires ? D'une amélioration, très légère, de la cote de popularité du gouvernement. Et aussi d'une lame de fond...

Fonçant tête baissée dans le grand tohu-bohu législatif, Chirac ne l'avait pas vue monter. Quand les lycéens et les étudiants se dressent, à l'automne, contre le projet de loi d'Alain Devaquet, il amorce sans tergiverser un repli stratégique, remise ses grandes réformes de société au grenier et se jette, à corps perdu, dans la gestion. L'*Homo radicalus* est né.

Georges Clemenceau, un autre radical, a dit, un jour : «L'homme absurde est celui qui ne change jamais.» De ce point de vue, Jacques Chirac n'est pas absurde.

Comme Arlequin, il a couru, pendant un an, d'un bout à l'autre de la scène, rameutant les uns, flattant les autres. A force de se contorsionner, il a fini par donner le tournis. On lui reprochera donc tout et son contraire : d'avoir été trop lent et trop pressé, trop indécis et trop dogmatique, trop étatiste et trop libéral. Il n'empêche qu'il a survécu...

Cet homme est insaisissable. Et c'est précisément ce qui déroute le président, qui ne l'est pas moins. Entre quatre yeux, Chirac n'aime pas contredire. Il est coulant, cérémonieux, attentionné. Il élude le débat. Il fuit le conflit. Mitterrand ne se comporte pas autrement.

Naguère, avec Giscard, il arrivait à Chirac de laisser, après un plaisant tête-à-tête, une note au vinaigre. Mais il n'écrit guère à Mitterrand. Il préfère, désormais, garder son fiel pour lui. Le président fait de même.

Lors de leur rencontre du mercredi matin, avant le Conseil des ministres, les deux hommes se contentent donc de s'observer. Sans complaisance ni attirance. Ils ne sont pas subjugués l'un par l'autre. Ils ne s'aiment pas. Et s'ils se parlent, c'est pour traiter, sur un ton badin, de choses sans importance. Quand il a décidé de tuer, le lion en chasse ne rugit pas...

Chacun rend son silence à l'autre. Et son mépris.

Curieusement, les deux hommes se renvoient une image identique l'un de l'autre. Comme dans un jeu de miroirs, c'est le même personnage qu'ils décrivent – fourbe, opportuniste, sans scrupule.

Chirac n'hésite pas à accuser Mitterrand d'avoir manqué à sa parole en refusant de signer l'ordonnance sur les privatisations. A l'en croire, le président l'avait assuré, en lui proposant Matignon, qu'il parapherait sans discussion les textes législatifs qui lui seraient présentés.

Y a-t-il eu malentendu entre les deux hommes ? Le 26 mars 1986, lors du premier Conseil des ministres, François Mitterrand fait savoir qu'il n'acceptera des ordonnances « qu'en nombre limité » et qu'il ne signera, en matière sociale, que « des odonnances qui représente-raient un progrès par rapport aux acquis ».

C'est le premier accroc. Le lendemain, Jacques Chirac réplique en annonçant, à la surprise du président, qu'il se rendra au sommet des pays industrialisés, à Tokyo. Un point partout.

La riposte du président se fait attendre plusieurs jours. Le 9 avril, enfin, le président demande, en Conseil des ministres, que soient rendus publics les avis de la commission consultative sur le découpage électoral que prépare Charles Pasqua. Et il prévient qu'il ne signera pas les ordonnances privatisant des entreprises nationalisées avant 1981. Il accepte, à la rigueur, que la droite dénationalise ce qu'il avait étatisé. Mais il ne supporte pas, Dieu sait pourquoi, qu'elle puisse remettre en question les nationalisations du général de Gaulle...

Mesure pour mesure, comme dit le Talmud : le 12 avril, Jacques Chirac rend visite à Félix Houphouët-Boigny en Côte-d'Ivoire qui, comme tous les pays africains, fait partie des chasses gardées de l'Élysée. Cinq jours plus tard, il reçoit le chancelier allemand Helmut Kohl à qui il dit : « Vos relations privilégiées avec Mitterrand, il faut maintenant y mettre fin. Le pouvoir, désormais, c'est moi. » L'autre s'empressera de rapporter les propos du Premier ministre au président français.

Ainsi va le feuilleton de la cohabitation : inattendu, épique et mesquin. Il finira tout de même par lasser les Français.

L'alternance douce qu'expérimente la France, pour la première fois depuis 1958, a tout d'une interminable scène de ménage. Comme l'amour et comme la haine, elle se nourrit de petites choses. Elle n'a aucune dimension tragique. Certes, à chaque haussement de ton, les médias annoncent, sur un ton informé, sa fin prochaine. Mais à peine l'ont-ils enterrée qu'elle est déjà ressuscitée.

Pourquoi la cohabitation a-t-elle la vie si dure ? Une grande aversion est souvent considérée comme le signe d'un grand amour passé. Apparemment, Chirac et Mitterrand n'ont jamais été assez épris l'un de l'autre pour laisser les passions commander leurs relations. Ils avalent froidement les calices. Ils digèrent tranquillement les affronts.

Ils se supportent. Chirac est plus patient avec Mitterrand qu'il ne l'avait été naguère avec Giscard. Mitterrand est moins agacé par Chirac qu'il ne l'était, il n'y a pas si longtemps, par Fabius, qu'il avait fait et qu'il suspectait de vouloir le défaire...

Et c'est ainsi que le couple Mitterrand-Chirac survit sans encombre, le 14 juillet 1986, à sa première crise grave. Ce jour-là, après avoir regardé, en compagnie du Premier ministre, l'armée française défiler sur les Champs-Elysées, le chef de l'État s'entretient, comme chaque année, avec Yves Mourousi sur TF1. L'interview ne se déroule pas, comme le veut la tradition, au milieu de la *garden-party* que donne l'Élysée pour la fête nationale. Elle a lieu dans le bureau présidentiel, cadre solennel qui s'accorde mieux à la gravité du message : Mitterrand demande à Chirac de refaire sa copie. Il annonce qu'il ne signera pas l'ordonnance sur les privatisations. Il en fait une affaire de «conscience». Il redoute que les entreprises dénationalisées soient vendues «de telle sorte que, demain, alors qu'on fabrique des objets, des produits, des marchandises nécessaires à l'indépendance nationale, on puisse les retrouver dans les mains d'étrangers».

Frissons. A 16 heures, Chirac, nerveux, convoque dans son bureau le ban et l'arrière-ban du chiraquisme pour visionner au magnétoscope la cassette de l'interview présidentielle. Il y a là Balladur, Pasqua, Toubon, Baudouin, Ulrich, etc. Après avoir vu l'entretien, tous tombent d'accord : «Il ne faut pas céder à la provocation.» Il n'empêche. Le Premier ministre dissimule mal sa colère : «On ne m'aura pas comme ça. Je vais lui dire ce que je pense, à celui-là.»

Lui dit-il ? Pas vraiment. Sur l'entretien téléphonique que les deux hommes ont eu, ce jour-là, il y a deux versions. La première, celle de Chirac, est laconique.

«Je n'ai pas l'intention d'ouvrir une crise mais je suis disposé à accepter toutes les conséquences de votre décision, c'est-à-dire une élection présidentielle», aurait dit le Premier ministre.

Alors, le président :

«Eh bien, moi aussi.»

L'autre version, celle de Mitterrand, est plus aigre. Jean-Marie Colombani et Jean-Yves Lhomeau la rapportent dans leur livre très informé, *le Mariage blanc*[1]. C'est Chirac qui aurait entamé le dialogue – par un mensonge :

«Monsieur le président, la majorité de mes amis souhaitent la crise... Et je dois dire que moi-même, si je laissais aller mon tempérament...

– Une crise ? De quelle crise parlez-vous ? Songent-ils à une crise gouvernementale ?

– Je ne plaisante pas, monsieur le président. La plupart d'entre eux veulent une élection présidentielle anticipée.

– Ah, bon ! En seraient-ils maîtres ? Mais vous avez raison. Il y aura bien une élection présidentielle. En 1988.

– C'est plus grave que vous ne le pensez, monsieur le président. Mais l'intérêt du pays...

– Ah, vous avez dit "mais". Donc, il n'y a pas de crise. Parlons d'autre chose, si vous le voulez bien.

– Par tempérament, je souhaiterais la crise. Par raison, je pense

1. *Op. cit.*

qu'il faut l'éviter. Souhaitez-vous mettre fin à la cohabitation ?

– Je ne souhaite pas la crise, mais je suis prêt à assumer toutes les conséquences de ma décision [...]. Il est déjà miraculeux que notre cohabitation se soit déroulée sans heurt pendant quatre mois. Conjuguons nos efforts pour que ce miracle se poursuive. »

Chirac a-t-il commis une erreur en se refusant à décohabiter ? Pour riposter au président, il aurait pu prendre les Français à témoin et dire solennellement au chef de l'État : « Ou bien vous vous taisez ou bien vous nous changez mais vous ne pouvez pas nous garder et nous gêner en même temps. » Il aurait pu tout aussi bien décider de faire monter la pression, démissionner de Matignon en déclarant – air connu – qu'il n'avait pas les moyens de gouverner et contraindre Mitterrand à provoquer une élection présidentielle anticipée. C'était le moment : l'Élysée, à cette époque, était clairement à sa portée.

Au lieu de cela, le Premier ministre a refait sa copie comme le président le lui avait demandé. L'« agité », comme disait V.G.E., joue désormais à la force tranquille. Il dédramatise. « Je n'allais quand même pas provoquer une crise de régime pour essayer de devenir président de la République », dira-t-il plus tard [1]. Puis, dans un sourire : « Que j'accède à l'Élysée est sûrement une chose hautement souhaitable pour le pays mais ça ne vaut pas pour autant de prendre le risque de le foutre dans la merde. On ne joue pas avec les nerfs des Français. Moi, j'ai décidé depuis le début de respecter les institutions. Je ne prétends pas que c'est le pied mais elles sont là et il faut faire avec. Quant à Mitterrand, je ne sais si c'est pour des raisons d'intérêt personnel ou d'intérêt national, mais je constate que, depuis le premier jour, il fait la même analyse que moi. »

L'alternance douce exige des cohabitateurs patience et vigilance. Mitterrand et Chirac n'en sont pas avares. Sans arrêt sur le qui-vive, ils surveillent jalousement leur territoire contre toutes les tentatives d'intrusion.

Si les renards marquent leurs terres en urinant, Mitterrand et Chirac protègent leurs domaines respectifs en montrant les dents. « Il suffit que je fasse le méchant, dit le Premier ministre, et les choses finissent toujours par s'arranger. »

A ce jeu de grignotage, François Mitterrand n'est pas le plus malhabile. Durant l'été 1986, après le coup du 14 juillet, le président tente de pousser l'avantage. Et il multiplie les coups de sonde.

1. Entretien avec l'auteur, 12 avril 1987.

C'est dans ce climat qu'éclate l'affaire Paolini. Après avoir été prévenu par Matignon que Jacques Chirac avait décidé de nommer Jean Paolini préfet de police de Paris, Jean-Louis Bianco, secrétaire général de la présidence, téléphone à Maurice Ulrich, directeur de cabinet du Premier ministre : «C'est un poste qui concerne la sécurité, donc l'Élysée. Il faut que vous nous donniez trois noms. Le président choisira.»

Colère de Chirac. Il part pour l'aéroport de Roissy où il doit accueillir le président, retour d'un voyage officiel en URSS. Il tombe sur Bianco devant lequel il laisse aller son courroux : «Pour qui me prenez-vous, non mais sans blague? Vous avez quelque chose à reprocher à Paolini? C'est un truand ou quoi? Dites-le-moi. Je ne vous proposerai pas d'autres noms. Et, si jamais le président refusait de signer sa nomination, je vous préviens que je ne nommerai pas de préfet de police, que j'en ferai un chargé de mission au cabinet de Robert Pandraud et que je lui déléguerai les pouvoirs qui lui permettront d'assurer la direction de la préfecture de police.»

Paraît Mitterrand. Il propose à Chirac de rentrer sur Paris dans la voiture présidentielle. L'autre refuse. Il a déjà prévu de revenir avec le ministre des Affaires étrangères. Le président emmène donc Bianco.

A son retour à Matignon, Chirac apprend que Bianco a téléphoné à Ulrich pour lui dire que le président acceptait la nomination Paolini. L'affaire est classée. Le président et le Premier ministre ne l'évoqueront même pas lors de leur tête-à-tête hebdomadaire.

Chirac n'est pas en reste. Lui aussi cherche à gagner du terrain. Sur le plan diplomatique, il n'a pas hésité à se pousser du col dès les premiers jours de la cohabitation. Sans grand succès.

Retour en arrière. Quand les États-Unis décident d'effectuer un raid contre Tripoli et qu'ils demandent à la France l'autorisation pour leurs bombardiers de survoler le territoire français, ils se font tout de suite rembarrer. Aussitôt, Chirac s'attribue froidement la paternité d'un refus qu'il a arrêté en commun accord avec le chef de l'État : «Sur le plan de la décision que j'ai prise, dit-il, le 23 avril 1986, à "L'heure de vérité", sur Antenne 2, c'est vrai que le président de la République a eu la même réaction...»

Provocation? Ce jour-là, Chirac se présente sans délicatesse comme le patron de la diplomatie française. C'est lui et lui seul qui aurait décrété que la France ne s'associerait en aucune façon aux opérations militaires décidées par Washington contre Kadhafi après que ses services spéciaux eurent perpétré plusieurs attentats antiaméricains. Devant son poste de télévision, Mitterrand fulmine. Et le lendemain, il n'a toujours pas décoléré : « C'est intolérable. Mais qu'attend donc le PS pour réagir ? »

Il va de soi que les deux hommes, toujours soucieux d'éviter les querelles frontales, n'auront jamais d'explication franche sur cette affaire, lors de leur tête-à-tête hebdomadaire. Mais aux journalistes, qu'ils recevront en grand nombre, par la suite, ils feront des comptes rendus radicalement différents – chacun se donnant, bien entendu, le beau rôle. Le vaudeville qu'ils jouent alors, par article de presse interposé, aurait pu être écrit par un sous-Feydeau du microcosme.

Version de Jacques Chirac : c'est à lui que les Américains se sont d'abord adressés, par voie diplomatique, pour demander l'autorisation de survoler le territoire français, le vendredi 11 avril. Le chef de cabinet militaire de Matignon est venu précipitamment le voir, à 23 heures, à l'Hôtel de Ville, pour lui exposer les grandes lignes du dossier américain. Le Premier ministre a alors appelé le président de la République pour lui dire qu'il refusait la demande américaine. « Je suis de votre avis », a répondu Mitterrand.

Version de François Mitterrand : c'est l'Élysée que les Américains ont d'abord prévenu, ce même vendredi 11 avril. Le chef de l'État a alors convoqué le ministre de la Défense, André Giraud, pour l'informer de la demande de Washington.

« Je ne sens pas cela, a dit le président.

– Moi non plus », a répondu Giraud qui s'est empressé d'annoncer la nouvelle au Premier ministre.

Qui ment ? Sans doute les Américains, diplomates, voulaient-ils que Chirac et Mitterrand soient avertis en même temps. Mais, à tout seigneur, tout honneur, c'est le chef de l'État qui a été joint le premier. A quelques minutes près. Pour réparer l'affront fait à Matignon, quand Vernon Walters, ambassadeur aux Nations unies et envoyé spécial de Reagan, débarque à Paris, le dimanche 13 avril, afin de convaincre les Français de revenir sur leur refus, il rend d'abord visite au Premier ministre avant de prendre le chemin de l'Élysée. Geste sans effet. Le mal est fait.

Ce que l'affaire du raid libyen met en évidence, c'est qu'en matière diplomatique le Premier ministre peut espérer jouer, au mieux, les vedettes américaines. Lors du sommet des pays industrialisés de Tokyo, les 5 et 6 mai, il en fait, une fois encore, l'amère expérience. Après la conférence, devant les journalistes internationaux, c'est François Mitterrand qui tient le crachoir tandis que le chef du gouvernement, à ses côtés, fait de la figuration. « Il n'y a qu'une seule voix de la France », se rengorge le chef de l'État. La sienne, en effet...

Encore qu'il arrive parfois au Premier ministre de faire entendre sa voix dans les réunions internationales. Il y a alors du couac dans l'air. Comme ce 21 novembre 1986, lors d'un sommet franco-britannique qui se tient à l'Élysée, quand Jacques Chirac finit par prendre la parole que François Mitterrand lui refuse.

Ce jour-là, le président est d'assez méchante humeur : Margaret Thatcher a demandé à avoir un long tête-à-tête, le soir même, avec Jacques Chirac, l'entretien prévu par le protocole ne lui paraissant pas suffisant. François Mitterrand prend sa revanche en faisant parler tous les ministres, français et britanniques – sauf le chef du gouvernement français.

Arrive, sur le tapis, **la** question du budget européen de la recherche. Certains pays pensent qu'il devrait s'élever à 7,7 milliards d'écus. D'autres sont partisans de le limiter à 3,9 milliards. C'est naturellement le cas de la Grande-Bretagne. Margaret Thatcher défend, bec et ongles, son point de vue : le « toujours moins » européen.

« Pour ma part, objecte Mitterrand, je souhaite que l'on soit le plus près possible des 7,7 milliards. »

Alors, Chirac :

« Oui, mais nous serons beaucoup plus près, je le crains, des 3,9 milliards. Le gouvernement français prendra, en temps voulu, la décision qu'il croira devoir prendre. Mais il devra tenir compte des contraintes budgétaires. »

Jolie cacophonie.

Dans sa quête de respectabilité diplomatique, Jacques Chirac finira quand même, après bien des déboires, par avoir la main heureuse. Le 31 mars 1987, il signe avec Ronald Reagan un accord sur le sida qui met fin à la querelle scientifico-financière que se livrent l'Institut Pasteur et le département de la Santé aux États-Unis. Quelques heures avant que le Premier ministre paraphe le texte à la Maison Blanche avec le président américain, Jean-Louis Bianco appelle à plusieurs reprises Maurice Ulrich, à Matignon, pour lui dire à peu près : « Comment ça ? Le chef du gouvernement signe un accord international et le président n'est pas au courant ? C'est inadmissible ! »

Le 8 avril suivant, lors de leur tête-à-tête hebdomadaire, François Mitterrand demande, d'une voix sèche, des comptes à Jacques Chirac :

« Qu'est-ce que c'est que cette histoire ? Vous passez des accords internationaux avec les États-Unis et vous ne m'en dites rien ? J'aurais dû être informé.

– Vous faites erreur, monsieur le président. Ce n'est pas un accord international mais un accord entre l'Institut Pasteur et le département américain de la Santé. »

L'incident est clos.

C'est, en douze mois de coexistence, l'échange le plus tendu que les deux hommes aient eu. En public, ils ne s'épargnent ni les piques ni les sournoiseries. En privé, ils pratiquent la politique courtoise. Tant il est vrai que la cohabitation, malgré les apparences, adoucit les mœurs...

C'est André Fontaine qui a donné la meilleure définition de la cohabitation quand il a écrit dans *le Monde*[1] qu'elle « ressemble à la coexistence entre l'Est et l'Ouest. Même détermination de ne pas créer l'irréparable, même alternance de crise et de détente, même absence de cette confiance sans laquelle il n'est pas d'accord durable ».

Il reste que la cohabitation est le résultat d'une connivence fondamentale entre Chirac et Mitterrand. Tant il est vrai que l'un et l'autre entendent développer et incarner le consensus qui, depuis le début des années quatre-vingt, a roulé son cylindre sur le pays.

En juin 1984, lors d'un voyage à Moscou, François Mitterrand disait, en confidence, à Jean Daniel : « Si j'ai une ambition, c'est qu'on ne parle plus d'" expérience " pour évoquer le gouvernement de la gauche. Je veux montrer que nous savons gérer, nous aussi, et faire entrer la France dans un système d'alternance régulière. »

Tel est le pari historique de Mitterrand. Apparemment, il l'a gagné.

En jouant la cohabitation, Chirac a fait un autre pari. Il entendait se mettre en harmonie avec les mutations sociologiques qui travaillent l'Hexagone tout en renforçant les convergences idéologiques entre la droite et la gauche. Il y a, d'une certaine façon, réussi. Sur la défense nationale, par exemple, le résultat est éclatant : les socialistes et les gaullistes sont, en la matière, sur la même longueur d'ondes.

Deux exemples. D'abord, avant de prononcer un discours à l'Institut des hautes études de défense nationale, le 12 septembre

1. Le 18 juillet 1986.

1986, pour présenter la politique militaire du gouvernement, Jacques Chirac envoie son texte au président de la République. N'ayant pas reçu de réponse de l'Élysée, il finit par appeler François Mitterrand, la veille de sa déclaration :

« Vous avez lu mon discours ? demande-t-il.

– Bien sûr, fait le chef de l'État. Je n'ai rien à redire. Rien, sauf, peut-être, sur un petit point : vous parlez d'avertissement. Pour ma part, j'ai toujours parlé d'ultime avertissement.

– Mais je crois bien avoir écrit : "ultime avertissement", dit Chirac.

– Non, répond Mitterrand. Le mot "ultime" a dû sauter à la frappe. Vérifiez. »

Vérification faite, le mot « ultime » avait effectivement sauté à la frappe.

Au Conseil des ministres du 4 mars 1987, quand François Mitterrand, prenant le contre-pied d'André Giraud, ministre de la Défense, définit la réponse plutôt positive qu'il convient, à ses yeux, d'apporter aux propositions de Moscou en matière de désarmement nucléaire en Europe, Jacques Chirac murmure : « Il a raison, il a raison. » Puis, commentant les propos présidentiels, il déclare : « Je suis d'accord avec ce que vient de dire le président. C'est d'ailleurs à lui qu'il incombe de fixer les grandes orientations en matière de défense nationale. »

La morale de tout cela, c'est que, après avoir bâti sa carrière sur le dissensus, Chirac entend la parachever dans le consensus. Il est devenu cohabitationniste de raison et de cœur.

Écoutons-le : « Aucun système n'est parfait. Mais, à l'expérience, la cohabitation a fait apparaître que les institutions, la politique étrangère et la défense nationale font l'objet d'un accord à peu près général. Dans ces trois domaines, on est dans le droit fil de la politique initiée par le général de Gaulle, et, quels que soient les avatars de l'alternance, on restera sur la même ligne. Si, demain, l'opposition arrivait au pouvoir en Allemagne fédérale ou en Grande-Bretagne, ça changerait tout ou presque, en matière de politique étrangère ou de défense nationale. En France, c'est à peine si on verrait la différence. Et ça, c'est un atout considérable pour un pays. »

Mais pour Chirac ?

« Septembre noir »

> On déjoue beaucoup de choses en feignant de ne pas
> les voir.
>
> *Napoléon Ier.*

Son règne est placé, d'entrée de jeu, sous le signe du terrorisme. Le 20 mars 1986, alors que Jacques Chirac, qui vient d'être désigné Premier ministre, fait une déclaration fixant les règles du jeu de la cohabitation, une bombe explose à la galerie Point Show, aux Champs-Élysées, à Paris. Bilan : deux morts et vingt-huit blessés. L'attentat est revendiqué par une organisation obscure, le CSPPA (Comité de solidarité avec les prisonniers politiques arabes et du Proche-Orient).

C'est le premier dossier sur lequel se penche, ce soir-là, le nouveau chef du gouvernement. Le CSPPA réclame la libération de trois terroristes détenus en France. Parmi eux : Georges Ibrahim Abdallah, chef présumé des FARL (Fractions armées révolutionnaires libanaises), qui a été inculpé pour usage de faux ainsi que pour détention d'armes et d'explosifs. Yves Bonnet, patron de la DST (Direction de la surveillance du territoire) au moment de son arrestation, avait promis sa libération à ses « parrains » des services secrets algériens à qui, apparemment, il rendait des services – spéciaux, cela va de soi. Un arrangement destiné à faire libérer Abdallah avait donc été décidé en accord avec Roland Dumas, ministre des Relations extérieures. Mais la police avait brusquement cassé ce petit scénario en mettant la main, lors d'une perquisition, sur plusieurs pièces à conviction qui conduisaient à l'inculpation du terroriste.

Bref, il flotte sur cette affaire un climat malsain, fait de compromis glauques, de manœuvres d'amateurs, de contrordres de dernière minute. Il y a aussi une parole non tenue.

Que faire ? Jacques Chirac est prêt à envisager la libération de Georges Ibrahim Abdallah. Il s'en ouvre à François Mitterrand qui refuse tout net : en matière d'antiterrorisme, pour le président, la raison du plus fort est toujours la meilleure.

Précisons tout de suite qu'il s'agit là de la version mitterrandienne. Chirac la conteste avec véhémence : « Je n'ai jamais songé un instant à faire libérer Abdallah, proteste-t-il. Faire courir cette rumeur est très désobligeant, voire dégueulasse. Pour moi, ce n'est pas un problème d'honneur, je m'en fous. C'est une question d'efficacité et de bon sens. Si vous négociez avec les terroristes, vous finirez toujours par leur lâcher quelque chose. Vous justifierez donc leur démarche. Et ça les encouragera à reprendre leurs actions en présentant de nouvelles revendications. »

Passons. La France laisse donc la justice suivre son cours. Face au terrorisme, elle imposera le droit, croix de fer, croix de bois.

La France, apparemment, est convaincue que la clémence vaut mieux que la justice. Le 10 juillet 1986, Georges Ibrahim Abdallah, soupçonné de l'assassinat du diplomate américain Charles Ray, est condamné à quatre ans de prison pour détention d'armes et d'explosifs. L'ambassade des États-Unis à Paris manifeste alors sa surprise indignée devant la « légèreté » de la peine, au grand dam du Quai d'Orsay.

Entre la libération d'Abdallah, c'est-à-dire le respect de la parole donnée, et la fermeté, c'est-à-dire la logique de la raison d'État, la France n'a pas su choisir. Elle a fait preuve de faiblesse.

Tout est en place pour la tragédie.

Le 1er septembre suivant, le CSPPA menace de reprendre les attentats si la France ne libère pas Georges Ibrahim Abdallah et deux autres terroristes.

« Septembre noir. » Du 4 au 17 septembre, six actions terroristes sont commises, à une cadence infernale, revendiquées à Paris ou à Beyrouth par le CSPPA ou par les Partisans du droit et de la liberté, organisation jusqu'alors inconnue au bataillon du terrorisme. Bilan général : dix morts et cent soixante et un blessés.

Est-ce parce qu'il est considéré comme le maillon faible ? Ou fort ? Chirac est, en tout cas, la cible des terroristes. Le 8, une bombe éclate au bureau de poste de l'Hôtel de Ville de Paris. Le 14, un attentat fait deux morts – deux gardiens de la paix – alors même que le Premier ministre annonce au « Grand Jury RTL-*le Monde* » une batterie de mesures antiterroristes : le visa est rendu obligatoire pour les étrangers pendant six mois ; les militaires sont chargés de patrouiller aux frontières, etc.

C'est, depuis qu'il est entré en politique, sa première grande épreuve. Sera-t-il à la hauteur ?

La guerre... Contre le terrorisme, Jacques Chirac est entré en guerre. Il ne sait pourtant pas bien où il va. C'est normal. Il ne connaît pas son ennemi. Cruelle école de vérité. Face aux poseurs de bombes et à leurs « parrains » sans nom, il lui faut prendre des décisions, définir une stratégie, lever des troupes, trancher entre l'efficacité et la morale. Le temps est venu, enfin, de montrer son vrai visage.

En quelques semaines, Chirac révélera sa grandeur, sa petitesse, sa perversion aussi. Le meilleur de lui-même, c'est à coup sûr sa force de caractère. Alors que les attentats ensanglantent Paris, il reste inébranlable comme un roc. Il ne manque pas d'allure, alors, ce fataliste qui a la conviction que, comme dit le Coran, son destin est accroché à son cou. En plein septembre noir, alors que le Tout-État se crispe sur sa sécurité, il n'a pas de voiture blindée et peu de gardes. Le week-end, il lui arrive d'emprunter sans escorte la voiture de sa fille Claude. Et c'est lui-même qui ouvre à ses visiteurs la porte de son bureau de l'Hôtel de Ville, que ne protège aucun policier en faction. Bref, il taquine le destin. Quand on lui fait remarquer qu'il prend beaucoup de risques, il rigole : « Fatum... »

Le pire de lui-même qu'il laisse se déployer, pendant ces semaines sanglantes, c'est sa capacité à mentir et à démentir, à jouer tous les jeux à la fois, avec un mélange de rouerie et de bonne conscience. Jamais il ne se sera aussi souvent contredit en aussi peu de temps. Quand il bande ses muscles, c'est qu'il négocie. Quand il se fait coulant, c'est qu'il a décidé d'être ferme.

Légèreté ? Le 24 septembre, parlant à New York devant l'assemblée générale des Nations unies, il n'hésite pas à dénoncer « la complicité d'États qui acceptent de fermer les yeux sur les activités d'organisations terroristes ou n'hésitent pas à les utiliser à leur profit, quand ils ne les encouragent pas ». Quelques minutes plus tard, devant les journalistes qu'il a réunis, il explique qu'il ne visait, bien entendu, personne.

Irresponsabilité ? Mgr Capucci, vicaire patriarcal grec catholique de Jérusalem, proche de l'Irán et de la Syrie, obtient de Robert Pandraud, ministre délégué à la Sécurité, l'autorisation de rendre visite à Georges Ibrahim Abdallah dans sa cellule. Il est chargé d'une mission de « bons offices ». Là-dessus, sans crier gare, Albin Chalandon, garde des Sceaux, demande au parquet de diligentes procédures afin que le chef présumé des FARL puisse comparaître le plus vite possible devant les assises où il sera jugé pour l'assassinat de Charles Ray. Comprenne qui pourra.

Double jeu ? Jacques Chirac dépêche à Damas Michel Aurillac, ministre de la Coopération, pour demander aux Syriens d'aider la police française. Elle croit avoir identifié les responsables des attentats : ce seraient les frères de Georges Ibrahim Abdallah, qui habitent à Kobeyat, au Liban, où ils jouent les étudiants modèles. Mais ils n'auraient pu agir sans le soutien logistique d'un État. Et le gouvernement français aimerait que la Syrie éclaire sa lanterne sur son identité. Encore qu'Aurillac ait sa petite idée sur la question. De retour à Paris, il déclare négligemment au *Figaro* : « Nous savons avec certitude que les frères d'Ibrahim Abdallah ont été exfiltrés de France par des agents secrets professionnels. Nous avons constaté qu'ils avaient tenu une conférence de presse dans une région contrôlée par la Syrie. »

Apparemment, Chirac, disloqué comme jamais, se débat entre les malentendus et les quiproquos. Il accuse et disculpe à la fois. On dirait un pauvre hère sorti du théâtre de Shakespeare, ballotté par les circonstances, ballonné d'incompétence, maladroit d'impuissance.

Dépassé, Chirac ? Soufflant le chaud et le froid, prêchant le vrai et le faux, alternant le pardon et la menace, il croit savoir ce qu'il fait comme les princes calculateurs, exaltés par Machiavel.

A manipulateur, manipulateur et demi.

Déroutés par tant de palinodies, les Français n'arrivent pas à comprendre Chirac. Mais les Arabes ?

Alors que le terrorisme proche-oriental met Paris à feu et à sang, le Premier ministre a une obsession : sauvegarder sa politique arabe. Si Mitterrand a une vision, à travers le prisme Est-Ouest, des relations extérieures de la France, Chirac en a. lui une conception avant tout arabe.

Vieille histoire. Quand il était le Premier ministre de Giscard, Chirac n'avait cessé de jeter des ponts avec le monde arabe et notamment avec l'Irak. La légende fait de lui l'homme qui a découvert ce pays et scellé, pour le meilleur et pour le pire, l'alliance franco-irakienne. Mais, une fois de plus, la légende ment. De 1967 à 1970, c'est-à-dire avant son arrivée à Matignon, la France était déjà passée du vingt-troisième au troisième rang des fournisseurs de Bagdad. De Gaulle était passé par là...

Ce qui est sûr, en tout cas, c'est que, lors de son premier passage à

Matignon, Chirac a joué à fond la carte irakienne. Il a même rendu irréversible – ou presque – l'association entre les deux pays en multipliant les gros contrats – édifications de barrages, livraisons d'armes, construction de l'aéroport de Bagdad. Mieux, ou pire, il a amorcé la coopération nucléaire qui devait conduire à la construction d'une centrale à eau légère avec une charge initiale de 12,9 kilos d'uranium enrichi à Osirak – « Ochirak », comme diront les Israéliens, qui ont rayé cette centrale de la carte lors d'un raid aérien, en 1981.

La mythologie irakienne l'embarrassant, Chirac a entrepris, un jour, de réécrire l'Histoire. Le 8 août 1986, recevant le journaliste israélien Ben Porat, il a tenté ainsi de dégager sa responsabilité dans l'affaire de la centrale nucléaire d'Osirak : « Je n'ai jamais évoqué la fourniture de ce réacteur dans mes entretiens avec le président Saddam Hussein. Cette affaire a été traitée par le ministre de l'Industrie, en étroite relation avec le président de la République, et s'est concrétisée après ma démission du poste de Premier ministre. » Puis : « Je ne condamne nullement ce contrat que j'aurais moi-même signé le cas échéant. »

Tollé général. Les menteurs doivent toujours avoir bonne mémoire. Apparemment, elle fait défaut à celui-là. Il est vrai que l'accord nucléaire avec l'Irak a été signé en 1975 par Michel d'Ornano, alors ministre de l'Industrie, puis ratifié en 1976 par Raymond Barre, alors Premier ministre. Il est vrai aussi que Valéry Giscard d'Estaing, alors président, a tout supervisé. Il n'empêche que c'est Jacques Chirac qui a bouclé l'affaire lors d'une visite officielle en France du numéro un irakien.

« Vous êtes mon ami personnel. Vous êtes assuré de mon estime, de ma considération et de mon affection. » C'est ainsi que Jacques Chirac avait accueilli à Orly Saddam Hussein, le 5 septembre 1975. Quelques jours plus tard, après avoir passé avec lui le week-end en copains – ils avaient joué aux cartes – dans une hôtellerie des Baux-de-Provence, le chef du gouvernement avait fait visiter à son hôte le centre de Cadarache pour lui montrer les réalisations françaises dans les techniques nucléaires de pointe.

A l'époque, dans un article qui, depuis, fait référence[1], le journaliste Jacques Mornand raconte par le menu comme le Premier ministre a dû ramer, pendant ce voyage, contre Michel d'Ornano et les services de l'Industrie qui étaient contre la livraison à l'Irak d'une

---

1. *Le Nouvel Observateur,* 20 octobre 1975.

centrale avec un réacteur à graphite-gaz. Pour faire capoter le projet, ils multipliaient la facture « par trois, par cinq ou par dix », au grand dam de Matignon. Ils expliquaient aussi en coulisses qu'elle permettait de produire facilement du plutonium, matière première de base de la bombe atomique. Michel d'Ornano aura finalement gain de cause : c'est une centrale à eau légère qui sera livrée aux Irakiens. Précisons qu'elle aussi permet de produire du plutonium.

Saddam Hussein ne s'y était pas trompé, qui déclarait à la *Semaine arabe* dès le 9 septembre 1975 : « L'accord avec la France est le premier pas concret vers la production de l'arme atomique arabe. »

Que Chirac ait voulu, onze ans plus tard, se laver du péché d'Osirak montre bien qu'il considère le contrat nucléaire passé avec l'Irak comme une faute politique de première grandeur. Dans cette affaire, pourtant, il ne fut pas un comparse mais un complice. En ce temps-là, il n'avait, il est vrai, rien à refuser aux Arabes.

Son arabophilie ne sonnait pas creux. Quand il rentrait de Ryad, c'était pour repartir pour Tripoli. Tout embué de désert, de souk, de hammam, il racontait à tout le monde, avec emphase, que *kiras* veut dire « chef » en arabe. Il commençait à apprendre la langue de Mahomet. Et il était du dernier bien – il l'est resté – avec la plupart des grands hommes d'État arabes.

Quand il parle d'eux, il le fait avec un mélange de fraternité virile et de piété lyrique. Il ne faudrait pas le pousser beaucoup pour qu'il les décrive comme des personnages de l'histoire sainte.

S'agissant de Hassan II, roi du Maroc, rien de plus normal puisque c'est un descendant de Mahomet. Mais le roi Fahd d'Arabie Saoudite a droit aux mêmes transports. Et le roi Hussein de Jordanie. Et Hosni Moubarak, le président égyptien (« Un type solide, intègre et intelligent »). Et Habib Bourguiba, le président tunisien, dont il dit : « Cet homme a été en prison en France, ça pourrait laisser des traces. Plus français que lui, y a pas. Quand il vous parle de la cuisine qu'on lui servait dans sa geôle, on dirait qu'il vous lit un recueil de recettes de Paul Bocuse. Et il peut vous réciter une heure de poésie française. »

Il les aime tous. Ils l'aiment tous. Il leur apporte le respect et la considération. Ils comblent sa faim d'aventures, son besoin de compagnonnage, son goût de l'exotisme.

Pour lui, il n'y a pas de « bons » et de « mauvais » Arabes. Il revendique bien haut la fascination qu'il éprouve pour son « vieil ami » Saddam Hussein, le numéro un irakien : « Il ne s'embarrasse pas de principes, c'est vrai, mais c'est un type d'un courage redoutable. Lors de la révolution communiste, il s'est enfui et il a marché des heures avec une balle dans la jambe. »

Même Mohamar Kadhafi a droit à son indulgence. George Bush, vice-président des États-Unis, se souvient l'avoir entendu – avec émoi – faire l'éloge du numéro un libyen, lors d'un voyage à Washington, en janvier 1983.

« Êtes-vous en train de me dire que ce type est fréquentable ? s'étrangla Bush.

– De deux choses l'une. Ou bien vous avez une politique tendant à le renverser et à le remplacer. Ou bien, si vous considérez que vous n'en avez pas les moyens, vous êtes condamné, en effet, à le fréquenter. »

Hafez el-Assad, le président syrien, lui paraît tout aussi « fréquentable » : « Je n'ai pas pour lui une sympathie naturelle et spontanée mais je suis soufflé que ce type réussisse à imposer sa volonté sur une nation où son ethnie ne représente que 8 % de la population. Je ne porte pas de jugement sur les moyens qu'il utilise pour rester au pouvoir. Il a sur ce point une réputation bien établie. Mais, s'il tombait, je ne suis pas sûr que l'Occident gagnerait au change. »

Et les droits de l'homme là-dedans ? « Les dirigeants arabes, dit Chirac, ont parfois des méthodes qui ne sont pas les nôtres. Mais je me refuse à juger les régimes politiques à l'aune de nos traditions, au nom de je ne sais quel ethnocentrisme. D'ailleurs, je dois reconnaître que le multipartisme ne me paraît pas forcément souhaitable dans les pays en voie de développement. Car, alors, les partis se créent non pas en fonction de critères idéologiques, mais sur des bases ethniques. Ce qui a pour effet immédiat de mettre en danger l'unité nationale. »

A Omar Bongo, président du Gabon, qui lui fait part, en 1986, de son intention d'instituer le multipartisme dans son pays, Jacques Chirac répondra ainsi : « Qu'est-ce que tu as besoin de t'embêter dans cette histoire ? Tu as déjà assez d'ennuis comme ça avec ta dette extérieure et le FMI sur le dos. Tu fais ce que tu veux, mais je constate que personne ne conteste le caractère démocratique du Gabon, malgré ton parti unique. C'est normal : tous tes candidats se font ramasser aux élections. Si j'ai un conseil à te donner, c'est de continuer à développer la démocratie dans ton parti. »

Tel est Chirac, en politique étrangère : empirique, turbulent, aventureux – kissingérien, en somme. Copinant avec les dictateurs aussi bien qu'avec les démocrates, entraîné par une sorte d'esthétisme de l'Histoire, il assume toutes les contradictions. Malgré les apparences et les gesticulations, il est pourtant guidé par une logique implacable. Les Français s'en rendront compte par hasard, à la faveur d'une bourde qui, en définitive, se révélera plutôt heureuse. C'est l'histoire d'un entretien qu'il n'a pas accordé et qui sera quand même publié par le *Washington Times*.

Le 4 novembre 1986, alors que les bombes se sont tues et que Paris n'en finit pas de ressasser les attentats du septembre noir, Jacques Chirac reçoit à Matignon le journaliste américain Arnaud de Borchgrave. Rédacteur en chef du *Washington Times*, quotidien ultra-conservateur financé par la secte Moon, c'est un ami personnel de Ronald Reagan. Et sa feuille passe, dans la capitale américaine, pour être le journal officieux, voire officiel, de la Maison-Blanche.

Mais ce n'est pour aucune de ces raisons que le Premier ministre lui a ouvert sa porte. Il a fait une confusion. Il est convaincu que Borchgrave est un journaliste du célèbre *Washington Post*.

Borchgrave arrive flanqué de François Bujon de L'Estang, conseiller diplomatique de Matignon, qui a organisé le rendez-vous. A peine assis, il sort un petit magnétophone de poche. Chirac se rembrunit :

« Soyons clairs. Je n'ai pas l'intention d'accorder d'interview.

– Comment ? proteste Borchgrave. On m'a fait venir tout spécialement de Washington DC pour ça.

– Je n'étais pas au courant », fait Chirac.

Bujon de L'Estang baisse les yeux :

« C'est vrai qu'il vient exprès.

– Bon. Je vais quand même vous parler mais je ne veux pas que vous me citiez. »

La conversation roule rapidement sur l'affaire de l'attentat – manqué – contre le Boeing El Al de Londres. Le Palestinien arrêté par la police britannique, un certain Hindawi, met en cause l'ambassadeur de Syrie en Grande-Bretagne et son équipe. Ce sont eux qui auraient monté l'opération. Du coup, Margaret Thatcher, Premier ministre britannique, a rompu les relations diplomatiques avec la Syrie. Et elle a fait adopter, dans la foulée, une déclaration des pays membres de la Communauté européenne condamnant Damas.

Jacques Chirac, qui ne se rend pas compte que le magnétophone de Borchgrave continue à tourner, fait état de ses doutes sur la version britannique de l'affaire : « J'en ai parlé à la fois à Kohl et à Genscher. Je ne vais pas aussi loin qu'eux mais la thèse est que le complot Hindawi était une provocation destinée à embarrasser la Syrie et à déstabiliser le régime d'Assad. Qui était derrière ? Probablement des gens liés au Mossad israélien, en conjonction avec certains éléments syriens proches d'Assad et cherchant à le renverser. Les choses de ce genre peuvent être infiniment complexes. »

Le 8 novembre, résumant ses propos en style indirect, Arnaud de Borchgrave rapporte, à la Une du *Washington Times*, que Jacques Chirac met en cause les services secrets israéliens dans l'affaire du Boeing El Al de Londres. Pour faire sa manchette, le journaliste américain a, bien sûr, grossi le trait. Qu'importe. Le mal est fait.

Tempête internationale. Avec cette gaffe diplomatique, le Premier ministre semble être allé au bout du ridicule. « Chaque fois que j'ouvre la bouche, dit-il alors, mi-figue mi-raisin, dans une formule typiquement chiraquienne, c'est pour dire des conneries grosses comme moi. »

Matignon conteste « l'interprétation des propos de Jacques Chirac ». Mais ce démenti alambiqué n'arrange rien : le Premier ministre a beau se contorsionner, les Français sont consternés. C'est alors qu'Arnaud de Borchgrave, s'estimant outragé par les dénégations officielles, décide de publier la transcription intégrale de son entretien avec le chef du gouvernement.

Et c'est ainsi – divine surprise – que les Français apprennent que Jacques Chirac a une politique arabe. Pour la première fois, l'un des hommes politiques les plus menteurs et démenteurs du dernier quart de siècle a parlé vrai.

Dans son entretien au *Washington Times*, Chirac définit clairement ses objectifs : 1° la restauration de la paix au Liban dans ses frontières actuelles (« Si le reste du monde occidental se fout du Liban, ce n'est pas le cas de la France ») ; 2° la fin du conflit israélo-arabe (« Ce qui présuppose une solution pour les Palestiniens ») ; 3° la sauvegarde des régimes modérés du monde arabe (« Nous devrions nous mettre en quatre pour ne pas déstabiliser les chefs d'État arabes qui sont de notre côté »).

Tout au long de cet entretien, Chirac reproche aux États-Unis leurs « aboiements » contre la Syrie et la Libye. Les Occidentaux devraient se garder de ne songer qu'à flatter leurs opinions publiques : « Est-ce qu'ils pensent vraiment que les gens vont se dire : "Bravo, ils ont des couilles au cul !" ? » Mieux vaut se préoccuper, ajoute-t-il, de « la réaction dans les souks de Tunis ». Et faire en sorte que « l'homme du peuple là-bas » ne se sente pas solidaire des pays que l'Ouest menace de ses foudres. « Chaque action perçue comme une agression contre les Arabes, explique-t-il, contribue simplement à accumuler la pression pour l'explosion. »

L'explosion ? Celle que risquent de déclencher les « fondamentalismes musulmans ». C'est pourquoi l'objectif prioritaire de l'Ouest doit être « d'empêcher le fanatisme religieux anti-occidental d'engloutir la région entière ». « La grande bombe, dit-il, n'est pas celle qui explose rue de Rennes, mais celle qui pourrait exploser sur tout le monde arabe si l'opinion publique arabe est placée le dos au mur [...]. Même le terrorisme dont nous avons souffert en septembre est de la petite bière à côté. »

C'est, à l'évidence, la meilleure interview qu'il ait jamais accordée. Et sa publication efface les effets désastreux de sa mise en cause du Mossad israélien.

Dans le Point[1], Denis Jeambar résume bien le sentiment général quand il écrit à propos de la politique esquissée par Chirac dans son entretien au Washington Times : « Ses racines, sa sève viennent directement de la tradition gaulliste qui a d'ailleurs inspiré toute la tradition de la Ve République, Claude Cheysson compris. » Et Jeambar de citer de Gaulle : « Tout nous commande de reparaître au Caire, à Damas, à Amman, à Bagdad, à Khartoum comme nous sommes restés à Beyrouth » (Mémoires d'espoir).

Curieusement, en Israël comme aux État-Unis, le discours de Chirac passe bien. Dans le Los Angeles Times, le journaliste William Pfaff ira jusqu'à dire qu'il est « intellectuellement sérieux et cohérent ».

Bigre ! Ce qu'on prenait pour une sorte de faiblesse pathologique n'était rien d'autre, en fait, qu'un subtil calcul stratégique. Il suffisait de l'expliquer, ce calcul. Et c'est ainsi que Chirac peut maintenant reprendre, en toute quiétude, ses affaires avec les deux États qui, après les attentats du septembre noir, sont dans la ligne de mire de la police française. Pour dîner avec Satan, cet homme n'est pas du genre à se munir d'une longue cuillère.

D'abord, Chirac s'efforce, non sans équivoque, de ne pas casser les fils avec Damas. Il annonce, en public, des « représailles terribles » si la police française découvrait une main syrienne dans les attentats. Mais, en privé, il doute que le régime d'Assad ait vraiment inspiré les actions terroristes de septembre. Et, dans la foulée, il relance l'aide économique de la France à la Syrie en décidant de livrer, dans un premier temps, cinq cent mille tonnes de farine.

1. 17 novembre 1986

Ensuite, il cherche obstinément, jusqu'à la fin de l'année 1986, à renouer avec Téhéran. Pour montrer sa bonne volonté, le gouvernement a même fait à l'Iran un chèque de 23 milliards de francs en acompte au remboursement d'un prêt que le shah avait naguère consenti à la France. Mais Chirac ne nourrit guère d'illusions sur l'avenir des relations franco-iraniennes (« Ces gens-là, dira-t-il, n'ont pas les mêmes modes de raisonnement que nous, on aura toujours du mal à se comprendre : vous croyez être arrivé à un accord avec eux et, boum, ils vous font reprendre la négociation à zéro avec une nouvelle équipe. Ils cherchent sans arrêt à vous mener en bateau »).

Chirac sait que l'Iran « satanisera » la France tant qu'elle soutiendra l'Irak. Et il a probablement été tout de suite convaincu, en son for intérieur, qu'il fallait aller chercher du côté des imams de Qom les instigateurs des attentats de septembre.

Mais ne faut-il pas toujours donner sa part à Messire le Diable ?

Monsieur Jadis

Les charbons se moquent des cendres.
Proverbe nigritien.

Il a suffi que la France prenne un coup de jeune pour que Jacques Chirac prenne un coup de vieux. Comme d'habitude, l'Histoire étant perfide, les trébuchets avaient été placés là où personne ne les attendait. Et le Premier ministre est tombé dedans alors même que, s'envolant dans les sondages, il semblait être en veine...

Le scénario, qui allait se terminer par la déroute politique du Premier ministre, était d'une logique implacable. Il avait même déjà servi. Chercher à réformer l'école ou l'université, c'est, en France, la chose à ne pas faire. Mais le gouvernement avait décidé de s'y essayer. Il fallait bien respecter la plate-forme UDF-RPR.

C'est le ministère de la déconfiture. Rares sont ceux qui, comme Edgar Faure ou Jean-Pierre Chevènement, ont su tirer leur épingle du jeu. Il y a beaucoup de monde, et du beau monde dans les cimetières de l'Éducation nationale : Christian Fouchet, Alain Peyrefitte ou Alain Savary. Mais, à l'évidence, Jacques Chirac n'a pas retenu la leçon.

Le piège s'est mis en place, le 11 juillet 1986, quand Alain Devaquet, ministre délégué aux Universités, fait adopter son projet de loi sur l'enseignement supérieur par le Conseil des ministres. L'événement passe pratiquement inaperçu. Le Premier ministre n'a jeté qu'un œil distrait sur le texte. Il n'a fait qu'un commentaire : « C'est un peu compliqué, tout ça. »

Mais il fait confiance à son ministre. Vosgien, gaulliste, humaniste et franc-maçon, Alain Devaquet n'est pas du genre à faire des vagues. Ni à mettre du sel sur les plaies. Agrégé de physique et docteur ès sciences, c'est un spécialiste international de la chimie théorique. « Un nobélisable », dit souvent, avec une pointe de fierté, Jacques Chirac.

Il y a du professeur Nimbus dans cet homme-là, sorti de ses calculs pour affronter la vie. Ne se pliant que de mauvaise grâce aux jeux de la politique politicienne, il avait pris l'engagement, quand il devint secrétaire général du RPR, en 1978, « de ne jamais mentir » ; il fut rapidement remplacé.

Autant dire qu'Alain Devaquet est à cent lieues des ultras de la majorité. Exécrant à peu près autant les spéculations idéologiques d'Alain Madelin que les obsessions sécuritaires de Charles Pasqua, c'est un modéré. Et, très vite, il s'est fait rappeler à l'ordre par Alain Griotteray, qui écrivait dans *le Figaro Magazine*[1] : « Certains, tel M. Devaquet, dont nul ne conteste le talent, semblent oublier la plate-forme sur laquelle ils ont été élus. »

Dans son projet de loi, Devaquet a tout de même donné quelques gages aux ultras, qui, en matière universitaire, ont un porte-parole de choc en la personne d'Yves Durand, conseiller à l'Éducation de Matignon. Le texte renforce l'autonomie des universités, amorcée sous la gauche, tout en satisfaisant les appétits mandarinaux, exacerbés sous la droite. En voici les grandes lignes :

1° « Les établissements publics d'enseignement supérieur détermi-nent chaque année les conditions d'accès aux différentes formations en tenant compte des caractéristiques de celles-ci, des aptitudes requises des étudiants et des capacités d'accueil de l'établissement. » Bref, les universités pourront désormais accueillir – et refuser – qui elles voudront.

2° « Chaque diplôme porte désormais le nom de l'établissement dans lequel il a été délivré. » L'étudiant, en somme, n'obtiendra plus une licence de l'Université française mais une licence de Toulouse II ou de Paris VI.

3° Les droits d'inscription peuvent être modulés et augmentés par chaque université dans une proportion de un à deux.

4° Les professeurs en titre, c'est-à-dire ceux du corps A, sont les seuls autorisés à occuper les postes de responsabilité dans les universités.

Alain Devaquet n'a-t-il rien vu venir ? Avant que son projet de loi ne soit examiné par les députés, il est aux cent coups. Il sait que sa copie ne satisfait pas pleinement Yves Durand et les ultras. Au RPR et à l'UDF, on lui prépare des amendements, des embûches, des torpilles. Raymond Barre et Jean-Claude Gaudin ont déjà déposé sur le bureau de l'Assemblée nationale un texte explosif qui, aux yeux du ministre délégué aux Universités, pourrait mettre les facultés

1. 24 mai 1986.

à feu et à sang. «Mes problèmes ne viendront pas de la gauche mais de notre droite qui me trouve bien trop timoré», dit-il à cette époque[1].

Chirac, qui s'en remet totalement à Devaquet, ne voit pas plus clair. Et on sait, depuis la Bible, que si un aveugle conduit un autre aveugle ils tomberont dans le puits...

Le gouvernement vaquait à ses occupations. A défaut de terroriser les terroristes, Charles Pasqua, le ministre de l'Intérieur, donnait le frisson aux immigrés clandestins en décidant avec Robert Pandraud, son compère, d'expédier à Bamako un charter de cent un Maliens qui se trouvaient en situation irrégulière sur le territoire français. Albin Chalandon, le garde des Sceaux, déclarait ouverte la chasse aux drogués et mettait au point un Code de la nationalité qui stipulait que, pour être français, il faudrait désormais en manifester l'intention.

Étrange époque. Elle avait l'air de sortir d'un autre âge. Comme si les pasquinades et les chalandonneries ne suffisaient pas, quelques députés du RPR et de l'UDF s'activaient autour d'une proposition de loi supprimant le remboursement de l'IVG (interruption volontaire de grossesse). Bref, la majorité se shootait, jusqu'à l'overdose, à l'idéologie libéralo-sécuritaire.

Personne ne s'affolait, car tout le monde avait compris la manœuvre : pour être sûr d'arriver en tête des candidats de droite au premier tour de l'élection présidentielle, Chirac avait décidé d'éradiquer une fois pour toutes le Front national. D'où la thématique droitière de son gouvernement contre l'immigration, la drogue, le laxisme et le reste.

La France le regardait faire, avec un mélange de complaisance et de résignation, quand, dans la rue, la surprise arriva.

Le dimanche 23 novembre 1986, deux cent mille personnes manifestent à Paris à l'appel de la FEN (Fédération de l'éducation nationale) «pour l'avenir de la jeunesse», ainsi que contre la politique scolaire et universitaire du gouvernement. Le lendemain, le défilé fait quelques gros titres mais personne n'en tire vraiment les leçons. Personne, sauf Charles Pasqua qui, avec son flair proverbial, dit à Jacques Chirac, dès le lundi matin : «Il va falloir retirer le projet Devaquet. J'ai des tas d'informations concordantes qui montrent que la mayonnaise est en train de prendre, contre cette

1. Entretien avec l'auteur, 10 novembre 1986.

réforme. On ne va pas pouvoir tenir. Crois-moi, vaut mieux lâcher tout de suite. »

Mais Chirac décide de ne pas lâcher. Il a le sentiment que Pasqua-le-Méridional en rajoute. C'est sa première erreur. Mais ce ne sera pas la dernière. En tardant à retirer le texte contre lequel se dresse la jeunesse, le Premier ministre se fourvoiera jusqu'au fiasco final, avec un affligeant manque d'acuité politique.

Les occasions de céder n'ont pas manqué, pourtant.

Le jeudi 27 novembre, une marée humaine déferle sur les grandes villes de France. Ils sont deux cent mille à Paris et trois cent mille en province. Bien plus que ne l'avaient prévu l'UNEF-ID et la coordination étudiante qui avaient appelé à la manifestation. Ils demandent le retrait du projet Devaquet. Au lieu de tirer les leçons du mouvement, Chirac se contente, alors, d'ergoter sur son ampleur.

Le vendredi 28 novembre, le Premier ministre réunit, autour de lui, Alain Devaquet, ministre délégué aux Universités, René Monory, ministre de l'Éducation nationale et Maurice Ulrich, directeur du cabinet de Matignon. Pour Chirac qui a beaucoup consulté, pendant les dernières heures, il y a trois solutions et elles ont toutes des inconvénients : le retrait sera considéré comme une reddition ; le maintien conduira à l'épreuve de force ; le compromis ne mettra sans doute pas fin à la contestation étudiante. Parce qu'il n'a jamais aimé les terrains minés, il penche, cela va de soi, pour la première solution. Ses deux ministres ne veulent rien entendre. Ils se détestent cordialement mais, sur cette affaire, ils font bloc. « Cette loi, c'est vous qui l'avez voulue, dit Monory à Chirac. Vous n'allez quand même pas capituler en rase campagne. »

Le samedi 29 novembre, le Premier ministre convoque une cellule de crise à Matignon. Au trio de la veille s'ajoutent Édouard Balladur, Charles Pasqua et Robert Pandraud. Une fois encore, Pasqua plaide pour le retrait du projet Devaquet :

« C'est bien simple. Il y a énormément de lycéens, dans ce mouvement. Des gosses. S'ils se mettent à occuper leurs établissements, vous me voyez envoyer les CRS pour les déloger ? Non mais franchement, c'est pas sérieux. »

Riposte de Monory, bougon :

« Si on retire ce projet, il n'y a plus de gouvernement. Je n'assumerai pas cette politique. »

Que Devaquet démissionne si son projet est retiré, passe encore Mais Chirac ne peut accepter la perspective de se séparer de Monory De tous les chefs de file du CDS (Centre des démocrates sociaux), c'est le seul qui ne roule pas pour Barre. C'est, en fait, l'une des pièces maîtresses du dispositif présidentiel du Premier ministre

Bref, alors que c'est le social qui est en question, Chirac n'est toujours obsédé que par le politique, voire le politicien. C'est ce qui va le perdre. Pour n'avoir pas voulu, en retirant le projet Devaquet, sacrifier Monory, il finira pas s'immoler lui-même...

Le dimanche 30 novembre, invité de «Questions à domicile» sur TF1, Chirac cherche donc à se montrer tout à la fois ferme et souple. Exercice auquel il excelle depuis son septembre noir. Il parle aux jeunes comme aux Syriens. «Il y a eu un certain nombre de malentendus, peut-être de maladresses, concède-t-il. Il y a contestation. Alors, discutons.» Tendu, fatigué, agité de tics, il ne convainc personne. Les étudiants sont persuadés qu'il attend les vacances de Noël, quand les facs seront désertes, pour faire passer la loi.

S'il n'a pas trouvé les mots pour rasseoir les esprits, c'est sans doute parce qu'il ne comprend pas cette génération dite morale qui est en train de lui creuser les rides de la vieillesse. Il n'a aucun point de repère. Il ne connaît ni ses chansons ni ses BD ni ses rites ni ses mythes. Il y a un monde entre eux.

Le jeudi 4 décembre, c'est une manifestation monstre qui submerge Paris, pour demander le retrait du projet Devaquet. Les jeunes sont deux cent mille d'après la police, un million d'après les organisateurs. Ils sont rieurs, chaleureux, légalistes. Quand ils sont perdus, ils demandent aux policiers le chemin du cortège. Mais la fête tournera mal. En fin de journée, des heurts opposent des éléments incontrôlés et les forces de l'ordre. Les CRS chargent. Un étudiant perdra une main. Un autre, un œil.

C'est une génération qui est descendue dans la rue. S'agit-il du retour du collectif dans une jeunesse que l'on disait individualiste, voire narcissique? Plusieurs auteurs ont soutenu cette thèse[1]. Un sondage de la SOFRES, réalisé à cette époque, montre pourtant que, d'entrée de jeu, les jeunes se sont mobilisés contre le projet Devaquet. Pas contre la politique du gouvernement[2].

Apparemment, c'est avant tout la peur de l'après-bac et du chômage qui les a poussés dans la rue. Il y a de quoi : 40 % des étudiants sortent sans diplôme du système universitaire français. Certes, les jeunes sont scandalisés par le racisme et la faim dans le

1 Laurent Joffrin, *Un coup de jeune*, Arléa, 1987.
2. *Le Nouvel Observateur*, 5 décembre 1986

monde. Ni cyniques ni apathiques, ils croient aux grandes causes. Mais on a beau les retourner dans tous les sens, on ne trouve pas en eux des traces sérieuses de politisation au sens classique du terme. Ils sont «moraux». Pas militants. Leur slogan les résume bien : «Mai 68, c'est trop vieux. Décembre 86, c'est bien mieux. »

Mais, s'ils ne s'occupent pas de la politique, elle commence à s'occuper d'eux.

Matraquée par la droite, la nouvelle génération n'est-elle pas en train de virer, pour de bon, à gauche ? Deux hommes ont perçu le danger : François Léotard et Alain Juppé. L'un est ondoyant ; l'autre, raide. Ce sont probablement, avec Philippe Séguin, les deux meilleurs «espoirs» de la majorité. Ils redoutent que le libéralisme ne se discrédite pour longtemps en se présentant à la jeunesse botté et casqué. Ils commencent donc à manœuvrer, chacun de son côté et à sa façon, pour faire retirer le projet Devaquet.

François Léotard attaque bille en tête. Depuis plusieurs mois, le ministre de la Culture et de la Communication ne se sent plus «en phase» avec la politique du gouvernement. Le 4 août 1986, dînant en tête à tête avec Jacques Chirac, il a vidé son sac :

«Cela commence à bien faire. On a gagné ensemble mais vous n'arrivez pas à vivre l'alliance. Vous autres, au RPR, vous vous comportez comme les Soviétiques qui aiment dire : "Tout ce qui est à nous est à nous et tout ce qui est à vous est négociable." Avec toi, on peut encore parler, mais tes copains, ce sont de vrais moines-soldats. Ils ne songent qu'à placer leurs potes. On va gagner la bataille de la gestion mais on est en train de perdre celle du rêve. On aurait pourtant des idées en matière culturelle. Vous vous en foutez. Quand vous faites de la concertation avec nous, c'est sur des queues de cerises. Je suis ministre de la Culture, que je sache. Eh bien, on ne prend même plus la peine de me consulter dans ce domaine. Je te donne un exemple : sur la privatisation de Radio-Monte-Carlo qui, pourtant, couvre ma région, sais-tu que je n'ai été mis au courant de rien ? »

Alors, Chirac, sur le ton du maître qui jette son os :

«RMC, c'est ton affaire. Débrouille-toi. »

Il va de soi que cela n'a pas suffi à Léotard : l'os n'était pas à sa mesure. Le ministre de la Culture est furieux d'être mis devant le fait accompli pour tous les projets de société du gouvernement. Il se dit scandalisé par la répression des drogués, envisagée par Albin Chalandon. Il n'a pas de mots assez durs, en privé, pour dénoncer l'expulsion des cent un Maliens. Mais, avec la crise universitaire, la coupe est pleine.

Le vendredi 5 décembre, quand Chirac réunit les principaux ministres et responsables de la majorité, il flotte un climat surréaliste à Matignon. S'il paraît pencher pour la suppression, dans le texte, des points contestés, Balladur explique qu'il faut en garder le canevas :

« Il en va de l'autorité du gouvernement. »

Pasqua se contente de procéder par interrogation du genre :

« Vous croyez que ça vaut la peine de continuer à avoir des affrontements sur ce texte ? »

D'Ornano se fait plus normand que nature. Quant à Messmer, il dit carrément :

« Si on retire le projet de loi, je vous préviens qu'il n'y aura plus de gouvernement dans quinze jours. »

Alors, Léotard, qui se dit révolté par les violences policières de la veille, explose :

« Le gouvernement n'a pas un problème d'autorité. Il a un problème d'ouverture. Il y a un décalage terrible entre ce que nous disons et ce qu'il y a dans la tête des jeunes. Vous répondez par le langage de *Minute* à des gens qui lisent *Libération*. C'est la plus grande manif depuis la guerre, il ne s'agit plus de retirer un point ou deux du texte. Ce projet est un cancer. Ce n'est pas en enlevant la partie tuméfiée qu'on guérira le malade. »

Léotard paraît avoir emporté le morceau. Mais Chirac ne tranche pas vraiment. Il se lève à l'improviste :

« Excusez-moi. Je suis pressé. J'ai un rendez-vous avec la reine d'Angleterre. »

Il doit partir, avec Mitterrand, au sommet européen de Londres. Il laisse le dossier universitaire à Balladur, son vice-Premier ministre qui va faire l'intérim. Monory n'en fera qu'une bouchée.

Monory ne veut pas entendre parler de retrait. C'est ce qu'il confirme à Léotard et à Madelin qu'il a conviés à déjeuner au ministère de l'Éducation nationale. Il ne se laissera pas ébranler par les suppliques et les injonctions de ses deux collègues. Il est sûr de lui – et de son fait : « Je suis en train de prendre la responsabilité d'un dossier dont on m'a interdit l'accès pendant neuf mois, dit-il avec amertume. Ou bien je prends les choses en main. Ou bien je m'en vais. »

Balladur n'a plus qu'à bien se tenir.

Il est prévu que Monory enregistre à 19 heures une déclaration télévisée où il annoncera les concessions gouvernementales : tous les points contestés seront purement et simplement retirés. Quand il montre à Balladur son projet de déclaration, l'autre lui demande d'ajouter le mot « retrait ».

« Je ne pourrais pas prononcer ce mot-là, répond le ministre de l'Éducation nationale.

– Il faut qu'il soit bien clair que vous supprimez plusieurs dispositions », insiste Balladur.

Mais Monory n'a pas le temps de discuter davantage. Il a un rendez-vous chez le coiffeur.

A 20 heures, sur les trois chaînes nationales, René Monory, regard droit et brushing flambant neuf, annonce que le Premier ministre lui a demandé de « prendre directement en main le dossier universitaire ». Sur un ton de garde champêtre, il avise les populations qu'il maintient son projet mais que les dispositions concernant les diplômes, les droits d'inscription et l'orientation des étudiants ne seront pas débattues « pour le moment » au Parlement. Bref, il bat la retraite. Il a simplement oublié de la sonner. Rares sont ceux qui, après l'avoir entendu, ont compris que le gouvernement a cédé sur toute la ligne.

Quelques étudiants ont même compris le contraire. Au Quartier latin, cette nuit-là, c'est le festival des casseurs : apparemment, Mai 68 est de retour. A un détail près : cette fois, il y aura un mort.

Vers 1 heure du matin, Malik Oussekine, de parents algériens, élève à l'École supérieure de l'immobilier, établissement privé du XVᵉ arrondissement de Paris, meurt à la suite des coups que lui ont assénés trois policiers du peloton voltigeur motocycliste. Alors qu'il s'était réfugié dans le sas d'entrée de l'immeuble du 20, rue Monsieur-le-Prince, au Quartier latin, il a été sévèrement matraqué. Il souffrait d'une malformation des reins. Il n'a pas résisté.

Balladur réveille, au petit matin, Chirac, qui est encore à Londres, pour lui annoncer la nouvelle. La crise a basculé, soudain, dans la tragédie.

Chirac lanterne. Comme Mitterrand, comme Pompidou, comme de Gaulle, c'est un optimiste qui, dans les situations difficiles, a pour habitude d'attendre que les choses se retournent d'elles-mêmes. Mais il ne voit toujours rien venir. Fataliste, il semble avoir décidé d'aller jusqu'au bout de son destin.

Où va-t-il ? Là où, comme dit Napoléon, « la marche irrésistible des événements » le conduit.

En attendant, il rentre en France.

Le samedi 6 décembre, en fin de journée, alors que le Quartier latin recommence à flamber, il rend compte des derniers événements à Mitterrand, au palais de l'Élysée. Il lui annonce son intention de « désosser » le projet Devaquet. « C'est une sage décision, dit le président. Je ne peux que l'approuver. Comme vous savez, j'ai moi-même retiré un projet de loi sur l'enseignement. Vous n'ignorez pas que je m'en suis bien porté. » Chirac ne sort pas réconforté de cet entretien, pourtant. Il sait bien. que le chef de l'État saisira la première occasion pour le déstabiliser.

Le dimanche 7 décembre, après les émeutes de la nuit, il reprend confiance en écoutant Charles Pasqua casser du casseur au palais du CNIT, à la Défense, devant un parterre de militants venus fêter les dix ans du RPR. Avec un rare cynisme, le ministre de l'Intérieur ressort les vieilles hydres, pour affoler la France profonde. Si Décembre 86 est une nouvelle version de Mai 68, il faut dès maintenant préparer la revanche et les élections. Telle est la stratégie du ministre de l'Intérieur qui tonne : « Tenez-vous prêts, si les événements le nécessitent, à défendre avec nous la démocratie et la République. »

Jacques Chirac est-il tenté, alors, de jouer la carte de la radicalisation ? Recevant, dans l'après-midi, François Léotard et Alain Madelin qui sont venus lui demander de retirer le projet Devaquet, il leur dit avec agacement :

« Vous n'avez pas assez d'expérience. J'ai vécu Mai 68, moi. Tous ceux qui cèdent sont balayés par la vague.

– S'il faut sombrer, répond tristement Léotard, on sombrera avec toi, mais notre devoir est de te dire que nous sommes dans une impasse. Je crois qu'on n'a jamais raison contre tout le monde. »

Dans la nuit, François Léotard, toujours pas résigné, téléphone à René Monory. Il le supplie, une dernière fois, de dire au Premier ministre qu'il n'est plus disposé à défendre ce qui reste du projet Devaquet. Pour maintenir la pression, il fait monter en ligne Alain Madelin qui accorde au *Matin* une interview fracassante où il dit tout le mal qu'il pense de ce texte qui « ne vaut pas la mort d'un homme ».

Paraît Alain Juppé. Depuis le vendredi, le ministre délégué au Budget remue ciel et terre, Ulrich et Baudouin, Balladur et Pasqua, etc. A tous, il tient le même discours : « Si on ne retire pas ce texte tout de suite, on sera obligés de le faire dans quelques jours quand le président nous le demandera en prenant le pays à témoin. On aura bonne mine. »

Le lundi 8 décembre, à 8 heures, Juppé se précipite dans le bureau de Balladur :

« Il faut retirer tout et tout de suite.

— On ne peut pas, vous le savez bien. Monory ne veut pas.

— Voyez Monory. Je suis sûr que vous arriverez à le convaincre. »

Quand Monory entre dans le bureau de Balladur, à 9 h 30, il est déjà à moitié convaincu. Léotard est passé par là. Méhaignerie aussi. Et lui-même est passé, pendant le week-end, à Loudun, son fief électoral, où il a remarqué que le projet Devaquet « ne passe vraiment pas bien », comme il dit.

A 10 h 30, Édouard Balladur et René Monory foncent à Matignon où le Premier ministre vient de recevoir Edmond Maire, secrétaire général de la CFDT, partisan du retrait. Les deux hommes se retrouvent, avec Charles Pasqua, dans le bureau de Jacques Chirac.

« Alors que fait-on ? demande Chirac à Monory.

— Ce que vous voulez, répond l'autre. Mais, si vous me demandez mon avis, je suis pour l'abandon du projet. »

Tout le monde est soulagé. Tout le monde, sauf Pasqua qui plaide pour le maintien du projet. Chirac s'étrangle :

« Je ne comprends pas. Tu changes tout le temps d'avis. Il y a quelques jours, tu étais pour le retrait. Et maintenant...

— Il y a quelques jours, retirer le projet, c'était comme retirer sa cravate. Maintenant, c'est retirer son pantalon. Et je n'ai jamais aimé me déculotter en public. »

A 11 heures, devant les ministres qu'il a convoqués en réunion de cabinet, Chirac dit, d'une voix brûlante de colère : « Il n'y aura pas de débat. Je vous fais part de ma décision : le projet Devaquet est retiré. Il y en a, ici, qui ont failli à la solidarité gouvernementale. C'est inadmissible. Et je peux vous dire que ça ne se reproduira plus. »

Madelin pique du nez dans ses dossiers. Quelques semaines plus tard, rassurant Léotard, Chirac dira du ministre de l'Industrie : « Ton Madelin est un type bien. Je ne lui en veux pas. Dans ce métier, de toute façon, il faut s'attendre à tout. J'en ai tellement vu : tout le monde trahit tout le monde. C'est la loi du genre. »

La défaite apprend toujours davantage que la victoire. En quelques jours, Chirac s'est retrouvé seul, usé, décrépit. Les médias le traitent sans ménagement. Il n'est même plus rare qu'ils parlent de lui au passé.

La crise étudiante est derrière lui, pourtant : le mouvement s'est dissous de lui-même. Le 11 décembre, au lendemain de la « marche civique » en mémoire de Malik Oussekine, les lycées et les universités se sont remis au travail. Ce n'est qu'un début, ne continuons pas le combat. Tel est, apparemment, le mot d'ordre de la génération « morale ».

Chirac est donc sorti du piège. Mais il est atteint.

Jusqu'à la fin, il a donné le sentiment d'avancer en aveugle vers ce qu'il redoutait. Entre la jeunesse et Monory, entre la France et son destin présidentiel, il a trop longtemps balancé. Et il a mis au jour, avec un mélange de patience crispée et de superbe frileuse, une vision archaïque des mentalités sociales. Il a même fini par se croire en Mai 68. Bref, il a eu tout faux.

La génération « morale » ne voulait pas détruire l'Université, encore moins la société. Elle ne songeait qu'à s'intégrer davantage. Elle attendait des assurances sur son avenir. Or le Premier ministre n'a pas cherché à dialoguer avec elle. Il n'a même pas tenté de parler de la crise universitaire avec une étudiante qu'il avait pourtant sous la main, le soir, en rentrant de Matignon : sa fille Claude.

Mais, comme tous ceux qui savent rebondir des enfers, Chirac reconnaît toujours ses erreurs. Après qu'il a annoncé le retrait du projet Devaquet, sa fille Claude lui dit :

« Papa, je ne te comprends pas. Tu m'as toujours dit qu'il ne fallait pas céder aux pressions et au chantage.

– Quand tu fais l'unanimité contre toi, la seule chose intelligente à faire, c'est de se demander si tu n'as pas eu tort et, s'il le faut, de reculer. »

Il ne tarde pas à tirer les leçons de la déroute. En deux temps trois mouvements, il se débarrasse de ses oripeaux libéraux, décrète la pause et ajourne ses projets de réforme de société, comme la refonte du Code de la nationalité et l'instauration des prisons privées. Il a fallu la mort de Malik Oussekine pour qu'il se décide, enfin, à devenir lui-même : l'*Homo radicalus*.

C'est la dernière métamorphose d'un homme qui n'en a pas été à une près : Chirac a fini par donner naissance à Chirac. Après avoir été à peu près tout et son contraire, antieuropéen puis proeuropéen, étatiseur puis privatiseur, socialiste rampant puis néo-libéral, il se met soudain à assumer, voire à revendiquer, cet empirisme radicalo-pathologique qu'il s'est employé, pendant si longtemps, à cacher aux Français derrière l'enflure de ses discours.

Bref, il commence à se ressembler. Il est aussi en phase, du même coup, avec le monde qui l'entoure, placé sous le signe du postmodernisme. Dans *l'Ère du vide*[1], le philosophe Gilles Lipovetsky a défini ainsi la société postmoderne : c'est « celle où règne l'indifférence de masse, où le sentiment de ressassement et de piétinement domine, où l'autonomie privée va de soi, où le nouveau est accueilli comme l'ancien, où l'innovation est banalisée, où le futur n'est plus assimilé à un progrès inéluctable ». « La société postmoderne, ajoute Lipovetsky, n'a plus d'idole ni de tabou ni d'image glorieuse d'elle-même, plus de projet historique mobilisateur, c'est désormais le vide qui nous régit, un vide pourtant sans tragique ni apocalypse. »

Se targuant de sa vacuité idéologique et répugnant à l'abolition du *statu quo*, « Monsieur Jadis » est devenu postmoderne...

Les Français ont tout de suite mis le nouveau Chirac à l'épreuve. Une crise en cache souvent une autre : suivant l'exemple des étudiants, les conducteurs de train puis les cheminots de la SNCF lancent un mouvement de grève, en décembre, pour arracher des concessions salariales au gouvernement. Ils seront suivis par les agents de l'EDF et de la RATP. Le Premier ministre ne transigera pas. « Si je lâche, dit-il alors en privé, toutes les catégories sociales vont demander leur part et l'inflation déferlera. Plutôt démissionner que d'assumer ça. Si jamais Mitterrand a un mot de soutien pour les grèves, je quitte tout de suite le gouvernement. »

Mais Mitterrand ne prend pas Chirac de front. Comme toujours, il sophistique, il équivoque. A l'occasion du Nouvel An, il reçoit, au fort de Brégançon, une délégation de cheminots en grève à qui il déclare qu'il « comprend » leur mouvement. « Pas très élégant », proteste, sur le coup, Chirac. Le 7 janvier 1987, lors de leur tête-à-tête hebdomadaire, le président lui expliquera : « Ils sont arrivés si gentiment avec des fleurs, vous comprenez. Il y avait des femmes et des enfants. Je n'allais pas les laisser à la porte. Il fallait bien que je leur dise quelques mots. »

Le chef de l'État, ficelle, n'a pas rejoint pour autant le camp des grévistes. Il a même concédé, en public, qu'il approuvait la fermeté gouvernementale en soulignant « l'absolue priorité qui doit être reconnue à la lutte contre l'inflation ». Mais il a aussitôt ajouté : « S'il y a sacrifice, il doit être justement réparti. »

Le malheur, on le sait, arrive toujours accompagné. La grève du secteur public n'est pas encore terminée que survient une sévère vague de froid, le 10 janvier. Elle provoquera la mort d'une centaine

1. Gallimard, 1983

de personnes, ainsi que des pannes d'électricité et des perturbations dans les transports.

Comme s'ils allaient lui permettre de donner le meilleur de lui même, les embarras mettent souvent Jacques Chirac en état de jubilation. Il sait que l'Histoire est tragique – surtout en cet hiver 1987. Mais il ne peut s'empêcher de la trouver aussi franchement comique.

Le 16 janvier, à Charles Pasqua qui lui téléphone, Jacques Chirac dit, de sa voix la plus sérieuse : « Bon. Il va falloir que tu prennes des dispositions, dès maintenant, pour les terribles inondations qui vont se produire à Chalon-sur-Saône, la semaine prochaine. Je te recommande aussi de commander d'urgence d'importantes quantités de vaccin pour lutter contre l'épouvantable épidémie de choléra qui, je le sais, va éclater, d'ici quinze jours, dans la région de Nice. » Le ministre de l'Intérieur n'a pas apprécié l'humour.

A l'Élysée, le président rigole, devant un groupe de journalistes : « Chirac est foutu. Ce n'est pas sa faute, le pauvre. Il a tout eu contre lui. Même le mauvais temps. »

Foutu, Chirac ? A Matignon, le Premier ministre blague tout autant : « Les sondages sont bien meilleurs qu'ils ne devraient l'être. Les Français ont bien du mérite à approuver notre politique avec tous les emmerdements qui leur tombent dessus : les attentats, les otages, les grèves, les manifs et le froid. »

Politiquement, Chirac est, depuis la crise étudiante, un homme mort. Mais, comme Mitterrand, comme Pompidou, comme de Gaulle, il a toujours suffi qu'il sombre pour qu'ensuite il refasse surface.

Il faut se méfier des hommes politiques. C'est quand on les croit finis qu'ils recommencent..

Le voyageur sans bagages

La vie n'est pas le travail : travailler sans cesse rend fou.

Charles de Gaulle.

Est-ce parce qu'il a peur du reflet qu'il pourrait donner de lui-même ? Depuis vingt ans qu'il est entré en politique, Jacques Chirac ne s'est avancé que masqué. Il n'a porté que des faux nez. Il ne s'est jamais montré à découvert. C'est sans aucun doute l'un des plus curieux politiciens de l'après-guerre.

Rares sont les hommes publics qui auront été aussi étrangers à eux-mêmes. Chirac s'est inventé de toutes pièces. Ce mélange hybride de Sapeur Camember, de M. Homais, de Mère MacMiche et de Gendarme de Guignol qu'il présente à la France, c'est une pure création personnelle

Sans doute pense-t-il qu'il ne se suffit pas à lui-même. Pour l'imaginaire collectif, l'homme d'État est celui qui, tel Moïse, descend de son Sinaï, donne la bonne parole et bénit la foule. Ce n'est pas le genre de Chirac. Il ne prétend pas rouler sa meule sur la France. Il n'entend pas entrer dans l'Histoire, pas même au Panthéon. Il n'arrive pas à se prendre au sérieux. Il croit à la vanité des hommes et à l'inanité des choses terrestres. Pour lui, tout lasse, tout passe, tout casse.

Méthodique ou pas, son doute n'a pas vieilli. Aujourd'hui, Jacques Chirac a cinquante-cinq ans, c'est-à-dire l'âge de François Mitterrand quand il prit le contrôle du PS, en 1971, au congrès d'Épinay. Il ne s'aime toujours pas. Il se trouve «plutôt moche». Il se juge «très moyennement intelligent». Un jour, il se dit qu'il a raté sa vocation et qu'il aurait dû faire du cinéma. Le lendemain, il rêve de tout recommencer à zéro en Polynésie.

Il n'a toujours pas rompu avec son adolescence, à vrai dire. Il est sans cesse agité par un mouvement perpétuel d'idées, de sensations, de désirs. Il n'avance que par grands bonds Il a tout le temps un projet en cours. Il vient toujours d'avoir un coup de cœur. Il y a, chez lui, quelque chose d'impatient, d'impétueux, d'incompressible.

Même s'il faut soixante ans pour faire un homme, comme disait André Malraux, Jacques Chirac s'est alourdi et il a mûri. Comme le note Alain Duhamel, dans *le Vᵉ Président*[1] : « Dans le labyrinthe fragile de la cohabitation, il avance avec plus d'équilibre et de maîtrise qu'il n'en démontrait auparavant. » Alain Juppé, qui n'est pas, on l'a vu, un observateur complaisant, déclare : « Je l'ai connu ballotté et en état de déstabilisation. Aujourd'hui, il domine la situation et il a toujours du recul par rapport aux événements. »

Le mur de méfiance, qui s'est installé entre les Français et lui, tient bon, malgré tout. Le pays voit des failles là où il n'y a surtout que du faux.

Colonel de réserve, Chirac se donne volontiers, en public, un air d'officier. Il en a l'aplomb, la raideur, la solennité. C'est « Pardaillan », comme l'a joliment surnommé Alain Duhamel. L'image qu'il donne de lui-même à la télévision est aussi caricaturale que catastrophique. Il est péremptoire : « A cet égard, c'est tout à fait fondamental », dira-t-il à propos d'un nouveau système de ramassage des ordures ménagères. Ou bien acariâtre : « Vous dites n'importe quoi », jettera-t-il au journaliste qui s'est contenté de lui poser une question. Il a trop peu de certitudes pour ne pas les affirmer avec force.

Aussi rusée que malicieuse, l'Histoire a fait du moins dogmatique des politiciens le chef du parti le plus bonapartiste de France. Il n'a jamais, en privé, l'affectation empesée et dominatrice de ceux qu'on appelle les présidentiables. Il laisse Jean de Lipkowski l'appeler « Ma poule ». Même s'il a de quoi ne pas l'être, cet homme reste curieusement modeste. La preuve en est qu'il sollicite la compagnie et les avis d'un homme comme Denis Baudouin, amical, loyal, mais impitoyable, du genre à lui dire après une prestation télévisée : « T'as été encore plus mauvais que d'habitude. »

Il est du genre coulant. S'il tyrannise ses collaborateurs, à coups de téléphone nocturnes, Chirac ne les brutalise que rarement. Il les tutoie souvent. Il leur délègue beaucoup. Et il répugne à se séparer d'eux, même quand ils ne sont pas méritants.

Dès qu'il s'agit de limoger un fidèle, le passage à l'acte devient si malaisé qu'il peut prendre neuf ans. En 1977, Jacques Chirac décide de retirer à Claude Labbé, qu'il aime bien mais qu'il juge trop gaffeur, la présidence du groupe parlementaire RPR à l'Assemblée

1. Gallimard, 1986

nationale (« Ce type nous fait du tort, dit-il alors. A chaque fois qu'il parle, on perd des points dans les sondages »). Il faudra attendre 1986 pour qu'il se résigne, enfin, à évincer Labbé.

Comme Mitterrand, Chirac a même tendance à faire corps avec son fidèle dès lors qu'il est attaqué. Il passe ainsi tout à Charles Pasqua qui, au ministère de l'Intérieur, a commis, entre deux réussites antiterroristes, bourdes et balourdises.

Pourquoi cette indulgence ? D'abord, Charles Pasqua est l'archétype du militant RPR : quand le maire de Paris veut savoir ce que pense la base de son parti, il lui suffit de l'appeler au téléphone. Ensuite, avec son flair et son chien, Pasqua est toujours prêt à exécuter les basses œuvres pour son saint patron. Enfin, il lui est si fidèle que l'autre n'ose lui être infidèle.

Autoritaire, Chirac ? Convivial et tutoyeur, il ne met, contrairement à Mitterrand ou Giscard, aucune distance entre les autres et lui, ce qui le met parfois dans des situations délicates dont il se sort par un grand rire. Ainsi, en 1975, à Tulle, alors qu'il est Premier ministre, il demande au préfet de Corrèze, Charles Barbeau, des nouvelles d'une proposition de Légion d'honneur qu'il a formulée pour une Corrézienne. Il se fait rabrouer sans ménagement sous les yeux de Simone Veil, ministre de la Santé. « Jamais de la vie, dit le préfet. C'est une bêtise. Je préfère te filer ma démission tout de suite plutôt que de donner une décoration à cette dame. »

Et c'est ainsi que l'on parle au Premier-ministre-de-la-France. Quand on le connaît bien, cela va de soi...

Alors que la plupart des grands hommes politiques, ivres d'immortalité, rendent sans arrêt grâce à la postérité, Chirac cultive l'art de l'autodérision. Ce n'est pas un personnage pour Thucydide mais pour Céline.

Rien ou presque ne résiste à son humour. Dans l'avion qui le conduit à un sommet franco-britannique à Londres, il se coiffe à la punk. Puis, exhibant devant quelques proches ses cheveux dressés en hérisson à grands coups de gomina : « Qu'est-ce qu'elle dirait, Margaret Thatcher, si elle me voyait comme ça ? » En famille, il se livre aux imitations les plus cruelles et aux pitreries les plus facétieuses. Chez les Chirac, il y a même, parfois, des gobelets pleins d'eau au-dessus des portes.

Son mauvais esprit s'exerce aussi souvent à son propre détriment. « J'ai encore été plus con que d'habitude », dira-t-il après une nouvelle gaffe. Ou encore : « Il faudrait vraiment que j'apprenne à me taire. » Il excelle d'ailleurs dans l'autocritique. Pierre Messmer raconte : « Aux élections européennes de 1979, on avait présenté une brochette de socioprofessionnels sur la liste RPR. Une fois élus, ils se sont comportés en lobby. Alors, Chirac m'a dit : "Bon, j'ai encore fait une bêtise énorme. Il ne faudra pas recommencer." C'est quelqu'un qui reconnaît tout le temps ses erreurs et qui accepte les mouvements d'humeur des autres. »

Autre trait. François Léotard se souvient l'avoir entendu lui dire, en mars 1987 : « C'est fou ce que tu passes bien à la télé. Moi, c'est un désastre. Chaque fois que je m'y montre, je fais peur aux gens et je perds des points. » Peu d'hommes politiques peuvent parler d'eux avec autant de détachement et de cruauté.

Ce recul voltairien l'amène souvent à tout remettre en question. « Je suis obligé de dépenser une énergie terrible pour rester debout, dira-t-il à la même époque à sa fille Claude. Franchement, j'ai l'impression de me crever beaucoup pour pas grand-chose. » Il endure, avec une certaine philosophie, les grosses avanies mais il supporte mal les petites blessures. Ainsi, après s'être démené comme un diable avec son chef de cabinet, Michel Roussin, pour faire sortir les premiers otages du Liban, il a été meurtri qu'ils n'aient pas eu, à son égard, un seul mot, un seul geste de remerciement.

L'action politique ne lui a pas donné, à l'évidence, tout ce qu'il en attendait. Maintenant qu'elle l'a dévoré et cannibalisé, est-il capable de voir plus haut et plus loin ? Né dans la religion catholique, il a laissé languir sa foi jusqu'à l'agnosticisme. Puis il s'est remis à croire. Ce sceptique est avide de transcendance. Il est fasciné par la Trappe. Comme, chez lui, tout finit – ou commence – en Corrèze, il a fait installer, sur ses terres, un couvent de trappistines.

C'est l'une des facettes de son personnage, qu'il n'entend pas mettre au jour. Ce n'est pas la seule. Un jour, alors que l'auteur demandait à Chirac de bien vouloir lui montrer quelques-uns des poèmes qu'il avait écrits, il se leva, furieux, le regarda comme un voleur puis lui donna congé en jetant : « Cette partie de moi-même n'a aucun intérêt. Je n'ai jamais été capable d'écrire quelque chose d'intéressant. »

Poète, Chirac ? Il griffonne parfois des vers, le soir, pour se détendre. Il lui est même arrivé de mettre le Conseil des ministres en rimes. Mais sa capacité de dissimulation est telle que, pendant des années, il a réussi à cacher à ses proches sa fureur poétique. Seul son chauffeur était dans la confidence, qu'il envoyait chaque semaine

chercher sa provision de OSS 117 et de René Char à la librairie
Julliard du boulevard Saint-Germain, à Paris.

C'est en 1976 que fut découvert le pot aux roses. Jérôme Monod,
alors directeur de cabinet à Matignon, avait remarqué que le Premier
ministre avait, dans son bureau, une armoire qu'il fermait avec une
clef qu'il gardait toujours jalousement avec lui. Monod en avait
conclu que Chirac cachait là des « bouquins cochons ».

Au mois d'août, quand Chirac démissionna de Matignon, alors que
les appariteurs commençaient à déménager les dossiers, Jérôme
Monod fit irruption dans le bureau de l'ex-Premier ministre.

« Eh bien, ça y est, je vais enfin savoir ce que tu caches dans ton
armoire.

– Si je veux, fit Chirac.

– Je sais ce que c'est, de toute façon. Y a un nom pour ça dans
les bibliothèques des gens distingués. Ce sont des "bouquins
cochons". »

Alors, Chirac, vexé :

« Mon pauvre Jérôme, parce que c'est toi, je vais te montrer que tu
te trompes. Mais ne le répète pas. »

Chirac ouvrit son armoire et en montra le contenu à Monod. Il y
avait des tas de livres, de notes, et même un début de manuscrit.
Tout ce que Chirac avait amassé, depuis des mois, pour la grande
anthologie de la poésie étrangère qu'il préparait.

Si Chirac est sans doute moins cultivé qu'il ne le croit, il l'est
évidemment beaucoup plus qu'il veut bien le dire. Il joue volontiers
au plouc. Avec Lucie Faure, naguère, il prétendait fonder une
association, des ennemis de la musique. Il a longtemps certifié qu'il
n'aimait, en matière artistique, que les marches militaires et les
romans policiers. Comme l'a dit Françoise Giroud, qui, quand elle
était sa secrétaire d'État à la Condition féminine, l'a vu plongé dans
des recueils de Patrice de La Tour du Pin pendant des débats à
l'Assemblée nationale : « Cet homme est du genre à lire de la poésie
en se camouflant derrière un *Play-Boy*. »

Il ne finira jamais sa partie de cache-cache avec lui-même.

Pierre Seghers, dont il a fait l'animateur de la Maison de la poésie
à Paris, décrit ainsi Chirac-le-poète : « Il connaît Saint-John Perse sur
le bout des doigts et à peu près aussi bien Apollinaire, Tardieu et
toute la poésie contemporaine. J'ai écrit une anthologie de la poésie
chinoise. Je me suis aperçu, en parlant avec lui, qu'il en savait plus
long sur le sujet que moi. »

Jean-François Kahn, directeur de *l'Événement du jeudi*, n'est pas du genre à s'en laisser conter. Naguère secrétaire de la Maison de la poésie de Paris, il est l'une des rares personnes à avoir lu certains poèmes de Chirac. Et il confirme : « Pour lui, c'est une vraie passion, la poésie. Ce n'est pas un intellectuel, c'est un sensitif. Il a le sens du rythme des mots. Et il aime particulièrement les poètes de gauche, comme Prévert. »

Toujours fasciné par l'Asie, Chirac place plus haut que tout le poète chinois Tou Fou (712-770) qui a écrit son texte préféré : « En contemplant la montagne parfaite. »

Quel est le visage de la montagne parfaite ?
– Bleu du Nord et bleu du Sud s'y confondent.
Fleur des métamorphoses
Où yin et yang partagent soir et matin.

Le cœur s'anime en exhalant les nuages
L'œil s'écarquille aux oiseaux de retour
Comment gagner l'extrême cime ?
– Un seul regard, les autres monts s'évanouissent !

Faut-il faire pour autant de Jacques Chirac un puits de culture ? On s'en gardera bien. S'il se sent en confiance, il peut, après avoir prétendu qu'il n'entendait rien aux arts, tenter d'étourdir sa compagnie sous un flux impressionnant de connaissances et de références. Toujours prompt à brouiller les pistes, il n'hésite pas, alors, à en rajouter. Cet homme est toujours disponible pour de nouveaux rôles. Y compris celui de cuistre. Il peut dire : « Mon morceau de musique préféré, c'est *le Marteau sans maître* de Pierre Boulez. » Mais tout le monde a envie de rire (encore que, comme le dit Jean-François Kahn, « cet homme n'ayant pas d'ouïe, la musique ne peut l'intéresser que si elle est dissonance »). Il peut aussi, à l'ambassade d'Espagne, s'extasier, devant des tapisseries de Bruxelles : « C'est du Bruges. » Mais le « Bruges » n'existe pas.

S'il n'est pas douteux que la vérité de l'homme c'est ce qu'il cache, celle de Chirac reste impénétrable. Il y a toujours un masque sous son masque. Rusant de tout, détruisant et recomposant sans arrêt son personnage à double fond, il ne cesse jamais de mélanger le vrai et le faux, l'imaginaire et le vécu, la réalité quotidienne et le songe poétique. C'est quand vous croyez l'avoir percé qu'il vous échappe le plus...

Il fuit. Se fuit-il ?

Apparemment, Chirac est du genre à préférer la connaissance

d'autrui à la sienne. Il a faim de fraternité. « Son premier réflexe est toujours un réflexe de générosité », assure Denis Baudouin, son porte-parole. Puis : « Après, je ne dis pas. » C'est pourtant ce politicien, spontanément chevaleresque et instinctivement charitable, qui est devenu porteur du projet politique de l'autonomie privée et de l'égoïsme triomphant. Encore une narquoiserie de l'Histoire...

L'ex-enfant gâté a, comme le notaient, dans un remarquable portrait, deux journalistes du *Monde* [1], Laurent Greilsamer et Daniel Schneiderman, « un cœur gros comme ça ». Il se démène, on l'a vu, pour les handicapés mentaux dont il peuple la Corrèze. Il s'agite, en catimini, pour les grandes causes. Lorsque survient l'affaire des *boat people* par exemple, il n'est pas l'un des derniers à bouger.

C'était en 1977. Des milliers et des milliers de réfugiés vietnamiens submergeaient la Thaïlande après avoir bravé la mer, les pirates et les requins, pour fuir le régime de Hanoi. Chirac décide de faire quelque chose. Il ne le fera pas à moitié.

Écoutons-le : « J'ai téléphoné à tous les maires des grandes villes des pays industrialisés. "Si on va pas chercher ces réfugiés, ai-je dit, ils viendront pas à la nage." Tout le monde s'y est mis. On a dû recevoir, tous ensemble, un contingent de près de cent mille personnes. J'ai été accueillir le premier avion à Roissy avec une trentaine de médecins vietnamiens, laotiens ou cambodgiens que j'avais récupérés. Sans parler des prêtres catholiques et des bonzes bouddhistes. Arrivent les passagers. Cinq cent cinquante personnes sans un bagage, sans rien. Pas même un sac à main. Ils avaient juste sur eux ce que je leur avais fait envoyer comme vêtements. Mais ils avaient tous un air très digne. Ces Asiatiques, c'est pas des pleurnichards. Ils n'avaient pas de papiers. On prenait les noms qu'ils déclaraient. Tout d'un coup, avec ma femme, je remarque une fille de dix-sept, dix-huit ans qui pleurait dans un coin. On fait venir un traducteur. Elle nous explique alors que ses parents sont restés au Viêt-nam et qu'ils sont dans un camp de redressement. Je l'ai amenée chez moi et je l'ai adoptée. Depuis, elle s'est mariée et elle a eu des enfants. L'aîné s'appelle Bernard-Jacques, en référence à Bernadette et à moi. On a réussi à garder longtemps notre fille à l'abri des regards indiscrets mais un jour, alors qu'on lui rendait visite, un charognard de journaliste a découvert le secret. »

La sagesse populaire et la psychanalyse de bazar disent depuis longtemps qu'il faut se méfier des grandes âmes. L'une d'elles, Léon

---

1. 19 décembre 1985.

Blum, écrivait jadis que «l'abnégation, la charité résultent le plus souvent d'un défaut de vie personnelle». Il est vrai qu'il y a, chez Chirac, comme une frénésie philanthropique qui paraît, parfois, relever de la pathologie. Quand il se retrouve seul avec lui-même, certains dimanches, il peut passer la journée au téléphone à relever les moraux défaillants, régler des affaires de mutations administratives, trouver des appartements ou du travail, expédier des malades dans tel ou tel service hospitalier.

A l'automne 1986, M. Sontag, un otage octogénaire, est finalement relâché après des mois de captivité – et de mauvais traitements – par ses ravisseurs libanais. Jacques Chirac organise alors le séjour à Paris de Mme Sontag, montée de province pour accueillir son mari à l'aéroport. «J'ai réservé moi-même une chambre pour elle à l'hôtel Hilton, dit-il. Je lui ai aussi fait envoyer des fleurs et une eau de toilette dont j'avais personnellement choisi la marque.» Est-ce vraiment là le rôle d'un Premier ministre? «Cela m'a pris exactement dix minutes. Pour ce genre de choses, je crois qu'on peut et qu'on doit toujours trouver dix minutes.»

Il est tout à la fois un bureau de bienfaisance, une agence pour l'emploi et un centre de dispatching médical. En 1982, Jean-Pierre Bechter, alors ancien député RPR de Corrèze, rentre de Tulle par le train de nuit. Quand il arrive chez lui, à 7 h 10 du matin, le téléphone est en train de sonner. Il décroche. «Bonjour, fait Chirac. C'est la troisième fois que je téléphone. Le train a eu du retard ou quoi? Alors, il paraît que vous avez un double décollement de la rétine. Sale truc. Faut faire attention. Je me suis occupé de tout. J'ai fait revenir le professeur Manin qui était à la campagne. Il vous reçoit à 9 heures. Je vous ai réservé une chambre aux Quinze-Vingts, l'hôpital des aveugles.» «Après, rapporte Bechter, il a pris de mes nouvelles tous les jours jusqu'à ma guérison.»

Des histoires comme celle-là, il y en a beaucoup d'autres. En juin 1986, Chirac se démène pour le comique Thierry Le Luron qui souffre d'un mal dont il ne veut pas dire le nom. Par l'entremise de George Bush, le vice-président des États-Unis, qu'il a réquisitionné pour l'occasion, il trouvera une chambre pour Le Luron dans les services du professeur Gallo, à l'hôpital de Bethesda, dans le Maryland. Les sans-grade ont droit aux mêmes égards Le Premier ministre va se mettre également en quatre pour l'huissier cancéreux ou le paysan cardiaque.

Clientélisme? Chirac-le-compatissant passe trop de temps et donne trop de lui-même dans ses activités de charité ou de placements hospitaliers pour que sa sollicitude soit seulement intéressée. «J'accepte très bien la mort, dit-il, mais je ne supporte pas la souffrance.» Il visite les hôpitaux. Pas les cimetières.

C'est ainsi que le personnage se disperse entre les bons offices et les bonnes œuvres. Galopant sans arrêt du four au moulin et du moulin au four, il n'est jamais en paix avec lui-même. Mais il n'en a cure puisque, comme on l'a dit, il a décidé, une fois pour toutes, de ne pas se statufier pour l'Histoire.

Il ne se construit pas. Il s'improvise.

Politiquement, cet état d'esprit n'est pas sans inconvénient. Il arrive ainsi assez souvent à Chirac, sans préméditation, de forcer la note. Ce qui le conduit, ensuite, aux plus extravagantes contorsions et aux démentis les moins crédibles. En matière de contrevérités, les flagrants délits ne se comptent plus. Cet échange avec Pierre Viansson-Ponté qui fut l'une des grandes figures du *Monde*, au «Club de la presse» d'Europe 1, le 25 juin 1978, en dit long sur le toupet chiraquien :

Pierre Viansson-Ponté : «Lors de la campagne électorale, ici même, à ce micro, à plusieurs reprises, les 9 et 15 mars, vous n'aviez pas de mots assez durs pour les socialistes qui avaient un double visage, un double langage. "Des irresponsables, des imposteurs", disiez-vous... Il y a même eu un débat...»

Jacques Chirac : «Je n'ai jamais dit "des imposteurs".»

Pierre Viansson-Ponté : «Vous l'avez dit. J'ai relu tout à l'heure votre déclaration.»

Jacques Chirac : «Vous faites toujours état, autour de cette table, de citations incroyables dont on ne retrouve jamais la trace par la suite. J'ai dit "irresponsables", je n'ai certainement pas dit "imposteurs".»

Pierre Viansson-Ponté · «Si. Vous avez dit : "une imposture" et "des imposteurs".»

Jacques Chirac : «Si j'ai dit "une imposture", ce n'était pas "des imposteurs". Mais continuez, monsieur Viansson-Ponté.»

Pierre Viansson-Ponté : «Vous avez dit : "Les candidats socialistes sont des imposteurs." Ce sont vos propres termes, je les ai relus il y a une demi-heure.»

Menteur, Chirac ? Il fait partie de cette espèce, si bien décrite par Marcel Aymé «dont chaque mensonge est un enchaînement d'authentiques accès de sincérité». La falsification est, pour lui comme pour Mitterrand ou pour Giscard, autres grands mystificateurs devant l'Éternel, une forme de sociabilité.

Si quelqu'un doit briser le vieux concubinage entre la politique et le mensonge, ce ne sera certes pas lui. D'une certaine façon, il le reconnaît quand il ironise sur sa « langue de bois ».

« Aigle à deux têtes[1] », il n'ose jamais vraiment être lui-même. C'est sans doute pourquoi il donne souvent le sentiment de ne pas aller dans la même direction en même temps. L'historien Jacques Julliard assure ainsi, non sans raison, qu'il y a du Jules Simon dans le Jacques Chirac d'aujourd'hui qui cherche à « montrer à la partie dure de son électorat qu'il est ferme et à la partie molle qu'il est souple[2] ». En 1876, Jules Simon, qui devait lire la même déclaration ministérielle devant une Chambre de gauche et un Sénat de droite, avait déclaré à la première : « Je suis [*fortissimo*] profondément républicain et [*mezza vocce*] profondément conservateur. » Puis au second : « Je suis [*mezza vocce*] profondément républicain et [*fortissimo*] profondément conservateur. »

Duplicité ? Mais, s'il y avait une seule vérité, après tout, il n'y aurait pas autant de partis politiques.

Ni autant de Chirac...

1. Titre d'un pénétrant portrait de Jacques Chirac par André Pautard, *l'Express*, 28 mars 1986.
2. *Le Nouvel Observateur*, 9 janvier 1987.

Épilogue

Moitié Phénix, moitié Sisyphe, il sait encaisser, récupérer, rebondir. Adaptable, inépuisable et increvable, Jacques Chirac ne cesse de se surmonter lui-même. Mais à quelle fin ? Et pour aller où ? Vers quel destin ? Croyant déceler sur lui les stigmates du « maniaco-dépressif classique », Michel Noir lui avait dit ainsi ses quatre vérités, au début des années quatre-vingt :

« Ton problème, Jacques, c'est que tu n'as pas de calme intérieur. Quand les gens sauront que tu peux vivre seul et que tu as, toi aussi, ton Colombey-les-Deux-Églises pour te retrouver avec toi-même, ils commenceront vraiment à croire en toi. »

Alors, Chirac, pour clore la conversation :

« T'as raison. Je vais partir en vacances. »

Noir prétend que, depuis, Chirac s'est trouvé. Il est vrai que le maire de Paris a, entre-temps, rencontré la cohabitation. Il l'a d'ailleurs au moins autant voulue que Mitterrand, même si, dans les gazettes, il n'en fut guère crédité.

Apparemment, pourtant, il n'avait pas grand-chose à y gagner. Comme prévu, à Matignon, il s'est, le temps aidant, usé. Mais il s'est aussi transfiguré en se consacrant davantage à la France et moins à sa propre personne. Il a progressé.

Aujourd'hui, grâce à la cohabitation, Chirac n'habite plus à côté de lui-même.

Le problème de Giscard, c'était le peuple. Le problème de Chirac, c'était lui-même. Il est en train de le résoudre.

Chirac repose autant sur l'ambivalence que Mitterrand mais, contrairement à lui, il a tardé à s'assumer. C'est pourquoi il eut tant besoin, dans le passé, de mentors comme Pierre Juillet ou Marie-France Garaud. C'est pourquoi il s'est entouré d'« exécuteurs » à sa dévotion, comme Charles Pasqua. C'est pourquoi, enfin, il n'a cessé de s'inventer et de se rêver. Parfois au sens propre.

Une histoire qui vaut ce qu'elle vaut : en 1980, il déclare à la journaliste Jeanne Folly qu'il connaît bien le chanteur canadien Félix

Leclerc. « Un camarade de Saint-Germain-des-Prés, dit-il. Tiens, j'ai même écrit une chanson avec lui, *le Petit Bonheur*. Maintenant, il a un peu la grosse tête, Leclerc[1]. »

Et la mémoire courte ? Renseignements pris, Félix Leclerc ne se souvient pas avoir jamais rencontré Jacques Chirac dans les années cinquante.

Passons. C'est le genre de sornettes que Chirac ne raconterait plus aujourd'hui.

Mitterrand cultive le flou artistique pour échapper aux autres. Il se protège. Chirac joue sur l'équivoque pour mieux les séduire. Il s'expose. Et c'est ainsi qu'il a joué tant de tours, subi tant d'avatars.

Il ne savait pas que, pour être compris, il suffisait d'être soi-même. Alors, il se métamorphosait sans arrêt. C'était le syndrome adolescent. Apparemment, Chirac vient tout juste d'en sortir. Arrivé, enfin, à maturité, il peut théoriser son empirisme instinctif dans la cohabitation politique qui traduit la cohabitation idéologique et sociale des dernières années. Il intellectualise, désormais, ses zigzags

Incohérence ? Résolument postmoderne, Chirac gère aujourd'hui sans complexe les logiques duales et les antinomies fondamentales. Convaincu qu'elles peuvent coexister, il n'entend jamais trancher entre elles. C'est ainsi qu'il est tout à la fois rétro et novateur, libéré et moralisateur, narcissique et solidaire, trivial et solennel, local et décentralisateur, souple et autoritaire. Si le trait d'une grande intelligence est, comme l'a dit Francis Scott Fitzgerald, d'avoir la capacité de faire fonctionner son cerveau en ayant deux idées contradictoires en même temps, alors, cet homme est d'une intelligence sans égale.

Il aime la contradiction. Il en joue. Face au lepénisme, par exemple, il se garde bien d'adopter une stratégie tout d'une pièce, au contraire.

Côté pile : Jacques Chirac est d'accord avec ceux de ses proches qui, comme Michèle Barzach, Alain Juppé, Michel Noir ou Philippe Séguin, combattent le Front national sur le plan idéologique. Il a pris soin de ne jamais se compromettre avec Jean-Marie Le Pen, contrairement à Raymond Barre qui l'a obligeamment reçu en tête à tête ou à Valéry Giscard d'Estaing qui lui a écrit des amabilités. Il a reconnu qu'il lui avait serré la main « avec répugnance » quand, à propos du terrorisme, il le fit venir à Matignon en sa qualité de chef

---

1. Dans un reportage paru dans *le Matin Magazine,* le 7 décembre 1980, sous le titre : «Mais il est charmant, Jacques Chirac ! »

de parti. En petit comité, il a sans doute été l'un des rares hommes politiques à avoir pris au sérieux, d'entrée de jeu, la montée de l'extrême droite : « Ne rigolons pas avec ça, dit-il. On a un terrain propice au développement d'un vrai mouvement raciste en France. Faut tout faire pour l'empêcher de s'implanter[1]. »

Côté face : Jacques Chirac soutient, avec un froid cynisme, la stratégie de Charles Pasqua, qui, en entonnant quelques-uns des refrains de l'extrême droite, entend enlever tout champ de manœuvre au Front national. Pour le ministre de l'Intérieur, c'est, d'une certaine façon, en faisant du Le Pen sans Le Pen qu'on « délepénisera » la France. Tactique vieille comme la politique. Il n'y a pas si longtemps, les plus anticommunistes des socialistes, Mitterrand en tête, n'hésitaient pas à reprendre les thèmes du PC pour occuper tout le terrain à sa place. On a vu le résultat. Le Premier ministre, qui, pour liquider l'extrême droite, a repris la méthode à son compte, sermonna donc méchamment Michel Noir, après qu'il eut écrit à la Une du *Monde,* le 14 mai 1987, qu'il valait mieux perdre les élections que de perdre son âme en pactisant avec le Front national. « Sur le fond, je suis tout à fait d'accord avec toi, expliqua, en substance, Chirac au ministre du Commerce extérieur, mais fallait pas le dire. Chaque fois qu'on attaque Le Pen, on l'aide et on le gonfle. Il ne demande que ça. Il faut l'ignorer. »

Cet orateur simplificateur, voire simplet, est, en fait, un politique sophistiqué. Jamais à une contradiction près, il hume les vents et se laisse volontiers porter par eux. « Penser, pour lui, c'est d'abord penser à ce que pensent les autres », dit Edgar Faure qui l'aime bien. Parfois, il évoque irrésistiblement le radical Alexandre Ledru-Rollin, qui, pendant la révolution de février 1848, déclara à un groupe de manifestants qui bloquaient une barricade : « Laissez-moi passer, il faut que je suive les autres, je suis leur chef. » Chirac passe toujours.

Capable d'incarner toutes sortes de politiques, séparément ou en même temps, il résume, à lui tout seul et en vingt ans de vie publique, un siècle de radicalisme. Mais est-ce la meilleure façon d'affronter la modernité ? A l'écoute de tout et de tous, Chirac a fini par se retrouver, au nom de l'efficacité politique, dans le social-corporatisme. Au hasard de sa carrière et de ses nominations, il s'est fait l'avocat des chômeurs, des hauts fonctionnaires du Trésor, des éleveurs de veaux sous la mère, des gardes champêtres ou des propriétaires de grosses fortunes. Sans parler des électeurs corréziens

---

1. Entretien avec l'auteur, 28 décembre 1985.

ou parisiens. Comme le notait la journaliste économique Christine Mital, il « a toujours conçu les postes qu'il occupait comme des guichets (un guichet peut être une fort noble institution) au service des administrés[1] ».

Quand il se laisse aller, il a d'ailleurs l'éloquence du guichetier. Lors d'un conseil de gouvernement, en janvier 1987, alors que la France est paralysée par une série de grèves, il se contentera de lire une série de fiches techniques pour résumer le programme du gouvernement des douze prochains mois. Tout y passera, de la réforme de la profession de coiffeur aux nouvelles mesures concernant les bateaux de plaisance. Ce qui arrachera ce cri du cœur à André Giraud, ministre de la Défense : « Ma parole, c'est le catalogue de la Redoute ! »

Devenu le saint patron des agriculteurs, des commerçants, des artisans et des petits industriels, Chirac a fini, comme Pompidou, par faire la synthèse entre le radicalisme qui assure la protection des rentes et le gaullisme qui assure la mobilisation des masses. Est-ce assez pour se faire un destin dans le dernier quart de siècle ? Possible. Dans un livre prémonitoire, *L'après-crise est commencé*[2], Alain Minc écrit qu'il est temps que la politique prenne en compte « un après-crise synonyme d'une inversion de nos concepts, c'est-à-dire un univers qui appelle plus et moins d'État, plus et moins de marché, et une société dont la diversité devient un principe fondateur jusqu'à l'économie informelle ».

L'heure, en somme, est au confusionnisme idéologique, à l'amalgame politique et à l'étato-libertarisme. Elle est donc à des radicalo-gaulliens comme Jacques Chirac. Mais il n'est pas le seul dans son genre, loin de là.

Pour le moment, Chirac est encore un « hussard bleu », autrement dit un cavalier républicain, en quête d'apothéose. Les épreuves l'ont cuirassé. Il sait ajuster ses étriers. Seulement, comme pour les personnages de Roger Nimier, cette vie qui lui tend les bras recule toujours devant lui. Plus il s'avance, plus elle s'écarte...

Tiendra-t-il la longueur ? S'il perd l'élection présidentielle de 1988, Chirac se remettra à coup sûr en selle pour la suivante, en 1995. Tant il est vrai qu'il fait partie de la race des Mitterrand, Giscard, Pompidou, Clemenceau ou Poincaré

Ces gens-là ne meurent jamais.

1. *L'Expansion*, 4 avril 1986.
2. Gallimard, 1984.

Bibliographie sommaire

DEUX LIVRES DE JACQUES CHIRAC

La Lueur de l'espérance, réflexion du soir pour le matin, La Table ronde,
   1978.
Les Mille Sources, inédit.

QUATRE BIOGRAPHIES

Thierry Desjardins, *Un inconnu nommé Chirac*, La Table ronde, 1983.
Catherine Clessis, Bernard Prévost et Patrick Wajsman, *Jacques Chirac ou
   la République des cadets*, Presses de la Cité, 1972.
Pierre Jouve et Ali Magoudi, *Chirac, portrait total*, Carrère, 1987.
Maurice Szafran, *Jacques Chirac ou les Passions du pouvoir*, Grasset, 1986.

SIX ESSAIS OU PAMPHLETS

Jean-Marie Colombani et Jean-Yves Lhomeau, *Le Mariage blanc,* Grasset,
   1986.
Henri Deligny, *Chirac ou la Fringale du pouvoir*, Moreau, 1977.
Alain Duhamel, *Le Ve Président*, Gallimard, 1986.
Nicole Kern, Pierre Pellissier et Daniel Seguin, *Une couronne pour deux,*
   Lattès, 1986.
Jean Manan, *Pinarque*, Lattès, 1977.
François Nourissier, *Lettre ouverte à Jacques Chirac*, Albin Michel, 1977.

Table